武汉大学创新创业教育系列规划教材

互联网金融创新创业教程

胡方 编著

武汉大学出版社

图书在版编目(CIP)数据

互联网金融创新创业教程/胡方编著.—武汉：武汉大学出版社,2021.5
武汉大学创新创业教育系列规划教材
ISBN 978-7-307-22211-3

Ⅰ.互… Ⅱ.胡… Ⅲ.互联网络—应用—金融—高等学校—教材 Ⅳ.F830.49

中国版本图书馆 CIP 数据核字(2021)第 062128 号

责任编辑:沈岑砚　　责任校对:李孟潇　　版式设计:马　佳

出版发行：武汉大学出版社　（430072　武昌　珞珈山）
（电子邮箱：cbs22@whu.edu.cn　网址：www.wdp.com.cn）
印刷:武汉图物印刷有限公司
开本:787×1092　1/16　印张:18　字数:427 千字　插页:1
版次:2021 年 5 月第 1 版　2021 年 5 月第 1 次印刷
ISBN 978-7-307-22211-3　　定价:49.00 元

版权所有,不得翻印;凡购我社的图书,如有质量问题,请与当地图书销售部门联系调换。

前　言

本书从创新创业的角度阐述作为一门学科或专业的互联网金融，也可称为互联网金融学的基本内容①。本书介绍互联网金融学的基本内容及其相关问题，包括互联网金融的基本概念、形成与发展的过程，主要特征，以及相关的创新与创业案例等，同时还说明互联网金融的技术基础、数据分析方法以及区块链技术的基本内容，并阐述互联网商业模式，然后在上述基本概念和相关技术与方法基础之上，阐述互联网金融的主要内容、互联网金融的商业模式，以及互联网金融兴起后与传统金融机构、传统货币政策和传统金融监管等方面的关系。互联网金融引发了新挑战，也形成了新机会，是目前世界范围内创新创业活动的一个十分重要的领域。不过，本书并没有全面介绍互联网金融学各个方面的知识，而是有选择性地重点介绍互联网金融学的基本内容，并特别侧重于说明其中与创新创业相关的项目。

本书从创新创业的角度介绍互联网金融的基本内容，不仅涉及互联网金融的基本理论，而且还用较大篇幅介绍互联网金融的方法、技术等实务。创新创业日益成为经济管理科学的研究重点，一些书籍也对国内这方面的发展状态有所介绍②。不过，本书所说的创新创业主要是指基于互联网商业模式的创新创业，而不是泛指所有的创新创业。本书是编著，作者主要是在整体框架上进行了编排，书中大部分内容是编写，这也是理解有关编著教材的方式和方法。在编写中，有许多内容来源于其他作者的著作和文章等文献资料，在书中，其来源基本上作了脚注。在此特别说明，主要是为了避免所谓抄袭问题。由于引述的著作和文章较多，这里不一一列举，在此向这些著作和文章的作者表示感谢。如有遗漏等问题，可与我联系，网络信箱是：hufangchina@126.com。

在刚刚编写这本互联网金融方面的教科书时，国内出版的有关互联网金融的书籍（包括教科书）还不多，在编写的这段时间，国内陆续出版了一些互联网金融方面的书籍（包括教科书）。与目前国内出版发行的教科书相比，本教科书的一个重要特征是，以创新创业为中心进行编排，并侧重介绍互联网金融发展过程中，平台型商业模式以及基于区块链

---

① 就网络上收集的资料来看，一些大学已经把互联网金融作为金融学下属的一个学科，并开设互联网金融专业，称为互联网金融学。2016年国家教育部也首次设立互联网金融专业，电子科技大学、安徽财经大学等相继设立该专业。清华大学还设立互联网金融硕士点，浙江大学则设立了互联网金融博士点，还有一些大学设立了关于互联网金融（或者称为数字金融等）的研究机构，如北京大学、清华大学等。

② 如可参看徐旭、陈秋玲、施利毅等：《创新创业时代》，经济管理出版社，2017年9月。

前　言

技术的非中心化商业模式在互联网金融的创新创业中的做法、作用与演变趋势等问题。

值得注意的是，本教科书进行如此编排也是我不断学习、思考的结果，同时也是我讲授相关课程，并和学生以及校内外专家等相互交流的结果。编者自进入武汉大学任教以来，讲授过一些经济学和金融学的课程，在讲授中，也较为关注互联网经济与金融的发展。2015年在武汉大学创业学院讲授有关互联网金融创新创业课程后，考虑到学生没有相应的教材，便查找和阅读有关互联网金融的文献资料，开始编写讲义。在讲授该课程过程中，一方面跟进一些新出现的文献资料，另一方面也和学生、校内外专家等进行相互交流，不断调整讲义的结构和内容，希望创建一个介绍互联网金融创新创业知识的基本框架，以深度理解其中的一些重点问题。

在本教材的编写过程中，受到各种帮助，在此深表谢意。感谢我的导师和与我进行交流的师生，指导与交流都对我深有启发。感谢武汉大学出版社编辑们的细心编审，编辑文心雅笔，使本书更加易于阅读。同时感谢家里年迈多病父母的体谅和其他亲人的谅解。学问之路虽然崎岖艰辛，不过有时也会收获奇珍异果。每当此时，应该倍感珍惜。

由于时间仓促，编著者水平有限，书中错误之处想必很多，这些错误均由我承担，恳请读者，特别是学界同仁批评指正。

胡　方

目　　录

第一章　互联网金融概论 ··· 1
第一节　金融与金融交易 ·· 1
第二节　互联网金融与互联网金融交易 ···································· 7
第三节　互联网金融的基本特征 ·· 13
第四节　互联网金融的形成与发展 ·· 20
第五节　互联网金融商业模式 ··· 27
第六节　互联网金融的创新与作用 ·· 33

第二章　互联网金融的科技方法基础 ······································· 42
第一节　互联网金融与网络科学技术 ······································ 43
第二节　互联网金融与数据分析方法 ······································ 50
第三节　互联网金融与区块链 ··· 57
第四节　互联网金融与平台-非平台型商业模式 ·························· 68
阅读与案例 ·· 79

第三章　互联网条件下的货币 ·· 84
第一节　互联网货币概述 ·· 84
第二节　电子货币 ··· 88
第三节　虚拟货币 ··· 91
第四节　数字货币 ·· 101
阅读与案例 ··· 117

第四章　互联网支付 ·· 120
第一节　互联网支付概述 ·· 120
第二节　电子支付 ··· 122
第三节　虚拟网络支付 ··· 127
第四节　基于区块链技术的支付 ··· 135
阅读与案例 ··· 140

第五章　互联网征信 ······ 145
第一节　互联网征信概述 ······ 145
第二节　网络征信 ······ 150
第三节　征信与大数据分析 ······ 157
第四节　基于区块链技术的征信 ······ 167
阅读与案例 ······ 173

第六章　P2P 网络借贷 ······ 177
第一节　P2P 网络借贷概述 ······ 177
第二节　P2P 网络借贷模式与影响因素研究 ······ 186
第三节　P2P 网络借贷平台设计 ······ 198
第四节　区块链与 P2P 网络贷款 ······ 203
阅读与案例 ······ 210

第七章　众筹 ······ 215
第一节　众筹概述 ······ 215
第二节　众筹动机与影响因素 ······ 228
第三节　众筹平台相关问题 ······ 236
第四节　区块链与众筹 ······ 243
阅读与案例 ······ 247

第八章　互联网金融专题问题 ······ 251
第一节　传统金融企业与互联网金融企业的竞争合作 ······ 251
第二节　互联网金融与宏观货币政策 ······ 256
第三节　互联网金融风险与金融监管 ······ 265
阅读与思考 ······ 282

第一章 互联网金融概论

在计算机出现后,通过把计算机联结在一起,形成计算机网络,这被认为是互联网的起源。中国科学院的路甬祥院士为了强调互联网的重要性,认为互联网是地球上的第六个大洲。的确,在互联网出现后,特别是在互联网发展过程中万维网出现后,一些商务活动也开始出现,较早是电子商务,其后是互联网金融,与此同时,还有产业互联网、物联网、共享经济等①。电子商务可以说是互联网出现后商务活动的一场革命。目前,在电子商务中,不仅有针对国内的商务模式,还有针对国际的商务模式,即国际电子商务(或跨境电子商务)②。与电子商务相比,互联网金融出现的时间稍微晚一点,目前主要局限于国内,但随着跨境互联网支付的兴起,也会出现跨境互联网金融(或国际互联网金融)。

本章将阐述金融、互联网金融等概念,说明互联网金融的基本特征、互联网金融兴起与发展的背景与基本过程,阐述商业模式、互联网商业模式以及互联网金融商业模式等问题,并说明互联网金融的创新与基本作用。

第一节 金融与金融交易③

一、金融的概念

金融是货币流通和信用活动以及与之相联系的经济活动的总称,广义的金融泛指一切与信用货币的发行、保管、兑换、结算,融通有关的经济活动,甚至包括金银的买卖;狭义的金融专指信用货币的融通。金融的核心是跨时间、跨空间的价值交换,所有涉及价值或者收入在不同时间、不同空间之间进行配置的交易都是金融交易,金融学就是研究跨时

---

① 互联网的兴起引发各种新型的经济与产业活动,一些主要的经济与产业活动,可参看于扬:《中国互联网产业发展年鉴2016》,东方出版社,2016年10月。
② 在电子商务方面,可参看覃征:《电子商务概论》(第五版),高等教育出版社,2017年6月;在跨境电子商务方面,可参看周升起:《国际电子商务》,北京大学出版社,2016年1月。
③ 参看百度百科、互动百科、MBA智库百科和维基百科有关金融、货币等条目。同时参看米什金:《货币金融学》(原书第4版),机械工业出版社,2016年9月。切凯蒂、肖恩霍茨:《货币金融学》,北京大学出版社,2016年6月。黄宪、潘敏、江春、赵征等:《货币金融学》,武汉大学出版社,2016年5月。

间、跨空间的价值交换为什么会出现、如何发生、怎样发展。

一般来说，金融产业的发展基础是物质生产的规模与水平。由于物质生产的进步，西方金融产业初步形成于 17 世纪。在金融业发展的初期，它还不是一个独立的产业，从传统金融产业过渡到现代金融产业经历了约 200 年，在此期间，"金融"这一概念逐步进化演变。"金融"在西方叫 finance。finance 的源头是拉丁词 finis（英语意思为 end），finance 的直接来源是古法语词 finance，它在法语中是动词 finer（意思是 end，settle）的引申词。英语在中世纪时吸收了法语中 finance 这个词，表示"结束"（end）。15 世纪时，又出现了"debt-set-ting"的意思，但直到 18 世纪，finance 在英语中才表示"management of monetary resources"（货币资财及其管理）。在西方，很难找到一个词来确切表达货币资金的融通这一概念，通常把 finance 翻译为"金融"。由于货币、银行和金融活动的起源和发展与个人、企业和政府的理财和融资的客观需要分不开，所以 finance 在不同的地方有不同的含义：个人理财（personal finance），指个人的储蓄、存款投资于各种证券、购买人寿保险单、利用分期付款购买住房和消费品以及其他消费贷款等；企业理财或公司理财（corporation finance），包括公司如何筹资、利用银行贷款，发行公司债券和新股票，分配盈利和积累发展资金等；政府理财即财政（public finance），是指各级政府征集税收、财政开支、发行公债和国库券等。这些个人的、企业的、政府的理财活动以及它们的收支等需要货币、银行和金融活动来实现。由于货币资财及其管理具有不同的主体（个人、企业和政府），由此表述为政府金融、企业金融和家庭金融。所以，根据该概念使用的不同场合，可把 finance 翻译为金融，或财政。

我国古代没有"金融"这个词，但有表示货币、信用及其有关活动的概念。在近代，中国银号、钱庄常有金融融通之说，其意义与金融相近。在我国近代银行业（1897 年 5 月 27 日，中国通商银行成立，标志中国近代银行业的开端）兴起后，才正式出现"金融"一词。民国元年（1912 年），北京市财政部文件中曾有"自去秋以来，金融机关一切停滞"之语，那时"金融"这个词的含义仍不明确，也没有在社会上广泛使用。1915 年编写的《辞源》中收有这个词条，解释为"今谓金钱之融通曰金融，旧称银根。各种银行、票号、钱庄曰金融机关"。1920 年北洋政府发行整顿金融公债，用以解决中国银行、交通银行停止兑换的风潮。其后，"金融"一词与银行业务活动结合在一起，形成一个与"财政"相区别的概念[①]。

二、金融的主要内容

金融的内容可概括为货币的发行与回笼，存款的吸收与付出，贷款的发放与回收，金银、外汇的买卖，有价证券的发行与转让，保险、信托、国内、国际的货币结算等。从事金融活动的机构主要有银行、信托投资公司、保险公司、证券公司，还有信用合作社、财务公司、金融租赁公司以及证券、金银、外汇交易所等。

[①] 有关金融概念在欧美和中国的发展，可参看艾俊川：《"金融"溯源》，载《中国金融家》，2014（6）：129-131。同时参看黄达、张杰：《金融学》，中国人民大学出版社，2017 年 4 月。

金融是信用货币出现以后形成的一个经济范畴，它和信用是两个不同的概念。

（1）金融不包括实物借贷而专指货币资金的融通（狭义金融），人们除了通过借贷货币融通资金之外，还以发行股票的方式来融通资金。

（2）信用指一切货币的借贷，金融（狭义）专指信用货币的融通。人们之所以要在信用之外创造一个新的概念来专指信用货币的融通，是为了概括一种新的经济现象；信用与货币流通这两个经济过程已紧密地结合在一起。最能表明金融特征的是可以创造和消减货币的银行信用，银行信用被认为是金融的核心。

三、金融的特征

（1）金融是信用交易。

经济学上的信用，主要是一种商品交易的形式，对应于实物商品的现货交易（即时清结的交易）。在应用于金融交易时，则成为信用，信用构成金融的基础，金融最能体现信用的原则与特性。在发达的商品经济中，信用已与货币流通融为一体。

（2）金融交易具有自己的独特形式。这主要是与实物商品交易的形式比较而言，金融交易形式有自己的独特之处（参看下文"金融交易的基本形式"）。

（3）金融交易的基本要素：主要有金融交易的价值总额（表现为一定量的货币，可记为 G）、交易的时间（往往是一段时间，记为 T，或小写的 t）、交易的收益或收益率、交易的风险等。

（4）金融交易的独特的内涵：其一，一方以对方偿还为条件，向对方先行移转商品（包括货币）的所有权，或者部分权能。而实物商品交易没有偿还特性，是在某个时间点上的等价交易。其二，一方对商品所有权或其权能的先行移转与另一方的相对偿还之间存在一定的时间差，即具有跨期交易的特性。而实物商品交易是即期交易（当然，实物商品交易中也包括实物商品交易的期货、期权交易，这也是跨期交易，但这里的比较仅仅是即期实物商品交易）。其三，先行交付的一方需要承担一定的信用风险，信用交易的发生是基于给予对方信任。这种风险存在于交易之中，因为时间也在交易之中，而实物商品交易只是在某个时间点，不含有时间，从而也就没有金融交易那种风险。

四、金融交易的基本形式

为了说明金融交易形式，首先说明实物商品交易形式。

1. 实物商品交易形式

假设交易在两个经济主体之间进行，两个交易主体为 A 与 B，A 手中拥有商品 X，B 手中拥有商品 Y。他们在市场上相遇并相互交换手中的商品。在货币普遍使用的情况下，商品 X 或者商品 Y 都可以表示成若干单位的货币 G。从而他们之间的交易也可以是以 A 拥有的货币与 B 拥有的商品交换，或者以 B 拥有的货币 G 与 A 拥有的商品 X 相互交换。后一种实物商品交易在现实中是常见的状态。

在某个时间点 t_1 上，这两个经济主体在市场上相遇，同时他们相互需要各自的商品，从而交易可以成功，这种交易表示为：

$$\begin{array}{ccc} & A & B \\ t_1 & X \Leftrightarrow & Y \end{array}$$

其中，$\Leftrightarrow$表示在市场上相互交易的行为。使用货币时的形式如下：

$$\begin{array}{ccc} & A & B \\ t_1 & G \Leftrightarrow & Y \end{array}$$

或：

$$\begin{array}{ccc} & A & B \\ t_1 & X \Leftrightarrow & G \end{array}$$

其中，G是货币。不过，这里的货币是商品货币，表现某种商品中蕴含的价值。值得注意的是，在使用货币的场合，会出现支付问题，和如何用货币来交换商品的问题，这涉及货币衡量和货币支付等问题，由于交易过程中纳入货币，因而这种交易中有一部分属于广义金融交易的范围。

实物商品更为现实的交易形式是由商业中介居于两个交易者之间来进行，这些商业中介包括商店、百货公司、超市等机构。假设商业中介为M，以货币介于的实物商品交易来看，则交易形式为：

$$\begin{array}{ccccc} & A & M & & B \\ t_1 & G \Leftrightarrow & (Y \ G) & \Leftrightarrow & Y \end{array}$$

其中，商业中介M首先用货币与经济主体B进行交换，获得商品Y，然后再把商品Y与经济主体A进行交换。

2. 金融交易形式

与实物商品交易相比，狭义金融交易或者纯粹金融交易有自己独特的形式。在下文中，除了特别说明外，都是指纯粹金融交易。

假设交易主要为A与B，其中，A为投资人，B为借贷人，进行金融交易的金融商品有两种，一种是流动性较高的货币，可用G表示，这是被广泛认可的价值，正如货币的含义表示的那样是经济社会公认的价值，一种是表示借贷等金融行为的凭证，类似于日常生活中的欠条之类的物品，用H来表示，它不是一种被广泛认可的价值，其流动性较弱。由于两种商品的价值不同且相互之间进行交易，就与在市场上相遇的两个经济主体所交易的两个具有相同价值的商品的交易不同。这种不同体现了这类交易的特征。一般来说，这种具有不同价值的商品之间的交易即是金融交易。

金融交易的基本形式可表示为下列形式：在t_1这个时间点，A将其拥有的G与B拥有的H进行交易，因为G拥有较高的价值，而H拥有较低的价值，因而这种金融商品的交易不会像实物商品交易那样在某个时间点，如t_1点立即完成，它需要从t_1开始，在一个时间段中进行。即在t_1点，两个经济主体会对金融商品的交易进行协商，由于A拥有较高的价值，如果将这种价值给予B，而仅仅换回B手中较低价值的H，那么具有理性的A肯定不同意，为了促使A进行交易，B会承诺在未来交易结束的t_2时点给予A一定的回报，当A认可这种回报时，这种交易便得以兑现。可把这种交易如下所示：

$$\begin{array}{cccc} & A & & B \\ t_1 & G & \Leftrightarrow & H \\ t_2 & H & \Leftrightarrow & G+R \end{array}$$

不过，现实的金融交易并不是这样简单，大多数的金融交易都需要金融中介居于其中。假设金融中介为 Z，则金融交易的形式为：

$$\begin{array}{ccccc} & A & & Z & & B \\ t_1 & G & \Leftrightarrow & (H \quad G) & \Leftrightarrow & H \\ t_2 & H & \Leftrightarrow & (G+R \quad H) & \Leftrightarrow & G+R \end{array}$$

金融原则上必须以货币为对象。实物商品交易可以以货币为中介，也可以是直接的物物交易。

金融交易可以发生在各种经济主体之间。实物商品交易只能发生在掌握有实物商品的所有者之间。不过，不管是哪种交易，都具有人对人的直接交易的性质，即在两个交易的经济主体之中，不会介入一些智能工具和设施。

五、金融交易的基础理论：马克思资本流通与资本循环理论

在说明各种交易形式，如实物商品交易与金融商品交易形式时，借鉴了马克思在《资本论》第一卷简单商品流通公式和资本流通公式，以及第二卷对资本循环问题进行分析的方式和方法。当然在具体分析中，根据具体问题作了相应变化①。

马克思在《资本论》中提出了简单商品流通公式、资本流通公式以及三种形式的资本循环（商品资本循环、生产资本循环、货币资本循环）。马克思认为，商品具有价值，价值的基础是社会劳动。在市场经济和资本主义社会中，货币转化为资本，货币是实物商品交换的产物，也是资本的最初表现形式，资本的运动从货币开始，商品生产和发达的商品流通即贸易是资本产生的历史前提。

货币转化为资本，即具备了获利性。马克思认为，作为货币的货币和作为资本家货币具有本质区别，简单的商品流通形式（马克思称为简单商品流通公式）是商品—货币—商品（$W—G—W$），其中，G 表示货币，W 表示商品。而资本流通形式（马克思称为资本流通公式）是货币—商品—货币（$G—W—G$），而且，在资本流通形式中，最后获得的货币将会大于最初投入的货币，即有货币增值，即 $G—W—G'$，$G'=G+\Delta G$，其中 ΔG 表示货币增值，为大于 0 的正数，即比最初投入货币更多的货币。

与前面说明的实物商品交易形式和金融商品交易形式相比，在第 t_1 期，实物商品与实物商品交易，以及货币介入这种实物商品交易之中，均不会获得更多的商品或更多的价值，这是等价交换规律的表现。在这里，具体形式是 $W—W$、$W—G$、$G—W$，因而是即期交易。值得注意的是，上文的说明中，用 X、Y 表示商品，这里用 W 表示商品。

---

① 参看马克思：《资本论》（第一卷、第二卷、第三卷），人民出版社，1972 年 9 月、1972 年 12 月、1974 年 11 月。

不过，在金融商品交易形式中，在第 t_1 期投入货币，并在第 t_2 期获得更多收益的源泉。即在第 t_1 期有 $G—W$，在第 t_2 期有 $W—G'$，且 $G'=G+\Delta G$。在上文的说明中，将这里介入其中的商品称为金融商品。

在市场经济和资本主义社会中，由于货币是社会劳动的一般表现形式，因而商品也就表现为商品资本，生产过程中的各种要素投入的产品价值，也就表现为生产资本。这三种资本，即货币资本、商品资本和生产资本的总和，则为产业资本，或者说是整个市场经济中的资本。

所谓资本循环，是指产业资本依次经过三个阶段，采取三种不同的职能形式使其价值得以自行增值的运动。这一运动的符号表示如下：

$$G—W\cdots P\cdots W'—G' \cdot G—W\cdots P\cdots W'—G' \cdot G—W\cdots P\cdots$$

其中，各符号的含义为：G 表示货币资本，W 表示商品资本，P 表示生产资本。资本循环的运动过程会无限递推下去。在产业资本不断运动的过程中，会出现三种形式的资本循环，即：

(1) 货币资本循环：$G—W\cdots P\cdots W'—G'$。
(2) 生产资本循环：$P\cdots W'—G'—W\cdots P$。
(3) 商品资本循环：$W'—G'—W\cdots P\cdots W'$。

如果把时间因素纳入其中，在货币资本循环中，第 t_1 期投入的货币为 G，到第 t_2 期形成的货币为 G'。这实际上是上述金融商品交易的基础。与此同时，在商品资本循环中，用第 t_1 期的货币价值表示投入的商品为 W'，在同期即交易到同等数量的货币 G'（即商品资本循环中的一部分：$W'—G'$），这实际上是上述实物商品交易的基础。当然，在商品资本家循环中，也可纳入时间，从第 t_1 期投入的商品为 W，到第 t_2 期形成的包括新的货币价值的商品为 W'。同时，把实物商品交易与金融商品交易联结在一起，即：

$$G—W\cdots P\cdots W'—G'$$

应用马克思的资本流通和资本循环理论，可以十分深刻地理解市场经济中各种商品交易的实质。不管是实物商品交易，还是金融商品交易，其中的基本要素是价值交易与价值增值。而价值增值的来源则与生产资本循环相关，与资本生产过程相关。可以说，马克思的资本流通和资本循环理论是整个经济交易的基本理论，由于本书只针对金融商品交易进行研究，因而马克思的理论也就构成金融商品交易的基础理论，从而也是互联网金融交易的基础理论，这一理论对于分析金融商品交易，以及互联网金融商品交易的本性、特征、内在机制、运作方式、职能和作用等具有重要意义。

此外，值得注意的是，马克思在《资本论》第三卷中，还以资本流通和资本循环理论为前提，对商业和银行等进行研究，也就是说，马克思进一步研究了商业中介、金融中介问题。运用马克思使用的符号，联系上面对实物商品交易和金融商品交易的表现形式，这种包括中介的实物商品交易形式与金融商品交易形式是：

实物商品交易形式：第 t_1 期，且仅在第 t_1 期，$G—$商业中介$—W$。

金融商品交易形式：第 t_1 期，$G—$金融中介$—W$；第 t_2 期，$W—$金融中介$—G'$。

当然，这里的商业中介和金融中介都是现实世界中的实体中介，如看得见的商店、百货公司、银行、借贷公司等。

同时，还可以依据资本循环与周转，把实物商品交易、金融商品交易和生产过程中的各种实体联结起来，即：

对实物商品交易来说，有：G—商业中介—$W \cdots P$（制造工厂）$\cdots W'$—商业中介—G'。

对金融商品交易来说，有：G—金融中介—W（为制造工厂发行的金融商品）$\cdots P$（制造工厂）$\cdots W'$（包含增值的金融商品）—金融中介—$G'(G+\Delta G)$。

显然，依据马克思的理论研究，上面所说的实物商品的交易形式、金融商品的交易形式，以及生产过程中的各种实体，是整个社会再生产过程的微观基础，与整个社会再生产相对应，金融的整体即构成金融体系。

第二节 互联网金融与互联网金融交易

一、互联网金融的含义

互联网金融是互联网与金融的结合，是借助互联网和移动通信技术，革新和创造新型货币，实现资金融通、支付和信息中介等功能，实施基于互联网的货币与金融政策的新兴金融行为，是在新的技术条件下，各类传统金融机构、新兴金融机构以及电子商务企业，同时还有传统的各种金融管理部门依托于其海量的数据积累以及强大的数据处理能力，通过互联网渠道和技术所提供的一系列金融活动的总和，如互联网货币、支付、征信、信贷、融资、理财、货币政策等。

互联网金融有狭义和广义之分。狭义的互联网金融仅指互联网企业开展的、基于互联网技术的金融业务，表现为在货币的信用化流通相关层面，其资金融通依托互联网来实现的方式方法。就目前来看，狭义的互联网金融往往局限于微观金融方面。广义的互联网金融既包括作为非金融机构的互联网企业从事的金融业务，也包括金融机构通过互联网开展的业务，同时还包括宏观经济当局利用互联网技术进行的相关政策与监管等，即具备互联网精神的金融活动统称为互联网金融。

互联网金融是一种新型金融业务模式。互联网金融是在实现安全、移动等网络技术水平上，被用户熟悉接受后，自然而然为适应新的需求而产生的新模式及新业务，是传统金融行业与互联网精神相结合而产生的新兴领域。

互联网金融概念在西方的使用状态。就互联网这一概念来说，1995年美国联邦网络建设委员会（FNC）将已经相互联结为一体实现商业化用途的世界万维网等统一称为互联网（internet）。而对互联网与金融业务的结合有多种表述：互联网金融（internet finance）、电子金融（electronic finance 或者 E-finance）、在线银行（online bank）、电子支付（electronic payment）、美国的电子银行服务（electronic banking service）、英国的电子支付（electronic means of payment）、德国的网络银行（direct banking，又称直销银行）、直接销售保险商（direct-selling insurers）、美英及欧盟的电子货币（electronic money）、数字金融（digital finance）等。最近又有一个新提法：金融科技（fintech，或 fintech）等。与此同时，欧美学术界也使用相关概念，如瓦尔夫和普格赛尔(2001)较早使用 electronic finance，安东尼·F. 赫尔伯斯特(2001)在其论文关键词中较早使用 internet finance 和 E-finance(这可能是欧美较早出现的"互联网金融"这一提法)，贝斯特(2005)在其论文题目中明确提及 internet finance 这一提法或概念[1]。

互联网金融概念在中国的使用状态。关于互联网金融的表述，较早就已出现，这与汉语组词的特性有关，这也是中国语言文字与欧美、阿拉伯、非洲、拉美等各地区语言文字的不同之处，如梁循等在 2006 年和 2009 年出版的著作名称中，就有"互联网金融"这一名词[2]。当然，汉语组词可能不会成为一个特定概念，一般来说，"互联网金融"作为一个被定义的特有的概念出现在 2012 年。在 2012 年 4 月 7 日金融四十人年会上，谢平(中国投资公司副总经理、中国金融四十人论坛常务理事会副主席)首次提出了"互联网金融"概念。2012 年 8 月 24 日，中国平安董事长马明哲在中期业绩发布会上证实正在与阿里巴巴的马云、腾讯的马化腾筹划成立互联网金融公司。2012 年以来，持续升温的互联网金融热浪引起了国内学界的广泛关注，"互联网金融"作为一种学术概念开始频繁出现在各种中文研究文献当中。中国人民银行发布的《2013 年第二季度中国货币政策执行报告》首次在官方文献中提到"互联网金融"，随后的 2014 年国务院政府工作报告中也提及该名词，这标志着互联网金融的概念正式得到官方的认可。

关于互联网金融是否是一个独立的概念与范畴，以及所包括的内涵等目前仍有争论[3]。在众多国内学术文献中，谢平等(2012)认为，互联网金融模式是既不同于商业银行间接融资，也不同于资本市场直接融资的第三种金融融资模式。吴晓求(2014)认为，互联网金融指的是以互联网为平台构建的具有金融功能链且具有独立生存空间的投融资运行结构。不过值得注意的是，国内金融界所称的互联网金融涉及支付、信贷、基金等各类金融业态，由本质特征截然不同的多种金融服务构成，并不构成第三种独立的投融资模式，其功能也不仅仅局限于投融资。有鉴于此，谢平等(2014)提出了一个更为宽泛的定义，认为互联网金融是一个具有前瞻性的谱系概念，涵盖受到互联网技术和互联网精神影响，从各类金融中介和市场，到瓦尔拉斯一般均衡对应的无金融中介或市场情形之间的所有金融交易和组织形式，是一个弹性很大、极富想象空间的概念。周宇(2013)认为，从广义上讲，通过或依托互联网进行的金融活动和交易均可划归互联网金融，既包括通过互联网进行的传统金融业务，也包括依托互联网创新而产生的新兴金融业务。杨涛(2014)则在《冷眼看互联网金融热潮》中提出，可从货币经济学与金融经济学两个层面来看互联网金融，重点分析典型的互联网金融业态和要素对于现有金融功能的影响，互联网金融的研究重点，也跳不出两大学科体系的既定框架，要真正认清其背后的创新价值和风险特征，必须从货币金融体系的基本功能着手加分析。

也有一些学者对互联网金融作为一个独立概念的必要性提出了质疑。殷剑峰(2014)

---

[1] 参看黄卫东：《互联网金融创新》，新华出版社，2015 年 12 月。
[2] 参看梁循、杨健、陈华：《互联网金融信息系统的设计与实现》，北京大学出版社，2006 年 10 月；梁循：《互联网金融信息智能挖掘基础》，北京大学出版社，2009 年 7 月。
[3] 参看董昀、李鑫：《互联网金融的发展：基于文献的探究》，载《金融评论》，2015。

认为，互联网金融是电子金融的一个类别，其本质无非是利用互联网来提供金融服务，互联网金融概念被热炒的背后是一些互联网企业希望借此进入金融行业。戴险峰(2014)进一步认为，中国的所谓互联网金融业务，只是传统金融在监管之外的一种生存形态，互联网只是一种工具。金融的本质没有变，也没有产生可称作互联网金融的新金融，互联网金融的提法并不科学。

互联网金融作为新出现的一个概念，其复杂性使得其内涵界定有一定难度，但这丝毫未影响学者们对其的研究热情。通常认为，这一研究热潮开始于2013年，从期刊文献来看，截至2013年7月，中国知网上关于互联网金融的文章仅100余篇，而到2014年10月，这个数量则飙升至1000余篇，其后更是成倍增加。

二、金融科技和科技金融

"金融科技"这一名词来自欧美①，FinTech(或Fintech)是financial technology的缩写。顾名思义，它结合了金融服务(financial services)与信息科技(information technology)。一些文献认为，美国华尔街从20世纪80年代就开始使用金融科技这个名词，当时主要指金融机构计算机化的程度、研发新型金融产品和设置ATM方便客户等方面。20世纪90年代中期后，这一名词才开始流行。在2003年美国American Banker开始公布全球"FinTech100强"，同时认为进入21世纪后，出现了"FinTech革命"②。不过也有文献认为，这一合成名词起源于20世纪90年代花旗银行的一个发展项目"金融服务技术联盟"③。此外，还有文献认为2011年才正式出现FinTech这一提法④。

金融科技在国外，特别是美国和英国广泛使用，互联网金融是国内独有的概念，虽然目前在美国等国家也开始出现。互联网金融与金融科技二者有着内在的联系。在维基百科上，对金融科技的定义是一种经济产业，这种产业由一群利用技术让金融服务更加便捷的公司组成。不过，维基百科上没有互联网金融(Internet Finance，或简称ITFIN)的概念。在百度百科上对互联网金融的解释是：传统金融机构与互联网企业利用互联网技术和信息通信技术实现资金融通、支付、投资和信息中介服务的新型金融业务模式，是传统金融行业与互联网技术相结合的新兴领域。就其概念来看，两者含义相差不大。

也有一些文献认为这两个概念不同：互联网金融可以看作金融业务科技化特定阶段的特定概念，并且更多是指一种商业模式，而金融科技更偏向于互联网科学与技术及其在金融领域的应用，如在金融体系融入智能机器人、VR、生物验证技术等更多元的科技因素，因而一般认为金融科技包括的范围可能更广。例如，在2016年博鳌亚洲论坛上，会议代

---

① 不过有文献认为，这主要是美国的概念，在英国则称为"补充金融"(Alternative Finance)，参看黄卓、王海明、沈艳、谢绚丽：《金融科技的中国时代：数字金融12讲》，中国人民大学出版社，2017年7月。
② 参看李仪坤：《FinTech 2.0：金融科技颠覆金融业的游戏规则》，广东人民出版社，2017年7月。
③ 参看谢平、邹传伟：《FinTech：解码金融与科技的融合》，中国金融出版社，2017年8月。
④ 参看赵鹞：《什么是金融科技》，载《财新网》，2016年6月14日。

表吴晓求认为目前太多的互联网金融公司热衷于拿牌照，而京东金融则回应说，它们不是互联网金融公司，而是金融科技公司。再如，在2016年7月2日由中国互联网金融协会主办的"互联网金融从业机构高管系列培训（第二期）"上，刘向民明确指出，应划清金融和金融科技的界限，金融科技不直接从事金融业务，要与持牌机构合作才能从事金融业务，主张抛开表面属性，从业务模式出发进行监管。一些文献认为，互联网金融只是金融科技1.0，其后的2.0等就不是互联网金融，而是别的，也就是说，金融科技是一个远远大于互联网金融的概念[1]。

近年来，美国硅谷和英国伦敦的互联网技术创业公司将一些信息技术用于理财、非银行支付交易的流程改进、安全提升，后来这些科技初创公司将大数据、车联网（IoV）、物联网（IoT）、人工智能（AI）等各种最前沿的信息与计算机技术应用到证券经纪交易（brokers）、银行信贷（lending）、保险（insurance）、资产管理（Wealth or asset management）等零售金融业务领域，形成不依附于传统金融机构与体系的金融IT力量，并独自发展起来。在一些金融科技企业看来，金融科技主要是利用大数据、云计算、区块链、人工智能等互联网创新技术进行风险控制和平台管理，金融科技的起点是智能投顾[2]。

目前，金融科技还没有认可的正式的定义，下面是对相关文献总结后给出的一个概括的定义：狭义的金融科技是指非金融机构运用移动互联网、云计算、大数据、人工智能等各项能够应用于金融领域的技术重塑传统金融产品、服务与机构组织的创新金融活动。从事金融科技的非金融机构普遍具有低利润率、轻资产、高创新、上规模、易合规的特征。广义的金融科技是指技术创新在金融业务领域的应用。

与金融科技相关的另外一个概念是科技金融，在金融科技（FinTech，或Fintech）这个概念在中国出现之前，中国就有科技金融的概念，科技金融是指科技产业与金融产业的融合[3]。经济的发展依靠科技推动，科技产业的发展需要金融的支持，由于高科技企业通常是高风险的产业，同时融资需求比较大，因而需要金融产业对这类科技企业融资活动给予关注。可见这一概念与上述广义的金融科技正好是一对相辅相成的概念，金融科技是一些技术创新在金融产业中的应用，而科技金融则是指金融产业为具有一些高新技术的企业进行融资，以帮助这些企业发展。不过，也有一些学者认为，由于需要对一些创新型技术的企业和事业进行融资，因而科技金融中的金融也需要拥有一些新的技术与方法，即由金融创新与技术创新相互匹配[4]。显然，这种在科技金融中的金融创新也包括金融科技的一些方式和方法。

---

[1] 参看周伟、张健、梁国忠：《金融科技》，中信出版集团，2017年8月。
[2] 对金融科技在欧美一些领域的理论研究与实践应用的介绍，可参看克里斯·斯金纳：《FinTech：金融科技时代的来临》，中信出版社，2016年8月；保罗·西罗尼：《金融科技创新》，中信出版社，2017年3月；苏珊娜·奇斯蒂、亚诺什·巴伯斯主编：《Fintech：全球金融科技权威指南》，中国人民大学出版社，2017年9月。
[3] 参看百度百科的科技金融条目。
[4] 参看连平、周昆平：《科技金融：驱动国家创新的力量》，中信出版集团，2017年7月。

三、互联网金融的运作基础

互联网金融近些年的快速发展并非偶然,其背后是以互联网技术、社交网络应用、信用环境和法制环境的不断发展和完善为支撑的。

一是信用为前提。互联网金融通过构建虚拟信用平台,加速金融中介消亡,为更广泛的金融需求创造信用。比如,对于小微企业来说,由于缺乏信用评估和抵押物,往往难以从传统金融机构获得融资支持,而通过互联网数据发掘,可以充分展现小企业的"虚拟"业务轨迹,从中找出评估其信用的基础数据及模式,由此为小微企业信用融资创造条件。

二是信息为核心。互联网最重要的功能之一就是提供信息支撑。在信息接入方面,由于互联网的快速发展,信息接入变得更加容易,客户接触和服务的渠道由实体向虚拟转移;在信息处理方面,包括搜索引擎和即时通信的后台大数据处理能力的提升,使市场的信息不对称大大降低。同时,依托海量数据的深度挖掘,大大降低了客户网络行为分析、消费行为分析、消费心理分析的成本,降低了客户违约风险,提高了金融资源的配置效率。

三是技术为基础。互联网金融的发展离不开现代互联网技术的支持。比如,海量数据挖掘技术实现了客户的精准分析和风险控制;云计算技术实现了数据集中处理和安全存储;动态交互技术保障资金融通的即时完成;搜索引擎技术实现了对大量信息的有效过滤和查找;安全技术使隐私保护和交易支付顺利进行。

四是法制为保障。互联网金融的发展离不开个人信息保护、信用体系、电子签名、证书等体系的建设,互联网金融涉及的支付技术、客户识别技术、身份验证技术等技术环节涉及公民权益甚至国家安全,这些都需要健全的法制体系作为保障。同时,互联网金融的发展对跨种类金融机构、跨市场金融活动、跨时空交易的统一协调监管也提出了更高要求。

四、互联网金融的交易形式

互联网金融的交易形式可与电子商务进行比较,这类似于一般的金融交易形式与实物商品交易形式的比较。

在英文中,电子商务这一概念有两种,一是 eleetroni ceommeree(简称 EC),二是 eleetronie business(简称 EB)。EC 指的是顾客和服务提供者以及商家(包括商店、商场等)之间的商务关系,如顾客在网络上购买电子商店的商品,用户在网上享受服务商提供的服务等。EB 指的是一种更为广泛的商业关系,包括企业内部商务关系、供应链关系、客户关系、在线交易服务等一系列的商务活动内容,既涵盖了顾客与服务提供者之间的商务关系(即 EC),也包括了服务提供者与商家与生产商之间的商务关系,生产商与原材料商之间的商务关系,商家、生产商和原材料生产商与政府部门之间的商务关系等各种商务活动联系,它是现实社会中存在的各种各样商务关系和不同实体之间的商务关系的具体体现。

在上述实物商品的交易形式中,假设交易在两个经济主体之间进行,两个交易主体为 A 与 B,A 手中拥有商品 X,B 手中拥有商品 Y。他们在市场上相遇并相互交换手中的商品。在货币普遍使用的情况下，商品 X 或者商品 Y 都可以表示成若干单位的货币 G。从而他们之间的交易也可以是以 A 拥有的货币与 B 拥有的商品交换，或者以 B 拥有的货币 G 与 A 拥有的商品 X 相互交换。后一种实物商品交易在现实中是常见的状态。同时，实物商品现实的交易形式是由商业中介居于两个交易者之间来进行的，这些商业中介包括商店、百货公司、超市等机构。电子商务可以看成以电子交易网络平台代替了那些线下的商业中介，由此形成的通过互联网进行商品交易的形式。假设网络平台（或互联网平台）为 Z，以货币介于其中，则网络平台的两种具体的操作形式如下：

（1）与线下商业中介类似，网络平台 Z 首先用货币与经济主体 B 进行交换，获得商品 Y，然后再把商品 Y 与经济主体 A 进行交换（如亚马逊等）。其交易形式为：

$$\begin{array}{ccc} A & Z & B \\ t_1 \quad G & \Leftrightarrow \quad (Y \quad G) \quad \Leftrightarrow & Y \end{array}$$

不过即使与线下商业中介类似，但其交易过程则使用电脑和手机等终端设备，并通过这些设备与网络平台 Z 相连接，网络平台 Z 存储了所有交易的信息，即所有数据。

（2）与线下商业中介不同，网络平台 Z 仅仅发布相关商品的各种信息，还对相互交换的主体 A 和 B 进行沟通，由此促成 A 与 B 之间的交易（如阿里巴巴等）。其交易形式为：

$$\begin{array}{ccc} A & Z & B \\ t_1 \quad G & \Leftrightarrow \quad 终端设备显示的商品信息 \quad \Leftrightarrow & Y \end{array}$$

其中，交易过程使用电脑和手机等终端设备，并通过这些设备与网络平台 Z 相连接，网络平台 Z 存储了所有交易的信息，即所有数据。同时，在对商品购买时，货币会通过一种支付渠道进行支付，在阿里巴巴的场合，这种支付渠道是支付宝。这是所谓的电商金融的一个组成部分，也是广义互联网金融的一个形成部分。

除了上述以电子商务支付为基本内容的电商金融外，互联网金融交易的一般形式与一般金融交易形式相似，但中介不是银行、证券公司、保险公司等机构，而是网络或互联网。设 Z 为网络平台，则交易形式为：

$$\begin{array}{cccc} & A & 网络平台 Z & B \\ t_1 & G & H \quad G & H \\ t_2 & H & G+R \quad H & G+R \end{array}$$

不管是哪种交易形式，这种经智能终端为基础进行的交易都不是人与人的直接交易，而是某个人的智能终端以及另外一个人交易的智能终端介入其中，其互联网平台则往往使用程序化交易软件和 APP 等促使这些智能终端相互联结起来，由此促使交易取得成功。目前在网络上已经有大量的程序化交易软件，如文华赢智程序化交易软件、交易开拓者程序化交易软件、金字塔交易系统等，当然，对于独特的交易形式，也可开发相应的程序化交易软件[①]。

---

① 关于程序化交易软件的具体设计的一个例子，可参看苏国飞：《远达借贷公司定制化财务管理软件设计与开发》，大连海市大学硕士论文，来自《中国知网》，2015 年 11 月。此外，关于程序化交易软件的利弊，以及如何在教学实验中选择程序化交易软件进行教学实验，可参看高祥宝：《程序化交易实验教学设计》，载《实践技术与管理》，2015(6)：211-216。

同时，这种交易形式导致其交易过程中会使用多种计算机科学和通信等方面的新型技术，不仅具有一般线下金融的交易技术，而且也有网络方面的许多新型的技术，如IT技术、编程技术、密码技术、各种算法、复杂网络技术、物联网、云计算、大数据分析、人工智能，还有后面第三章介绍的区块链等。

依据前述马克思的资本流通和资本循环理论，运用马克思使用的符号，把网络平台等纳入实物商品交易形式与金融商品交易形式中，则有：

实物商品交易形式：第t_1期，且仅在第t_1期，G—电子商务平台—W。

金融商品交易形式：第t_1期，G—互联网金融平台—W；第t_2期，W—互联网金融平台—G'。

这里的电子商务平台和互联网金融平台是一些利用计算机信息技术的网站、网络服务器、编程技术、各种算法等。

同时，还可以依据资本循环与周转理论，把实物商品交易、金融商品交易和生产过程中的各种智能过程联结起来，即：

对实物商品交易来说，有：G—电子商务平台—W…P（制造工厂：工业4.0、智能制造、物联网等）…W'—电子商务平台—G'。

对金融商品交易来说，有：G—互联网金融平台—W（制造工厂发行的金融商品）…P（制造工厂：工业4.0、智能制造、物联网等）…W'（包含增值的金融商品）—互联网金融平台—G'（G+ΔG）①。

第三节　互联网金融的基本特征

相对于传统金融或线下金融，可从宏观、微观以及环境等方面对互联网金融的特征进行归纳和说明。

一、互联网金融在宏观方面基本特征

（1）金融模式。在传统金融模式中，金融服务实体经济的最基本功能是融通资金，是将资金从储蓄者转移到投资者手中。资金供需双方的匹配（包括融资金额、期限和风险收益匹配）通过两类中介进行：一类是银行，对应着间接融资模式；另一类是股票和债券市场，对应着直接融资模式。这两类融资模式对资源配置和经济增长有重要作用，但也产生了很大的交易成本，直接体现为银行和券商的利润。

---

① 在这种相互连接中，除了电子商务中的电商金融、互联网金融外，还会出现更多的金融活动，如物联网金融等。一些学者认为，物联网金融大于互联网金融，是互联网金融的进一步发展。可参看阙方平、朱新蓉：《物联网金融制度变迁研究》，中国金融出版社，2017年3月。还有一些文献强调了供应链金融，把商品生产、商品交换与商品流通，以及商品消费等经济过程的金融相互联系起来，可参看宋华：《互联网供应链金融》，中国人民大学出版社，2015年12月。

在互联网金融模式中，以互联网为代表的现代信息科技，特别是移动支付、云计算、社交网络和搜索引擎等，对金融活动产生根本影响。出现一个既不同于商业银行间接融资、也不同于资本市场直接融资，而是融和直接融资和间接融资的新型融资模式。在这种模式中，互联网金融企业既参与直接融资，也参与间接融资。在直接融资中，它可以单纯地充当平台和场所，为融资者和投资者提供市场，进行交易，或是提供交易所需要的信息服务，促使资金供需双方成功交易。同时，在间接融资中，它可以对金融中介这种间接融资方式起到辅助补充的作用，如金融搜索作为银行的网上营销方式，也可以直接充当中介的角色，如电商金融连接起投资者与融资者。

（2）普惠金融。互联网金融天生具有"开放、平等、协作、分享"的互联网精神，这导致互联网金融具有包容性、普惠性的特点，互联网金融也因此而被称为"草根金融"。互联网金融降低了传统金融行业的门槛，具备灵活性、便捷性和可得性的特征，能够充分利用被传统金融市场所忽略的长尾市场，极大拓展了金融服务的广度和深度，更加有利于金融市场发挥资金融通的功能，提高金融市场资源配置的广度与深度。同时，互联网金融进一步扩大了生活场景，增强金融活动的体验感和趣味性，有利于开拓传统金融行业忽略的长尾市场，有利于培养客户的忠诚度。同时，和传统金融相比，互联网金融覆盖较广，客户能够突破时间和地域的约束，在互联网上寻找需要的金融资源，金融服务更直接，客户基础更广泛。此外，互联网金融的客户以小微企业为主，覆盖了部分传统金融业的金融服务盲区，有利于提升资源配置效率，促进实体经济发展。

正是由于具有普惠金融的性质，互联网金融发展十分快速。以余额宝为例，依托于大数据和电子商务的发展，余额宝的规模获得快速增长。在2013年余额宝上线仅仅18天，累计用户数达到250多万，累计转入资金达到66亿元。在余额宝运行半年后，以余额宝为基础的天弘基金的规模达到500亿元以上，成为中国最大的货币基金，目前，该基金已经超过美国最大的基金公司，成为世界上最大的基金。

（3）新型中介。金融市场的基本功能是实现资金的融通，即迅速高效地将货币资金从储蓄转化为投资，从而实现资源的有效配置，为实体经济发展服务。在传统金融市场中，由于信息不对称的存在，资金的有效融通在很大程度上需要依靠金融中介。金融中介之所以存在，主要是因为金融中介可以通过专门技术和规模效应降低资金融通的成本，同时，金融中介通过专业的信息收集和处理能力，能够有效降低因为信息不对称而导致的逆向选择和道德风险。当前金融市场中，商业银行和资本市场是两类主要的金融中介，在资金的供求双方进行融资金额、期限和风险收益的匹配。

互联网金融的出现，为金融市场提供了一种不同于商业银行和资本市场新型金融中介。互联网金融充分利用大数据信息的收集和处理优势，充分降低金融市场的信息不对称程度。利用互联网技术使得资金供求双方进行合理的匹配，资金供求双方在互联网金融平台中进行直接交易从而使得银行、券商的中介功能不断淡化。

（4）信息金融。有效开展金融活动的基础之一是具有充分的信息，信息是金融机构进行信用评估和风险定价的必要条件。在互联网时代，互联网已经渗透到人们日常生活和工作的方方面面，人们在互联网上留下了海量结构化和非结构化的信息。这些信息包含个人和企业的历史交易记录、信用记录、客户交互行为等多方面的内容，为金融市场的信用评估和风险定价提供了丰富资源。

互联网金融模式相对于传统金融模式，在信息的挖掘和分析方面具有极大的优势，通过大数据的收集和云计算的处理，区块链技术的使用，使得互联网金融参与者的信用状况更加透明，金融市场的信息不对称程度极大降低，信用评估和风险定价变得简单高效，降低了市场的参与门槛，大大拓展金融服务的广度和深度。

(5) 碎片金融。在现代经济社会中，在经济的快速发展和人们生活节奏的不断加快的同时，社会生活中的每个人也出现大量的、零碎的时间和资源，时间碎片和资金碎片越来越大。把这些零碎的、闲置的时间和资源汇集起来，可以创造出更多的价值。互联网技术的发展为充分利用这些闲置的"盈余"时间和资源创造了技术条件。

对在信用水平、资金规模和时间成本存在较大差异的客户群体，传统金融很难满足其资金的供求需要。互联网金融充分利用互联网技术，可以有效整合和利用零碎的时间碎片、资金碎片等零碎资源，积少成多，汇集成巨大的资源从而实现规模效益。碎片金融的时间效应非常明显，无论是在买卖支付过程还是在借贷、理财过程，都存在着大量的时间碎片，在任何时间碎片里，都可以完成金融交易。同时，互联网金融的各项业务都是在互联网平台进行，可以为客户提供更多较短期限的金融产品，大大降低了资金的时间成本。

(6) 宏观监管。银行业和其他金融机构，如保险业、证券业等由于其高回报、高风险的特点以及高杠杆率历来受到相应机构（银监会、保监会）的严格监管和控制。虽然第三方支付获得了中央银行颁发的牌照，成为正规的非金融支付机构，纳入了监管的范围。但是大部分互联网金融平台，缺少相关法律的规范，行业自律性差，存在着监管模糊问题，制约着它们的进一步发展。一方面，监管模糊使得一些互联网金融平台能够利用监管套利获取高额的利润；另一方面，由于其监管和法律的缺失也导致了其不确定性风险，造成监管部门对其形成高警惕性。如果互联网金融有一天被纳入监管体系之中，其监管成本的上升与内部风险控制的严格要求，又有可能使其不再像当前以如此之高的回报率来吸引客户。

二、互联网金融在微观方面基本特征

(1) 资源匹配方式。传统金融的具体形式如银行、投资银行等作为中介匹配资金借入方和借出方；互联网金融的资金供需信息则可直接在网上发布并匹配，供需双方直接联系和交易，不需要经过银行、券商或交易所等中介。

互联网金融模式下资源匹配方式的特点是：资金供需信息直接在网上发布并匹配，供需双方直接联系和匹配，不需要经过银行、券商或交易所等中介。由于互联网金融可以绕过银行等传统金融中介，因此相对于传统的通过银行进行融资的方式，在互联网金融渠道下，资金供需双方更加透明化、对称化，交易不对称的程度大大降低了。

在这种资源匹配中，互联网金融企业具有十分强大的客户需求掌控能力。互联网金融具有传统金融不可比拟的优点就是，它拥有搜索引擎、大数据、社交网络和云计算。这些使得互联网金融的市场信息不对称程度非常低。它可以将碎片化信息进行组合，根据任何人的碎片化信息做产品信息的挖掘和产品推导，有效地拉近商家和供应商之间的关系，利用大数据技术从中挖掘商机，互联网金融有效缓解了资源匹配中的问题。

（2）运营成本。与传统金融企业相比，互联网金融企业的运营成本较低。互联网金融的交易双方在资金期限匹配、分担成本非常低，在互联网金融市场中，传统的银行、券商和交易所等中介都不起作用，贷款、股票、债券等的发行和交易以及券款支付直接在网上进行，资金供求双方可以通过网络平台自行完成信息甄别、匹配、定价和交易，无传统中介、无交易成本、无垄断利润。一方面，金融机构可以避免开设营业网点的资金投入和运营成本；另一方面，消费者可以在开放透明的平台上快速找到适合自己的金融产品，削弱了信息不对称程度，更省时省力，具有成本的压缩性。在互联网金融模式下，无论是个人还是企业都有机会通过网络平台参与到相关的金融交易中，交易成本和参与成本都大大地压缩了。

互联网金融业务主要由计算机处理，操作流程完全标准化，客户不需要排队等候，业务处理速度更快，用户体验更好。如阿里小贷依托电商积累的信用数据库，经过数据挖掘和分析，引入风险分析和资信调查模型，商户从申请贷款到发放只需要几秒钟，这种有效的设计大幅减少了交易成本，而且透明度更强、参与度更高、操作上更便捷。阿里小贷日均可以完成贷款1万笔，达到较高的经营效率，成为与工业流水线生产类似的信贷工厂。一些学者甚至认为，通过有效的设计，互联网金融市场可接近一般均衡定理描述的无金融中介状态，从而可节省金融中介所有成本。

（3）利润表现。与传统金融企业相比，互联网金融企业的利润率较低。在互联网时代，人们越来越容易得到各种信息，以信息为载体的服务的费用也越来越低，甚至出现免费化趋势。互联网金融企业往往采用互联网平台商业模式，改造、提升传统金融服务及产品，以获得强大的网络效应。在平台商业模式下，平台的用户规模必须达到一个特定的门槛，才能引发足够强度的网络效应吸引新的用户加入。在网络效应的正向循环作用下，用户规模有望实现内生性的持续高速增长，从而使得整个平台能够自行运转与维持，该用户规模门槛被称为临界数量。同时，由于用户的多边属性，导致平台的各类服务及产品的生命周期都较短，只有平台持续创新，推出新的所谓爆点产品，才能形成有效的、持续的用户锁定。因此，互联网金融企业不得不更重视资源投入的效率，整体上只能维持相当低的利润率，而不是将考核重点放在企业的收入或盈利水平上。

（4）企业资产。因互联网金融企业利润率低，故其只能选择轻资产的规模增长路径。这里的"轻资产"不仅指金融科技公司只需要很低的固定资产或者固定成本就能开展业务，还指其成本关于业务规模的边际递减使得其能够以低利润率支持大规模的发展。与此同时，互联网金融企业充分利用技术优势，在其展业初期，普遍使用现成的基础设施，如银行账户体系、转接清算网络、云计算资源等，甚至发挥其独特的平台商业模式优势，用"羊毛出在狗身上"的方式将业务成本转嫁到第三方，从而最小化其运营成本。

正因为互联网金融企业资产轻，不像传统金融那样"笨重"，使得其战略选择、组织架构、业务发展更加灵活，易于创新创造。互联网金融企业在"基因"上继承了互联网公司"不创新则死"的特点，其低利润率和轻资产的特性在客观上也为其营造了易于创新的土壤。它们将各种前沿技术与理念拿到金融领域去试验、试错，快速迭代产品，急于推出具有破坏性创新（disruptive innovation）的产品，这已经超越了传统金融语义下的金融市场与产品层面的金融创新。

（5）企业规模。互联网金融企业一般起步门槛较低，需要毫不保留地发挥网络效应以获得快速增长的能力，并且由于其采用的创新技术使得其业务规模爆炸性增长但不必付出对应的成本，反而其边际成本在递减，进一步促使其规模快速增长。

值得注意的是，互联网金融企业所使用的技术必须是能够支持业务快速增长的，哪怕这项技术足够创新，若不能或者需要长时间的培育才能形成快速增长的潜力，这项技术也不会被金融科技公司采纳，故而互联网金融企业的创新本质上是"拿来即用"，是应用层面的资源整合，很少会主动进行基础层面上的创造。这种使用技术的方式和方法也导致企业规模能够快速增长。

（6）定价机制。传统金融机构根据申请客户的信用记录、信用资质等信息依靠信用评价和贷款定价模型对其进行定价，它有着规范化和系统化的定价模型。

就互联网金融企业而言，不同融资平台的定价机制也略有差别。阿里巴巴在借贷上有点类似于银行等传统金融机构：吸收存款和发放贷款，其借贷利率具有规范性的条件和标准。不同于阿里的规范化利率，拍拍贷采用竞标方式来实现在线借贷过程。利率由借款人和竞标人的供需和市场决定，利率也会随着交易者的资质而有所差异。借款人将自己的借款信息放置在平台上，网页上会有该借款人借款进度以及完成投标笔数的显示，这种借款要求类似于一种货币商品，其价格的形成采用竞拍的方式进行。竞标人拍得这种货币商品，实际上是得到的是对一定利息回报的承诺，中标人一般是多个，这样做的目的在于分散风险。以点名时间为代表的众筹平台对投资者的投资额度并没有条例规定，其结果更偏向于在募集期内筹集的资金到达目标，否则就是流标失败。因此，其价格的形成相对随机。

（7）营销方式。互联网金融是互联网发展到一定阶段的产物，也是网络营销的最佳实践者。它依托互联网平台开展业务，后台以强大的互联网技术作为支撑，主要通过网络平台客户端和手机银行的方式进行营销，营销从过去的被动式在互联网金融时代逐渐转变为互动式。正是由于其虚拟性经营及网络式营销的特点，它的交易成本、参与成本、营销成本等相对于传统金融的实体经营方式都能够压缩到最低，网络点对点服务的特点也使得它大大降低了交易成本的非对称性，经营呈扁平化。同时，互联网金融在对大数据信息充分挖掘的基础上，可以实现精准营销和个性化定制金融服务，这将大大拓展金融服务的广度和深度。

这与传统金融企业不同。传统金融主要是通过实体的运营网点向客户提供面对面的服务，积累了大量关系型客户，并利用关系来销售产品。其服务的对象主要集中在规模较大、信誉度较高的企业，对于这些大企业更多倾向于定向营销的方式来维护这些能带来较高利润的大客户。虽然当前传统的金融化构也积极搭建起线上平台，但由于其受众群体仍然是原来积累的关系型客户，因此其运营和营销方式仍偏向于传统的关系型，只是渠道逐渐网络化了。

（8）信用数据。由于互联网金融的交易过程基本上是在线上平台完成的，并且不存在实体的交易场所，互联网金融融资的审核依据大多依赖于借款人以往的交易记录，信用数据队及用户提交的部分社会化信息（如身份证、户口本）等。互联网金融平台和金融企业由此积累个人信用信息，并逐步纳入系统化、体制化的征信体系之中。

在信息数据处理方面，传统金融的信息数据通过人工进行处理，信息不对称，且标准化、碎片化、静态化。互联网金融的信息处理和风险评估通过网络化方式进行，在云计算的保障下，资金供需双方信息通过社交网络揭示和传播，被搜索引擎组织和标准化，最终形成时间连续动态变化的信息序列，由此可以给出任何资金需求者的动态风险定价或动态违约概率，而且成本极低，即信息和数据处理具有高效性。许多电商企业凭借其长期积累的流量和用户数据，逐渐掌握了用户金融服务的需求和偏好，形成电商金融。在互联网金融中占据了较大优势。

（9）支付方式。传统金融采用的是物理网点分散支付，而互联网金融是超级集中支付系统和个体移动支付统一，具有便捷性。与互联网衍生出的创新事物一样，互联网金融具有便捷性，其中包括：第一，支付的便捷性。互联网金融模式支付的便捷性主要体现在支付的随时随地性，客户可以通过移动终端、电脑设备等进行货币资金的转移和支付，而不必经过银行营业厅这个环节。第二，流程的便捷性。互联网金融模式下，有需求的客户可以通过相关平台进行金融业务，如贷款业务，客户可以首先选择一个平台注册等待审批通过，而互联网借贷大大缩减了等待的时间，并且部分网络借贷过程绕过了银行，即金融脱媒，这两个方面使得整个货币交易的过程便捷化。

（10）风险控制。银行等传统金融机构的风险控制主要依靠于对那些客户严格的筛选，依据《巴塞尔新资本协议》的划分，银行的各类业务风险可以归为信用风险、市场风险和操作风险三类。商业银行全面风险管理可以将风险收益、风险偏好和风险策略有机结合起来，增强风险控制能力，提高对各种风险的整体应对处理能力，从而确保各项业务及资产负债的良性循环与发展。但是风险控制与信用评级所需要搜集的数据资料主要依靠于人工调查，信息成本和人工成本较高。

就互联网金融来看，由于金融交易的交割、完成地点主要在线上，因而会产生信用风险。同时，由于互联网金融的受众主要集中于那些信用资质较低的中小客户，那么其面临的违约风险也要高于商业银行，也因为这样，它的贷款利率也要高出很多，以作为其承担风险的风险溢价。此外，由于在线上进行交易，需要依托于互联网技术和信息处理技术，也会存在技术风险和操作风险。不过，在互联网金融发展过程中，支付技术、大数据、云计算以及移动技术等技术的不断完善，也带给互联网金融相对于传统金融的各种优势，如压缩了交易成本和参与成本，降低了信息非对称性等，同时依赖于网络技术的不断完善和优化，利用高效的数据处理分析，掌握数据的变化，对客户进行实时监测控制，也可以降低了相应的风险。

三、互联网金融与传统金融在外部环境方面的比较

通过对互联网金融与传统金融在外部环境比较，可以明确互联网金融在外部环境方面的特征。

（1）技术环境：互联网技术等的发展。

互联网技术一直是互联网金融得以发展的基础，也是其核心优势所在。互联网金融的

本质是通过信息技术提升和改造传统的金融服务模式，创新了传统的金融服务方式和金融产品供给。信息技术降低了对大量数据信息的处理成本，提高了效率，使得原来因为银行收集信息而产生的高成本而被拒绝的部分客户得到了金融服务，从而拓宽了金融服务的受众群体。技术环境推动了互联网企业向金融行业的多元化发展。对于传统的金融机构而言，技术带来的既是机遇也是挑战。近年来，技术环境的不断变革与发展促使传统金融机构也不断进行技术革新，积极构建其网上平台，并谋求线上线下统一发展。

(2)社会环境：用户消费习惯的变化。

随着互联网的不断发展，人们的生产与生活越来越与互联网密切相连，形成信息社会。互联网导致传统的工业社会发生变化，就像工业社会导致传统的农业社会发生变化一样。作为这种变化表现之一是互联网产品，与传统产品相比，互联网产品的优势在于注重用户的体验与需求，注重消费的快捷与方便，在于社会生活的场景化服务。这些都是传统产品难以企及的。就金融产品来说，如使用支付宝等第三方支付进行的支付活动，就与传统银联刷卡等支付方式不同，这种变化对于互联网金融来说具有重要意义。

当然，目前社会整体的用户消费习惯仍然偏向于利用传统金融机构，但是从发展趋势来看，企业(尤其是小微企业)与个人对互联网金融服务的认可度日益上升，社会消费主体也呈现年轻化趋势，这显然有利于互联网金融的发展，并对传统金融方式产生冲击与挑战。

(3)经济环境：互联网经济的增长。

互联网经济是指以经济全球化和信息技术革命为背景，将个人电脑、互联网以及电子商务等高新科技广泛运用于经济领域的新型经济体系。互联网经济是基于互联网所产生的经济活动的总和，在当今发展阶段主要包括电子商务、互联网金融、即时通信、搜索引擎、社交网络、网络游戏等类型。互联网经济是信息网络化时代产生的一种崭新的经济现象。

在互联网经济时代，经济主体的生产、交换、分配、消费等经济活动，以及金融机构和政府职能部门等主体的经济行为，都越来越多地依赖信息网络，不仅要从网络上获取大量经济信息，依靠网络进行预测和决策，而且许多交易行为也直接在信息网络上进行。这种变化，不仅导致许多互联网企业的形成与发展，而且也导致传统企业也把相关活动放到互联网上面，在互联网中寻求发展。

在互联网金融领域，也表现出相同的变化趋势。以支付为例，根据中国支付协会提供的数据，传统金融业的互联网化年均增速为25%，在电子支付市场的相对占有率达到90%以上。不过，与此同时，包括电商在内的互联网企业数量则以110%的速度扩张，虽然在支付市场的占有率依旧不足10%。总的来说，传统金融呈现基数大，但增速疲软；互联网金融企业所占比重较小，但增长迅速。

(4)政策与法律环境：与互联网金融相关的政策法规的增加。

中国目前主要的政策与法规是针对线下实体经济与金融。例如在监管方面，商业银行等传统金融机构历来受到央行的严格监管，如准备金、风险资本等必须符合巴塞尔协议以及国家相关法律的规定，相关交易流程与风险控制都要实行规范化、标准化，控制力度大。

不过，随着互联网金融的发展，国家针对互联网金融的政策与法规也在逐步增加。例如 2015 年提出具有重要意义的"互联网+"政策，借此促进互联网金融与银行的进一步融合发展，提高中国金融的包容性。以此为背景，银监会也不断采取相关措施促使银行等金融机构采取大数据等技术简化融资流程，降低融资费用以优化融资过程，强调解决小微企业融资难的问题。从受众的角度来看互联网金融的网络借贷确实能够更好地缓解了长期未能在银行得到满足的中小微客户的资金需求，这种政策和法规的变化可以推动互联网金融的进一步发展。

第四节　互联网金融的形成与发展

一、金融发展史简要说明

金融市场和金融行业随着世界经济社会的发展而不断进步，同时也会反过来塑造现实世界的历史[①]。在历史发展最初一段时间内，金融主要表示人们使用货币与相互进行借贷等行为。一些生产货币与从事借贷的经济主体，即是金融业者。在人类历史的相当长的一段时间内，金融业都处于社会的边缘，在农业社会中，最主要的产业是农业和手工业，商业虽然存在，但不占主要地位。当人们进行商品交易时，主要使用黄金和白银等金属货币充当价值尺度和交易媒介，并在必要的时候相互进行借贷，在相互借贷过程中，黄金与白银则充当支付手段。这一时期，黄金等仍然是最重要的货币，直到 19 世纪后期，都是这样。

在 16—17 世纪的欧洲，出现了近代的科学技术。关于金融商品的利率计算，对数学中的对数和级数等的发展起到了推动作用。而这反过来，也为 17—18 世纪第一次金融革命的出现准备了条件。在第一次金融革命中，出现了许多新型的信用工具，如钞票、汇票、记名期票、信用证、支票、股票和公债等金融商品，这些金融商品的出现减少了黄金等金属货币的数量，扩大了金融市场的范围，增强了金融市场的作用。同时还出现了近代银行业从事清算与结算、支付和汇兑等活动，出现了股份公司和股票市场，以及债券市场等为商品生产和流通服务。这次金融革命的技术基础是当时的一些新型技术，如造纸技术、雕版印刷技术以及防伪技术等。这里的金融商品基本上是以纸张的形式来表示，相关金融商品的基本内容主要体现在纸张上的语言表述与收益计算等方面。显然没有这些技术上的进步，不可能出现金融革命。

第二次世界大战期间，电子计算机及其相关技术开始出现，并在第二次世界大战后获得快速发展，逐步形成计算机网络，出现互联网。信息技术的成就导致金融业也发生快速变化，一些重要的金融商品相继出现，金融市场的作用与功能日益扩展。这是 20 世纪 70 年代开始出现的第二次金融革命的技术基础。在第二次金融革命中，许多金融机构采用计算机进

---

① 参看蒂姆·奈特：《世界金融史》，中国人民大学出版社，2017 年 11 月。

行联网，这开启了后来称为金融互联网的浪潮。随着20世纪90年代信息高速公路的出现与发展，万维网技术的诞生与快速发展，电子商务出现和快速扩张，互联网金融也开始形成。

二、金融互联网与互联网金融

金融互联网即是指传统金融的互联网化。具体来说，金融互联网可定义为传统金融对互联网技术的应用，传统金融的互联网技术升级，是传统金融机构对互联网技术的运用，是金融产品与业务的电子化和网络化。金融的互联网化过程是低效实体柜台被高效虚拟平台替代的过程。金融互联网能够有效提高金融业务效率，降低金融活动成本，从而面向更多客户提供更好的金融服务。从本质上看，金融互联网是一种技术创新，传统金融机构作为货币信用活动中介的职能并未改变，并未因互联网化而消失，互联网技术的运用进一步提高了金融商品的质量与性能，进一步增强了金融服务的媒介职能，进一步拓展了传统金融机构的业务渠道，进一步体现了传统金融机构的金融本质。

金融互联网是一个世界性的现象，最早出现在发达国家，如美国等国家，从20世纪50年代即开始金融互联网化。在中国经济改革与发展中，也出现了金融互联网化的过程。据相关研究，以银行为例，这一过程大致经历下列几个阶段：第一个阶段是20世纪70年代末到20世纪80年代末以电子银行业务为主的阶段，银行开始采用信息技术代替手工操作，实现银行后台业务和前台兑换业务处理的自动化；第二阶段是20世纪80年代末到20世纪90年代末以连接业务为代表的银行全面电子化建设阶段，中国银行业在全国范围内建起了一批基于计算机网络的应用系统，实现了处理过程的全面电子化；第三个阶段是从20世纪90年代末一直持续到今天的以业务系统整合、数据集中为主要特征的金融信息化新阶段。

在金融互联网发展的同时，出现了互联网金融。互联网金融和金融互联网都是使用计算机网络技术等进行金融交易活动，但这两者之间也有许多不同，据介绍，下列几个方面是主要不同点：(1)形成背景不同。金融互联网的背景是在计算机发展过程中，由于金融机构相互竞争的，金融机构逐步采用计算机网络相关技术的过程，而互联网金融一开始就是一些公司通过运用互联网技术对传统金融商品和金融业务进行创新，或者进行创业的过程。(2)资源配置不同。金融互联网是在金融机构已经获得资源的基础上，进一步通过计算机网络技术来配置资源，由此追求更高的经济效率，而互联网金融是把各方面的经济资源通过计算机网络进行整合，形成新型的资源配置活动，来追求整体经济的效率。(3)现实定位不同。由于在进行金融互联网之前，金融机构已经存在，因而金融机构往往是利用金融互联网对其原有的产品、业务等进行重组。不过，互联网金融往往表示许多既有的机构和一些新近成立的公司，通过应用计算机网络的一些新技术而进行的经济活动。其四，创新重点不同。在金融互联网的过程中，金融机构创新的重点是已经存在的金融商品和业务等领域，往往难以进入新型领域，这主要是其原有领域已经在获得利益，不愿放弃。而互联网金融过程中新出现的公司和机构，没有这种历史积累，往往把重点放在新型商品等方面。

三、互联网金融形成与发展的技术基础

互联网金融的兴起和发展与计算机或互联网技术的形成与发展具有重要关系,同时,也与大数据、云计算、移动互联、社交网络这些基于计算机网络的各种技术的发展密不可分。计算机技术、大数据、云计算、移动支付和社交网络是互联网金融模式发展的技术基础,它们的兴起与发展推动了互联网金融的创新与发展[①]。

(1)计算机技术。一般来说,计算机技术既包括计算机本身的进步,也包括计算机相互连接的技术,后一方面的结果是形成计算机网络,即将各自独立的计算机连接起来形成的计算机系统的集合。计算机网络是互联网的基础,互联网是计算机网络的发展。也有学者认为互联网就是计算机网络。不管计算机网络与互联网的关系如何,计算机网络的形成与发展是互联网金融得以形成与发展的基础。没有计算机网络,就不可能出现互联网金融。同时,随着计算机互联网技术的发展,程序编写也变得简单,例如,名为Library的程序库可以共享其他人的程序的功能,且一部分测试也已实现自动化。同时,应用程序界面或接口(API)也不断增加,很容易形成共享。有新想法的个人与企业也可能通过各种组合方式进行试验[②]。

(2)大数据。计算机时代、互联网时代也是大数据时代。互联网上的各种信息即是数据,计算机网络中内涵的各种程序与算法等可以对这些数据进行解析,得到相应的结果。在互联网金融领域,大数据通过搜索引擎可以随时查询,为互联网金融提供信息基础。根据相关研究,大数据使得时间序列的动态风险评价成为可能,在大数据的前提下,金融机构可以以极低的成本为资金需求者提供动态违约概率,解决信息不对称问题,这颠覆了商业银行传统的风险定价方式。同时,大数据不仅影响金融业和传统商业领域,在更大的社会领域,大数据揭示的是更大范围的社会平权与政府职能的优化创新以及相应法律的进步。大数据时代带来的变革对于互联网金融的发展具有重要意义。

(3)云计算。云计算包括通过互联网提供的应用服务以及数据中心提供的软件与硬件服务。目前,云计算大致有三种商业模式[③]:国际商用机器公司(IBM)的商业模式是卖云计算服务器,不具有对外使用的数据中心;亚马逊(Amazon)为任何一个想通过互联网提供服务(包括电子商务)的公司和个人提供计算资源的租赁;谷歌(Google)为个人用户提供具有强大数据储存和信息分享的在线应用软件服务。

云计算的经济效应体现在以下几个方面:对服务需求时间分布不同的企业通过交叉配置服务使用时间来提高服务器使用效率,降低企业成本;无法预测未来对服务器需求量的企业可以按需购买服务,而不用投入巨额硬件成本,由此优化企业成本;需要对数据进行批量分析的企业能通过使用"成本结合性"云计算功能来提高分析效率。

---

① 参看王念、王海军、赵立昌:《互联网金融的概念、基础与模式之辩》,载《南方金融》,2014(4):4-11。
② 参看辻庸介、泷俊雄:《一本书读懂FinTech》,中国人民大学出版社,2017年11月。
③ 参看吴军:《浪潮之巅》(第三版),人民邮电出版社,2017年9月。

(4)移动互联网。早在20世纪末,移动通信的发展速度就超过固定通信。与此同时,互联网技术的完善和进步促使移动互联网孕育、产生和发展。移动互联网通过无线接入设备访问互联网,能够实现移动终端之间的信息交换,是计算机领域继大型机、小型机、个人电脑、桌面互联网之后的第五个技术发展周期。作为移动通信与传统互联网技术的有机融合体,移动互联网被视为未来网络发展的核心和最重要的趋势之一。

据百度百科的定义,移动互联网(Mobile Internet,MI)是一种通过智能移动终端,采用移动无线通信方式获取业务和服务的新兴业态,包含终端、软件和应用三个层面。终端层包括智能手机、平板电脑、电子书、MID等;软件层包括操作系统、中间件、数据库和安全软件等;应用层包括休闲娱乐类、工具媒体类、商务财经类等不同应用与服务。

移动互联网涉及传统蜂窝通信、互联网、无线通信网、传感器网络、物联网、云计算等诸多领域,能广泛应用于个人即时通信、家庭互联、电子商务、互联网金融、现代化物流、城市信息化、战场通信、应急通信网络等多个场景,是目前炙手可热的概念和IT领域极富应用前景的领域,对于互联网经济和金融的发展具有重要意义。

(5)社交网络。社交网络的兴起是互联网发展的一个高潮,社交网络的作用在于其以人际关系为核心,把真实的社会关系通过网络平台实现数字化并加以扩展,加速了信息的创造、共享和互动。社交网络包含的丰富的关系数据,包括个体之间的接触、联络、关联、群体依附和聚会等方面的信息。互联网金融模式下信息处理与商业银行间接融资和资本市场直接融资的区别之一,就在于社交网络生成和传播信息,特别是个人和机构没有义务披露的信息。

通过社交网络所揭示的信息有别于监管机构所要求的硬信息,可以被看作软信息。这些软信息来自个人和机构在社交网络上的信息碎片,比如个人消费习惯、风险偏好和企业经营情况、信用记录等。通过社交网络建立利益相关者的联系,收集汇总他们的碎片化信息,并经过适当分析,就能发掘出比基础金融信息更丰富的信息。互联网金融通过对社交网络所蕴含的信息的深度挖掘与分析,设计适当的金融产品和相应的金融服务,达到提高个人和企业信用度的目的,并在一定程度上减少道德风险。

四、互联网金融形成与发展的经济基础

金融的发展是与商业生态紧密联系在一起的。值得注意的是,这里所说的商业是广义的商业,不仅包括商品买卖,而且包括与商品流通相关的经济活动,如生产、消费等。回顾历史,也是如此。16世纪出现商业革命,其后才有金融革命和金融的发展。互联网时代,首先出现电子商务,其后才有互联网金融。

可以下列事例来说明互联网金融形成与发展的经济基础。(1)小微企业的成长。互联网金融的发展离不开众多小微企业的成长。互联网的发展,使得小微企业的各式产品都能够通过互联网进行营销并能够实现利润。但是大多数这样的生产者由于生产规模较小、抵押品少,极少有利润销售规模能够符合银行系统最低筹资要求,因此它们通过银行进行筹资活动困难,且筹资成本较高,这对于中小企业的资金发展要求是一个很大的障碍,而互联网金融的产生与发展给小微企业的融资提供了可能,小微企业通过这个平台的借贷业务

能够满足自己对于资金的大量需求。反之，小微企业通过互联网平台融资也极大促进了互联网金融的发展。同样，小型商店的发展，也与互联网金融的发展密切相关。

（2）金融行业的变革需求。互联网金融的发展是金融行业变革的需要。金融行业是实现资金融通的重要部门，其稳定发展不仅关乎大众消费者的资金安全、信息安全，同时也关乎生产者资金的顺利周转，对于国家经济活动的资金安全以及资金风险防范具有重要的作用，是社会经济活动正常顺利运行的基础保证。互联网技术的不断发展以及信息资源垄断性的逐渐弱化，促使金融行业必须强化对金融盈利模式和形式的思考，跟进社会发展。妥善利用互联网技术以及互联网平台实现金融业互联网化，以降低其运营成本，提高运营效率，增加客户流量，乃至对金融行业进行整体变革。

同时，在经济领域中形成的与互联网领域相关的特征也对互联网金融的发展产生影响。就目前的文献来看，与互联网领域相关的特征主要表现在成本效应和网络效应等方面。其中成本效应主要是涉及互联网方面的经济与经营时，其固定成本往往较高但边际成本递减，边际成本甚至可以趋于 0；而网络效应是指网络参与者从网络中获得的效用或利益与网络规模存在明显的相关性。这几种特征导致参与互联网金融活动的经济主体只要超越某个关键门槛（往往表现为一定的规模门槛），就能够快速发展，形成一种自我生长的能力，为其经济与经营活动创造进一步上升的条件。

五、互联网金融发展的社会基础

（1）网民规模扩大是互联网金融发展的客户基础。中国网民数量在 2008 年 6 月超过美国，跃居世界第一。截至 2016 年底，我国网民规模达 7 亿以上，互联网渗透率达到 52.3%，其中手机网民达到网民规模的 2/3，且青少年网民为主体。从 2000 年到 2016 年，中国互联网使用人数的增长率达到 3106.4%[①]。考虑到网络普及和代际更迭因素，中国互联网的群众基础将继续扩大。如将每个人都视为可以接入金融服务网络的节点，那么，中国这一世界第一人口大国的零售金融网络将具有巨大的规模效应。

（2）网上消费群体需求的增长。消费者的线上消费需求是互联网金融发展的根本动因。大量消费者在通过互联网满足各种消费需求的同时，也借助互联网平台购买金融产品，以实现资产保值增值的欲望和需求。同时，金融企业与互联网企业的合作，使得消费者能够借助互联网企业平台的流量资源，实现金融产品的促销和购买，一方面促进了互联网企业业务规模的扩大，另一方面也推动了金融企业产品的互联网化和虚拟化进程。互联网金融的发展不但提升了资金流量的有效流动，对中小企业融资难具有积极的缓解作用，而且普及了消费者的金融知识，帮助消费者实现财富的保值增值功能。

（3）网民对互联网信任度提高是互联网金融发展的信用基础。从创新角度来看，互联网金融是金融服务与互联网渠道和技术的创造性结合，而互联网渠道的安全性是互联网金

---

① 参看郭玉锦、王欢编著：《网络社会学》（第三版），中国人民大学出版社，2017 年 8 月，第一章。

融发展的必要条件。随着网络环境的优化和网络购物、网络支付的普及，网民对互联网的信任度逐步提高，据统计，在2007年仅35.1%的网民表示对互联网信任，而2014年这一数据达到54.5%。

（4）网上购物与网上支付的普及是互联网金融发展的交易基础。2014年末，中国网民的网购渗透率、网上支付率渗透率、团购渗透率分别达到55.7%、46.90%和26.6%。一方面，网上支付的普及和规范促进了电子商务发展；另一方面，线下经济与网上支付结合的深入，也进一步促进了用户付费方式的转变。网上支付的普及，为互联网的平台效应、聚合效应和长尾效应奠定了渠道基础。

（5）手机上网和即时通信是互联网金融发展的媒介基础。即时通信与手机通信的契合度较强，可以在社交关系的基础上增加支付与金融、分享与交流等增值服务，由此极大地提升了用户黏性。手机上网和手机网络购物在改变消费者购物行为的同时，也深刻地改变着消费者的理财行为，使消费者可以充分利用碎片化时间和碎片化资金进行随时、随地理财。此外，低门槛的手机上网在广大农村用户中更易普及，并以此为媒介汇集成更加庞大的长尾市场。

六、互联网金融形成与发展的历程

互联网技术起源于20世纪70年代左右的美国，并在20世纪90年代开始广泛的商业化应用。在近20年互联网高速发展的期间，互联网对传统金融行业的影响和变革，最终促使互联网金融的出现。按照参与互联网金融活动的主导者，可以将互联网金融发展分为两个阶段。

第一阶段是互联网金融的起源与初步发展阶段，即以传统金融行业互联网化为主导。虽然西方发达国家尚无互联网金融概念的提法，但自20世纪90年代中期互联网技术真正被商业化应用开始，到20世纪90年代末互联网技术不断成熟和网速的提高，互联网技术逐渐对传统金融行业产生了巨大的影响。以美国为例，1995年，美国和全球第一家互联网银行——美国安全第一网络银行（Security First Network Bank，SFNB）成立，其特点是不设物理网点而通过互联网向客户提供高效、便捷的银行服务。凭借成本优势和网络便捷性，该银行在短短3年时间内便跃居美国第六大银行，资产规模高达上千亿美元。在互联网银行的冲击下，美国主要商业银行也纷纷提高信息化程度并大力发展互联网业务。同年成立的网络保险电子商务公司IN-SWEB也发展迅猛，其主营业务基本覆盖了主要零售险种并于1999年在纳斯达克股票市场上市。1998年，大型电子商务公司易贝（Ebay）收购并成立了互联网支付子公司贝宝（Paypal），并于1999年完成了电子支付与货币市场基金的对接，从而开创了互联网货币基金的先河。20世纪90年代末，美国已经基本形成了较为成熟的互联网金融模式和相对完整的产业链条。

这一时期，互联网金融的推动者主要来自传统的金融机构，即银行、保险和证券公司等，这些传统金融机构逐渐将线下业务转移到线上。如1995年10月成立的美国安全第一网络银行，即标志着传统银行服务和产品从线下向线上的转移。与此同时，理论界与产业业界等也相继提出了电子金融（e-finance）、在线银行（online bank）、网络银行（network bank）等概念，对互联网金融行为等进行解释。电子金融是基于通信、信息网络以及其他网络的金融活动，包括在线银行、电子交易，以及如保险、抵押贷款、经纪业务等金融产品和服务的提供和清算。这时，对电子金融的认识还是强调运用电子技术处理所有与商业、金融和银行业务相关的产品和服务的购买、销售和支付过程中所涉及的信息收集、数据处理、检索和传输等环节。

当互联网技术发展到21世纪，人们已经意识到了电子金融开始打破原有的商业模式，且正在创造新经济金融。所以，虽然国外尚无互联网金融的提法，但早在20世纪90年代后期提出的电子金融概念与今天我国提出的互联网金融其实有异曲同工之处，认为这一时期也是互联网金融的起源阶段。

互联网金融快速发展的第二阶段是美国出现次贷危机开始，一直到现在。第二阶段是大量互联网企业参与金融市场活动，是互联网金融快速发展时期，促进了新的支付方式、投融资渠道和投融资方法的创新。次贷危机是互联网金融发展的转折点。美国次贷危机后，互联网金融的新型方式和方法开始大量涌现。以 Prosper 和 Lending Club 公司为代表的P2P网络借贷（P2P Lending）开始兴起。这种借贷模式在真正意义上初步实现了去金融中介化，表现出了旺盛的生命力。以 Lending Club 这一目前美国最大的P2P网络融资平台为例，其贷款额自2007年成立以来快速增长，年均增速超过100%。2009年4月，Kickstarter 网站在纽约的正式上线标志着互联网金融的新形式——众筹（crowdfunding）融资模式的兴起。这一融资模式主要通过网络平台面对公众募集小额资金，让有创造力的人有可能获得创业所需的资金。2012年4月美国通过的《初创企业促进法》（JOBS法案）为中小企业通过众筹方式融资扫清了法律障碍。2009年美国出现比特币，这是目前运用最广泛的数字货币，其后，有关区块链的技术开发与应用也在不断获得发展。与此同时，传统金融机构一方面继续加强互联网技术对金融业务的改造，如银行、证券和保险公司的线上服务已经从网络银行扩展到手机银行、移动银行、手机证券、网络保险淘宝模式等新方式；另一方面，传统金融机构的组织结构和运营模式仍然在被互联网所改变。

这一时期，中国的互联网金融也获得快速发展。由于电子商务的快速发展，促进了第三方互联网支付的高速发展，互联网技术公司在与传统金融机构合作的过程中逐渐参与到金融领域的相关服务。互联网技术公司逐渐在支付、投融资渠道等方面产生了新的解决方法和商业模式，即被称为互联网金融的新模式。2012年，平安保险集团率先联手阿里巴巴集团和腾讯，开创了在线保险公司的先河，成为首家不设立实体分支机构，纯粹以互联网络进行销售和理赔等业务的保险公司。进入2013年后，互联网金融更是呈井喷式发展，第三方支付的规模继续扩大，基于互联网的创新型基金销售平台、P2P融资以及众筹融资等互联网金融模式均呈飞速发展之势。为此，2013年被业界人士称为"中国互联网金融元年"。其后，风靡全球的第三方互联网支付、众筹融资、P2P网络借贷、众筹融资、数字货币、区块链等也在中国获得快速发展。

第五节　互联网金融商业模式[①]

依据相关研究,创业与创新的概念往往相互联系,创业是在既定的条件下,通过寻找机会而将不同的资源进行组合,以获得价值的活动和过程。在对相关资源进行组合时,需要创业者具备独特的思考、推理和行动的方式和方法。同时依据著名经济学家约瑟夫·A.熊彼特的解释,创新是对生产要素和相关条件进行新的结合的一种方式和方法。从某种意义上来看,创业即是创新,不过,著名管理学家彼得·德鲁克认为,创新可以是在已经存在的体系中进行新的尝试,而创业是开创新的事业,因而创业大于创新。

近年来,创新创业的一个重要领域是形成新型商业模式。在欧美,商业模式(business model)这个术语出现在20世纪70年代[②],当时主要用于计算机科学期刊中,表示为企业建设与信息系统有关的过程、任务、数据和信息交互建模。有关商业模式研究的文献所涉及的研究内容,大体包括商业模式的定义、组成要素、分类、表述工具、转变和评估等方面。大部分学者只是围绕商业模式的某一个方面或若干方面进行研究,至今正在形成一个完整、成熟、实用的研究成果,用以指导企业在成长与发展中商业模式的选择和创新。彼得·德鲁克认为,当今企业之间的竞争,不是产品之间的竞争,而是商业模式之间的竞争。

进入互联网时代,随着互联网商业模式(internet business model)或电子商务模式(e-business model)的兴起与快速发展,关于商业模式的研究进一步发展,并形成一个热潮;同时也成为互联网时代创新创业最为关注的商业模式[③]。一般来说,经济学与管理学中已有的一些理论,如价值链理论、创新理论、价值网络理论、企业战略管理理论、商业生态系统理论、交易费用经济学、产业组织理论等,均难以对商业模式进行完整的分析,传统

[①]　参看刘丹:《"互联网+"创业基础》,高等教育出版社,2016年10月;汪存富:《开放创新与平台经济:IT及互联网产业商业模式创新之道》,电子工业出版社,2017年9月;李红:《中美互联网企业商业模式创新比较研究》,中国社会科学院研究生院博士论文,来自《中国知网》,2011年11月;庞学卿:《商业模式创新的前因及绩效——管理决策视角》,浙江大学博士论文,来自《中国知网》,2016年9月;傅瑜:《中国互联网平台企业竞争策略与市场结构研究》,暨南大学博士论文,来自《中国知网》,2013年6月;三谷宏治:《商业模式全史》,江苏文艺出版社,2016年1月。

[②]　也有学者认为,商业模式这一概念最早出现在20世纪60年代。在Gardner M. Jones的著作中,商业模式得到重视是在20世纪90年代。参看韩煜东:《面向商业模式创新的移动智能终端用户消费行为研究》,重庆大学硕士论文,2013年6月。

[③]　已有一些文献对互联网商业模式中的创业和创新问题进行研究,参看Ying-Jiun Hsieh、Yenchun Jim Wu: Entrepreneurship through the platform strategy in the digital era: Insights and research opportunities,载Computers in Human Behavior,2018(3):1-9。

经济学和管理学中的一些所谓经济定理和管理规律也相继失效①，因而需要创建新型的理论。在这种理论研究中，互联网平台理论，如双边市场理论、多边市场理论等，以及共享经济理论等，被视为理论研究的新进展。目前这方面的理论研究还在进一步发展之中。

一、商业模式及其构成要素

一般来说，商业模式包含了价值主张（value proposition）、消费者目标群体（target customer segments）、分销渠道（distribution channels）、客户关系（customer relationships）、价值配置（value configurations）、核心能力（core capabilities）、合作伙伴网络（partner network）、成本结构（cost structure）、收入模型（revenue model）等一系列要素及其相互关系等内容，用以阐明某个特定实体的商业逻辑。商业模式的组成部分之间互相支持、共同作用，形成一个良性的循环。商业模式不是一成不变而是完全动态的。商业模式是在明确外部假设条件、内部资源和能力的前提下，一个企业用于整合其内在价值、顾客、价值链伙伴、员工、股东或利益相关者来获取超额利润，同时也为客户创造和传递价值的一种战略创新意图、可实践的结构体系以及制度安排的集合。商业模式描述公司为客户提供的价值，以及公司的内在价值、合作伙伴网络和关系资本等要素之间的关系结构。商业模式通过刻画交易和生产环节的内容、结构以及治理问题，为焦点企业以及参与交易的各方创造更多价值。简单地说，商业模式就是企业获得利润、客户实践价值的系统②。

一般来说，组成商业模式的基本要素是：问题（这是商业模式的起点，许多创业失败在于对问题理解不清）、核心战略（包括经营使命、产品及市场范围和差异化基础、解决方案）、战略资源（包括核心能力、战略性资产、核心流程等）、具体方法（包括具体战术、渠道、财务状况、收入来源、关联活动、实现、执行能力、持久性、关键指标、门槛优势等）、客户界面（包括客户群体分类、独特卖点、履行与支持、信息与洞察力、关系动态和价格结构）和价值网络（包括客户价值、供货商、合伙人和联盟的价值）。还包括企业外部的基础设施、政府相关经济政策等方面及其管理。在这些要素中，较为重要的是：价值主张、成本结构和收益模式。其中，价值主张为所有的利益相关者期望获得的价值，成本结构主要指焦点企业如何以及多高的成本提供产品或服务，收益模式主要描述焦点企业的收益方式及来源。

商业模式往往具有两个基本特征：其一，商业模式是一个整体的、系统的概念，而不仅仅是一个单一的组成因素。其二，商业模式的组成部分之间必须有内在联系，这个内在联系把各组成部分有机地关联起来，使它们互相支持，共同作用，形成一个良性的循环。

---

① 例如，长期被经济学者津津乐道的"科斯定理"在互联网平台和双边市场中已不正确，参看 Rochet J. C., J Tirole. Platform Competition in Two-Sided Markets. Journal of the European Economic Association, 2003, 1(4): 990-1029; Rochet J. C., J Tirole. Defining Two-Sided Markets. Working Paper, 2004(1): 1-28。

② 不过，也有文献认为商业模式就是企业如何获得利润的方式和方法，即做买卖的方法，参看刘鹏：《信息系统与商业创新》，清华大学出版社，2017年7月。

二、如何获得新型商业模式

从企业的角度来看，制定商业模式的基础是满足或挖掘消费者的显性或隐性需求，中间过程是企业整合了各种要素和模式，目的是为给消费者提供更新、更高价值的产品或服务。如何获得新型商业模式可以看作商业模式的创新。从中外商业模式的文献来看，在商业模式创新中，价值主张、经济模式、顾客关系、伙伴网络、内部结构及关联行为和目标市场等依次为研究和提及频率较高的因素。

企业在实施商业模式变革时必须重点考虑两方面的内容：其一是企业应当为顾客创造什么价值；其二是企业应当如何实现这些价值。市场竞争和消费者需求变化导致商业模式不可能永远保持高匹配度。实现何种客户价值的提升，提供这种客户价值的产品或服务是什么，是否获得独特的竞争优势，并对竞争者进入形成一定的壁垒，这是成功商业模式的核心。

随着经济和经营环境的变化，企业的商业模式也在不断改变。在商业模式转型前，公司需要清楚以下几方面的问题：新商业模式的目标是什么？达到这一目标需要哪些新活动？这些活动之间是如何相关联的？哪些活动是企业必须自己开展，哪些是需要由合作伙伴开展的？需要采取何种治理结构？新模式为利益相关方创造了什么价值？最后，收入模式，比如价格策略等将会有怎样的改变？企业能否持续盈利是我们判断其商业模式是否成功的唯一的外在标准。且盈利模式越隐蔽，越不易被模仿跟进。一个成功的商业模式可以是对技术的突破、对某一环节的改造，或是对原有模式的重组创新，甚至是对整个游戏规则的颠覆。

在获取新型商业模式，或者在商业模式创新的过程中，需要寻找那些能创造客户黏性、忠诚度和进入壁垒的商业模式。企业要在稳定现有商业模式的基础上，尝试向多个方向发展，但企业可能要面临巨大的不确定性。企业必须定期实现业务重塑，从而从当前业务的成熟期跃入新业务的增长阶段。企业在紧盯收入增长的同时，也应该盯住其他方面，如竞争、能力和人才等，以便及时转变竞争基础、更新自身能力并储备人才，为企业下一个商业模式打下基础。针对企业发展经营的问题，需要关注进行商业模式创新的动力和原因，需要注意创新的设计方法和进行创新的基本方式等问题。

三、互联网商业模式及其类型

从相关文献资料来看，可从不同的角度对商业模式进行分类。如果从是否使用互联网不分类，则分为下列基本类型：一种是传统或线下商业模式，另一种是线上商业模式，此外还有一些将线下和线上结合在一起的类型，（如O2O商业模式[①]、$O2O^n$商业模式、跨界商业模式等）。如果从是否具备中介功能和平台功能来分类，则可分为中介和平台功能的

---

① O2O是Online To Offline，即在线离线、线上线下，O2O商业模式是指将线下实体店与互联网结合形成的商业模式。

商业模式和不具有中介和平台功能的商业模式。

互联网商业模式可以简单地定义为线上商业模式，它可以是线下商业模式在网络上的表现，不过由于具备互联网，因而就有一些独特之处。互联网商业模式可看成一个系统，包括构成企业的不同部分、各部分之间的联系及其互动机制，是企业在特定商业环境下的资源集成和价值增值过程，是和相关者分享增值利益的有机体系，体现为规则、资源整合方式和动力机制的集成。互联网商业模式的形式往往表现为数字平台，一般来说，新型的技术进步导致基于数字平台的新型商业模式应运而生，如 Airbnb 或 Uber 等，这种平台通过价值创造、交付和捕获等创新形式，将以前无法匹配的需求方和供应方等方面的参与者联系起来①。互联网商业模式一般具有下列特征：客观性和主观性、能动性和受动性、多样性和系统性等。不过，由于互联网商业模式形成的时间不长，其定义也在不断变化之中。同时，还出现一些新的动向，例如，一种观点认为目前已经出现且快速发展的物联网是比互联网更大的网络，因而互联网商业模式会进一步演变出物联网商业模式，形成物联网商业时代②。

就经济与经营的业务状态来看，则可以从信息交流和经济交易的角度对其进行简要划分。就信息交流来看，互联网商业模式主要有门户模式、搜索模式、社交网络服务（SNS）模式等，就经济交易来看，则主要有电子商务模式、互联网金融模式、共享经济模式等。当然，可以从不同的角度进行不同的分类③。

这里，可对各种互联网商业模式简要说明如下④：门户模式是指通向某类综合性互联网信息资源并提供有关信息服务的应用系统。门户网站主要提供新闻、搜索引擎、网络接入、聊天室、电子公告牌、免费邮箱、影音资讯、电子商务、网络社区、网络游戏、免费网页空间等。在中国，典型的门户网站有新浪网、网易和搜狐网等。

搜索引擎模式是指根据一定的策略，运用特定的计算机程序从互联网上搜集信息，在对信息进行组织和处理后，为用户提供检索服务，将用户检索相关的信息展示给用户的系统。目前，搜索引擎的主流商业模式，如百度的凤巢计划（竞价排名）、Google 的 AdWords 都是在搜索结果页面放置广告，通过用户的点击向广告主收费。这种模式最早是比尔·格罗斯（Bill Cross）提出的。这种模式有两个特点，一是点击付费，用户不点击则广告主不用付费，二是竞价排序，根据广告主的付费多少排列结果。

社交网络服务模式是指旨在帮助人们建立社会性网络和个人之间的社会关系网络的互联网应用服务系统。就目前来看，网络社交不仅是新的商业模式，更是一个推动互联网向现实世界无限靠近的关键力量。迄今为止，最成功的社交网络服务网站是美国的 Facebook，在中国则有微信、开心网、人人网和 51 网等。

---

① 参看 Tauscher K.、Sven M. Laudien：Understanding platform business models：A mixed methods study of marketplaces，载 European Management Journal，2018（36）：319-329。

② 参看日经计算机编：《物联网商业时代》，机械工业出版社，2018 年 1 月。

③ 在上面脚注①引用的 Tauscher K. 和 Sven M. Laudien 的论文中，则选取了 100 家新型企业，在统计和计量等实证研究的基础上，将其商业模式分为 6 类。参看上述论文。

④ 参看百度百科对相关概念的定义。

电子商务模式表示通过现代信息技术，系统化地运用网络手段和使用各类电子工具，高效率、低成本、安全且方便地从事以商品交换为中心的各种经济事务活动。电子商务模式主要有以下三种：B2B 电子商务，即企业对企业（Business to Business）电子商务，是电子商务按交易对象分类中的一种，广义上是指通过因特网外联网、内联网或者私有网络，以电子化方式在企业间进行的交易。C2C 电子商务，即个人对个人（Customer to Customer）间的电子商务，是消费者对消费者的交易模式。B2C 电子商务，即企业或商家对客户个人（Business to Customer）的电子商务。B2C 电子商务是企业通过互联网为消费者提供一个新型的购物环境——网上商店，直接面向消费者销售产品和服务，消费者通过网络在网上购物、在网上支付。其代表，在中国是阿里巴巴等，在美国是亚马逊等。

互联网金融模式是借助互联网和移动通信技术，革新和创造新型货币，实现资金融通、支付和信息中介等功能，实施基于互联网的货币与金融政策的一系列金融活动所形成的新型系统。在互联网金融发展过程中，不仅有各类传统金融机构，还有各种新兴金融企业，从事这种新型的金融模式。这种模式的代表在美国有 Lending Club（借贷俱乐部）等。

共享经济模式是指以获得一定报酬为主要目的，基于陌生人且存在物品使用权暂时转移的一种新的经济模式。其本质是整合线下的闲散物品、劳动力、教育医疗资源等。同时，共享经济也意味着人们公平享有社会资源，各自以不同的方式付出和受益，共同获得经济红利。此种共享一般是通过互联网作为媒介来实现的。这种模式的代表在中国有滴滴，在美国有优步等。

以上简单列举了几种互联网商业模式，随着产业互联网或者工业 4.0 等的兴起，出现了更多更为复杂的商业模型。前面依据马克思的资本流通和资本循环理论，曾说明把实物商品交易、金融商品交易和生产过程中的各种智能过程联结起来形成的交易模式。与此相应，随着互联网的深入发展，正在出现大量的新型的互联网商业模式[1]。随着时间的变化，互联网商业模式种类也会发生改变。未来肯定还会出现一些新型种类的互联网商业模式。不过，就上面列举的这些具体形式的互联网商业模式来看，基本上属于平台商业模式，其标准的做法是采取互联网平台的方式进行经济与经营活动，也就是说，互联网平台模式是目前互联网商业模式的主要形式，一些成功的互联网企业基本上采取这种商业模式进行经济经营活动，并获得经济利益。互联网平台是基于现代信息科学技术等，使用虚拟或真实的交易空间或场所，促成双方或多方供求之间进行交易，且具有相关规则规范的一种经济经营模式。就互联网商业模式来看，非互联网平台型的商业模式较为少见。

从目前的角度看，互联网平台已经成本互联网商业模式的典型形式。不过，按照其经济经营的方式和方法来说，互联网平台是一种具有中心性质和中介功能的互联网商业模式，这种中心性质与线下各种中介机构有一些不同。就其变化趋势来看，目前正在出现一些非中心性质的商业模式，这种模式的基础技术往往被认为是区块链技术。但这种模式的现实例子，特别是十分成功的商业例子较少，不过，由于互联网技术，特别是区块链技术

---

[1] 如关于产业互联网或者工业 4.0 的商业模型的研究，可参看马丽安·严恩：《工业 4.0：未来工业制造和销售的商业模式变革》，机械工业出版社，2018 年 1 月。

的快速发展，一些商业模式也在逐步地出现和形成①。

四、互联网金融商业模式②

结合商业模式的一般理论与互联网金融的特征，可以认为互联网金融商业模式的构成要素主要有业务定位、运营模式、盈利模式、风控模式与企业价值等要素，其中，业务定位为企业提供的产品与服务，以及企业对服务对象与合作者、竞争者关系的确定；运营模式主要是指企业提供产品或服务的过程，包括产品结构、关系结构与资金结构；盈利模式是企业提供产品或服务获得收益的方式；风控模式是金融企业在整个流程过程中采用的风险机制与信息披露方法；企业价值则是该种商业模式下给企业带来的价值，包括收益与风险。应用这些要素及其组合可以对互联网金融商业模式进行划分，不过，由于互联网金融在不断发展之中，互联网金融商业模式的类型也难以完全界定。

一些学者也对互联网金融商业模式进行研究，其中有些文献称为互联网金融发展模式。例如李博、董亮（2013）主张从服务的形式将互联网金融分为三种模式：传统金融服务的网络化延伸，如网上银行等；金融的互联网中介服务，如第三方支付平台、P2P信贷、众筹平台等；互联网金融服务，如网络基金、保险销售和融资等。李耀东（2014）认为可以分为交易技术层面的移动支付、直销银行、数据金融、渠道金融、个性化保险；交易结构层面的P2P贷款、众筹融资、综合性资产交易平台；权利契约层面的虚拟货币等。谢平等（2012）认为互联网金融是一种谱系的概念，传统银行、证券、保险、交易所等金融中介和市场与瓦尔拉斯一般均衡对应的无中介情形是互联网金融谱系的两端，而介于两端之间的所有金融交易和组织形式都是互联网金融，也是互联网金融模式。阿齐兹迪斯和斯塔格斯（2017）认为基本商业模式是网络借贷、众筹、支付、理财、数字货币、手机银行等。国家出台的《关于促进互联网金融健康发展的指导意见》中，也将互联网金融模式分为互联网支付、网络借贷、股权众筹融资、互联网基金销售、互联网保险、互联网信托和互联网金融消费等形式。

综合上述文献的观点，同时考虑其相关模式的重要性，本书把互联网金融商业模式分为下列几种类型进行介绍。其一是传统的金融借助互联网渠道提供服务，如网银等；其二是电子商务金融，即依托于电子商务进行的金融活动；其三是互联网货币，如电子货币、数字货币等；其四是互联网支付，其中较为著名的如第三方支付等；其五是互联网征信，征信也正在互联网上运用互联网技术从事着商业实践；其六是P2P网络借贷；其七是众筹；其八是金融机构的互联网金融经营模式。

---

① 对于中心性质的平台型商业模式和非中心性质的分布型商业模式，可参看本书第二章、第四章等。

② 参看黄珊：《互联网金融商业模式研究》，浙江大学硕士论文，来自《中国知网》，2017年6月；朱晓文：《互联网金融信息服务平台商业模式研究》，浙江大学硕士论文，来自《中国知网》，2017年6月；李博、董亮：《互联网金融的模式与发展》，载《中国金融》，2013；谢平、邹传伟：《互联网金融模式研究》，载《金融研究》，2012(12)：11-22；杨尼斯·阿齐兹迪斯、曼努埃尔·斯塔格斯：《金融科技和信用的未来》，机械工业出版社，2017年11月。

显然，随着时间的变化，互联网金融商业模式的种类也会发生改变。同时，与一般型互联网商业模式相似，互联网金融商业模式的标准做法是采取互联网平台的方式进行经济与金融活动。也就是说，互联网平台模式是目前互联网金融商业模式的主要形式。不过，也与一般型互联网商业模式相似，在互联网金融中，也正在出现一些非中心性质的商业模式，其基础技术是区块链技术。

总的来说，在互联网金融商业模式中，除了已经形成的一些具有中心性质的平台模式外，一些具有非中心性质的商业模式也在形成。这种中心化的平台模式与非中心化的模式的发展，以及它们之间既相互竞争又相互依存的关系成为互联网商业模式，从而也是互联网金融商业模式发展的一个趋势。

第六节　互联网金融的创新与作用

一、互联网金融对传统金融的挑战

互联网金融凭借"开放、平等、协作、分享"精神，对传统的金融理念、金融模式、金融业务和金融监管体制形成了颠覆性的冲击和挑战。

（1）金融理念。基于搜索引擎、大数据、云计算、社交网络、区块链等现代信息技术和大数定律、概率统计、数据挖掘等行为分析技术支撑，互联网金融极大地改变了传统的金融理念和思维模式①。一是边际交易成本和市场参与门槛大幅降低，信息安全保护和风控制度设计不断健全，使得金融需求端和供给端之间的"点对点"和"多对多"直接交易成为现实，实现了封闭式金融向开放式金融的转变。二是第三方支付等互联网金融机构的发展和虚拟货币的出现，改变了银行作为资金交易和支付中介的传统定位，加速了金融脱媒和去中心化进程。三是社交网络的发展使得平台化应用变成众享众制众筹模式，移动微博方式使得信息传播速度呈几何级数增长，自媒体成为趋势并带动自金融时代到来。四是互联网与金融的融合催生了大量需求驱动型的创新金融产品，普通消费者个性化、多样化、碎片化的融资和理财需求得到极大满足且被准确地风险定价，个人金融服务迅猛发展，传统金融向普惠金融转变趋势日益明显。

（2）金融模式。互联网金融的快速发展，将对传统金融机构现行盈利模式、营销模式、风控模式和组织模式带来很大影响。一是随着利率市场化进程稳步推进和存贷款利率上下限逐步放开，宜信、拍拍贷、人人贷等 P2P 网络贷款服务平台快速发展，将对银行依靠吸存放贷赚取息差为主的盈利模式造成重大冲击，倒逼银行加快转型。二是互联网金融的不断渗透将隔断银行与客户的联系，导致银行客户萎缩和业务流失。由于难以掌握客

---

① 一些学者还进一步认为，在互联网经济与金融中，亚当·斯密的"看不见手"的自由市场经济体系可以完全实现。关于亚当·斯密的"看不见手"及其相关观点和思想，可参看亚当·斯密：《国民财富的性质和原因的研究》，商务印书馆，1974 年 6 月。

户交易行为和信用信息，基于客户信息的产品开发、市场营销和交叉销售等运营模式将愈加困难。三是互联网金融以庞大的电商交易和信用记录为基础，通过数据挖掘、社交网络和行为分析进行风险识别、信用评级、系统化审批和纯信用贷款，对传统金融机构以抵押、质押或担保为主的风险控制模式和信用审核模式产生很大的冲击。四是互联网金融依托信息技术和移动网络平台提供即时、快速、便捷的全天候服务，对银行、券商、保险公司等以物理网点和柜台服务为核心的组织架构和服务模式带来深远影响，促进金融机构传统组织架构由线下向线上延伸、由面对面服务向非现场服务转变。如美国已出现无网点、无 ATM、无信用卡、无支票的"纯网络"银行。

（3）金融业务。互联网金融对传统金融机构的业务和功能产生极大的替代效应。一是第三方支付从入口处改变用户支付习惯，冲击银行传统汇款转账业务和增值业务。如支付宝、易宝支付、拉卡拉等可为客户提供收付款、转账汇款、票务代购、电费和保险代缴等结算和支付服务。随着身份认证技术和数字签名技术的发展，移动支付将会更多用于解决大额支付问题，替代现金、支票、信用卡等银行现有结算支付手段。二是互联网金融为各类金融产品提供扁平化的直销渠道，弱化了银行、券商、保险公司的传统通道业务功能。如余额宝在支付宝账户内嵌基金支付系统，用户既可以购买货币基金产品享受理财收益，又可以随时赎回用于消费支付，这对银行传统代销基金业务产生较大影响。再如众安在线不设分支机构，完全通过互联网进行保险产品销售和理赔业务。三是随着互联网金融的快速发展，资金、股票、债券、票据、产权、保险、大宗商品等交易方更多通过网上发布信息、磋商谈判、完成交易，给银行、券商、基金公司、保险公司、产权交易中心的存贷款、经纪、资管、投行等业务造成极大冲击。如 Wind 资讯客户可以依托万得市场发布项目信息和寻找交易机会，目前万得市场已覆盖固定收益、上市股权、投行销售、理财产品、产权股权等五大类和十五个小类。

（4）金融监管体制。互联网金融作为新生事物，其产品的创新性、业务的融合性、发展的草根性、服务的普惠性、风险的传播性都对现行的金融监管体制和法律体系带来很大的挑战。一是互联网金融具有明显的跨行业跨市场跨业务的特征，其混业经营和综合经营的模式与当前的分业监管体制相悖，导致监管存在缺位、部门监管界面不清、监管标准不一，甚至逃脱现行金融体系监管，容易产生监管套利行为。二是在激烈的市场竞争格局下，互联网金融产品和业务创新层出不穷，而相应的门槛准入、经营范围许可、资金风险监控、信息披露、惩罚约束机制等监管制度和管理手段严重滞后。此外，对互联网金融往往重在事后监管，日常监管和事前监管不足，容易产生风险敞口。三是互联网金融长期良性发展的基础体系和法律法规建设滞后。个人信息保护制度、征信体系、电子签名技术、数字证书等无法跟上，互联网金融相关的法律体系、部门规章和国家标准还不健全。

二、互联网金融的创新

互联网金融较以往的金融产品更加注重产品形式的创新，其从最初形成到现在，在名称、产品到服务以及后续的一些发展变化中，创新的内容随处可见，并在创新作用的激发下，其形式越来越多样，产品越来越丰富，功能也越来越完善。具体来说，互联网金融的创新包括下列几个方面①：

(1) 服务创新。一般而言，消费者对于金融产品的认识和购买行为比较有限，他们大多通过固定的 PC 端或者线下的其他消费模式来获取所需要的产品或者服务。随着互联网的发展和经济发展水平的提高，碎片化的时间的大量填充，大量消费者已经部分丧失或者完全丧失了深度思考能力，很多时候对于各种消费品的消费是受其本身所存在的黏性度很高的群体或者交流活动频度较大的群体的影响。因此，发展互联网金融必须重视服务形式的创新，虚拟场景的服务是今后互联网金融的重要实现方式，其需要通过业务场景设计使得消费者在金融活动的消费过程中感受其服务，并能够通过细化的服务方式增强其对金融产品的服务体验，提升服务效果。场景不仅需要通过虚拟的形式迁移实物场景，更加重要的是能够通过较短的时间以及较简洁的操作满足消费者对于产品场景消费的体验。并使消费者能够满足对于产品细节要求的场景服务模式。服务形式要求内容简洁，操作流程简单，能抓住大众消费者的"痛点"需求，并在其消费过程中不断提升服务内容的品质。

(2) 渠道创新。以往的金融行业以及互联网行业都是在各自的领域中进行产品和服务模式的创新活动。金融行业在过去的发展过程中垄断性强，很多有效的金融需求不能得到满足，金融需求被长久地压抑，金融交易成本和服务成本较高。而互联网行业通过其平台模式的建立不仅汇聚了大量的信息资源，同时也聚集了大量的沉淀资金，其为了获取更好的利润，开始寻找新的利润增长点。第三方支付业务的开展，促进了互联网行业向金融行业试水，同时也激发了互联网行业向金融行业扩充的思想。互联网行业的边际成本为零以及大量的流量资源是吸引金融行业同互联网行业融合发展的关键资源。通过整合互联网行业以及金融行业已有的客户资源，同时降低服务和产品成本，促进资源在更大范围内的优化配置，并促进经济健康、快速发展。渠道的整合和创新，给互联网行业以及金融行业带来了新鲜血液，同时也激发了两个行业对产品、服务模式创新的思考，促进两个行业的改革深化发展。

(3) 技术创新。互联网金融的深化发展不仅需要金融技术同时也需要互联网技术。金融行业在其发展时期积累了大量的金融资源。如何通过互联网技术的转化作用，在互联网技术以及金融技术的创新发展中使得金融行业不仅能够扩充其服务的广度和深度。同时也能够开发其未开发或者开发力度不够的客户和产品资源。技术创新不仅体现在技术开发使得消费者的消费体验能够更加真实贴切，同时也能够满足消费者不断增长的消费需求和多样化的消费方式，不断扩充金融产品的服务地域和范围。信息化和科技化、信息安全和资金安全成为互联网行业和金融行业未来发展的重要研究领域。

(4) 信息处理能力创新。互联网金融能够利用零碎化的时间，通过大量移动端的消费行为获取大量的消费数据，形成海量的数据资源。但由于这些海量数据资源的收集范围广泛，时间零散，时间松散，因此数据间相关性差。通过相关因子分析，排除干扰因素，获取符合销售平台以及企业对于客户消费行为的把握是大数据收集之后平台所需要提升和创新的重要方面。信息数据处理能力的创新，能够提取有效的数据信息来分析消费者行为。

---

① 参看王念、王海军、赵立昌：《互联网金融的概念、基础与模式之辩》，载《南方金融》，2014 (4)：4-11。

有效的数据分析能够通过对消费者消费方式和消费支出的客观评价，扩大产品的销售渠道和范围，锁定销售对象，缩短产品营销周期，获得市场认可度，提升销售质量。

三、互联网金融的主要功能[①]

1. 互联网金融可以进一步优化金融的资源配置功能

金融学意义上的资源配置，是指资金的供给方通过适当的机制将其使用权让渡给资金需求方的过程。这种资源配置过程通常分为两类，一是吸收存款和发放贷款的过程，主要由商业银行作为中介来完成；二是资金供给者与需求者以市场为平台直接进行交易的过程，这个市场平台主要是资本市场。我们约定俗成地把前者称之为间接融资，后者称之为直接融资。

在这两种融资形式中，间接融资的基础风险是信用风险，直接融资的基础风险是透明度。传统上，在间接融资中，信用风险评估的主要测度除信用记录和信誉等级外，更多地侧重于现金流、利润等财务指标和资产(含不动产)规模等指标，缓释信用风险的机制大多数是抵押、质押和担保。在直接融资中，透明度的风险主要表现于上市公司的信息披露是否真实、及时、完整。两种融资模式对风险的定义在自身逻辑范围内没有问题，但前者即商业银行对信用风险的定义多少有点"富人好信用，穷人差信用"的逻辑；后者则把信用的履约置于法律和道德两重约束下的自觉之中。实际上，个人或企业信用的优劣，是否存在履约风险，在实际交易行为中是最能体现出来的。持续、高频率地、以信用为担保的交易，更能真正、动态地反映交易主体的信用和履约能力。

互联网与生俱来的信息流整合功能，创造了云数据时代，它显然区别于以抽样统计为基础的小数据时代。互联网通过对云数据的处理，使人们能够清晰地看到抽样所无法描述的细节信息。显然，现在的计算机完全具备了这样的大计算能力。

在互联网所创造的云数据时代，首先是如何获取数据，其次是互联网"开放、平等、协作、分享"的精神，为数据的获得创造了天然的平台，从而较好地解决了经济活动中信息不对称性问题。或许在这个时代，仅仅云数据的处理就可能形成新的金融中介，个人或企业的信用信息无一不体现在其中。这些云数据中所体现的信用信息，其实比传统的信用识别标志要准确得多。所以，互联网在现行主流金融最关心的信用风险识别技术上，显然更进了一步，使金融识别风险的能力更具时效性、准确性，进一步完善了金融识别风险的能力。互联网既然可以更有效地识别信用风险，又解决了经济活动中信息不对称性问题，那么，以互联网为平台的金融显然更利于金融的资源配置，即融资功能的实现。

2. 互联网金融可以进一步改善现行的以商业银行为主体的支付体系，更便捷地提供支付清算服务，使金融的支付清算功能效率大幅提升

在不同的金融结构中，支付清算体系的构建有较大差异。在大多数国家，商业银行承担着社会经济活动中支付清算的功能，在中国尤为如此。中国的商业银行构建了形式多样的基于实体经济交易和少量金融交易的支付清算系统，在全社会支付清算功能中占据绝对

[①] 参看宫晓林：《互联网金融模式及对传统银行业的影响》，载《金融实务》，2013(5)：86-88。

主导地位。就占主导地位的银行支付清算系统而言，由于更多地吸收和运用了现代信息技术，使得支付清算的技术手段和工具不断创新，效率有较大提高。这实际上就是互联网的巨大作用。这说明，基于互联网平台的金融，在克服了时空约束的基础上，加快了资金的流动速度，克服了支付清算资金的存量化，最大限度地保证了交易双方特别是资金接收方的利益。

除了商业银行运用互联网技术改进或创新支付工具和支付体系，从而大大提升银行体系的支付效率外，以互联网为平台游离于银行体系之外的第三方支付以及相关支付工具是真正意义上的互联网金融核心元素之一，是互联网金融的重要形态。这种具有互联网金融基因的支付工具和支付体系，开始具有脱媒的某些特征。它与商业银行运用互联网技术所创新或所改进的支付工具和支付体系相比，貌似一样或相近，实则有较大差异，这种差异来自基因的不同。因此，不可将两者混为一谈。

基于互联网金融平台的支付工具和支付体系，或许由于其脱媒和高技术的特性，其灵活、便捷、快速、高效是传统金融支付工具和支付体系所难以达到的。所以，基于互联网金融的支付工具和支付体系，显然既是现有金融包括商业银行支付工具和支付体系的重要竞争者，也是现有社会支付系统进一步升级的推动者。

3. 互联网金融进一步完善了财富管理(风险配置)的功能

互联网金融对金融的财富管理(风险配置)功能的贡献主要表现在三个方面：一是向下延伸客户群链条，进一步丰富财富管理的功能；二是提供成本低廉、快捷便利的基于财富管理的金融产品营销网络；三是推动余额资金的财富化，有效扩大了财富管理需求者规模。在诸多金融功能的实现过程中，财富管理的需求具有较大的隐性特点，格式化或标准化产品及服务对个性化的财富管理影响甚微，因为对个性化的财富管理者来说，对"人"的认同远高于对"平台"的认同。

在目前的金融状态下，互联网金融平台对潜在的非个性化的财富管理需求者来说具有巨大吸引力。其基本表现形式是，在基于优化资源配置的前提下，追求余额资金的财富化。余额宝是一个有价值的案例。余额宝类型的基于互联网金融平台的财富管理工具最大的贡献在于，突破了商业银行余额资金储蓄化的格律，实现了余额资金的财富化。在这里，客户的余额资金不再是无任何收益的闲置资金，也不是低利率的储蓄产品。这一功能的突破，极大地延伸了财富管理的客户端，并对商业银行固有的储蓄产品特别是活期储蓄产品带来重大挑战，进而客观上推动了商业银行传统业务的竞争和转型。所以，互联网金融在财富管理功能的拓展上，具有积极的推动作用。

4. 互联网金融对改善金融提供价格信息的功能有积极影响，从而使价格信息更丰富、更及时、更准确

一般认为，金融提供的价格信息包含两类：一是资金价格即利率，二是资产价格，通常由股票价格及其指数来表示。前者主要由货币市场和银行体系提供，后者则由资本市场动态即时发布。互联网平台的引入，提高了动员资金的能力和资金的使用效率，加快了资金流转速度，促进了互联网金融与现行主流金融特别是商业银行的竞争，将使利率这一资金价格更及时、准确地反映了资金供求关系，进而引导资金的合理流动。在资本市场上，由于交易系统和实时报价系统充分采用了先进的计算机技术和信息技术，股票价格及其指

数已经充分体现了动态及时的特点,这与互联网的技术基础是一脉相承的。

在电商模式中,基于互联网平台的竞价机制是一个很好的案例。互联网所创造出的无边界平台,为众多厂商和消费者以及厂商之间的竞价提供了最优的机制。在这里,价格没有外部力量的约束,所有价格都是厂商之间、消费者与厂商之间竞价的结果。所谓互联网对信息流的整合,一个重要内容就是推动竞争价格的形成。这种价格形成机制远比传统市场结构下的价格形成机制合理而透明,互联网平台解决了传统市场结构下所存在的信息不对称性和成本约束问题,所以,互联网金融不仅进一步改善了传统金融提供价格信息的功能,而且也使这个价格信息的内涵得以扩充、丰富。

四、互联网金融的作用

人类历史上,任何一次颠覆性的技术革命都必然带来经济社会的巨大变化。而在中国,互联网技术高速发展与金融内生性需求增长的高度融合,同样会对中国经济社会产生不可估量的作用。

1. 推动实现普惠金融

普惠金融已成为世界各国所普遍倡导的金融模式,而中国政府也已明确表示将推行普惠金融作为经济改革的重要目标。普惠金融的实质是金融的普及化、平民化与民主化,而互联网金融由于极大地颠覆了传统金融的"贵族"特性,催生了自下而上的金融内生化与平民化力量,势必成为实现普惠金融的最佳途径之一。

2. 盘活社会资金

互联网金融的发展有助于扩大社会融资规模,提高直接融资比重,盘活社会资金,服务实体经济发展。一是互联网金融大大降低了普通百姓进入投资领域的门槛,通过积少成多形成规模效应,撬动更多社会资金。如绝大多数银行理财产品起步资金在万元以上,而余额宝一元起即可购买,有助于吸引以百元和千元为单位的社会闲散资金大量进入。二是互联网金融可以依托资产证券化等手段盘活资产,实现资金快速循环投放。如阿里金融与东方证券合作推出的"东证资管—阿里巴巴专项资产管理计划",使得阿里小贷能够迅速回笼资金,盘活小额贷款资产,提高资金使用效率。

3. 促进金融交易脱媒

互联网金融动摇了金融中介存在的两大基础——信息不对称与交易成本。互联网金融通过减少交易的中间环节,降低交易成本,实现信息资源共享,而达到市场主体直接交易的目的。这势必压缩传统金融机构的生存空间和存在基础。

4. 降低了交易成本

互联网金融利用大数据、云计算、移动互联网等技术工具,实现了资源的跨时空配置,减少了市场交易的中间环节,降低了传统金融的交易成本,诸如人力成本、固定资产投入成本、监督成本、谈判成本、信息搜集成本,等等,而交易成本的降低为金融去中介化提供了可能。同时,节约了人的劳动时间,进一步解放了人的劳动时间,提高了劳动效率,使得社会资本的周转加快,乘数效应放大多倍,进而加速了社会财富的增长。

5. 减少了信息不对称

互联网金融改变了传统金融格局下的信息传递模式,即信息传递不再是单向、封闭与层级式的,而是变成双向、循环与扁平式,由于信息传递速度加快,信息容量激增,信息传递效率大大提高,信息的外部性增强,使得信息共享成为可能。

6. 加速金融创新

互联网金融打通了交易参与各方的对接通道,提供了不同类型金融业态融合发展的统一平台,有助于加快金融机构创新、金融模式创新和金融产品创新。一是互联网与金融的融合发展将重构当前的金融生态体系,新金融机构、泛金融机构、准金融机构等非传统金融机构将不断兴起,集成创新、交叉创新等创新型金融形态将不断涌现。近年来支付宝、人人贷、阿里小贷、众安在线的出现和发展即为例证。二是在互联网金融的快速冲击下,金融机构既有的盈利模式、销售模式、服务模式和管理模式已经难以为继,倒逼其推动金融模式转型和创新。三是随着信息技术、社交网络技术、金融技术的不断突破,大量基于消费者和小微企业的个性化、差异化、碎片化需求的金融产品由理论变为现实,将大大丰富现有的金融产品序列和种类。

7. 加快传统金融机构变革

互联网金融改变了传统金融机构的资源配置主导、定价强势地位和物理渠道优势,倒逼传统金融机构加快价值理念、业务模式、组织架构、业务流程的全方位变革。其一是促进传统金融机构价值理念变革,摒弃以往过于强调安全、稳定、风险、成本的价值主张,更加注重无缝、快捷、交互、参与的客户体验和客户关系管理,真正做到以客户为中心、以市场为导向。其二是促进传统金融机构业务模式变革,改变息差作为主要收入来源的传统盈利模式,通过产品创新和提供综合增值服务构建新盈利模式。其三是促进传统金融机构组织架构和业务流程再造,加快组织的扁平化、网络化和流程的简捷化、去审批化,从而提高组织效率,快速响应客户需求。

8. 推动利率市场化

互联网金融模式能够客观地反映资本市场供求双方的价格与风险偏好,通过互联网金融平台,资金借贷双方可以实现在资金额度、利率、期限、风险、还款方式以及担保措施等方面的动态匹配,双方议价成交,交易完全市场化。如果还能够深入研究挖掘数据,甚至可以形成完全由市场决定的利率指数,从而完善贷款定价基础。与国外发达国家不同,中国式互联网金融植根于经济转型与金融抑制的背景之下,在进一步推进市场经济改革的过程中,互联网金融的出现势必会成为一种突破改革阻力的工具,其盛况空前的创新实践也将给中国经济社会其他领域的改革带来示范效应。

9. 缓解小微企业融资难,促进中小微企业的发展

互联网金融很大程度上解决了信息不对称引发的逆向选择和道德风险问题,有利于增强金融机构服务小微企业的内生动力,有效缓解小微企业融资难、融资贵、融资无门的问题,并由此推动国民经济的增长与发展。一是互联网金融依靠先进的搜索技术、数据挖掘技术和风险管理技术,大幅降低了参与方在信息收集、询价磋商、信用评价、签约履行等方面的交易费用,整体上降低了小微企业的准入成本和融资成本。二是互联网金融的运营特点与小微企业的融资需求具有很强的匹配度。如P2P网络贷款服务平台贷款门槛低、覆盖面广、交易灵活、操作便捷、借款金额小、期限短,可以为小微企业提供"量身定制"

的金融服务。三是互联网金融引致的激烈市场竞争将推动银行等传统金融机构重新配置金融资源，大量小微企业将得到更多信贷支持。中小微企业贷款难问题一直困扰着包括中国在内的发展中国家，尤其是在金融资源高度集中的市场格局下，中小微企业一直被排斥在金融服务体系之外。而互联网金融的兴起，为中小微企业搭建了直接融资平台，撬动了更多的民间资本，打破了中小微企业的资金瓶颈，实现了项目与资金的高效对接。

10. 拓展金融基础设施

一般来说，金融基础设施是指金融运行的硬件设施和制度安排，主要包括支付体系、法律环境、公司治理、会计准则、信用环境、反洗钱以及由金融监管、中央银行最后贷款人职能、投资者保护制度组成的金融安全网等[1]。在2008年金融危机后，国际清算银行支付结算体系委员会（CPSS）和国际证监会组织（IOSCO）技术委员会联合发表了《金融市场基础设施原则》（PFMI），这成为各国金融基础设施建设的纲领性文件。互联网金融进一步完善金融基础设施的原因在于，支撑互联网金融的一些科技成果，如计算机网络技术、数据科学与大数据分析技术、区块链技术等会对金融基础设施，甚至对经济社会的基础设施会产生影响，并成为这些基础设施中的一部分。就金融体系来说，在这种场合下，除了传统的金融基础设施外，还会形成互联网金融基础设施，并与传统金融基础设施相互协作，对经济金融的进步发挥重要作用。

11. 完善金融体制

在传统金融体制下，经济资源高度集中，信息处于封闭状态，其金融市场的总交易边界基本上具有确定性。随着互联网金融的形成与发展，市场的供求主体多元化，融资方式多样化，交易更为频繁，数量更为零碎，价格更为多变，金融交易的总市场规模急剧扩大，市场边界也快速扩张。一般认为，互联网金融可改变传统金融体制的僵化问题，进一步完善金融体制。

12. 推动国民经济发展

历史上，金融的创新与变革往往是国民经济增长和发展的一个重要基础，伍聪在《第四次金融浪潮》中回顾了金融与经济增长和经济发展的关系，认为国民经济的每一次大发展，都离不开金融的创新，而且，还认为，只有金融的创新才会支撑一个国家经济的发展，促使该国成为世界强国。他总结荷兰、英国和美国的经济金融发展过程中的经验教训，认为每一次金融创新会形成全新的金融制度，并帮助相关国家崛起，最终促使这个国家成为经济大国和超级强国[2]。就历史上第一次工业革命来说，英国著名经济学家约翰·希克斯认为，如果没有之前的金融革命，就不会有后来的工业革命，"工业革命不得不等候金融革命"[3]。马克思对此也有十分精辟的评论，认为资本主义制度的形成，以一场深

---

[1] 参看百度百科的金融基础设施条目。同时，下列两本教科书也对金融基础设施问题进行了阐述。参看黄达、张杰：《金融学》（第4版）[《货币银行学》（第六版）]，中国人民大学出版社，2017年4月；冯科、宋敏：《互联网金融理论与实务》，清华大学出版社，2016年8月。

[2] 参看伍聪：《第四次金融浪潮——互联网金融与中国国运》，中国经济出版社，2017年6月。

[3] 参看约翰·希克斯：《经济史理论》，商务印书馆，1987年7月。

刻的金融革命为标志，其最大的成果是形成国际信用体系[①]。从世界经济史的角度来看，目前正在进行中的互联网金融，也是一场新兴的金融革命，将会对相关国家的经济增长和经济发展发挥重要的推动作用。

【概念】

金融、金融交易、互联网金融、金融科技、互联网金融交易、互联网金融模式、电商金融、程序化交易软件、物联网金融、互联网经济、普惠金融、信息金融、碎片金融、计算机网络、大数据、云计算、移动互联网、社交网络、商业模式、互联网商业模式、门户模式、搜索模式、社交网络服务(SNS)模式、电子商务模式、互联网金融模式、共享经济模式、中心性质的商业模式、互联网平台、数字平台、非中心性质的商业模式、金融互联网、资源配置、普惠金融、金融基础设施、金融体制、金融革命、工业革命、银行、股票、票号、蚂蚁金服、余额宝、支付宝、信用

【思考题】

1. 简述金融的特征。
2. 简述互联网金融的基本特征。
3. 简述互联网金融的形成与发展过程。
4. 简述金融互联网与互联网金融的相同点与不同点。
5. 简述互联网金融发展的技术基础与社会基础。
6. 简述中美互联网金融差异的表现与成因。
7. 简述商业模式的含义、基本要素和特征。
8. 简述互联网商业模式的含义、类型和发展趋势。
9. 简述互联网金融商业模式的含义与类型。
10. 试述互联网金融的创新和影响。
11. 试述互联网金融对传统金融发展的挑战。
12. 简述互联网金融的主要功能。
13. 简述互联网金融的基本作用。

---

① 参看马克思：《资本论》(第一卷)，人民出版社，1972年9月。

第二章　互联网金融的科技方法基础

自现代科学技术兴起以来，由于经典物理科学的成功，我们往往以物理科学的方式和方法看待世界，不管是自然世界还是人类社会。这种看待世界的方式和方法讲究通过自然观察和科学实验获得数据，倡导数学模型总结其结果，由此认识和改变客观世界①。这种方式和方法取得了巨大的成功，成为很多学科的基础思维方式和方法。进入20世纪后期，随着信息科学和技术，如计算机科学和信息技术等的兴起与发展，随着互联网的形成与扩展，除了运用物理科学的方式和方法（所谓物理科学思维）看待世界外，还可以应用信息科学、计算机技术和互联网的方式和方法（所谓互联网思维）看待世界②。

现代计算机的出现与使用导致计算机科学的形成，一般认为，计算机科学是信息科学技术的一个组成部分。信息科学技术是指一切与数字化、通信、信息和获取、存储和处理等有关的理论与技术方法，其中包括计算机、通信技术、遥感遥测、数据采集、3D扫描和打印等。在信息技术的发展过程中，则包括语言的诞生，文字的出现，印刷的发明，电报、电话、广播和电视等的使用，目前的重要进展是现代计算机和互联网等的发展③。

互联网的形成与发展，不仅促使计算工作进一步完善，同时，由于出现大量数据，相关的收集、传送与分析等，均与以前的统计学理论与方法有所不同，由此形成数据科学（data science 或 datalogy）④，目前的代表是大数据分析理论与方法。同时，一些学者还依据大数据出现的时点，将以前的时期称为小数据时代，把目前的时期称为大数据时代⑤。

---

① 参看马尔科姆·朗盖尔：《物理学中的理论概念》，中国科学技术大学出版社，2017年8月。该书特别强调需要深刻理解物理现象与描述它们的数学之间的关系，这一观点对其他学科（如经济学，以及本书介绍的互联网金融学等）来说，仍然是正确的。

② 参看J.格伦·布鲁克希尔、丹尼斯·布里：《计算机科学概论》，刘艺、吴英、毛倩倩译，人民邮电出版社，2017年1月。该书认为计算机科学中的程序设计或编码是与现代读写能力中继阅读、写作和算术相互并列的又一个基础支柱。

③ 参看刘鹏：《信息系统与商业创新》，清华大学出版社，2017年7月；周友兵：《中国信息产业简史》，知识产权出版社，2017年8月。

④ 参看赵蓉英、魏明坤：《国际数据科学演进研究：基于时间维度的分析》，载《图书情报知识》，2017(4)：71-79；刘磊：从数据科学到第四范式：大数据研究的科学渊源，载《广告大观 理论版》，2016(4)：44-52。

⑤ 参看涂子沛：《数据之巅》，中信出版社，2014年5月。

区块链（Blockchain，BC）是出现较晚的概念①。这一概念首次出现在中本聪（Satoshi Nakamoto）2008年10月的原创论文《比特币：一种点对点的电子现金系统》(*Bitcoin*：*A Peer-to-Peer Electronic Cash System*)②中。不过，在这篇论文中，"区块"和"链"这两个词语是分开使用的，在比特币流行后，两个词语逐渐合称起来，叫做区块-链，直到后来才最终变成一个词："区块链"。区块链可以看作互联网等信息科学技术和新型数据科学发展的一个新成果。区块链一方面需要计算机网络，特别是没有中心节点的互联网络，同时，也需要在这种没有中心节点的网络中形成新型的方法。

本章简要介绍计算机科学中有关互联网问题的一些基础性知识，介绍大数据分析方法的基本内容，同时还说明区块链的含义和特征，以及关键技术，然后以上述技术与方法为基础，介绍平台-非平台型商业模式，最后通过阅读与案例，说明互联网对经济和金融业发展的意义。

第一节 互联网金融与网络科学技术

一、基本概念

互联网，又称网际网络，一般来说，互联网始于1969年美国的阿帕网，是网络与网络之间所串连成的网络，这些网络以一组通用的协议相连，形成逻辑上自治一致的单一巨大网络。这种将计算机网络互相连接在一起的方法可称作网络互联，在这基础上发展出覆盖全世界的全球性互联网络称为互联网，即是互相连接一起的网络。从这个角度来看，计算机网络是互联网的基础，互联网是计算机网络的发展。不过，也有学者认为互联网就是计算机网络。在本书中，如果不作特别说明，会把计算机网络与互联网通用。

---

① 参看百度百科有关区块链的相关概念，参看高航、俞学劢、王毛路：《区块链与新经济》，中国工信出版集团·电子工业出版社，2016年7月；龚鸣：《区块链社会》，中信出版集团，2016年8月；阿尔文德·纳拉亚南、约什·贝努、爱德华·费尔顿、安德鲁·米勒、史蒂文·戈德费德：《区块链：技术驱动金融》，中信出版集团，2016年8月；谭磊、陈刚：《区块链2.0》，中国工信出版集团，电子工业出版社，2016年4月；张健：《区块链：定义未来金融与经济新格局》，机械工业出版社，2016年7月；徐明星、刘勇、段新星、郭大治：《区块链：重塑经济与世界》，中信出版社，2016年6月；谢平、邹传伟、刘海二：《互联网金融手册》，中国人民大学出版社，2014年4月；唐塔普斯科特、亚力克斯·塔普斯科特：《区块链革命——比特币底层技术如何改变货币、商业和世界》，中信出版社，2018年4月。同时，还需要参看本章后面所列脚注中相关论文与报告等。

② 在张健的著作《区块链：定义未来金融与经济新格局》中，有两篇附录，其中第一篇附录即是该文。可参看张健：《区块链：定义未来金融与经济新格局》，机械工业出版社，2016年7月。

43

二、互联网的基本结构与连接形式

互联网的基本结构主要包括下列两个方面：

（1）基础构件：包括硬件与软件，其中硬件如计算机、路由器、交换机、传输设备、计算终端等节点设备，也包括同轴电缆、双绞线、光纤和无线通道等数据链路，同时还包括为上述硬件设备提供支撑的系统软件。

（2）集成系统：包括将各种基础构件连接成一体的通信协议，如 TCP/IP 协议等，以及提供特定网络应用和服务为目标的信息系统，如电子商务、门户网站、搜索引擎和网络游戏等；与单机系统不同的是，集成系统一般都是多机协同工作，通过相关通信协议等来进行交互通信，并达成相应的目的。

互联网的基本连接形式对网络经济与互联网金融的各种类型的形成与发展发挥重要作用。一般来说，互联网的基本连接形式如下：

（1）星形网络。是由中央节点和其他从属节点构成的网络，其中中央节点可与其他节点通信，而其他节点需要通过中央节点进行通信。在星形网络中，中央节点通常是集线器或交换机等设备。特点是很容易在网络中增加新的站点，数据的安全性和优先级容易控制，易实现网络监控，但中心节点的故障会引起整个网络瘫痪。

（2）总线型网络（或广播式网络）。指采用一条中央主电缆连接多个节点，且在电缆两端加装终结器而形成的网络。由于各个节点之间通过电缆直接连接，所以总线型拓扑结构中所需要的电缆长度是最小的，但总线只有一定的负载能力，因此总线长度又有一定限制，一条总线只能连接一定数量的节点。

（3）环状网络。各站点通过通信介质连成一个封闭的环形。环形网容易安装和监控，但容量有限，网络建成后，难以增加新的站点。种结构中的传输媒体从一个端用户到另一个端用户，直到将所有的端用户连成环形。数据在环路中沿着一个方向在各个节点间传输，信息从一个节点传到另一个节点。这种结构显而易见消除了端用户通信时对中心系统的依赖性。

（4）树形网络。这种结构是分级的集中控制式网络，与星形网络相比，它的通信线路总长度短，成本较低，节点易于扩充，寻找路径比较方便，但除了叶节点及其相连的线路外，任一节点或其相连的线路故障都会使系统受到影响。

（5）网状网络。这种结构主要指各节点通过传输线互联连接起来，并且每一个节点至少与其他两个节点相连。网状拓扑结构具有较高的可靠性，但其结构复杂，实现起来费用较高，不易管理和维护，不常用于局域网。

三、互联网的分类

互联网的分类与的一般的事物分类方法一样，可以按事物的所具有的不同性质特点即事物的属性分类。通俗地讲，互联网网络就是由多台计算机（或其他计算机网络设备）通过传输介质和软件物理（或逻辑）连接在一起组成的。其分类如下：

(1) 根据网络的覆盖范围与规模，可分为：局域网、城域网、广域网。

(2) 按传输介质可分为：①有线网：指采用双绞线来连接的计算机网络。②光纤网：采用光导纤维作为传输介质。③无线网：采用一种电磁波作为载体来实现数据传输的网络类型。

(3) 按数据交换方式可分为：电路交换网、报文交换网、分组交换网。

(4) 根据使用的计算机形式可分为：桌面机互联网、手机互联网（移动互联网）。

(5) 按通信方式可分为广播式传输网络、点到点式传输网络。

(6) 按服务方式可分为：①客户机-服务器网络；②对等网络。

对于经济金融活动来说，最重要的分类是中心型网络和非中心型网络。其中点到点式传输网络、对等网络等大致具有非中心型网络的特征，而广播式传输网络、客户机-服务器网络等则具有中心型网络的特征。

四、互联网的发展过程

在互联网形成以前，人类社会在资源共享、信息传递和相互协作等方面已经形成了一些方法。互联网开启了人们更为迅速且智能化的资源共享、信息传递和相互协作方式。互联网并不是突然生成的，互联网的形成与发展经历了一个较长的过程，直到现在仍然在不断地完善。计算机相互联结形成互联网，互联网的本质是"连接"，即使互联网上进行联结的基本要素以及联结的方式在不断变化。因此，可以从"连接"的角度对计算机相互联结即互联网的发展变化进行划分[①]。一般来说，互联网发展的几个阶段如下：

第一阶段，互联网的形成。随着1946年世界上第一台电子计算机问世后的十多年时间内，由于价格昂贵，电脑数量极少，为了利用计算机进行计算，形成了早期计算机网络。其形式是将一台计算机经过通信线路与若干台终端直接连接，可以把这种方式看作局域网的雏形。当然，计算机网络的形成也与军事有关。在美苏竞争时代，美国国防部认为，如果仅有一个集中的军事指挥中心，万一这个中心被苏联的核武器摧毁，全国的军事指挥将处于瘫痪状态，其后果将不堪设想，因此有必要设计一个分散的指挥系统：由一个个分散的指挥点组成，当部分指挥点被摧毁后其他点仍能正常工作，而这些分散的点又能通过某种形式的通信网取得联系。

1969年，美国国防部高级研究计划管理局（Advanced Research Projects Agency, ARPA）开始建立一个命名为阿伯网（ARPAnet）的网络，把美国的几个军事及研究用电脑主机连接起来。现代计算机网络的许多概念和方法，如分组交换技术都来自阿伯网。阿伯网不仅进行了租用线互联的分组交换技术研究，而且做了无线、卫星网的分组交换技术研究，并于1977—1979年，推出TCP/IP体系结构和协议（后面将介绍）。1983年，阿伯网的全部计算机完成了向TCP/IP的转换，并在UNIX（BSD4.1）上实现了TCP/IP。阿伯网在技术上最大的贡献就是TCP/IP协议的开发和应用。

从计算机网络本身来看，计算机的连接可以有多种结构模式，但最早提出连接的阿伯

---

① 参看彭兰：《"连接"的演进——互联网进化的基本逻辑》，载《国际新闻界》，2013(12)。

网采用的是分布式结构，即没有中心交换点，每一个网络中的节点都有多条途径通往其他节点，网络中的计算机可以通过任一路由而不是固定路由发送信息，这可以使得计算机网络具有更高的安全性。作为冷战背景下的产物，阿伯网的设计目标是，即使它受到外来袭击时，仍能正常工作。

正是这种分布式结构模式，使得互联网从一开始就成为了一种去中心化的（decentralized）、分权的结构。这种结构不仅使网络具有较高的安全性与可靠性，也造就了信息传播的多样化与控制的复杂化。对于终端的连接来说，TCP/IP协议的诞生是另一个里程碑。当1983年TCP/IP协议成为全球互联网的标准协议时，终端间的对话有了世界语，全球性的终端连接才真正开始。

第二阶段，计算互联网阶段[①]。这一阶段的主要成果是科学与教育方面的应用与发展。1984年，美国国家科学基金会（National Science Foundation，NSF）规划建立了13个国家超级计算中心及国家教育科技网。1986年，美国国家科学基金会利用阿伯网发展出来的TCP/IP协议，在5个科研教育服务超级电脑中心的基础上建立了NSFnet广域网。由于美国国家科学基金会的鼓励和资助，很多大学、政府资助的研究机构甚至私营的研究机构纷纷把自己的局域网并入NSFnet中。那时，阿伯网的军用部分已脱离母网，建立自己的网络：Milnet。阿伯网逐步被NSFnet所替代。到1990年，阿伯网已退出了历史舞台。如今，NSFnet已成为互联网的重要骨干网之一。1988年Internet开始对外开放。

在20世纪90年代以前，互联网的使用一直仅限于研究与学术领域，商业性机构进入互联网一直受到这样或那样的法规或传统问题的困扰。事实上，像美国国家科学基金会等曾经出资建造互联网的政府机构对互联网上的商业活动并不感兴趣。

也有一些书籍将上面两个阶段称为前Web时代，这是万维网出现之前的时代，其特征是终端的连接。也就是说，这个时代计算机界所要解决连接问题，是计算机这种机器的连接，或者说是终端的连接。构建终端网络的一个重要考虑，是连接的物理结构。

第三阶段，信息互联网阶段[②]。这一阶段的主要成就是商业和产业方面的应用与发展。互联网发展到这一时期的标志性事件是万维网的出现，也正是由于万维网的出现和发展，导致互联网进入新阶段：商用化阶段。

万维网是一个结构性的框架，其目的是访问遍布在全球互联网上数以亿计的机器上的相互链接的文档。1989年3月，蒂姆·伯纳斯-李（Tim Berners-Lee）向欧洲原子能研究中心（CERN）提交立项建议书，提出采用超文本技术重新构造信息系统的设想，并设计出供多人在网络中同时管理信息的超文本文件系统。1990年，伯纳斯-李在当时的NeXTStep网络系统上开发出世界上第一个网络服务器Http和第一个客户端浏览器WWW。

当时，伯纳斯-李写道："一旦我们通过万维网连接信息，我们就可以通过它来发现事实、创造想法、买卖物品，以及创建新的关系。而这一切都是通过在过往的时代不可想象

[①] 夏志杰在《工业互联网——体系与技术》中称之为学术互联网阶段，该书由北京机械工业出版社于2018年1月出版。

[②] 夏志杰在《工业互联网——体系与技术》中称之为大众互联网阶段，该书由北京机械工业出版社于2018年1月出版。

的速度和规模来实现的。"同时，在他简短的声明中，他还预言会出现搜索、出版、电子商务、电子邮件和社交媒体等。后来的事实完全证明了他的预言①。

1990年12月，CERN首次启动万维网并建立了全球第一个网站info.cem.ch（它至今仍是CERN的官方网站）。在1991年12月的Hypertext '91会议上，WWW进行了第一次公开演示并引起了业界研究人员的高度关注。1993年2月，伊利诺伊大学的学生马克·安德森（Marc Andreessen）开发出第一个图形化浏览器Mosaic，并于一年之后创办了著名的网景（Netscape）公司。1993年4月，CERN正式将万维网开放给公众。1994年，万维网联盟（W3C）建立，共同致力于进一步开发Web、对协议进行标准化，促进Web站点之间的互操作性。此后，在伯纳斯·李的领导下，合作制定了架构起全球信息网络的三大基本技术规范：HTTP、URL和HTMLA。

万维网的发明，加速了信息革命的步伐，推动了知识经济的进程。对此，尼葛洛庞帝（Nicholas Negroponte）认为"1989年因此成为互联网历史上划时代的分水岭"。Lotus公司主席兼CEO杰夫·帕伯斯（Jeff Papows）则评价："伯纳斯·李是这个星球上最有资格写入互联网编年史的人物。"Novell公司CEO埃里克·施密特（Eric Schmidt）在接受《时代》周刊采访时表示："如果计算机和互联网是一门传统科学的话，那么伯纳斯·李无疑将获得一枚诺贝尔奖章。"而《时代》杂志在评价伯纳斯·李的贡献时更是不吝赞美之词："很难对WWW作出适当评价，它几乎可以媲美古登堡印刷术。伯纳斯-李把只有精英们掌握的通信系统变成了大众媒体。"这些赞誉充分表明了万维网对互联网发展所起的重要作用。

万维网普遍采用的是客户端—服务器模式，之后的一些新应用则采用了P2P等模式，无论是硬件还是软件层面，这些底层连接机制，直接影响着互联网上的产品形态。可以说，终端网络的连接模式直接影响了互联网的内容网络、关系网络、服务网络的连接模式。1991年美国有三家公司分别经营着自己的CERFnet、PSInet及Alternet网络，可以在一定程度上向客户提供互联网服务。它们组成了商用Internet协会（CIEA），宣布用户可以把它们的互联网子网用于任何的商业用途。互联网商业化服务提供商的出现，使工商企业可以进入互联网。1991年6月，在连通互联网的计算机中，商业用户首次超过了学术界用户，这是互联网发展史上的一个里程碑，从此互联网进入快速发展阶段。商业机构一踏入互联网这一陌生的世界就发现了它在通信、资料检索、客户服务等方面的巨大潜力。世界各地无数的企业及个人纷纷涌入互联网，带来互联网发展史上一个新的飞跃。

在万维网出现后，形成了所谓Web时代，涉及所谓三大发展阶段②，即：

（1）Web1.0时代。其特征是内容的连接。前Web时代，终端的连接虽然促进了信息的共享，但信息本身还只是作为孤立的数据包被人们在机器间传送。进入Web1.0时代，互联网产生了一个重要变化，超链接成为了互联网内容的组织逻辑。超链接的实现虽然得益于万维网，但超链接构想却早已出现，计算机科学家凡尼佛·布什在1945年发表的《如

---

① 转引自威廉·穆贾雅：《商业区块链——开启加密经济新时代》，中信出版集团，2016年10月。
② 即所谓桌面互联网（或有限互联网）阶段、手机互联网（或移动互联网）阶段、物联网阶段。参看孟朴：《从移动互联到物联网世界》，载《集成电路应用》，2016（10）：41-42。作者孟朴为美国高通公司中国区董事长。

我们所想》(As We May Think)一文中,就已经提出了超链接的构想,尽管他并没有明确使用这样一个词。

当万维网真正实现时,信息之间的组织,突破过去线性的、封闭的模式,链接与链接的交织和交互,将所有互联网上的所有信息变成了一个统一的内容网络。由超链接带来的信息的扩展,也丰富了内容的意义。与此同时,网站上的内容呈现都采用分层结构,即信息逐级呈现。信息的展开过程,更像一个层层剥笋的过程。当超链接决定互联网的信息组织架构时,链接在某种意义也演变成一种权力。从网站的角度来看,链接或不链接是网站意志的体现,也是编辑选择权的体现。链接也体现着权力的格局,被链接越多的网站意味着得到的认同越多,话语权力也越大。因此,链接的中心,也就是网络话语权的中心。

(2) Web2.0 时代。其特征是个体连接,并由此构成的关系网络。Web2.0 时代最重要的影响是使得互联网的基本单元,从过去承载内容的网页,演变成连接关系的个体。互联网的重心,从内容向"人"迁移,手机互联网逐步出现并获得发展。Web2.0 时代有三个主要要素:个体、连接、分享。基于"连接"和"分享"的"个体"会产生种种关系,这些关系又连成复杂的关系网络。

就 Web2.0 时代的"个体"来看,借助博客、SNS、微博、微信等应用,每一个个体可以构建起自己的网络中心。这个中心成为个体在网络中生活的基地,而通过各种各样的关系链条,个体又保持着与外界的沟通与互动。

由于关系链条将个体引向广阔的互联网世界,个体的能量的产生与扩散,有了更强大的激发与传导机制。这样的个人中心,也是信息传播网络中的一个节点,每个个体可以用他们的鼠标点击,控制自己这个节点的"开"与"关",从而影响着网络中的信息流动。个体成为 Web2.0 时代的基本单元,其基础是数据化生存。数据,不仅仅是个体思想与见解的记录,也是个体的行为、活动的另一种形态,数据成为了数字时代个体的映射与化身。个体的数据既可以是在个体被动的情况下产生的,也可以是个体主动生产的。

维克多·迈尔-舍恩伯格(2013)在他的《删除:大数据取舍之道》一书中谈到,信息技术的发展带来一种数字化记忆。这种记忆不仅是个人的,也是可以共享的。数字化记忆有三个基本特点,即可访问性、持久性与全面性,"可访问性和持久性这两者的结合,使得人类再也不能成功逃离他们的过去","遗忘已经变得昂贵而困难,记忆反而便宜又容易"。

(3) Web3.0 时代[①]。其特征是内容连接与终端连接的变化,其中最重要的变化是机器与机器的联结(M2M),以及后来物联网(IoT)的形成与发展。Web3.0 时代这个词出现已经有很长时间,但关于这个词人们仍然没有达成共识。不过,Web3.0 时代的形成可能与两个方面的变化有关:一方面,Web3.0 时代与蒂姆·伯纳斯-李提出来的语义网方向有关。这个技术方向将使互联网不再停留在信息的仓库和机械搬运工的角色上,而是成为信

---

① 夏志杰在《工业互联网——体系与技术》中称之为工业互联网阶段,把这一阶段与前面的学术互联网阶段、大众互联网阶段并立,该书由北京机械工业出版社于 2018 年 1 月出版。这种把工业互联网或者产业互联网独立出来,作为互联网发展的一个阶段的划分方法,目前已成为较为流行的一种方法。

息的更智慧的阐释者和管理者。语义网等技术将扩展互联网内容连接的基本逻辑，即内容之间的关联不再仅是超链接这种人工强加的连接，还将出现信息之间、信息与人之间内在关系的智能关联。

另一方面，Web3.0时代还和机器与机器的联结（M2M）、物联网（IoT）的开场与发展有关。物联网将改变整个互联网的终端网络的性质。在互联网进一步发展变化的同时，互联网的起点—终端网络也正在完成一次质变，这种质变是由物联网的发展带来的。物联网会造就一个泛终端时代，它将使一切物体都有可能成为终端，今天的PC、今天的和未来的移动终端，以及所有带传感器的物体，这几者会共同造就一个全新的终端网络，而其中带传感器的物体，也可以包含人。

今天终端领域正在发生的变化主要体现为可穿戴终端的兴起。随着谷歌眼镜和智能手表的出现，可穿戴终端将逐步普及。可穿戴终端不仅更便于携带，也给照片、视频拍摄带来了全新体验，它们更重要的意义是成为人体的传感器。随着终端技术和物联网技术的发展，移动终端会越来越多。凯文·凯利（2013）曾经预言，"你在看屏幕，屏幕也在看你"。未来的屏幕，不仅仅是信息的显示设备，也是用户信息的收集设备。捕捉用户特征，以此为基础完成个性化推送。当一切物体成为终端时，信息传播这个词的含义会发生深层变革，人对信息的需求也会发生深刻变化。互联网起源于终端网络，而终端网络的质变，是互联网新一轮进化的开始。

五、互联网的基本功能

计算机网络和人们生活密不可分，一般人对网络的理解都是针对计算机网络。利用网络，人们不仅可以实现资源共享，还可以交换资料、保持联系、进行娱乐等。网络的实现，使单一的、分散的计算机有机地连成一个系统。在一般意义上，互联网的功能主要有：

（1）资源共享。网络的主要功能就是资源共享。共享的资源包括软件资源、硬件资源以及存储在公共数据库中的各类数据资源。网上用户能部分或全部地共享这些资源，使网络中的资源能够互通有无、分工协作，从而大大提高系统资源的利用率。

（2）快速传输信息。分布在不同地区的计算机系统，可以通过网络及时、高速地传递各种信息、交换数据、发送电子邮件，使人们之间的联系更加紧密。

（3）提高系统可靠性。在网络中，由于计算机之间是互相协作、互相备份的关系，以及在网络中采用一些备份的设备和一些负载调度、数据容错等技术，使得当网络中的某一部分出现故障时，网络中其他部分可以自动接替其任务。因此，与单机系统相比，计算机网络具有较高的可靠性。

（4）易于进行分布式处理。在网络中，还可以将一个比较大的问题或任务分解为若干个子问题或任务，分散到网络中不同的计算机上进行处理计算。这种分布处理能力在进行一些重大课题的研究开发时是卓有成效的。

（5）综合信息服务。在当今的信息化社会里，个人、办公室、图书馆、企业和学校等，每时每刻都在产生并处理大量的信息。这些信息可能是文字、数字、图像、声音甚至是视频,通过网络就能够收集、处理这些信息,并进行信息的传送。因此,综合信息服务将成为网络的基本服务功能。

(6)通过各种互联网服务提升全球人类生活品质。让人类的生活更便捷和丰富,从而促进全球人类社会的进步。并且丰富人类的精神世界和物质世界,让人类最便捷地获取信息。找到所求,让人类的生活更快乐。

除了一般性的功能外,互联网还具有经济社会功能,其表现为下列几个方面:

首先,互联网作为信息基础设施平台,实现了信息生产、存储、传输、开发和应用的一体化,极大地提高了信息资源开发利用的效率,信息产业成为一个重要的部门。

其次,互联网与传统产业的相互结合与渗透,降低了交易成本,提高了资金、人才的流动速度和配置效率,互联网已成为影响各种传统产业生产力与竞争力的关键因素。

再次,互联网还改变了传统产业的生产方式,成为其创新的重要的平台和推动力量。在互联网基础之上成长起来的新兴产业及其发展模式,已成为世界经济中的重要力量与领域。

此外,互联网还具有社会政治功能。互联网的产生不但给人类社会带来了深刻的经济影响,而且它还以其强大的社会政治功能影响到整个社会生活。这可以下两个方面来看。

(1)社会交往与信息交流的平台。在互联网出现以前,人们相互间在现实世界中进行社会交往与信息交流。互联网的出现为人们创造了一种新的社会交往与信息交流的平台,构建了一种崭新的社会关系形式,在某些方面甚至超越了现实世界的活动和社会关系。网络世界的活动为人们从事各种私人事务和公共事务提供了新的方式和途径,使得人们更有效率地从事现实世界的活动。如果将现实世界和世界有机地结合起来,积极主动地开展活动,就会大大拓展人们的社会生活空间。

(2)大众传媒和舆论工具。互联网融合了计算机科学和现代通信技术,将多种媒介和传播技术聚合在一起,并整合了报刊、广播、电视、电话、电影、出版物、图书馆等功能。正是因为它合成了如此众多的信息传播手段的功能,使得它与公众之间的关系几乎涵盖了公众与全部信息传媒之间可能发生的全部关系,这也使得网络社会关系呈现出千变万化、错综复杂的面貌。与语言相关的各种技术作用于人们的知觉系统,必然会影响人们对事物的认识和思维习惯,对人类构建世界的方式产生重要的影响。

第二节 互联网金融与数据分析方法

一、大数据分析的含义与形成背景

在互联网时代,人们会在互联网上沉淀大量的信息,也就是大量的数据,那么如何对待和处理这种大量的数据?从中可以获得什么用途?能够达成何种目的?是值得注意的问题。针对这些问题,大数据分析逐渐兴起。

大数据分析是指用适当的统计分析方法对收集来的大量数据(即大数据)进行分析,

提取有用信息和形成结论而对数据加以详细研究和概括总结的理论与方法。大数据的分析对象即是大数据。

大数据分析的数学基础在20世纪早期就已确立，但直到计算机的出现才使得实际操作成为可能，并使得数据分析得以推广。大数据分析是一门横跨信息科学、网络科学、经济学等诸多领域的新兴交叉学科，依然处于发展初期。大数据分析的核心涉及用自动化的方法来分析海量数据，并从中提取知识。在几乎所有的知识发现领域，大数据分析提供了一种强大的新方法来探索发现，它为拥有大量数据但不知怎样从数据中提取价值的公司提供了一种新的见解来源。伴随着这种方法的发展，大数据分析正在帮助创造新的科学分支并影响着社会科学和人文科学领域。大数据分析融合了多门学科并且建立在这些学科的理论和技术之上，包括数学、概率模型、统计学、机器学习、数据仓库、可视化等。

大数据分析产生的背景如下：(1)互联网以及其后建立在互联网基础上的电子商务、云计算、物联网、社交网络等新兴服务促使人类社会的数据种类和规模正以前所未有的速度增长，数据爆炸把人类带入了一个大数据时代。数据从简单的处理对象开始转变为一种基础性资源，成为在经济生活中与劳动投入、资本投入等要素相互并列的最基本的生产要素之一，数据的经济交易正在形成大规模的市场，如何更好地管理和利用大数据，如何从大数据中获得更多的经济利益等已经成为普遍关注的问题。大数据的出现也带动了政府、国内学术界和产业界，以及科研人员等对大数据进行分析和研究的热情。

(2)思维方式、知识基础以及政府政策等也是大数据分析形成的条件。实际上，在大数据分析方法出现以前，人们在思维方式上，就具有后来的大数据分析的萌芽形式，这一般被称为"数据思维"，大数据分析可以说是进一步把这种思维方式科学化和形式化[1]。以前形成的统计学和数理统计等也为大数据分析的形成提供了某种基础[2]。同时，《自然》(Nature)和《科学》(Science)等国际顶级学术刊物相继出版专刊来探讨大数据。2008年《自然》推出专刊"大数据"，从互联网技术、环境科学、网络经济学等多方面介绍了海量数据带来的挑战；2011年《科学》出版数据处理的专刊"Dealing with Data"，探讨了大数据带来的挑战。政府部门也同样高度关注。2012年3月，美国公布了"大数据研发计划"；欧盟在过去几年对科学数据基础设施建设投资了1亿多欧元，并将数据信息化基础设施建设作为优先项目之一。2014年2月，在北京召开了"科学数据大会"，以"科研大数据与数据科学"为主题，研讨了大数据时代科研数据管理、共享与应用的新趋势，以及科研大数据面临的关键问题和挑战，探索了数据科学的科学内涵与发展方向。

---

[1] 参看赵国栋、易欢欢、糜万军、鄂维南：《大数据时代的历史机遇：产业变革与数据科学》，清华大学出版社，2013年6月，第三章。

[2] 参看魏瑾瑞：《数据科学的统计学内涵》，载《统计研究》，2014(5)：3-9。

二、大数据分析[①]

大数据分析由四个阶段构成：即数据生成、数据获取、数据存储和数据分析，以下对这四个阶段进行简要说明。

(一) 数据生成

数据生成主要说明大数据如何形成。由于信息通信技术（ICT）发展，无处不在的信息感知和采集终端导致大量的数据形成。一般来说，大数据生成可由数据产生速率来描述。随着技术的发展，数据产生速率也不断增长。IBM 甚至认为现在世界上 90% 的数据是近两年产生的。随着信息通信技术的发展，数据生成又可分为三个阶段。

第一个阶段始于 20 世纪 90 年代。随着数字技术和数据库系统的广泛使用，许多企业组织的管理系统存储了大量的数据，如银行交易事务、购物中心记录和政府部门归档资料等。这些数据集是结构化的，并能通过以数据库为基础的存储管理系统进行分析。

第二个阶段始于 Web 系统的日益流行。在 Web 1.0 时期，以搜索引擎和电子商务为代表的系统产生了大量的半结构化和无结构的数据，包括网页数据和事务日志等。自 2000 年初期以来，许多 Web 2.0 应用从在线社交网络（如论坛、博客、社交网站和社交媒体网站等）中产生了大量的用户创造内容。

第三个阶段以移动设备（如智能手机、平板电脑、传感器和基于传感器的互联网设备）的普及为标志，以移动为中心的网络产生了高度移动、位置感知、以个人为中心和上下文相关的各种数据。从三个阶段的发展来看，数据生成从第一个阶段的被动记录到第二个阶段的数据主动生成，再到第三个阶段的自动生成。

(二) 数据获取

在大数据价值链中，数据获取阶段的任务是以数字形式将信息聚合，以待存储和分析处理。数据获取过程可分为三个步骤：数据采集、数据传输和数据预处理。数据传输和数据预处理没有严格的次序，数据预处理可以在数据传输之前或之后。

1. 数据采集

数据采集是指从真实世界对象中获得原始数据的过程。不准确的数据采集将影响后续的数据处理并最终得到无效的结果。数据采集方法的选择不但要依赖于数据源的物理性质，还要考虑数据分析的目标。这里介绍三种常用的数据采集方法：传感器、日志文件和 Web 爬虫。

[①] 参看程学旗、靳小龙、王元卓、郭嘉丰、张铁赢、李国杰：《大数据系统和分析技术综述》，载《软件学报》，2014，9(125-9)：1889-1908。除了介绍上记四个阶段，还有书籍更为全面地介绍大数据分析的其他各个方面，如数据模型、数据管理、数据应用、数据商业场景、数据成就的智能增长等，以及一些实用的案例，可参看阿里巴巴数据技术及产品部编：《大数据之路——阿里巴巴大数据实践》，电子出版社，2017 年 7 月；蒋凡：《智能增长》，人民邮电出版社，2017 年 12 月。

（1）传感器。传感器常用于测量物理环境变量并将其转化为可读的数字信号以待处理。传感器包括声音、振动、化学、电流、天气、压力、温度和距离等类型。通过有线或无线网络，信息被传送到数据采集点。

（2）日志文件。日志是广泛使用的数据采集方法之一，由数据源系统产生，以特殊的文件格式记录系统的活动。几乎所有在数字设备上运行的应用使用日志文件非常有用，例如 web 服务器通常要在访问日志文件中记录网站用户的点击、键盘输入、访问行为以及其他属性。

（3）Web 爬虫。爬虫是指为搜索引擎下载并存储网页的程序。爬虫有顺序地访问初始队列中的一组 URLs，并为所有 URLs 分配一个优先级。爬虫从队列中获得具有一定优先级的 URLs，下载该网页，随后解析网页中包含的所有 URLs，并添加这些新的 URLs 到队列中。这个过程一直重复，直到爬虫程序停止为止。

2. 数据传输

原始数据采集后必须将其传送到数据存储基础设施如数据中心等待进一步处理。数据传输过程可以分为两个阶段，IP 骨干网传输和数据中心传输。

（1）IP 骨干网传输。IP 骨干网提供高容量主干线路将大数据从数据源传递到数据中心。传输速率和容量取决于物理媒体和链路管理方法。其中物理媒体通常由许多光缆合并在一起增加容量，并需要存在多条路径已确保路径失效时能进行重路由。而链路管理决定信号如何在物理媒体上传输。

（2）数据中心传输。数据传递到数据中心后，将在数据中心内部进行存储位置的调整和其他处理，这个过程称为数据中心传输，涉及数据中心体系架构和传输协议。

就数据中心体系架构来说，数据中心由多个装备了若干服务器的机架构成，服务器通过数据中心内部网络连接。由于电子交换机的固有缺陷，在增加通信带宽的同时减少能量消耗非常困难。数据中心网络中的光互联技术能够提供高吞吐量、低延迟和减少能量消耗，被认为是有前途的解决方案。就传输协议来看，TCP 和 UDP 是数据传输最重要的两种协议。

3. 数据预处理

由于数据源的多样性，数据集由于干扰、冗余和一致性因素的影响具有不同的质量。从需求的角度，一些数据分析工具和应用对数据质量有着严格的要求。因此在大数据系统中需要数据预处理技术提高数据的质量。下面介绍三种主要的数据预处理技术。

（1）数据集成（data integration）。数据集成技术在逻辑上和物理上把来自不同数据源的数据进行集中，为用户提供一个统一的视图。数据集成在传统的数据库研究中是一个成熟的研究领域，如数据仓库（data warehouse）和数据联合（data federation）方法。

（2）数据清洗（data cleansing）。数据清洗是指在数据集中发现不准确、不完整或不合理数据，并对这些数据进行修补或移除以提高数据质量的过程。一个通用的数据清洗框架由 5 个步骤构成：定义错误类型，搜索并标志错误实例，改正错误，文档记录错误实例和错误类型，修改数据录入程序以减少未来的错误。

（3）冗余消除（redundancy elimination）。数据冗余是指数据的重复或过剩，这是许多数据集的常见问题。数据冗余无疑会增加传输开销，浪费存储空间，导致数据不一致，降低可靠性。因此许多研究提出了数据冗余减少机制，例如冗余检测和数据压缩。

(三)数据存储

大数据系统中的数据存储子系统将收集的信息以适当的格式存放以待分析和价值提取。为了实现这个目标，数据存储子系统应该具有如下两个特征：其一，存储基础设施应能持久和可靠地容纳信息；其二，存储子系统应提供可伸缩的访问接口供用户查询和分析巨量数据。从功能上，数据存储子系统可以分为硬件基础设施和数据管理软件。

1. 存储基础设施

硬件基础设施实现信息的物理存储，可以从不同的角度理解存储基础设施。

首先，存储设备可以根据存储技术分类。典型的存储技术有如下几种：(1)随机存取存储器（Random Access Memory，RAM）：是计算机数据的一种存储形式，在断电时将丢失存储信息。(2)磁盘和磁盘阵列：磁盘（如硬盘驱动器 HDD）是现代存储系统的主要部件。(3)存储级存储器：是指非机械式存储媒体，如闪存。

其次，可以从网络体系的观点理解存储基础设施，存储子系统可以通过不同的方式组织构建。(1)直接附加存储（Direct Attached Storage，DAS）：存储设备通过主机总线直接连接到计算机，设备和计算机之间没有存储网络。(2)网络附件存储（Network Attached Storage，NAS）：NAS 是文件级别的存储技术，包含许多硬盘驱动器，这些硬盘驱动器组织为逻辑的冗余的存储容器。(3)存储区域网络（Storage Area Network，SAN）：SAN 通过专用的存储网络在一组计算机中提供文件块级别的数据存储。在这三种存储技术的存储网络体系架构中，SAN 具有最复杂的网络架构，并依赖于特定的存储网络设备。

2. 数据管理框架

数据管理框架解决的是如何以适当的方式组织信息以待有效地处理。在大数据出现之前，数据管理框架就得到了较为广泛的研究。可从层次的角度将数据管理框架划分为 3 层：文件系统、数据库技术和编程模型。

(1)文件系统。文件系统是大数据系统的基础，因此得到了产业界和学术界的广泛关注。Google 为大型分布式数据密集型应用设计和实现了一个可扩展的分布式文件系统 GFS。GFS 运行在廉价的商用服务器上，为大量用户提供容错和高性能服务。GFS 适用于大文件存储和读操作远多于写操作的应用。但是 GFS 具有单点失效和处理小文件效率低下的缺点，Colossus 改进了 GFS 并克服了这些缺点。

(2)数据库技术。数据库技术有不同形式，不同的数据库系统被设计用于不同规模的数据集和应用。传统的关系数据库系统难以解决大数据带来的多样性和规模的需求。由于具有模式自由、易于复制、提供简单 API、最终一致性和支持海量数据的特性，NoSQL 数据库逐渐成为处理大数据的标准。

(3)编程模型。尽管 NoSQL 数据库具有很多关系型数据库不具备的优点，但是没有插入操作的声明性表述，对查询和分析的支持也不够。编程模型则对实现应用逻辑和辅助数据分析应用至关重要。但是，使用传统的并行模型在大数据环境下实现并行编程非常困难。许多并行编程模型已被提出应用于领域相关的应用。这些模型有效地提高了 NoSQL 数据库的性能，缩小了 NoSQL 和关系型数据库性能的差距，因此 NoSQL 数据库逐渐成为海量数据处理的核心技术。目前主要有三种编程模型：通用处理模型、图处理模型以及流处理模型。

(四)数据分析

大数据价值链最后也是最重要的阶段就是数据分析和处理,其目标是提取数据中隐藏的数据,提供有意义的建议以及辅助决策制定。

1. 大数据分析目的和分类

大数据分析处理来自对某一兴趣现象的观察、测量或者实验的信息。数据分析目的是从和主题相关的数据中提取尽可能多的信息,主要目标包括:(1)推测或解释数据并确定如何使用数据;(2)检查数据是否合法;(3)给决策制定合理建议;(4)诊断或推断错误原因;(5)预测未来将要发生的事情。

数据分析可分为三个层次或三种类型[①]:描述性数据分析、预测性数据分析和规则性数据分析。(1)描述性数据分析。基于历史数据描述发生了什么。例如,利用回归技术从数据集中发现简单的趋势,可视化技术用于更有意义地表示数据,数据建模则以更有效的方式收集、存储和删减数据。描述性分析通常应用在商业智能和可见性系统。(2)预测性数据分析。用于预测未来的概率和趋势。例如,预测性模型使用线性和对数回归等统计技术发现数据趋势,预测未来的输出结果,并使用数据挖掘技术提取数据模式(pattern)给出预见。(3)规则性数据分析。解决决策制定和提高分析效率。例如,仿真用于分析复杂系统以了解系统行为并发现问题,而优化技术则在给定约束条件下给出最优解决方案。

2. 大数据分析的应用

(1)商业应用。早期的商业数据是结构化的数据,由企业或公司收集并存储在关系数据库管理系统中。这些系统应用的数据分析技术通常是直观简单的。Gartner 总结了商业智能应用的常用方法,包括报表(reporting)、仪表盘(dashboard)、即时查询(ad hoc query)、基于搜索的商业智能、在线事务处理、交互可视化、计分卡、预测模型和数据挖掘。21世纪初期,互联网和 Web 使得企业将其业务上线,并能和客户直接联系。大量的产品和客户信息如点击流数据日志和用户行为可以通过 Web 收集,通过使用不同的文本和 Web 挖掘技术,可以完成产品放置优化,客户事务分析,产品推荐和市场结构分析。据报道,2011年移动手机和平板电脑的数量首次超过了笔记本和 PC 机。移动手机和物联网构建了具有位置感知、个人为中心和上下文感知的革新性应用。

(2)网络应用。早期的网络提供电子邮件和网站服务,因此文本分析、数据挖掘和网页分析技术被用于挖掘邮件内容、创建搜索引擎。网络数据占据了全球数据的绝大部分,包含文本、图像、视频、照片和交互式内容等多种类型的数据。随后,用于半结构化和无结构数据的分析技术得到了发展。例如,图像分析技术可以从照片中提取有意义的信息,多媒体分析技术可以使商业或军事领域的视频监控系统自动化。2004年后,诸如论坛、博客、社交网站、多媒体分享站点等在线社交媒体的出现使得用户能够产生、上传和共享丰富的用户自主创造内容。从这些不同人们发布社交媒体内容中可以挖掘每天的热门事件和社会政治观点等,从而提供及时的反馈和意见。

---

① 参看麦克·沃森、德里克·内尔森:《管理数据分析:原理、方法、工具和实践》,机械工业出版社,2017年8月。

（3）科学应用。科学研究的许多领域中高生产量的传感器和仪器将产生大量的数据，如天文学、海洋学、基因学和环境研究等学科领域。美国 NSF 宣布对 BIGDATA 项目进行立项，促进数据分享和分析。有些科学研究学科以前已开发出对海量数据的分析平台，并取得了有效地成果。例如在生物学科，iPlant 利用信息基础设施，物理计算资源和支持互操作的分析软件等，向致力于丰富植物科学知识的研究者、教育者和学生提供数据服务。iPlant 数据集是多样性的数据，包含权威的和供参考的数据、实验数据、仿真建模数据、观察数据和其他处理后的数据。基于以上的分析，可以将数据分析的研究分为 6 个方向：结构化数据分析、文本分析、Web 数据分析、多媒体数据分析、社交网络数据分析和移动数据分析。结构化数据分析是指传统的数据分析。Web 数据、多媒体数据、社交网络数据和移动数据，从数据形态上可能包括结构化数据的某些数据类型（如文本），但是在特定的应用领域里面，具有新的分析要求和特性。

三、大数据和大数据分析的价值

（1）形成一种新的认识自然和社会的思维方式和学科方法。大数据的大量生成，以及大数据分析的成功，促使人们把这种分析方法上升为一种与传统的演绎方法、归纳方法不同的第三种思维方法，认为大数据分析是研究不确定性的方法和技术[1]。还有一些学者认为，大数据在科学领域的表现是数据科学的兴起，数据科学将成为科研体系中的重要组成部分，并逐渐达到与物理、化学、生命科学等自然科学分庭抗礼的地位[2]。计算机图灵奖得主吉姆·格雷（Jim Gray）在 2007 年的一次讲演《科学的第四个范式》中，提出大数据分析是当今科学研究领域中的一个新型范式，认为"从计算科学中把数据密集型科学区分出来作为一个新的、科学探索的第四种范式"，这一范式不同于以前的实验、理论、和计算这三种范式。在该范式下，需要"将计算用于数据，而非将数据用于计算"。2009 年 10 月，微软出版 *The Fourth Paradigm*，*Data-Intensive Scienti c Discovery* 一书，这是第一本、也是迄今为数不多的从研究模式变化角度来分析大数据及其革命性影响的著作。全书以吉姆·格雷提出科学研究第四范式开始进行分析与说明。目前，第四范式的提出引起广泛的认同，被认为是大数据分析的基本范式之一[3]。

（2）进一步促使传统统计学（包括数理统计学）的发展。大数据分析以大数据为研究对象，而大数据对统计分析最直接的冲击在于数据收集方式的变革，同时，大数据分析也促使统计分析的视野不再局限于传统的属性数据，而是包括关系数据、非结构、半结构数据等其他类型更丰富的数据。伴随着数据开放，数据库之间的关联信息的价值逐步得到体现，以前

---

[1] 参看井底望天、武源文、赵国栋、刘文献：《区块链与大数据：打造智能经济》，人民邮电出版社，2017 年 6 月。

[2] 参看赵国栋、易欢欢、糜万军、鄂维南：《大数据时代的历史机遇：产业变革与数据科学》，清华大学出版社，2013 年 6 月。

[3] 参看刘磊：《从数据科学到第四范式，大数据研究的科学渊源》，载《广告大观 理论版》，2016（4）：44-52；娄峰：《大数据经济学与中国经济社会复杂系统动态 CGE 模型构建及应用》，中国社会科学出版社，2016 年 10 月。

所谓的大规模数据都是封闭于一个机构内的(数据孤岛),而大数据注重的是数据集间的关联关系,也可以说大数据让孤立的数据形成了新的联系,是一种整体的、系统的观念。从统计学的角度来看,数据科学(大数据)对统计分析过程的各个环节(数据收集、整理、分析、评价、发布等)都提出了挑战,并在这些方面对传统统计学的发展产生影响。同时,大数据分析还进一步研究许多传统统计学不太重视的问题,如近年来大数据和数据科学的讨论多集中于软硬件架构(IT视角)和商业领域(应用视角),这是传统统计学不重视的。不过,统计学以数据为研究对象,它对大数据分析的影响也是显而易见的,特别是天然的或潜在的平衡或相关关系不仅约束了数据质量,而且为统计推断和预测开辟了新的视野[①]。

(3)大数据是一种新型的生产要素,大数据分析是促使这种新型生产要素合理使用的新型技术。2011年,美国麦肯锡公司在其研究报告《大数据:下一个创新、竞争和生产力的前沿》中,将大数据与经济体系中的物质资本和人力资本并列,是企业提高生产力和增强核心竞争力的关键要素。在经济发展史上,手工业和工场手工业发展时期,生产过程中的主要要素是劳动力,特别是拥有相关技能的劳动者,即后来所谓拥有人力资本的人。到18世纪的工业革命时期,除了劳动力,更为重要的生产要素是资本,使资本的生产过程中发挥作用的是以物理科学(如物理学、化学等)为代表的基础科学以及相应的各种技术,运用这些科学技术的成就,将资本编入生产过程中,由此创造出现大量的新型工艺、新型工程和新型产业,并加强劳动生产力,创造出现巨大的国民财富。目前,随着大数据成为生产过程中的关键要素之一,也可能会重现这一历史过程,这里,基础科学将从物理科学变为计算机科学,物理科学的思维方式会变为所谓互联网思维方式工,相应的各种技术也会发生变化。由此促使各种新型工艺、新型工程和新型产业的出现,并造就大量的商业机会,引发商业模式的创新与发展。

第三节 互联网金融与区块链

一、区块链的含义

区块链(Blockchain,BC)是最近几年出现的概念和范畴[②]。这一概念首次出现在中本

[①] 参看魏瑾瑞:数据科学的统计学内涵,载《统计研究》,2014(5):3-9。

[②] 参看百度百科有关区块链的相关概念,参看高航、俞学劢、王毛路:《区块链与新经济》,中国工信出版集团·电子工业出版社,2016年7月;龚鸣:《区块链社会》,中信出版集团,2016年8月;阿尔文德·纳拉亚南、约什·贝努、爱德华·费尔顿、安德鲁·米勒、史蒂文·戈德费德:《区块链:技术驱动金融》,中信出版集团,2016年8月;谭磊、陈刚:《区块链2.0》,中国工信出版集团,电子工业出版社,2016年4月;张健:《区块链:定义未来金融与经济新格局》,机械工业出版社,2016年7月;徐明星、刘勇、段新星、郭大治:《区块链:重塑经济与世界》,中信出版社,2016年6月;谢平、邹传伟、刘海二:《互联网金融手册》,中国人民大学出版社,2014年4月;唐塔普斯科特、亚力克斯·塔普斯科特:《区块链革命——比特币底层技术如何改变货币、商业和世界》,中信出版社,2018年4月。同时,还需要参看本章后面所列脚注中相关论文与报告等。

聪（Satoshi Nakamoto）2008年10月的原创论文《比特币：一种点对点的电子现金系统》①中。不过，在这篇论文中，"区块"和"链"这两个词语是分开使用的，在比特币流行后，两个词语逐渐合称起来，称作区块-链，直到后来才最终变成一个词："区块链"。目前对区块链的定义较多，从目前掌握的资料来看，可从两个角度对这一概念进行说明。

（1）从计算机网络的角度来看，认为区块链在本质上是一个用于维持信息共享来源的分布式计算机网络（distributed network of computers）。每个节点（nodes）通过保存一套完整历史数据库的副本，来参与维护信息的安全性和准确性。区块链由首尾相连的区块所组成，每个区块包括一段时间内的信息或数据，并加盖了时间戳，根据上一个区块的索引（哈希值）衔接在一起，最终形成区块链。

从本质上看，区块链技术是一种不依赖第三方，通过自身分布式节点，即使用去中心化和去信任的方式进行网络数据的存储、验证、传递和交流，集体维护一个可靠数据库的技术集合或者说技术方案。这种技术主要让参与系统中的任意多个节点，通过一串使用密码学方法相关联产生数据块（block），每个数据块中包含了一定时间内的系统全部信息交流数据，并且生成数据指纹用于验证其信息的有效性和链接（chain）下一个数据库块，促使所有参与节点来共同认定记录是否为真。区块链是包括许多技术解决方案的统称，并不是某种特定技术或技术方案，而是可以能够通过很多编程语言和软件等来进行架构的技术的总和。

（2）从数据科学的角度来看，区块链是指一串使用密码方法相关联产生的数据块，每一个数据块中包含了过去十分钟内所有比特币交易的信息，用于验证其信息的有效性和真伪性并生成下一个区块。区块链是一种把区块以链的方式组合在一起的数据结构，它适合存储简单的、有先后关系的、能在系统内验证的数据，用密码学保证了数据的不可篡改和不可伪造。它能够使参与者对全网交易记录的事件顺序和当前状态建立共识。简单地说，区块链是一个用于记录和更新交易的数据库。

传统经济与金融的数据库分散到客户账户所在的各个银行系统之中，且各个银行的账户信息是封闭隔离的。而区块链则是用于去中心化网络，使用分布式核算，而非由第三方中心进行管理。因此，可把区块链技术看成一种分布式开放性去中心化的大型网络记账簿，是一种分布式共享总账，任何人任何时间都可以采用相同的技术标准加入自己的信息，延伸区块链，持续满足各种需求带来的数据录入需要。通俗一点说，区块链技术就是一种全民参与记账的技术。在过去，一般都使用一台（或者一群）中心化的服务器来记账。但在区块链系统中，系统中的每个人都可以参与记账。在一定时间段内更新一次数据，系统会评判这段时间内记账最快、最好的人，把所记录的内容写到账本，并将账本内容发给系统内所有的其他人进行备份。

总的来说，区块链可以看作相关的科学知识与商业化智慧组合而成的一种新型的互联网技术。第一，它是分布式网络中的账本：全部机构有一本总账，各种事务也有一本总账。第二，它是新型数据库：没有中心机房，没有运营人员，第三方按照共识算法录入数

---

① 在张健的著作《区块链：定义未来金融与经济新格局》中，有两篇附录，其中第一篇附录即是该文。可参看张健：《区块链：定义未来金融与经济新格局》，机械工业出版社，2016年7月。

据，非对称加密算法保证数据安全，数据客观可信，不可篡改。第三，它是智能合约：是一段能够自动执行约定条件的计算机程序，依靠智能合约技术，理想中的世界好像一台精密运行的计算机，一切可以事先约定，编成代码，依据程序行事。同时，区块链会将经济与金融交易的价值在 TCP/IP 协议中进行点对点传输，并在 TCP/IP 协议的基础上形成价值传输协议，也就是说，在 TCP/IP 协议帮助人们之间相互有效地传递信息之后，在区块链的价值传输协议下，可以不依靠第三方信任机构进行研究的背书，通过点对点、端到端、P2P 地传递、交易、支付、汇兑价值物品，即形成所谓价值互联网。

值得注意的是，区块链就是一种技术，因而，区块链也可称为区块链技术，即区块链和区块链技术这两个概念在不作仔细区别和不作特定说明时，被视为通用。当然在作区别使用时，会进行说明。在互联网金融中，区块链技术成为互联网金融交易的基础。由于现代社会已经与计算机网络紧密相连，因而区块链技术对于经济交易（如电子商务、产品生产等）、社会活动以及政治、法律、军事等方面都会产生影响，因此，和传统的互联网技术相比，区块链技术可以说是一种含义更为广泛，意义也更为重要的技术。

二、区块链的分类和类别

1. 分类的条件

区块链是一个计算机互联网络，其中形成公共的分布式总账，任何发生在此区块链网络上的交易会被约定的算法记录到区块链上，且满足以下条件：其一，包含一个分布式数据库。其二，分布式数据库是区块链的物理载体，区块链是交易的逻辑载体，所有核心节点都应包含该条区块链数据的全副本。其三，区块链按时间序列化区块，且是整个网络交易数据的主体。其四，区块链只对添加有效，对其他操作无效。其五，基于非对称加密的公私钥验证。其六，记账节点要求拜占庭将军问题可解或可避免。其七，共识过程（consensus progress）是演化稳定的，即面对一定量的不同节点的矛盾数据不会崩溃。其八，共识过程能够解决双重支付（double-spending）问题。

2. 类别

令网络节点或记账（或矿工）节点 = N，当 N 公开且自由访问，则这是一条公有区块链；当 N 半公开仅由某个组织或团体内部使用，外部仅可以（授权）查询，则这是一条联合区块链，或称为行业链；当 $N=1$，则这是一条私有区块链（这里有些许争议，如果在一个团体内部看这条链，这条链可能又是"公有的"，这取决于用户在不在这个团体内部）。总的来说，区块链可分为三类，即公有区块链、联合区块链和私有区块链，其中联合区块链和私有区块链可以认为是广义的私链。

（1）公有区块链（public block chains）。公有区块链也简称为公有链、公链，是区块链的最初形态，是一种完全去中心化的分布式存储数据库。任何人都可以访问公共区块链上的数据，并在其上进行价值交换，参与其共识过程，交易能够获得该区块链的有效确认，信任机制的建立通过密码学技术来保证。公有区块链是最早的区块链，也是目前应用最广泛的区块链，各种比特币系列的虚拟数字货币均基于公有区块链，世界上有且仅有一条该币种对应的区块链。

(2)联合(或混合,或行业)区块链(consortium block chains)。由某个群体内部指定多个预选的节点为记账人,每个块的生成由所有的预选节点共同决定(预选节点参与共识过程),其他接入节点可以参与交易,但不过问记账过程(本质上还是托管记账,只是变成分布式记账,预选节点的多少,如何决定每个块的记账者成为该区块链的主要风险点),其他任何人可以通过该区块链开放的 API 进行限定查询。

(3)私有区块链(private block chains)。私有区块链也简称为私有链、私链,参与的节点只有用户自己,数据的访问和使用有严格的权限管理。同时,仅仅使用区块链的总账技术进行记账,可以是一个公司,也可以是个人,独享该区块链的写入权限。目前保守的巨头(传统金融)都想实验尝试私有区块链,而公链的应用,例如比特币已经工业化和规模化,而私链的应用产品还在摸索当中。

除了上述分类外,还有一些衍生概念,如侧链(side-chain),侧链是公共区块链的延伸,是一种基于公共区块链所开发出的新技术,可以实现公共区块链上价值与其他账簿上价值在多个区块链间的转移。在用公共区块链辅助证明信用的同时,侧链技术能支持更为复杂的数据结构及操作。

三、区块链的基本特点

区块链技术最初是伴随数字货币:比特币的设计而出现的,也就是说,区块链首先产生于互联网金融。其后人们才渐渐发现了技术本身的广泛价值,除了应用于金融外,还涉及经济、社会、政治、教育、军事等方面。从区块链的含义及其一些应用来看,区块链具有下列一些特征:

(1)去中心化。由于使用分布式核算和存储,不存在中心化的硬件或管理机构,因此任一节点的权利和义务都是均等的,系统中的数据块由整个系统中所有具有维护功能的节点共同维护。整个网络没有中心化的硬件或者管理机构,任意节点之间的权利和义务都是均等的,实现全网所有数据的分布式记录、存储且能够保证数据记录的真实性。且任一节点的损坏或者失去都会不影响整个系统的运作,因此区块链系统具有极好的健壮性。区块链技术不依赖额外的第三方管理机构或硬件设施,没有中心管制,除了自成一体的区块链本身,通过分布式核算和存储,各个节点实现了信息自我验证、传递和管理。这减少了中心化的成本,形成较高运作效率和较低运营成本。去中心化是区块链最突出最本质的特征。

(2)自动性(去信任)。区块链技术的信任机制建立在数学(非对称密码学)原理基础之上,采用商定的规范和协议(比如一套公开透明的数学算法),使整个系统中的所有节点能够在去信任(trustless)的环境下自动安全地交换数据,无需任何人为干预。参与整个系统中的每个节点之间进行数据交换是无需互相信任的,整个系统的运作规则是公开透明的,所有的数据内容也是公开的,因此在系统指定的规则范围和时间范围内,节点之间不能也无法欺骗其他节点。这就使得区块链系统中的人们可以在无需了解对方基本信息的情况下进行可信任的价值交换,信息安全的同时保证了系统的顺利运营。

(3)不可篡改性。区块链区块中的信息经过验证并进入区块链后将永久保存,信息是不可篡改的，一旦数据信息被验证通过写入区块并加入区块链中，就无法被篡改。区块链的数据信息必须经过全网大部分节点的审核以后，才能允许被记录。只要不能掌控全部数据节点的51%，就无法肆意操控修改网络数据，这是区块链本身变得相对安全，避免了主观人为的数据变更。整个系统将通过分数据库的形式，让每个参与节点都能获得一份完整数据库的拷贝。除非能够同时控制整个系统中超过51%的节点，否则单个节点上对数据库的修改是无效的，也无法影响其他节点上的数据内容。因此参与系统中的节点越多和计算能力越强，该系统中的数据安全性越高。对个别节点的账本数据的篡改、攻击不会影响全网总账的安全性。

（4）高容错性。分布式记账与存储会形成高容错性。由于区块链的记账与存储功能分配给了每一个参与的节点，因此不会出现在集中模式下，由于服务器出现技术等问题而导致的崩溃。分布模式使得区块链在运转的过程中具有非常强大的容错性功能，即使数据库中的一个或几个节点出错，也不会影响整个数据库的数据运转，更不会影响现有数据的存储与更新，也不会影响基于其他大量的数据进行的分析的显著错误。

（5）自治性，也叫集体维护(collectively maintain)。系统中的数据块由整个系统中所有具有维护功能的节点来共同维护的，而这些具有维护功能的节点是任何人都可以参与的。区块链采用基于协商一致的规范和协议(比如一套公开透明的算法)，使得整个系统中的所有节点能够在去信任的环境自由安全的交换数据，使得对"人"的信任改成了对机器的信任，任何人为的干预不起作用。

（6）包容性。由于参与经济与金融交易的行为者具有同质性，可以减少一些在信息互联网中产生和的大量的无用信息，交易者采用基于协商一致的规范和协议，使得整个所有节点能够在去信任的环境自由安全地交换数据，这导致基于这种数据库进行的大数据分析及其结论更为合理且更为可靠。同时，基于区块链技术建立起来的数据库是一个超级的大数据库，所有的价值交换活动(包括开户、登记、交易、支付、清算等)都可以在这个数据库中完成，业务模式具有极高的包容性。

（7）匿名性。区块链技术在复杂的网络环境中解决了在网节点间的信任问题，因而区块链网络中的交易节点可以在无需了解对方身份的情况下进行交易。区块链网络中的交易是基于加密地址，而不会对交易双方身份进行认证。交易双方仅需要公布自己的地址就可以与对方进行交易通信。交易形成信任的基础是通过纯数学方法，如非对称加密算法等建立起来，能让人们在互联网世界里实现信息共享的同时，不暴露在现实生活中的真实身份。区块链上的数据都是公开透明的，但数据并没有绑定到个人。进行信息传递的发送方，使用信息接收方公布的公钥对将要传递的信息进行加密。信息接收方在接收到传递的加密信息后，使用自己的私钥对加密过的信息进行解密。通过这样的方式，节点间可以在不需要身份认证的情况下，完成匿名环境下的信任交易。

（8）独立性。基于协商一致的规范和协议(类似比特币采用的哈希算法等各种数学算法)，整个区块链系统不依赖其他第三方，所有节点能够在系统内自动安全地验证、交换数据，不需要任何人为的干预。

（9）开放性(开源性)。除了交易各方的私人信息被加密以外，区块链的数据对所有人公开，任何人都可以通过公开接口查询区块链数据和开发相关应用，因此整个系统的信息保持高度透明。或者说，由于整个系统的运作规则必须是公开透明的，所以对于程序而言，整个系统必定会是开源的。区块链技术基础是开源的，除了交易各方的私有信息被加密外，区块链的数据对所有人开放，任何人都可以通过公开的接口查询区块链数据和开发相关应用，因此整个系统信息高度透明。

（10）智能性。把经济与金融交易上升为可编程的智能合约系统，形成没有负担自我进化模式。在线下的经济与金融交易中，参与交易的经济主体往往会签订相关合同，并会针对相应的变化对交易进行调整，但已经签订的合同与正进变化的现实常常难以互动，形成巨大的调整费用。基于区块链技术设定的智能合约系统，可根据互联网经济和互联网金融交易的变动而产生类似于自动调整合同，形成一种在线下经济与金融中不可能出现的自我进货模式。

四、区块链的形成与发展

区块链这一概念首次出现在比特币的论文中。然而发展到今天，人们关注区块链技术已远超比特币本身。关于区块链或区块链技术的形成与发展的研究，学术界已有一些成果，如在国内2016年由万向集团区块链实验室首次出版的梅兰妮·斯万（Melanie Swan）著的《区块链：新经济蓝图及导读》①中，斯万认为，区块链的进化方式或发展阶段是：(1) 区块链1.0：可编程货币；(2) 区块链2.0：可编程金融；(3) 区块链3.0：可编程社会。在谭磊、陈刚著的《区块链2.0》②中，也对区块链的发展过程作出区分：区块链1.0是比特币和虚拟货币的应用，区块链2.0是除虚拟货币外的其他应用。可见谭磊、陈刚的划分把斯万的区块链2.0和区块链3.0集中于一个阶段。不过，这些成果还没有注意区块链萌芽阶段，同时，由于区块链2.0和区块链3.0的划分也难以清楚处理，因而不考虑斯万的区块链2.0和区块链3.0的划分，而考虑谭磊、陈刚的划分。这样，在下面的分期中，可将区块链的形成与发展分为下列几个阶段：

1. 理论奠基和发展阶段：2008年以前③

在2008年以前，关于区块链技术的研究主要集中在计算机网络、密码学、虚拟货币、海量数据存储和验证可能性等方面。特别是密码学，往往被认为是区块链诞生的基础。

对于区块链技术的研究，首先面对的是一个古老的数学问题：拜占庭将军问题。在东罗马帝国时期，几个只能靠信使传递信息围攻城堡的将军，如何防止不被叛徒欺骗而作出错误的决策。数学家设计了一套算法，让将军们在接到上一位将军的信息后，加上自己的签名再转发给除自己之外的将军，在信息的连环周转之中，让将军们能在不找出叛徒的情

---

① 梅兰妮·斯万：《区块链：新经济蓝图及导读》，新星出版社，2016年1月。该书为万向区块链实验室丛书中的第一本。
② 谭磊、陈刚：《区块链2.0》，中国工信出版集团，电子工业出版社，2016年4月。参看该书第21-22页。
③ 参看张健：《区块链：定义未来金融与经济新格局》，机械工业出版社，2016年7月；杨东：《链金有法：区块链商业实践与法律指南》，北京航空航天大学出版社，2017年6月。

况下达成共识，确保信息和决策的正确性。

据徐明星的《区块链：重塑经济与世界》①，莱斯利·兰伯特在 1972 年在考虑计算机系统出现故障时，遇到这一问题，其中如果有一台或几台计算机出现问题，会导致整个系统出现问题，但人们不知道到底哪台或哪几台有问题。兰伯特在 1982 年将其命名为"拜占庭将军问题"，并提出了解决这一问题的一些方案。这开启了后来有关共识问题的研究。

区块链技术还需要解决双重支付问题。1991 年，哈伯和斯托尼塔在论文《怎样为电子文件添加时间戳》中研究了数据传输过程的记录问题，特别是对区块链中使用的时间戳进行了研究，这对于解决双重支付问题具有重要意义。1997 年，亚当·贝克发明了哈希现金，对数据传输设计了一种时间戳服务器，并用工作量证明机制解决了垃圾邮件问题。同年，哈伯和斯托尼塔进一步提出用时间戳的方法保证数字文件安全的协议。

如何实现"非国家化"或者"去中心化"的货币？密码学的发展为去中心化货币提供了一种新的技术，防伪和计算效率是去中心化货币系统的一个核心课题。David Chaum (1981) 提出了基于密码学的网络支付系统，实现了不可追踪的支付体系。1985 年，Neal Koblitz 和 Victor Miller 分别提出椭圆曲线密码学，首次把椭圆曲线用于密码学研究，提出公开金钥加密方法。在这个基础上，David Chaum (1989) 开发出基于密码学的匿名现金系统 (Ecash，或 eCash)。1992 年，Scott Vanstone 等人进一步提出椭圆曲线数位签章演算法。

1998 年，戴伟提出一种分布式的、匿名的电子货币支付系统 (B-money)。指出在无担保条件下，运用计算机交易规则与特有的网络系统，可以使得每台计算机各自单独书写交易记录，从而在网络内部形成相互监督机制，为安全交易奠定了理论基础。为此，他设计了复杂的奖罚机制防止节点作弊。

Nick Szabo (2002) 发明了比特金 (Bitgold)，Nick 首先提出用户通过竞争性地解决数学难题产生工作量，然后将结果通过非对称加密算法加密并公开发布，实现工作量证明机制，从而建立了一种产权认证系统。2004 年，哈尔·芬尼 (Hal Finney) 推出了一款电子货币，采用了可重复使用的工作量证明机制，以防止外界的攻击，并以特定的局域网为基础为区块链系统提供了保护。芬尼也是第一笔比特币转账的接受者。Hal Finney (2005) 完善了 Bitgold 的工作量证明机制。中本聪 (Satoshi Nakamoto, 2008) 提出 P2F 分布式的货币 Bitcoin。2009 年 1 月，中本聪发布了开源的比特币客户端，标志着比特币的诞生。

2. 区块链技术实践和探索阶段：2009—2013 年

2009 年，随着比特币的出现，区块链也开始形成。在标志着上轮金融危机起点的雷曼兄弟倒闭后两周，2008 年 11 月 1 日，中本聪发表《比特币：一种点对点的电子现金系统》，阐述了基于 P2P 网络技术、加密技术、时间戳技术、区块链技术等的电子现金系统的构架理念，这标志着比特币的诞生，区块链的概念在中本聪的白皮书中提出。两个月后理论步入实践，2009 年 1 月 3 日第一个序号为 0 的比特币创世区块诞生，同时，他也获得了首批"挖矿"的奖励：50 个比特币。

不过，虽然出现区块链，但这一时期的重点是数字货币。在比特币出现后，各种数字货币开始出现，如莱特币 (litecoin)、瑞波币 (Ripple)、以太币 (Ethereum)、dogecoin、

---

① 参看徐明星：《区块链：重塑经济与世界》，中信出版社，2016 年 6 月。

OKcoinetc 等，除了数字货币外，还有各种衍生应用，如比特股，彩色币，瑞波（Ripple），以太坊（Ethereum）等。2010年，全球第一个比特币交易商——MT.GOX 成立，比特币价格首次达到1美元/枚。随后，比特币全网计算速度达到900GH/s，显卡"挖矿"开始流行，比特币价格达到11美元/枚。2012年，瑞波（Ripple）系统发布，跨国转账引入了区块链技术。随后，全球首家在欧盟法律框架下成立的比特币交易所——法国比特币中央交易所诞生（Saito，2015）。2013年，德国政府首次正式承认比特币的合法货币地位，全球首台比特币自动提款机在加拿大启用，比特币交易价格达到历史新高——1242美元/枚。比特币公司 BTCC 于2015年推出了一项服务"千年之链"即区块链刻字服务，就是采用的以上原理，用户可以将通过这项服务将文字刻在区块链上，永久保存。

可编程货币的出现，使得价值在互联网中直接流通成为了可能。区块链构建了一种全新的去中心化的数字支付系统，随时随地的货币交易、毫无障碍的跨国支付以及低成本运营的去中心化体系都让这个系统变得更具潜力。

3. 对于区块链的全面研究与应用：2014年以来

受到数字货币的影响，人们开始将区块链技术的应用范围扩展到其他金融领域。基于区块链技术可编程的特点，人们尝试将"智能合约"的理念加入区块链中，形成了可编程金融。有了合约系统的支撑，区块链的应用范围开始从单一的货币领域扩大到涉及合约功能的其他金融领域，让区块链技术得以在包括股票、清算、私募股权等众多金融领域崭露头角。目前，许多金融机构都开始研究区块链技术并尝试将其运用于现实。

作为区块链的2.0升级发展，首先聚焦在解决比特币记账的挖矿高碳上：在我们讨论怎么克服比特币挖矿记账高碳时，清华经济学研究所的刘涛雄教授指出，挖矿靠算力竞争，最后只有一家竞争到合法记账权，其他99%的矿工节点都白挖了，浪费了资源，显然不太合理，如果全网透明地知道下一家区块的合法记账权，随机地在全网产生，就免除了竞争记账的高碳。比较成功的二代币 NXT 提出一种机制，记账权花落谁家的概率是和每个矿工节点钱包的 NXT 代币持有量成正比，这个叫股权证明机制。瑞波也提出一个区块链半去中心化的方案，利用"可信任网关"（trusted gateways）进行区块链记账，其信用是建立在这些网关不会同时作恶的共识记账（consensus ledger）协议上。

最有雄心的尝试是以太坊（Ethereum）。2013年年末，以太坊创造人维塔利克·布特林（Vitalik Buterin）发布了以太坊初版白皮书，在全球的密码学货币社区招集一些认可以太坊理念的开发者，启动了涉及数字货币、区块链等问题的深入研究与广泛应用的项目[1]。以太坊的核心理念是建立一条内置图灵完备编程语言的区块链，允许在上面创建任何应用。以太坊期望开发出一套未来满足各种区块链系统建设的基础性平台，可以支持各种信用货币、数字资产、智能协议甚至金融衍生品的开发。其系统设计是以太坊平台统一区块链记账，为所有

---

[1] 在张健的著作《区块链：定义未来金融与经济新格局》中，有两篇附录，其中第二篇附录节录了以太坊基金会发表的关于以太坊项目的主要内容。可参看张健：《区块链：定义未来金融与经济新格局》，机械工业出版社，2016年7月。

开发者共同使用。以太坊的出现成为推动区块链研究与应用的重要力量[①]。

与区块链的学科研究同时，从 2014 年开始，针对区块链技术的并购和投资也火热起来。2014 年开始的这种研究与应用大部分集中于金融与货币问题方面。包括巴克莱银行、桑坦德银行和摩根大通集团在内的全球众多金融机构开始积极开展区块链技术的研发和储备，为逐步将区块链技术应用到金融领域打下基础。2014 年，戴尔、微软等公司先后宣布加入开放式账本系统研发，并支持比特币付款方式，区块链并购投资出现热潮。同时，许多国外大型金融机构和企业纷纷开展区块链技术的应用试验。分布式账本初创公司 R3CEV、LLC 公司宣布与高盛、瑞士银行等几家银行结成联盟，共同开发区块链技术，共享区块链技术试验数据，共同探索区块链技术在金融领域的应用。同年，微软联合 R3CEV 区块链联盟，共同研究并积极探索区块链技术；中国平安保险集团成为国内首家加入 R3CEV 区块链联盟的金融机构。2016 年，纳斯达克率先推出基于区块链技术的证券交易平台 Ling。R3CEV 联合微软，与全球 40 多家大型银行签署区块链合作项目，运用区块链技术协助跟踪和防范保险领域的欺诈行为。这些研究与应用，被认为正在造就一种新兴形态：区块链金融。

随着区块链技术的进一步发展，其"去中心化"功能及"数据防伪"功能在其他领域逐步受到重视。人们开始认识到，区块链的应用也许不仅局限在金融领域，而是可以扩展到任何有需求的领域中去。这些研究与应用开始与其他产业的研究与应用相互联系。在电子商务兴盛之后，产业互联网（如中国的工业 2025、德国的工业 4.0、美国的工业互联网等）开始兴起。区块链的研究与应用与产业互联网等的智能化研究与应用逐步相互联系。形成所谓区块链经济。

同时还有许多研究与应用，超出经济与金融范围，涉及社会、文化、政治、军事等方面。因而除了区块链金融、区块链经济外，还出现了区块链社会等称谓[②]。区块链技术陆续应用到公证、仲裁、审计、域名、物流、医疗、邮件、鉴证、投票等其他领域中来。在这一应用阶段，人们试图用区块链来颠覆互联网的最底层协议，并试图将区块链技术运用到物联网中，让整个社会进入智能可编程货币的出现，使得价值在互联网中直接流通成为了可能。区块链构建了一种全新的去中心化的数字支付系统，随时随地的货币交易、毫无障碍的跨国支付以及低成本运营的去中心化体系都让这个系统变得更具潜力。

五、区块链技术的基本作用

（一）区块链技术的地位

一些文献认为目前互联网的发展趋势是从所谓的传统互联网向价值互联网变化。如果参照互联网技术的发展历程和相关要素的网络构成，再与区块链技术的基本内涵与价值互

[①] 参看高航、俞学劢、王毛路：《区块链与新经济》，中国工信出版集团，电子工业出版社，2016 年 7 月。

[②] 如龚鸣的书名即为区块链社会，参看龚鸣：《区块链社会》，中信出版集团，2016 年 8 月。

联网各个组成部分比较，可以认为区块链是未来价值互联网中，类似于传统互联网中TCP/IP的存在，是一种信任协议[①]。传统互联网与价值互联网的对比如表2-1所示：

表2-1　　　　　　　　　传统互联网与价值互联网的对比

项目	功能	组网协议	组网过程	局域网案例	节点	支持设施
传统互联网	信息的低成本流通	TCP/IP	局域网、广域网到互联网	政府内网、军事内网等	服务器	路由器与交换机
价值互联网	价值(资产)的低成本流通	区块链	价值局域网到价值互联网	银行、企业、ERP系统等	银关与PC	联盟链

资料来源：井底望天、武源文、赵国栋、刘文献：《区块链与大数据：打造智能经济》第53页，北京：人民邮电出版社，2017年6月。略有改动。

(二) 区块链技术的核心优势

了解区块链的技术原理及特点后，可以发现区块链技术的核心价值所在，在不需要系统内各节点互信的情况下，系统确保一切数据的记录都是真实的，从而形成一个诚实有序的去中心化分布式的数据库，而且人们对系统内参与交换的价值还可以灵活地编程。

去中心化的分布式结构：现实中可节省大量的中介成本。由于区块链技术能成为人与人之间在不需要互信的情况下进行大规模协作的工具，所以其可被应用于许多传统的中心化领域中，处理一些原本由中介机构处理的交易。

不可篡改的时间戳：可解决数据追踪与信息防伪问题。在当今社会中，大量伪造的信息与数据充斥着我们的生活。而区块链技术为我们的数据追踪与信息防伪领域打开了一扇大门。由于区块链中的数据前后相连构成了一个不可篡改的时间戳，就能为所有的物件贴上一套不可伪造的真实记录，这对于现实生活中打击假冒伪劣产品及整顿信息纪律等都大有帮助。

安全的信任机制：可解决现今物联网技术的核心缺陷。传统的物联网模式是由一个中心化的数据中心来收集所有信息，这样就导致了设备生命周期等方面的严重缺陷。区块链技术能在无需信任单个节点的同时创建整个网络的信任共识，从而能很好地解决物联网的一些核心缺陷，让物与物之间不仅相连起来，而且能自发活动起来。灵活的可编程特性：可帮助规范现有市场秩序。在现今社会里，由于市场秩序不够规范，在转移自己的资产时，根本无法保证其能在未来发挥应有的价值。假如将区块链技术的可编程特性引入，在资产转移的同时编辑一段程序写入其中，可以规定资产今后的用途与方向。

[①] 参看井底望天、武源文、赵国栋、刘文献：《区块链与大数据：打造智能经济》，人民邮电出版社，2017年6月。

(三)区块链的作用①

(1)为系统数据提供可靠架构,进一步完善金融底层基础构架。在区块链的结构中没有中心化组织的架构,每个节点都仅仅是系统的一部分,且每个节点的权利相等,网络黑客摧毁或篡改部分节点的信息,对整体系统及数据没有影响,而且节点越多越安全。区块链技术有可能将成为下一代数据库架构。通过去中心化技术,将能够在大数据的基础上完成数学(算法)背书、全球互信这个巨大的进步②。同时,区块链经济金融通过点对点分散化的交易机制,将对现有经济金融基础设施产生变革性的影响。第一,这种分布式账户对跨境支付系统产生深远影响。交易双方可以基于一个不需要进行信任协调的共识机制直接进行价值转移,以数字货币充当货币媒介来实现整个汇款流程,加快货币流通速度,降低流通难度。第二,区块链将重构现有经济金融体系中的交易、清算和结算流程。区块链技术拥有强大的低成本计算能力,实现数字资产在交易双方之间直接转移。同时,区块链的加密技术可用来追踪交易的完成程度,在清算和结算过程中,不需要任何人工的验证操作,系统自动完成结算过程,实现交易即结算。

(2)提高互联网的信用,解决交易双方互信难题,为资产交换提供智能载体。由于算法具备十分客观的性质,以算法作为信任背书,将所有的交易记录在一个公开透明的账本上,可使人们更容易获得信任共识。以区块链为基础,可进行全网分布记账,自由公证,建立了一个共识数据库,形成相互信用。具体来说,主要表现在:第一,在交易前阶段,区块链通过程序化算法记录所有的交易信息,并保存在公开的账本上,实现数据共享加强透明性,降低信用风险,保证交易的唯一性。第二,在交易时,由于区块链具有不可逆性和时间邮戳功能,可保证交易实时匹配和结算不可撤销,券款对付自动完成、自动通报。第三,作假成本太高。区块信息原则上不可篡改,修改时按协议需要控制全球"挖矿"记账51%以上的算力,成本高达几亿元,作假成本与所盗取的利益相比不成比例。同时,区块链具有可编程性的特性,通过其内涵的一些机制,如工作量证明机制、智能合约机制、互联网透明机制、互联网共识机制,并辅以一系列的辅助方法,可以确保资产,尤其是金融资产的交易安全可信。

(3)促进价值互联网的崛起。区块链通过建立一套计算机算法程序,吸引全民参与记账,第一次从技术层面实现去中心化信任,使得交易双方的信任关系的建立不再依靠现实世界的中心化机构;区块链本质上是一套公开、透明、共享的分布式账本系统,确保任何一笔价值交换都是真实唯一的,为价值互联网时代的到来提供了技术支持。区块链金融将所有资产的数字化,价值交换采用数字货币充当交换媒介,嵌入智能合约的数字货币可认为是代码的运行,设置不同的代码则为价值交换设置了不同的执行条件。同时,被数字货

---

① 参看乔海曙、谢姗珊:《区块链金融理论研究的最新进展》,载《金融理论与实践》,2017(3):75-79;杨兴寿:《电子商务环境下的信用和信任机制研究》,对外经济贸易大学博士论文,载《中国知网》,2016年5月。

② 参看冯珊珊:《区块链:信任背书大数据时代的可能性》,载《中小企业金融》,2016(3):14-17。

币标志的数字资产也将成为嵌入智能合约的智能资产，自动执行交换环节，实现高级的物物相连，开创新一代价值互联体系。

（4）降低经济金融服务门槛。区块链技术的发展将开启价值交换的新时代，在一定程度上满足过去传统经济金融机构无法实现的经济金融需求，服务过去未被服务的客户，推动实体经济的发展。首先，从受众人群来看，区块链经济金融的发展，使偏远地区无法拥有商业和银行资源的民众也能通过价值互联网进行价值转移，并将交易记录记载于区块链中，最大限度获得经济服务。其次，从交易成本来看，区块链经济金融无需第三方中介机构，在互联网上就可直接进行可信任的价值交换，极大降低了人力资源成本和中介机构基础设施成本，且交易在瞬间即可完成，提高了交易效率。

（5）区块链技术是一体化经济金融的解决方案。区块链在经济金融领域的应用范围很广，通过公共账本可以实现包括客户身份识别、价值记录、商品交换、资产登记、资产交易、支付结算等应用，通过大数据系统可以记录、传递、存储、分析及应用各类数据信息，实现物理世界与数字世界、现实世界与虚拟世界的无缝链接。区块链可以降低信用经济的运行成本，通过互联网上的区块链来记录交易，实现信用信息共享，可以节省大量的社会资源，优化金融机构业务流程、提高金融机构效率。

（6）区块链驱动新型商业模式的产生。区块链技术通过数以亿计的分布式账本和相应的智能合约，对金融及其商业运作模式进行改造，智能式地实现各种资源的合理配置，会对传统的制度基础和商业流程生产深远的影响。区块链技术有利于打破中心化模式下一些传统企业的垄断，促进自由竞争经济的发展，促进创新创造的发展。比如在物联网产业，可以使用区块链技术管理物联网设备的身份、支付和维护任务，降低其维护的成本，促进其快速发展。同时，区块链技术是实现改变传统金融企业对金融行业的垄断，减少金融行业中的信息不对称性，从而实现资本市场的优化配置，促进信用资本的低成本的流动，更好地讲信用资本转化为生产力。此外，开放性促进人类协作方式的发展。通过源代码的开放和区块链应用的开放性，加上其对信用的确认，可以建立新的网络自组织系统。

第四节　互联网金融与平台-非平台型商业模式

一、互联网与平台型商业模式

1. 连接与平台

在第一章中，使用相关图形说明线下的实物商品交易形式和金融商品交易形式，以及互联网上以平台为中介的实物商品交易和金融商品交易等形式。与线下商业中介相比，互联网上以平台为中介的交易过程使用电脑和手机等终端设备，并通过这些设备与网络平Z相连接，网络平台Z存储了所有交易的信息，即所有数据。显然，将这些网络平台与买卖双方以及投资人和借款人的电脑和手机等终端设备相互联结的基础是计算机与互联网技术，其本质是上节说的"连接"。"连接一切"是成为互联网时代的一个发展趋势，它试图通过信息技术的广泛扩散,将世界万物连在一起。一般来说,各种互联网公司都希望成为"连接器"式的平台,掌控连接一切的技术标准、信息和数据,不仅连接计算机、用户,也连接人和各种服务,甚至物与物。设计互联网的原初目的之一就是将不同的计算机及其使用者连在一起,形成一个没有中心的网络,不过,后来形成的以平台为代表的互联网形态却有所不同,成为一个更加倾向于中心的网络,并由此建立能够获得利润的商业与金融体系。在这类体系的形成过程中,"连接一切"成为颠扑不破的真理和维系体系运转的基础①。

就目前来看,以计算机和互联网技术为基础形成的经济与金融的各种营利性活动,基本的做法是建立一个网络平台,并通过网络平台联结相关经济主体,如商务活动中商品买卖双方、金融活动的投资人和借款人等。因而,需要说明问题有:什么是网络平台?网络平台与线下的商业中介和金融中介等的区别是什么?为什么在目前阶段基于计算机和互联网技术的生意往往是网络平台形式?下面对这些问题作简要说明。

作为一种经济现象,互联网平台或网络平台属于平台经济(platform economics、或 network economy)的范畴②。平台经济是基于现代计算机科学和电子信息技术发展而逐步发展起来,使用虚拟或真实的交易空间或场所,促成双方或多方供求之间进行交易,且具有相关技术流程和规则规范的一种经济经营模式。其中,平台本身可以不生产产品,但要促成双方或多方供求之间的交易,并通过收取恰当的费用或赚取差价而获得收益。

在经济体系中,网络性运营企业往往作为一个中介平台,将消费者和供应商联结在一起,形成平台型商业模式。一般来说,平台型商业模式是指以信息交流和交易中介为核心业务,通过向多方参与者提供产品和服务,以获得收入和利润的一种商业模式③。相关案例在生活中非常常见,如报纸、信用卡、游戏平台等,它们都有一个共同的特征,那就是通过中介平台将两个有着供需关系的群体连接起来,如报社连接了读者和广告商,信用卡连接了消费者和商家,游戏平台使得游戏开发商和玩家取得了联系。这些中介平台,许多开始时是线下的具有中介性质的平台,其中有些属于基础设施,如电信、电力等,有些是联结生产者和消费者的平台,如大型商场、银行卡网络、金融中介、房地产中介、媒体等。在互联网兴起后,则出现网络平台,如互联网网络、软件中的操作系统、搜索引擎(信息搜寻者与信息提供者)、电子商务、互联网金融、就业网络、创业网络平台等。平台的基本模式示意图解如图2-1所示。

注:图示中左边的用户和右边的商户会有很多家,但网络中的平台是一家。

图2-1 平台的基本模式示意图

---

① 参看胡凌:《"连接一切":论互联网帝国意识形态与实践》,载《文化纵横》,2016年第6期。
② 参看阿里研究院:《平台经济》,机械工业出版社,2016年5月,同时参看阿里巴巴集团:《大势——中国信息经济发展趋势与策略选择》,中国计划出版社,2015年11月。
③ 参看汪存富:《开放创新与平台经济:IT及互联网产业商业模式创新之道》,电子工业出版社,2017年9月。

不过，值得注意的是，线上平台模式(或网络平台)与线下的基础设施中介、商业中介和金融中介等线下平台模式(有些文献称为经销商)相比，具有明显的区别。

一是在领导与控制方面，虽然网络平台和线下平台都是联结消费者和供应商等双方的经济主体，但在联结的过程中，线下平台往往发挥着领导与支配作用，在对处于平台双方的经济主体进行服务的同时，也对处于平台双方的经济主体进行管理、监督和指导等，因而线下平台往往是一个具备较强的领导与控制倾向的中心化的机构。与线下平台不同，网络平台基本上不发挥领导与支配作用，更多是通过各种计算机程序和算法等，为处于平台双方的经济主体提供服务，讲究注重娱乐场景的设置，进行匹配优化，提高资源配置效率。当然，在目前网络平台的发展过程中，也会出现一些发挥领导与支配作用的、具有中心化倾向的网络平台，但在平台的相互竞争中，同时也由于互联网的特性，即使是中心化的网络平台，也与线下平台也有所不同。

二是在定价方面也具有差异。一般来说，在经营模式中，具有重要意义的是定价权，下列图形表示两种模式具有不同的定价权。就定价来看，在经销商模式中，经销商往往具有定价权，经销商对买家和卖家分别进行定价，以取得自己收益的最大化。但在平台运营商模式中，平台往往不管定价问题，由卖家进行定价。如图2-2所示。

(1)线下模式(或经销商模式)

(2)线上模式(或平台运营商模式)

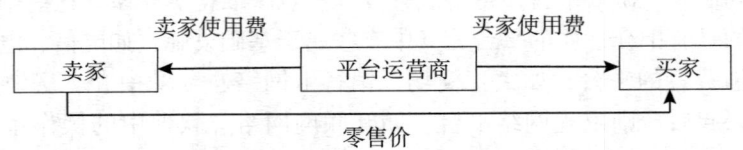

图 2-2 中介的商业模式：线下模式与线上模式示意图

来源：保罗·贝拉弗雷姆、马丁·佩泽：《产业组织：市场与策略》，第536页，上海：上海三联书店，上海人民出版社，2015年1月。对其中名称略有修改。

就现实案例来看，易贝、淘宝等类似于平台运营商，苹果音乐商店、小米商店等类似于经销商，亚马逊、京东等开始时类似于经销商模式，后来则发展成同时兼有两种模式。

2. 平台经济理论：双边市场的基本模型

对于这种平台模式，以法国图卢兹大学的一些学者的研究为起始，形成了新的产业组织理论：平台经济理论。和传统微观经济学中厂商与消费者无摩擦地形成供求关系和市场均衡不同，平台经济理论认为，厂商和消费者必须接入一个平台，才能解决时空搜索和避逅，但平台两端为平台支付的费用不均衡，通常厂商全部负担平台成本，而消费者免费甚至可享受补贴使用①。当然也有平台对两端都收费。

值得注意的是,在这种平台经济理论出现以前,在经济学理论研究中,就存在关于市场中介的理论,有的文献也称为经销商理论,如对百货商店、银行等的研究。一般来说,在经济学基础理论中,基本上不研究百货商店、银行等实物与金融中介或中介机构,往往认为消费者直接从生产者购买商品,或借贷者直接从投资者那里获得资金。如作为经济学最基础课程的微观经济学,其所建立的消费者理论、生产者理论,以及一般均衡理论等,都不涉及各种实物与金融中介。显然,这种理论与现实经济的实际状态有差异,因而有一些学者对这些问题进行研究,其中较有代表性的理论是斯普尔伯(Spulber)提出的中间层理论,以及经销商理论等②。

不过,传统经济中的各种实物与金融中介或中介机构与互联网兴起后形成的平台有许多不同。有些文献也把互联网平台(以下简称平台)称为中介或中介机构,但是,它们之中的差异是值得注意的。一些文献对这两种理论——中间层理论和平台经济理论进行了比较分析③。

对于平台来说,不管是哪种平台,如果平台在两边均面临相关群体,则为双边市场(two-sided market),如果平台在多边面临一些群体,则为多边市场。Rochet 和 Tirole(2003)和 Armstrong(2006)较早提出有关双边市场的基本理论模型④,Rochet 和 Tirole 认为,如果在一个平台上实现的交易总量仅仅依赖于对买卖双方收取的价格水平的总和,就表示这一平台对总价格在买卖双方间重新分配不敏感,这种市场就是单边市场;相反,如果价格总量不变,交易总量却随着对买卖双方其中一方收取的价格变动而不同,这一市场就可以被称为双边市场。Armstrong 进一步认为,在双边市场中经由平台相互交易的双方,其中一方加入平台的获利取决于加入平台的另一方的规模,由此对网络外部性进行研究⑤。其后关于双边市场的研究基本上是基于这两篇论文。多边市场模型可参看 Hagiu 和 Wright(2015)⑥等的研究。同时,还有对平台相互竞争的研究。目前经济学已经积累了关于这一问题的大量研究文献。学者们不断发展并丰富了这一理论,还有学者进一步提出基

---

① 参看钟伟:《复杂系统理论和平台经济学》,载《第一财经日报》,2014 年 4 月 2 日。
② 参看丹尼尔·F. 斯普尔伯:《市场的微观结构:中间层组织与厂商理论》,中国人民大学出版社,2002 年。对经销商基本理论的介绍,可参看保罗·贝拉弗雷姆、马丁·佩泽:《产业组织:市场与策略》,上海三联书店,上海人民出版社,2015 年 1 月。
③ 关于中间层理论与平台理论的比较分析,可参看廖小伟、朱乾龙、杨帅、程曦:《平台贸易理论与政策述评》,载《北京邮电大学学报(社会科学版)》,2013(4):66-73。
④ Rochet J. C., Jean Tirole. Platform Competition in Two-Sided Markets. Journal of the European Economic Association, 2003, 1(4): 990-1029.
⑤ Armstrong, M. Competition in two-sided markets. RAND Journal of Economics, 2006(37): 668-691.
⑥ Andrei Hagiu., Julian Wright. Multi-sided platforms. International Journal of Industrial Organization, 2015(43): 162-174.

于双边市场的管理理论①。

然而，直到目前为止，双边市场还没有严格的定义，相对有代表性定义的有两种，其一是从定价结构的角度出发，认为平台定价和交易量直接相关，平台通过调节价格分配（假定总价格不变）可以控制平台两边用户的交易量，如果这种调节机制不起作用，则说明是传统的单边市场，双边市场打破了单边市场模式下的边际成本原则，使得定价不再单纯取决于成本。其二是网络效应视角，这种观点认为交叉网络效应在双边市场起到至关重要的作用，双边市场中的两个群组通过平台实现交易，其中一方的收益取决于另一方的数量规模。与传统的单边市场相比，双边市场具有价格非中性、显著的交叉网络效应等特征。Rochet 和 Tirole(2006)认为，"迄今所描述的双边市场在某些方面存在不同，因而我们不应该企图捕获所有产业的所有特殊性。我们的策略是包括若干关键材料：它们在一个基本的模型中对于我们的阐述是共有的，然后概括我们的分析以便将其相关性扩展至各种不同的双边市场……这个基本模型是信用卡市场的一个良好陈述……尽管这些见解有非常宽泛的普遍性"②。

关于双边市场的判定标准问题，国内外很多学者都做了相关的研究③。一般来说，满足下列条件可以称为双边市场：(1)连接异质性的两个群体；(2)可以给对方提供交叉的网络外部性；(3)通过平台的建立可以提升交易的效率。

双边市场和普通市场(普通市场往往是单边商场)不同。从需求角度看，双边市场的特征主要表现在用户需求互补性、交叉网络外部性和多归属性(multihoming)三个方面。第一，在双边市场中，各边的用户需求存在明显的互补性，这种互补性和通常所谓的"产品互补性"存在不同。"产品互补性"的典型例子是剃须刀架和刀片，这两种产品是互补产品，厂商也会在两种产品中制定互相补贴的销售政策，但是这种补贴通常被同一消费者享受了。与产品互补性不同，双边市场中的需求互补存在于不同的用户群之中，例如，信用卡支持的商户数量增加会使得持卡人对信用卡的需求量增加。第二，在双边市场中，还存在交叉网络外部性。这种外部性的来源，正是用户需求的互补性，但是互补性并不足以完全解释交叉网络外部性，因为交叉网络外部性所表征的利益外溢同时和用户的规模相关。第三，用户的多归属性，很多业务中，双边市场平台不止一个，例如信用卡组织就有维萨卡、万事达卡、运通卡、银联卡等平台，用户通常会加入不止一个平台。从供给的角度，双边市场的中介是平台，平台厂商具有以下几个特征：一是平台厂商需要围绕促进双边用户发生相互作用行事，平台的功能就是解决交叉网络外部性。二是平台需要关注两个或多个不同的市场，某种意义上，平台通过满足一方的需求聚集用户的目的，正是为了满足另

---

① 关于这点，已存在许多文献，如可参看艾森曼、帕克、范阿尔斯蒂尼：《双边市场中的企业战略》，载《商业评论》，2008(5)：124-136；埃文斯、哈吉犹、施马兰奇：《看不见的引擎：软件平台驱动下的产业创新和转型》，清华大学出版社，2010 年月。同时可参看谢德荪：《重新定义创新：转型期的中国企业智造之道》，中信出版社，2016 年 1 月。该书侧重于运用平台模式进行创新方面的研究。

② Rochet J. C., Jean Tirole. Two-sided markets: a progress report. RAND Journal of Economics, 2006, 37(3): 645-667.

③ 参看傅联英、骆品亮：《双边市场的定性判断与定量识别：一个综述》，载《产业经济评论》，2013(2)：1-18。

外一方的需求。三是平台厂商提供的服务具有"信息产品"的特征,所以同样具有高固定成本低边际成本的特征,所以平台厂商具有需求方规模经济特征。

在经济经营模式中,定价往往具有十分重要的地位。在这方面,双边市场与普通市场的定价方式较为不同,可以简单地运用垄断型双边市场理论模型来说明①。

双边市场经营者考虑的核心问题是如何给平台双方提供的服务定价。由于存在跨边网络效应,平台拥有者需要同时考虑平台两边的需求曲线的弹性。假设存在一个垄断的双边平台,平台服务的群体为 A 和 B。平台两边用户数量为 n_A,n_B,平台 i 方用户的效用为:

$$u_i = k_i n_j - p_i, \quad i, j = A, B, i \neq j \tag{2-1}$$

其中,p_i 为平台向 i 方用户收取的服务费,参数 k 测量 i 方用户和 j 方用户互动获得的收益。效用式说明一方用户的效用是另一方用户数量的函数,即存在正网络效应。

设 D 为单调增函数,i 方用户的需求曲线如下:

$$n_i = D(u_i) \tag{2-2}$$

假设平台服务 i 方一个用户的成本为 c,则平台利润为:

$$\pi = n_A(p_A - c_A) + n_B(p_B - c_B) \tag{2-3}$$

将相关表达式代入其中,有:

$$\pi(u_A, u_B) = D_A(u_A)(k_A n_A - u_A - c_A) + D_B(u_B)(k_B n_B - u_B - c_B) \tag{2-4}$$

设 $v_i(u_i)$ 表示 i 方用户的总消费者剩余,则 $v'_i(u_i) = D_i(u_i)$。用 w 表示社会总福利,即平台利润和消费者剩余之和,则:

$$w = \pi(u_A, u_B) + v_A(u_A) + v_B(u_B) \tag{2-5}$$

求最大化社会总福利,即使 $\partial w/\partial u_i = 0$,可得:

$$u_i = (k_i + k_j)n_j - c_i \tag{2-6}$$

由此可得最大化社会福利的价格为:

$$p_i = c_i - (k_j)n_j \tag{2-7}$$

可见,i 方的社会最大化的价格是服务一个 i 方用户的成本减去一个 i 方成员给 j 方带来的总额外收益。因为 $k_i > 0$,因此社会最大化要求每一方价格低于服务成本。这与单边市场不同,在单边市场上,社会福利最大化要求价格等于边际成本。

下面求解平台利润最大化的最优价格,根据(2-4),可得:

$$u_i = (k_i + k_j)n_j - c_i - \frac{D_i(u_i)}{D'_i(u_i)} \tag{2-8}$$

这样利润最大化的价格为:

$$p_i = c_i - (k_j)n_j + \frac{D_i(u_i)}{D'_i(u_i)} \tag{2-9}$$

与社会福利最大化的价格相比,利润最大化价格高出一个参与弹性相关的项

---

① 除了垄断型双边市场理论模型外,还有相互竞争型的双边市场理论模型等,相关研究的综述文献也较多,如可参看董亮、赵健:《双边市场理论:一个综述》,载《世界经济文汇》,2012(1):53-61;盖伦、赵清斌:《双边市场理论的研究进展:一个文献综述》,载《哈尔滨商业大学学报(社会科学版)》,2013(5):104-112。

$\dfrac{D_i(u_i)}{D'_i(u_i)}$。

给定 j 方的参与数量 n_j，定义 i 方的弹性为：

$$\eta_i(p_i \mid n_j) = \frac{p_i D'_i(k_i n_j - p_i)}{D_i(k_i n_j - p_i)} \tag{2-10}$$

利润最大化价格满足：

$$\frac{p_i - (c_i - k_j n_j)}{p_i} = \frac{1}{\eta_i(p_i \mid n_j)} \tag{2-11}$$

以上是对双边市场理论的简要介绍。如果在前一章关于实物商品交易形式和金融商品交易形式中融入这种理论，或者进一步以马克思的资本流通和资本循环理论为基础，思考这一理论的相关观点和方法，对于我们理解互联网经济与金融问题具有一定的意义。就一般意义上来看，这种平台理论模型可以看成上一章我们阐述的以马克思的资本流通和资本循环理论为基础建立的实物和金融商品交易模式的一种具体模型。

在经济科学中，除了双边市场等平台经济理论外，还有一些既存的经济学理论对于研究平台型商业模式也具有一定的作用，如博弈理论、机制设计理论、拍卖理论和匹配理论等。在电子商务、互联网金融以及共享经济模式出现以前，这种经济学理论就已经形成，并获得发展。到了互联网时代，这些理论又进一步具有新的意义，成为备受重视的经济学理论[1]。

3. 形成平台型商业模式和双边、多边市场的原因

为什么在目前阶段基于计算机和互联网技术的商业模式往往采用网络平台形式？其中的原因可能是：

(1) 在技术方面。就目前来看，运用网络平台形式进行商务与金融活动更容易利用计算机和互联网技术。计算机诞生初期，仅能实现一对一的使用，是集中化方式。为了使得一台大型机能够同时为多个客户提供服务，IBM 公司引入了虚拟化的设计思想，使得多个客户在同时使用同一台大型机时，就好像将其分割成了多个小型化的虚拟主机，是十分复杂的集中式计算。进入小型机和 PC 时代，回归了一对一的使用，不过设备已经分散到了千家万户。进入互联网时代，C/S 模型的客户端和服务器是分布式计算，只不过服务器之间还是分散的。进入云计算时代，计算能力又被统一管控起来，在客户端和服务器的分布式计算基础之上，服务器之间也开始了分布式协同工作。因为协同，所以也可以认为它们在整体上是一种集中式的计算服务。进入大数据时代，云计算成为大数据基础设施，也使得大数据的核心思想和云计算一脉相承。虽然计算机技术方面也存在 P2P 技术，不过，

---

[1] 可参看内拉哈里(Y. Narahari)：《博弈论与机制设计》，中国人民大学出版社，2017 年 4 月。内拉哈里领导的研究小组曾接受国际大型公司等的资助，运用机制设计理论和匹配理论等，对电子商务等网络经济问题进行研究。同时还可参看埃尔文·E. 罗斯：《共享经济——市场设计及其应用》，机械工业出版社，2016 年 1 月。

以这种技术为基础形成的商业模式较少见①。

(2)在经济方面。从线下的经济经营方式，特别是线下的中介型的经济经营方式，转化成网络平台形式更为容易，也更符合许多生意人以前的经营经验。同时，在转向网络平台进行商务与金融活动后，这种平台方式也更容易获得利润。经济与金融平台通过对相关产业和市场的资源进行整合，从而为平台企业获得更多的利润提供空间，并推动经济与经营模式的进一步变化，直到整个经济的微观基础发生改变。通过平台经济和平台金融的发展，可以产生新型经济理念、经营方式、业态创新和更多的收益与更大的利润。如在电子商务发展过程中，第三方支付的出现不仅解决电子商务发展的瓶颈，而且通过与电子商务的共同发展，形成新型的利润增长点，为经营者和生意人获得更多的利益创造了条件。

二、区块链经济金融与非平台型商业模式

1. 区块链经济金融的发展②

一般来说，区块链经济是伴随着区块链技术诞生而出现的一种全新的经济现象，是一种互信、共享、全民自治的价值互联网经济。在区块链经济中，区块链金融是建立在区块链技术基础上，对传统金融和区块链技术发展前互联网金融进行改良和改善的金融体系，这种改良与改善主要表现在金融基础设施上，区块链金融不仅重新建立和完善线下金融的基础设施，而且构建和完善互联网金融的网络基础设施。区块链技术最早出现在数字货币比特币中，其后逐步应用到金融领域的多个方面，特别是互联网金融的各种领域之中。

据现有文献可知，美国学者梅兰妮·斯万于2015年首次提出区块链金融的概念，认为在区块链上可以进行任何资产的注册、存储和交易；所有的资产都将变成数字资产，都能直接在区块链系统上被跟踪、控制、交换和买卖，实现真正的万物互联③。其后，国内学者也对这一问题进行研究，有学者认为区块链金融利用数字货币充当价值交换的媒介，嵌入智能合约的数字货币将实现价值交换的智能化、便捷化；区块链金融的发展意味着价值互联网时代的到来。还有学者认为区块链金融通过数字货币与传统金融机构对接，将彻底颠覆现有金融支付结算体系，同时也为初创企业众筹资金带来新的重大变革。

区块链经济金融具有下列特征：(1)造就较高程度的相互信任。在区块链体系中，参与者可以不需要了解对方基本信息的情况进行交易，实现了"无需信任的信任"，改变了传统模式中以第三方为中心的信任模式。交易信任由机器和算法确定。区块链通过构建一个依赖于机器和算法信任的交易体系，解决在匿名交易过程中的相互信任问题。所有参与者将在无需建立信任关系的环境中，通过密码学原理确定身份，依靠共识机制实现相互间

---

① 一些学者认为，在比特币和区块链技术出现之前，人们不可能通过计算机网络之P2P技术进行经济活动。参看野口悠纪雄著：《虚拟货币革命——比特币只是开始》，北方文艺出版社，2017年6月。

② 参看刘永新：《区块链经济发展中的市场失灵和政府调节——以贵阳市区块链应用实践为例》，载《上海立信会计金融学院学报》，2017(3)：45-53；乔海曙、谢姗姗：《区块链金融理论研究的最新进展》，载《金融理论与实践》，2017(3)：75-79。

③ 参看梅兰妮·斯万：《区块链：新经济蓝图及导读》，新星出版社，2016年1月。

的信任。

（2）在互联网中进一步形成价值互联。区块链的诞生，标志着人类开始构建真正的信任互联网。有一种新的观点认为，区块链技术可以构建一个高效可靠的价值传输系统，推动互联网成为构建社会信任的网络基础设施，实现价值的有效传递，并将此称为价值互联网。

（3）提升经济金融活动的效率。交易过程可以由程序自动执行。区块链通过可编程的智能合约，自动执行双方所达成的契约，排除了人为的干扰因素，从制度上防止任何一方的抵赖。从而推动经济社会进入一种智能的状态，实现经济交易系统的质的飞跃。

（4）降低经济金融活动中的相关成本。基于区块链技术的"弱中心化"特性，现有的经济体系可以脱离当前通过制度约束或第三方机构背书，双方直接实现价值交付。这种"弱中心化"特性可以有效降低交易成本，提高交易效率，减少因交易一致性所引发的摩擦。

（5）形成多中心化的经济金融场景。通俗地说，区块链可以看成一套由多方参与的、可靠的分布式数据存储系统，其独特之处在于：一是记录行为的多方参与，即各方可参与记录；二是数据存储的多方参与、共同维护，即各方均参与数据的存储和维护；三是通过链式存储数据与合约，并且只能读取和写入，不可篡改。

在区块链经济金融的发展过程中，最近的发展主要体现在区块链金融方面。区块链金融发展的一些表现如下：

区块链金融最早的表现形式为中本聪创造的比特币，由于区块链系统的开源性，任何人都能创造自己的区块链系统，生产出自己的数字货币，如莱特币、狗币、瑞波币、未来币和点点币等，目前已经有上百种加密数字货币。

其后，将区块链金融推广深入的是以太坊，以太坊提出有关区块链的更为专业的项目和设计平台，在分布式账本技术和智能合约技术等方面作出了重要贡献，一些公司，如国外的 R3CEV、Linux 基金会创建了实用的超级账本以及智能合约，国内的万向集团区块链实验室也提出了一些研究、应用和普及。

与此同时，在金融业的一些领域也开始大量开发与运用区块链技术。如在证券方面，2015 年 12 月，美国证券交易委员会（SEC）批准了在线零售商 Overstock.com 通过区块链技术在互联网发行股票的计划。Overstock.com 及公司首席执行官帕特里克·伯恩已经开发出了一种利用区块链发行金融证券的全新技术，事实上，Overstock.com 此前已经使用区块链发行过私募债券，这次只是升级到发行公开证券而已。在 Overstock.com 提交给 SEC 的文件中，该公司表示计划通过区块链技术最多发行 5 亿美元的股票和其他证券。2015 年 12 月 30 日，纳斯达克与其合作伙伴 Chain.com 在对一位私人投资者发行股票时首次使用了纳斯达克的区块链技术交易平台 Linq。这是纳斯达克首次在个股交易上运用区块链技术，对于全球金融市场的去中心化有着里程碑的意义。澳大利亚证券交易所与一个叫数字资产控股（DAH）的区块链初创公司合作，由 DAH 提供技术为它们建造一个基于区块链技术的清算和结算系统。

在银行方面，花旗银行、瑞银、纽约梅隆银行等已相继成立研发实验室，重点围绕支付、数字货币和结算模式等方面测试区块链的应用。巴克莱银行 2015 年 9 月宣布，将开始帮助慈善机构接受比特币付款，巴克莱银行也就此成为英国第一家接受数字货币的银行。澳大利亚联邦银行和开源软件 Ripple 合作组队，创建了一个在其子公司之间互相支付转账的区块链系统等。桑坦德银行宣布正通过金融技术投资基金 InnoVentures，测试区块链技术 25 种不同的应用可能。2015 年 9 月建立的初创公司 R3 CEV 发起 R3 区块链联盟，在 9 月，13 家顶级银行加入。该联盟至今已吸引了包括富国银行、花旗银行、德意志银行、汇丰银行、摩根士丹利、加拿大皇家银行、澳大利亚国民银行和法国兴业银行等 43 家巨头银行参与，着手为区块链技术在银行业中的使用制定行业标准和协议。这代表着首次，银行之间对于如何利用区块链用于金融层面达成了共识。此外，各银行也向一些区块链技术公司进行投资，如 2015 年 5 月，高盛在其报告中称数字货币为市场"大势所趋"，将参与革新金钱流动方式。高盛联手其他投资公司向比特币公司 Circle 注资 5000 万美金。7 月，西班牙对外银行在区块链技术基础上重新提出了完全去中心化金融系统的设想，通过旗下子公司以股权创投方式参与了 Coinbase 的 C 轮融资。

区块链金融发展有其背景与原因。现实经济中的金融行为是在金融基础设施上进行的。金融基础设施是指金融运行的硬件设施和制度安排，主要包括支付体系、信用环境、公司治理、会计准则、法律环境、反洗钱以及由金融监管、中央银行最后贷款人职能、投资者保护制度组成的金融安全网等。金融基础设施的重要功能是能够有效动员储蓄向生产性资本转移，并将这种资本配置到能实现效用最大化的部门去，促进经济增长和经济发展。在互联网金融领域，也与线下金融行为一样，其互联网金融交易需要建立在一定的互联网的网络金融基础设施之上。区块链金融可以看成组建互联网金融的网络金融基础设施的基本要素。为什么会出现区块链金融呢？其背景与原因主要表现为下列几个方面：

(1) 互联网金融的透明度仍然存在问题。这里的主要问题是信息不对称和信息不完全。如同线下金融交易一样，互联网金融交易虽然在某些方面能够回避线下金融交易的信息问题，但仍然不能完全回避这种问题。而区块链金融可运用区块链特有的数据库技术对解决这一问题提供方法。

(2) 互联网金融的信息安全问题仍然没有很好解决。伴随着互联网经济的快速发展，互联网金融在一定程度上面临较大的安全隐患。大数据本身需要庞大数据库的支撑，随着数据的集中，容易发生数据库被盗窃和篡改等不良事件，客户的信息安全甚至人身安全得不到保障。区块链技术中的加密技术等对于解决这些问题重要作用。

(3) 互联网金融虽然依靠计算机网络进行，但在集中式网络与分散式网络方面，并没有一个合理的选择，为了回避相关问题，互联网金融会选择一些第三方机构，形成集中式网络。但这种集中式网络不仅耗费成本，而且往往不太安全。区块链技术可建立分散式网络，形成区块链金融交易，减少中间成本，提高工作效率，形成安全的运行设施。

此外，随着区块链技术应用领域不断扩大，线下金融机构也开始争相研发和应用区块链技术，以及制定行业标准和协议。这主要是因为：一是通过提升自动化水平降低经营成本。金融机构各个业务系统与后台的工作往往面临流程长、环节多等问题。区块链具有构建大型、低成本网络的能力，为简化这些手工金融服务流程提供了可能性，从而减少前台和后台的人力成本。二是在新的商业模式下创造利润并与同业保持竞争。例如，区块链能够以低成本实现小额支付(此类支付以往会因达不到刷卡数额而无法进行)，这样，银行就可针对特定人群(没有银行账户但能接触互联网)开发金融产品。此外，为了在同业竞争中保持和提高业务份额,金融机构需要对新兴技术和商业模式提前做好准备。三是获得"先行优势"。面对金融科技公司互联网金融业务的迅猛发展,传统金融机械只有通过积极"自我革命"才能获得"先行优势"。线下金融机构这种竞争也对互联网金融产生影响,导致区块链金融的快速发展。

2. 区块链经济金融与非平台型商业模式

对于经济和金融活动来说,区块链的出现与发展引发的一个重要问题是:是否可以依靠区块链技术,形成一种不需要中心平台的商业模式?区块链技术的发展是否会突破平台型商业模式,形成一种新型的商业模式。这是值得注意的问题。

为了对平台型商业模式以及可能形成的基于区块链技术的商业模式进行比较,可首先运用下列例子对两种商业模式的形态进行说明。假设有5个经济主体通过网络相互联结,这样,就像第二章所说的互联网的基本连接形式一样,这5个经济主体会形成5个节点,相互间形成星形网络、总线型网络、环状网络、树形网络、网状网络等。对于经济金融活动来说,就其分类来看,则主要有中心型网络和非中心型网络,其中星形网络、总线型网络、树形网络、等具有中心型网络的特征,环状网络、网状网络等大致具有非中心型网络的特征。这样,可选择星形网络和网状网络为例,用5个节点将平台商业模式与基于区块链技术的商业模式如图2-3所示:

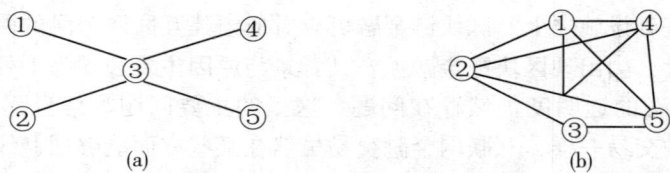

图2-3　5个节点的平台商业模式联结图(a)与基于区块链技术的商业模式联结图(b)

可见,在平台型商业模式中,有一个节点(见图2-3(a)中的节点3)是其他4个节点的中心,节点1和节点2、节点4和节点5都需要通过节点3才能相互联结。而在基于区块链技术的商业模式中,每一个节点都与其他节点相互联结,没有中心节点。这是两种商业模式在网络联结方面的不同。

如果设想节点1和节点2表示消费者(或投资者),节点4和节点5表示生产者(或借贷者),则消费者(或投资者)和生产者(或借贷者)通过中心节点3相互连在一起,由此就形成所谓电子商务平台(以及互联网金融平台等)。

不过,这种设想对于基于区块链技术的商业模式来说,并不可行。对于基于区块链技术的商业模式来说,只有每个节点即是消费者(或投资者),又是生产者(或借贷者)才有可能。显然,在经济金融活动中,经济主体可以既为消费者,也为生产者,成为一个统一体。同时加入时间要素,经济主体也可以既为投资者也为借贷者,成为一个统一体。关键的问题是从何种角度来看。

对于平台型商业模式以及可能形成的基于区块链技术的商业模式,还可以应用计算机联结的两种基本形式进行说明。这两种形式是计算机相互联结的客户/服务器(C/S)和浏览器/服务器(B/S)结构模式,以及对等P2P模式。其中平台型商业模式往往对应于计算机相互联结的客户/服务器(C/S)和浏览器/服务器(B/S)结构模式,而基于区块链技术的商业模式则往往对应于对等P2P模式,唐塔普斯科特、亚力克斯·塔普斯科特在《区块链革命》中,列举了一些基于区块链的新型商业模式,如大众生产、创意集市、专业消费者、开放平台、全球工厂、维基(初次)工作空间等①。

以上,基于网络节点联结的形式,以及计算机联结的基本形式对平台型商业模式以及基于区块链技术的商业模式进行了简要的比较说明,问题的关键在于:基于区块链技术的商业模式是否可行?在上面分析中,已经对集中与分散的此消彼长进行相应说明。这样,基于区块链技术的商业模式是否可行的问题,就在于分散是否可行的答案之中②。

【阅读与案例】

在计算机和信息科学与技术快速发展的时代,各种商业挑战与商业机会也不断涌现。从20世纪早中期开始,就产生了许多基于计算机和信息科学与技术的事业项目和公司,特别是其中成批出现的各种各样的公司,成为世界经济增长和产业升级的重要力量。对于这些基于计算机和信息科学与技术的公司,对于这些公司的形成和发展的过程,以及其中一些创始人和主要事例、商业模式等的介绍与评论,已经积累了大量的文献。在这些文献中,就中文图书来看,下列几本著作值得注意:一是李彦的《IT通史——计算机技术发展与计算机企业商战风云》,二是吴军的《浪潮之巅》,三是万赟的《电商进化史》等③。当然,除此之外,还有许多书籍对计算机和信息科学与技术的发展历程以及其中的一些关键理论和技术等进行介绍与分析,这里就不一一列举。

从数据科学的角度来看,维克托·迈尔-舍恩伯格和肯尼斯·库克耶编写的《大数据时代——生活、工作与思维的大变革》④注意。关于大数据分析与传统的统计学、计量经济学等的联系和区别,一些文献做过介绍与分析,如王星的《大数据分析:方法与应用》⑤等。维克托·迈尔-舍恩伯格和肯尼斯·库克耶认为传统的统计学、计量经济学等对大数据分析的意义来大,但这并非一般性看法,也有学者认为传统的统计学、计量经济学等对

---

① 参看唐塔普斯科特、亚力克斯·塔普斯科特:《区块链革命——比特币底层技术如何改变货币、商业和世界》第五章,该书由北京中信出版社于2018年4月出版。

② 在郭玉锦、王欢编著的《网络社会学》(第三版)第十三章中,有对中心化(集中)和去中心化(分散)的更为详细的分析,这种分析认为,互联网领域中一些中心化机构的出现,采取的是去中心化的方式和方法,不然,就难以出现中心化机构。该书由北京中国人民大学出版社于2017年8月出版。

③ 李彦:《IT通史—计算机技术发展与计算机企业商战风云—》,清华大学出版社,2005年7月;吴军:《浪潮之巅》(第三版),人民邮电出版社,2017年9月;万赟:《电商进化史》,机械工业出版社,2015年8月。对国内相关领域的历史研究,可资参考的著作有:周友兵:《中国信息产业简史》,知识产权出版社,2017年8月;叶秀敏:《中国电子商务发展史》,山西出版传媒集团,2017年6月。

④ 参看维克托·迈尔-舍恩伯格、肯尼斯·库克耶:《大数据时代——生活、工作与思维的大变革》,浙江人民出版社,2013年1月。

⑤ 参看王星:《大数据分析:方法与应用》,清华大学出版社,2013年9月。

大数据分析具有重要意义①。大数据不仅为科学研究带来新的课题，同时造就了数据引领的创新和创业，成为提高经济成长、增进社会福利的基础。经济合作与发展组织（OECD）对大数据在经济增长和社会福利方面的作用与机制等进行深入研究，中国国家互联网信息办公室十分重视，组织力量翻译了一些主要报告，如《OECD互联网经济展望2012》《衡量数字经济：一个新的视角》《数据驱动创新：经济增长与社会福利中的大数据》②。当然，大数据的应用也带来了新型的商业机会，形成了更多的工作职业。在经济学界十分有名的《经济学人》（The Economist）杂志的编辑理查德·戴维斯编辑出版的著作《新经济学：解读现代经济》③中，曾介绍一些关于大数据分析的案例。

区块链的发明与使用，已经深刻和广泛地影响到经济与金融，也促使互联网金融更为迅速地发展。较早对区块链技术进行较为全面介绍的书籍是高航、俞学劢、王毛路编著的《区块链与新经济》，其中还涉及对比特币、以太坊的介绍。龚鸣的《区块链社会》，则进一步说明区块链技术对整个社会的意义，以及这种技术在改良和改善社会系统方面的一些方式和方法，以及一些主要的公司与项目。同时还介绍了一些在互联网时代一些新型的创业方式和方法。纳拉亚南等的《区块链：技术驱动金融》，对区块链技术的一些重点项目进行了较为深入的研究与介绍。威廉·穆贾雅在《商业区块链——开启加密经济新时代》一书中，通过与互联网发展过程中的万维网等的影响进行比较，详细研究、介绍并预测了区块链的各种商业与社会应用④。

显然，传统中介与互联网平台具有不同的作用。下面介绍纽约大学Philippon教授关于线下金融中介和网络金融平台的研究成果，并介绍其中的案例：Wealthfront（财富前线）。

2015年6月，纽约大学Philippon教授在全世界公认的经济学顶级期刊《美国经济评论》（AER）发表论文《美国金融业效率变低了吗？金融中介理论与测量》。⑤该文侧重研究一个十分重要，但却是金融业近几十年来较少关注的问题：中介成本。一般来说，下列问题十分重要：如果资本提供者把钱放到银行或对冲基金（甚至保险、投行、风投等）这些线下的金融中介机构，这些机构再放贷或投资出去，那么这些中介索要的中介成本有多大？该文采用一种简化的方式，用金融机构的工资总额和利润总额除去所有金融机构打理的资产总额（比如商业银行就是贷款总额），即平均成本的概念来进行计量。结果表明，金融服务机构几十年来的中介成本一直在1.5%~2%波动，并没有显著降低。

---

① 参看林存洁、李扬：大数据分析仍需要统计思想：以ARGO模型为例，载《统计研究》，2016年11月：109-112。

② 国内这三份报告的出版社和出版时间如下：《OECD互联网经济展望2012》，上海远东出版社，2013年7月；《衡量数字经济：一个新的视角》，上海远东出版社，2016年1月；《数据驱动创新：经济增长与社会福利中的大数据》，电子工业出版社，2017年12月。

③ 参看理查德·戴维斯：《新经济学：解读现代经济》，中信出版集团，2016年9月。

④ 关于这几本书的出版信息（如出版地点、出版社，出版时间等），可参看前面的一些脚注。

⑤ Thomas Philippon. Has the US Finance Industry Become Less Efficient. On the Theory and Measurement of Financial Intermediation. American Economic Review, 2015, 105(4): A42.

这里的问题在于,这几十年来,金融机构在新技术上的投入一直不遗余力,但金融中介成本还是没有下降。也就是说,金融机构进行了大量的技术研发投入,如银行的计算系统、安全防护技术、对冲基金各种超级计算、高频交易技术等,但即使这样,其中介成本仍然维持在较高水平。

在传统的线下金融中介的框架下,解决这个问题往往会寻求监管者和立法者。比如允许更多小玩家入场,在美国是Community Bank,在中国是城市银行等。然而,引入的小竞争者如果依旧沿用既往的模式和技术,常常也难以降低中介成本。到底该怎么办?Philippon教授给出了一个较为简单的答案,发展更多的具有新技术和新模式的金融科技公司,鼓励这些公司进入金融中介市场,减少金融中介成本。为了对此进行说明,Philippon教授讲了一个实际案例:Wealthfront(财富前线)。他认为Wealthfront的创始人从硅谷起步,坚决践行破坏式创新。在财富前线飞速成长后,引起了众多金融从业者(尤其是投资顾问业务)的恐慌和改变,并导致投资顾问业务的金融中介成本的下降。

Wealthfront(财富前线)介绍

一般认为,Wealthfront和Betterment是美国智能投资顾问领域的两大先驱之一。Wealthfront的前身是一家名叫Kaching的美国投资咨询顾问公司,Kaching于2008年12月成立,会员在Kaching注册后会获得1000万美元的虚拟货币,任何一位股票投资者都可以在上面开立自己的账户,选择投入真实的资金进行交易,或用虚拟货币投资。会员付给Kaching网站少数业绩优异的投资人一定比例的佣金,平台和投资人分享这些佣金,会员将其股票账户与投资人的投资组合相连,跟随投资人进行交易。

2011年12月Kaching更名为Wealthfront,转型为一家专业的在线财富管理公司,是基于模型和软件的在线理财咨询公司,是目前最具有代表性的智能投顾平台。所谓智能投顾(robo-advisors),又称为机器人投顾,是一种投资顾问服务模式,狭义来看,是以智能化股票投资组合推荐、自动策略交易服务为代表的服务,根据投资者的风险偏好,为用户推荐投资组合。广义来看,则是考虑投资者的财务情况,对其个人财富进行精确配置,统筹考虑多种资产,如股票、基金、保险等。智能投顾利用互联网技术尽可能地为包括中小投资者在内的更多用户提供投资管理服务,快速、高效解决用户的投资选择难题。相比传统的投资顾问,智能投顾具有下列优势:(1)成本低,利用互联网技术大大降低投资理财的服务费用;(2)容易操作简单容易,有利于提高投资顾问服务的效率;(3)机器人严格执行事先设定好的策略,可避免投资人情绪化的影响;(4)分散投资风险,获得更多利益;(5)信息相对透明,缓和了信息不对称问题。

Wealthfront创始人为安迪·拉切列夫(Andy Rachleff)和Dan Carroll,其中,安迪·拉切列夫为Wealthfront的执行主席,他曾是基准资本(Benchmark Capital)的联合创始人之一,宾夕法尼亚大学校董以及捐赠基金投资委员会副主席,Dan Carroll则为斯坦福商学院的一名教师,是Wealthfront的首席战略官。2012年12月,国际投资界著名人物、普林斯顿大学经济学教授,也是流行书籍《漫步华尔街》一书的作者马尔基尔(Dr. Burton Malkiel)加盟Wealthfront,成为首席投资官。

在Philippon教授的论文发表前的2014年6月,25人的团队管理的资产规模超过10亿美元,平均每个客户投资10万美元,最大的投资已经超过500万美元。2014年4月、

11 月分别获得 3500 万美元、6400 万美元的融资，前一次融资由 Index Ventures、Ribbit Capital 领投，后一次由 Spark Capital 领投。经过多轮融资，平台的出资方除了 Index Ventures、Benchmark、Spark Capital、greylockpartners、Ribbit Capital、DAG Ventures、the Social+Capital Partnership、Dragoneer 这些机构外，还有 48 位个人。Wealthfront 发展迅速，仅用了 2 年半的时间，就管理了超过 10 亿美元的资产。目前，Wealthfront 已经成为规模最大、发展最快的基于软件的在线理财咨询公司，截至 2016 年 2 月底，Wealthfront 的资产管理规模近 30 亿美元。

【概念】

网络、计算机网络、互联网、阿帕网、因特网、局域网、万维网、星形网络、总线型网络、环状网络、树型网络、网状网络、数据科学、大数据分析、大数据、4V 特征、数据生成、数据获取、数据采集、数据传输、IP 骨干网传输、数据中心传输、数据预处理、传感器、日志文件和、web 爬虫、数据集成、数据清洗、冗余消除、数据存储、存储基础设施、数据管理框架、文件系统、数据库技术、编程模型、数据分析、描述性分析，预测性分析、规则性分析、数据可视化、统计分析、数据挖掘、区块链、创世区块、区块、区块头、区块体、区块结构、比特币、数据库、分布式账本、点对点、端到端、P2P、公有区块链、联合区块链、私有区块链、侧链、平台经济、平台型商业模式、双边市场、多边市场、金融中介、基于区块链技术的商业模式、Wealthfront（财富前线）

【思考题】

1. 简述计算机网络或互联网的基本结构。
2. 互联网的基本连接形式。
3. 简述互联网评价指标。
4. 互联网形成与发展的过程。
5. 简述互联网的基本功能。
6. 大数据分析及其背景。
7. 大数据的含义与类型。
8. 简述大数据的主要特征。
9. 简述大数据分析的研究程序。
10. 大数据分析目的和分类。
11. 区块链的含义与类型。
12. 公有链和私有链的区别是什么？
13. 简述大区块链技术的基本特点。
14. 区块链的形成与发展阶段。
15. 简述区块链的核心优势与主要作用。
16. 平台经济理论与基本理论模型。
17. 比较说明经销商与平台运营商模式的差异。
18. 在目前互联网发展过程中，为什么会出现平台型商业模式？

【思考题】

19. 简述区块链金融的形成背景、原因与作用。
20. 简要比较平台型商业模式以及基于区块链技术的商业模式的特征。
21. 简要介绍 Wealthfront(财富前线)。

第三章 互联网条件下的货币

第一节 互联网货币概述

一、互联网货币的含义

互联网货币也称网络货币,与电子货币、虚拟货币、数字货币等概念具有关系。一般来说,网络货币是以互联网为基础,以计算机技术和通信技术为手段,以电子数据(二进制数据)形式存储在计算机系统中,并通过网络系统以电子信息传送形式实现流通和支付功能的货币。具体而言,网络货币就是采用一系列经过加密的数字,在全球网络上传输的可以脱离银行实体而进行的数字化交易媒介物。现今主要形式为电子钱包、数字钱包、电子支票、电子信用卡、智能卡、在线货币、数字货币等。还有近年流行的数字货币,如比特币、莱特币、无限币、泽塔币、红币、隐形金条、极点币、便士兑换利率等。

货币经济学家马丁·迈耶在其所著的《货币市场》等著作中指出随着商品流通的发展将产生新的流通支付工具,产生新的货币。贝尔纳德·列特尔曾在其著作《货币的未来》中写道:"当不同种类的货币遵循国家货币正在开辟的电子化道路时,网络信息时代释放出的无限可能性将呈现出真正的革命,互联网将是未来货币进行创新的理想空间。"并认为人类由实物交换到货币交换,由金属货币到纸币,到信用卡货币和网络货币是金融发展的大趋势①。

二、互联网货币与传统货币的区别

这里说的传统货币是指除了上述定义的互联网货币以外的货币,就目前的世界来看,主要是政府基于国家信用发行的纸币。互联网货币与传统货币在货币的基本定义方面相同,但也有一些区别。这些区别主要表现在;

(1)发行机构的不同。一国的货币是由央行或特定国家机构垄断发行的,央行承担起发行的,而互联网货币或网络货币发行机制与其不同,发行机构既包括中央银行,也有一

---

① 参看贝尔纳德·列特尔:《货币的未来》,新华出版社,2003年6月。

般的金融机构甚至非金融机构,而其中以非金融机构居多,具有多元化的特征。

(2)金融风险的不同。传统货币是以中央银行和国家信誉为担保的法币,而网络货币则由于是不同机构自行开发设计,其担保要依赖于各个发行者自身的信誉和资产。

(3)存款特性的有无。由于网络货币可以按照客户指令在不同账户上转账划拨,网络货币就能够随时成为各种存款的生息资产,这是纸币无法比拟的。

(4)地域限制的差异。一般来讲,网络货币只要双方认同,可以使用多国货币交易,而传统货币一般只能在一定地域流通和交易。

(5)成本收益有别。网络货币节省了国家或央行的造币成本和发行费用。同时,客户进行交易结算时成本,也远远低于纸币的交易结算费用。

三、互联网货币的基本特征

可把使用互联网货币的空间看成一个网络社区,在这个使用互联网货币的空间中,互联网货币具有下列特征:其一,往往以数字形式存在。其二,由互联网空间的某个网络社区或某个个体进行生产与管理,往往不受或较少受到中央银行的管理。其三,使用互联网货币的网络社区往往建立内部支付系统。其四,被网络社区的成员普遍接受和使用。其五,可用于购买网络社区中的商品和服务,如数字商品与实物商品等。其六,可以为这些商品和服务标价。

四、互联网货币的基本形态

从互联网货币的各种形式来看,互联网货币可分为三种主要类型,第一类是利用电子计算机来表示线下货币价值的货币,这里称为电子货币;第二类是利用网络社区,如电子商务社区、游戏社区和BBS论坛社区等的社区中心改造的货币,这里称为虚拟货币;第三类是利用计算机网络技术,特别是区块链技术开发出来的货币,这里称为数字货币。值得注意的是,这里所说的电子货币、虚拟货币和数字货币,与一些书籍和媒体中使用的有一定的差异。下面第二节、第三节、第四节对这几种互联网货币进行说明。

五、互联网货币与双边市场模型[①]

如前所述,双边市场意味着,如果两组不同的代理人通过一个共同的平台相互作用,进行匹配和交易等活动,一组代理人从该网络获得的效用与加入网络的另一组代理人数量相关。

双边市场网络产业与一般产业的不同在于,传统单边市场中的企业只需面对一类用户群体,根据目标用户的需求生产产品或服务,然后销售、完成交易,就构成了一个完整的

---

① 参看司马红、程华:《双边市场中的客户基础建立策略》,载《管理评论》,2012,24(11):37-43。

供求市场；在双边市场上，存在着平台企业和两类（或以上）不同的客户群体，平台企业与双边客户分别发生交易或其他互动关系，并且重要的是，双边的客户群体间存在着明确的互补关系，一边的出现以另一边的存在为前提，平台企业必须把两类群体都吸引到平台上，市场才得以成立。在研究 Rochet 和 Tirole 的双边市场模型的大量文献中，Weyl（2010）认为在平台形成时，下列问题较为重要：平台的问题是选择两边的参与率而不是选择支持这种分配的价格[①]。

就互联网货币市场来说，货币发行商是平台企业，持币人和接受支付的商家构成了平台的双边。对于持币人而言，只有存在一定数量的商家，持币才有意义；而对于商家来说，持币人数量达到一定规模后才愿意投入成本建立接收终端。一边客户数量的增加提高了另一边客户的收益，双边之间存在着网络外部性。正因为市场双边之间这种关系的存在，平台企业在发展之初面临着生存问题，即使平台企业的产品或服务性能优越，市场潜在需求充分，如果它不能恰当地建立客户基础，也可能出现停滞状态，无法达到有效的市场规模。从下面对互联网货币的说明来看，互联网货币的使用主要集中在交易频繁、金额较小从而对支付便捷性要求较高的领域中，对现金的替代性非常明显。对于持币人来讲，选择互联网货币支付而非现金支付的效用函数 U_c 可以表示为：

$$U_c = R_c(b_c - q_m) - C_c$$

其中，R_c 表示持币人选择用电子货币支付的收益，它是电子货币本身性能 b_c，如交易速度、充值便利性，以及接受支付的商户数量 q_m 的函数。显然，$\partial R_c/\partial b_c > 0$，电子货币性能的提高会增加持币人的效用；$\partial R_c/\partial q_m > 0$，商户的存在对持币人有正的外部性。持币人的效用 U_c 与持币的成本 C_c 负向相关，成本 C_c 包括持币的不便以及被盗风险等。如果 U_c 大于零，消费者就会用电子货币支付，否则就用现金支付。

商户接受电子货币支付的收益函数 Π_m 如下：

$$\Pi_m = R_m(b_m - q_c) - C_m$$

这里，R_m 表示商户接受电子货币支付而不是现金支付的收益，它是电子货币本身性能 b_m，如清算效率和节约现金处理成本，和持币人数量 q_c 的函数，即有 $\partial R_m/\partial b_m > 0$，$\partial R_m/\partial q_c > 0$。电子货币相比于现金的优越性越强，持币人的数量越多，商户接受电子货币支付的收益就越大。商户的收益与投入成本 C_m 负向相关。同样，如果 Π_m 大于零，厂商就选择接受电子货币支付，否则就拒绝，消费者只能用现金支付。

假定电子货币支付平台饱和状态下的持币人数量是 Q_c，商户数量是 Q_m，而实际的持币人比例是 p_c，接受支付的商户比例是 p_m，那么可得：

$$q_m = p_m Q_m, \quad q_c = p_c Q_c$$

为了简便，假定持币人和商家获得的电子货币性能收益和为此支付的成本是固定的，忽略平台企业的会员费，那么在是否进入这个支付平台的选择中，对方一边的加入比例 p_c 或 p_m 的大小就至关重要的。持币人和商户加入的最低限度是：

[①] Weyl E. G. A price theory of multi-sided platforms. The American Economic Review, 2010, 100(4): 1642-1672.

$$U_c = R_c(b_c - q_m) - C_c = 0 \Rightarrow p_m = p_m^*$$
$$\Pi_m = R_m(b_m - q_c) - C_m = 0 \Rightarrow p_c = p_c^*$$

在图3-1中，两条直线$p_m = p*_m$和$p_c = p*_c$，把消费者和商家是否愿意加入电子货币平台的决策划分成了四个区域。在区域1，$p_m < p*_m$，且$p_c < p*_c$，双边的加入比例低于使对方愿意加入的最低比例，都选择不加入，形成负向反馈，最终收敛到O点，无人在平台上。在区域4，则是相反的情况。双边的加入比例大于使对方加入的比例，都选择加入，形成正向反馈，最终收敛到E点，达到饱和。在区域2和区域3，则是一方愿意加入，另一方不愿意，最终收敛的状态，取决于演变的路径。

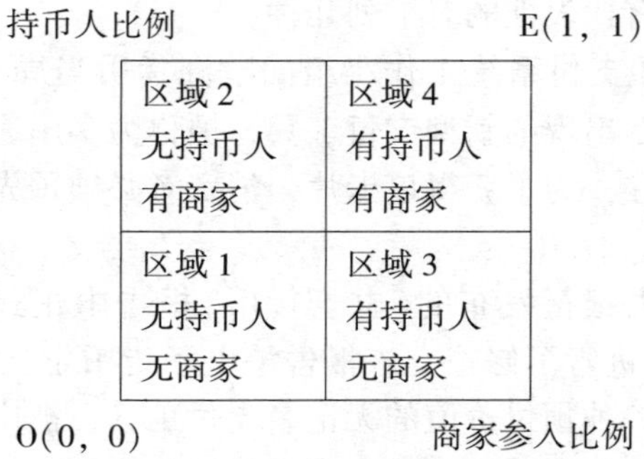

持币人比例　　　　　　　E(1, 1)

区域2 无持币人 有商家	区域4 有持币人 有商家
区域1 无持币人 无商家	区域3 有持币人 无商家

O(0, 0)　　　　　　　　商家参入比例

图3-1　双边市场形成示意图

对于平台企业来讲，推出平台时相当于处在图中的O点上，持币人和商户的加入比例为0。而成熟的平台相当于图中的E点，持币人和商户都已经饱和。在持币人和商户选择是否进入平台的博弈中，O点和E点是纳什均衡，平台企业需要解决的问题就是提高双方的加入比例，即扩大双边的客户基础，实现均衡从O点向E点转移。从O点到E点，平台企业可以选择不同的路径：

路径1：先发展商户，以商户吸引持币人加入。即：区域1→区域3→区域4。
路径2：先发展持币人，以持币人吸引商户加入。即：区域1→区域2→区域4。
路径3：同时发展持币人和商户，双边共同发展，逐渐推进。即：区域1左下方→区域1右上方→区域4。

六、互联网货币的作用

对于网络空间或网络社区来说，互联网货币具有下列作用：(1)可对网络社区商品进行独立定价。(2)方便网络社区成员间的交易与支付。(3)可引发成员间的借贷关系，形成金融交易。(4)存在网络账户，具有财富储存功能，形成财富效用。(5)增加成员对网络的黏性。(6)增加网络社区的收入，如铸币税、与法定货币进行交换的差价，以及不活跃成员的互联网货币残币。(7)促进网络社区的经济活动。(8)没有现金，不存在假币。

第二节 电子货币[①]

一、含义

据商务印书馆《英汉证券投资词典》的解释：电子货币的英语为：e-money、digital money、e-cash、e-currency、electronic cash、electronic money、electronic wallet。关于电子货币的定义，在其早期较有代表性的有下列几种：

(1)1994年5月，欧盟支付系统工作小组向欧洲货币当局提交的《预付价值卡》报告认为，电子货币是一种最近出现的新型支付工具，被称为多用途卡或者电子钱包，它是包含着真实购买力的塑料卡片，为了获得该卡片，消费者必须预先支付其价值。欧盟的这个报告的定义侧重于智能卡。

(2)1998年，欧洲中央银行发布的《电子货币》报告中正式使用了电子货币的概念，并对1994年报告中的定义进行了修正，该报告把电子货币定义为，以电子方式存储在技术设备中的货币价值，是一种预付价值的无记名支付工具，被广泛用于向除电子货币发行人以外的其他人的支付，但在交易中并不一定涉及银行账户。

(3)巴塞尔委员会在1998年的《电子银行和电子货币风险管理》指出：电子货币是指在零售支付机制中，通过销售终端、不同的电子设备之间以及在公开网络上执行致富的"储值"和预支付机制。"储值"是指保存在物理介质中可用来支付的价值，如智能卡、多功能信用卡等。

(4)欧盟委员会于2000年9月发布的《关于电子货币机构审慎监管的立法建议》(Directive)中将电子货币定义为：金钱价值(monetary value)，这种金钱价值以电子的形式存储在IC卡或计算机存储器等电子设备中；作为支付手段，被发行人以外的其他机构所接受；使用者可以使用，作为现金或银行票据的电子替代物；目的是以电子货币的形式转移支付有限的价值。

后来有关电子货币的定义也不断出现。一般来说，这些定义有广义和狭义两种[②]，其中狭义定义是，把中央银行发行的法定货币的电子信息形式定义为电子货币。这种电子货币在经济学性质上与法定货币完全相同，具有与法定货币相当的支付能力，只是由于其支付要依赖于电子信息网络，只能在有电子货币网络终端设备的场所才可以使用。如上述欧洲央行与欧盟委员会对电子货币的定义。按照这种定义，单用途储值卡如电话卡、公交卡不是电子货币，因为它们不能广泛地用于向除了发行者之外的其他方进行支付。而广义定

[①] 参看百度百科相关条目。
[②] 参看孙宝文、王智慧、赵胤钘：《电子货币与虚拟货币比较研究》，载《中央财经大学学报》，2008(10)：28-32，同时参看尹龙：《网络银行与电子货币——网络金融理论初探》，西南财经大学博士论文，来自《中国知网》。

义是指在零售支付机制中,通过销售终端、不同的电子设备之间以及在公开网络上执行支付的储值和预付支付机制,即如上述巴塞尔委员会的类似。这一定义把类似于城市交通一卡通或校园一卡通这样的电子储值也视为电子货币。此外还有更为广义的,把与互联网相关的货币都定义为电子货币,这种定义包括下面的虚拟货币和数字货币。

这里从狭义来定义电子货币,其含义为:电子货币是可以在互联网上或通过其他电子通信方式进行支付的货币,是一种表示现金的加密序列数据,它可以用来表示现实中各种金额的币值。更详细地说,是指用一定金额的现金或存款从发行者处兑换并获得代表相同金额的数据,通过使用某些电子化方法将该数据直接转移给支付对象,从而能够清偿债务。也就是说,消费者向电子货币的发行者支付传统货币,而发行者把与传统货币的相等价值,以电子形式储存在消费持有的电子设备中。

据研究,电子货币的发源地是荷兰,其创立者是被誉为电子货币之父的美籍荷兰人大卫·乔姆(David Chaum)。作为数学家、密码学家和电脑专家,乔姆于20世纪70年代末开始研究如何制作电子货币,并于1982年提出了世界上第一种电子货币方案。从此以后,大量新的电子货币方案及其改进不断推动着电子货币的发展。

电子货币具有下列优点:(1)方便;(2)安全;(3)通用;(4)增加社会效益。这种货币没有物理形态,为持有者的金融信用。随着互联网的高速发展,这种支付办法越来越流行。随着基于纸张的经济向数字经济的转变,电子现金逐渐成为主流。

二、特征

一般来说,电子货币的特点有:(1)以电子计算机技术为依托,进行储存,支付和流通;(2)可广泛应用于生产、交换、分配和消费领域;(3)集金融储蓄、信贷和非现金结算等多种功能为一体;(4)具有使用简便、安全、迅速、可靠的特征;(5)现阶段电子货币的使用通常以银行卡(磁卡、智能卡)为媒体。同时还具有匿名性、节省交易费用、节省传输费用、持有风险小、支付灵活方便、防伪造及防重复性、不可跟踪性等特点。

电子货币是互联网货币的一种,与互联网货币一样,电子货币与传统货币也有许多不同,主要的不同之处如下:

(1)发行机制不同。纸币一般是由中央银行或者特定的金融机构垄断发行。中央银行承担其发行成本,享有其利润。电子货币的发行机制有所不同,发行机构既有中央银行也有一般金融机构,甚至非金融机构,且更多的是后者。

(2)发行主体不同。传统货币是由中央银行统一发行的,中央银行拥有一个国家货币发行的垄断权。电子货币的发行者有中央银行、商业银行、非银行金融机构,还有信息产业公司和其他企业。

(3)传递方式不同。传统货币需要使用者随身携带才能传输。电子货币利用网络和通信技术就可以进行电子化传递。

(4)匿名程度不同。传统货币匿名性比较强,不过因为使用过程是面对面的,所以也做不到完全匿名。电子货币分为两种,一种是匿名的,几乎不可能追踪到其使用者的个人信息;另一种是非匿名的,可以详细记录交易过程,甚至交易者的所有情况。

(5) 地域限制不同。货币的使用具有严格的地域限制；而电子货币打破了地域的限制，只要商家愿意接受，消费者可以很容易地获得和使用多国货币。

(6) 防伪技术不同。传统货币的防伪依赖于特定实质，而电子货币的防伪只能采取电子技术和通信技术及加密或认证系统来完成和实现。

三、种类

从支付方式来看，电子货币主要有下列分类：

(1) 储值卡：是指某一行业或公司发行的可代替现金用的 IC 卡或磁卡。如电话充值卡、神州行等。

(2) 信用卡：是银行或专门的发行公司发给消费者使用的一种信用凭证，是一种把支付与信贷两项银行基本功能融为一体的业务。其特点是同时具备信贷与支付两种功能。

(3) 电子支票：是一种电子货币支付方法，其主要特点是通过计算机通信网络安全移动存款以完成结算。无论个人或企业，负有债务的一方，签发支票或其他票据，交给有债权的一方，以结清债务，约定的日期到来时，持票人将该票据原件提交给付款人，即可领取到现金。

(4) 电子钱包：是电子商务活动中网上购物顾客常用的一种支付工具，是在小额购物或购买小商品时常用的钱包。使用电子钱包的顾客通常在银行里都是有账户的。在使用电子钱包时，将有关的应用软件安装到电子商务服务器上，利用电子钱包服务系统就可以把自己在电子货币或电子金融卡上的数据输入进去。在进行付款时，如果顾客要用电子信用卡付款，例如用维萨(Visa)卡或者万事达(Mastercard)卡等收付款时，顾客只要单击一下相应项目或相应图标即可完成，人们常将这种支付方式称为单击式或点击式支付方式。

四、电子货币职能与作用[①]

在第一节中，一般货币的职能主要有价值尺度、交易媒介、支付手段、价值储藏。在电子货币的场合，电子货币是否也能履行上述四大职能呢？以下对这一问题作简要说明。

(1) 价值尺度。对电子货币是否具有价值尺度职能的分析，目前有两种对立的观点。一种观点认为电子货币和纸币一样具有价值尺度的职能，如在使用信用卡购买商品时，电子货币也代表真实的货币，执行了价值尺度的职能。这是因为电子货币存在的前提是它可以兑换成中央银行法币。另一种观点认为，电子货币对商品价值度量的标准，仍然遵循中央银行的统一价值尺度标准，所有的电子货币都以中央银行货币单位作为自己的计价单位。因而，电子货币并没有独立的价值尺度职能。

(2) 交易媒介。作为商品交易之间的交易媒介，电子货币具有独特的优势：即与一般货币相比，电子货币具有较好的流通性。一方面，由于电子货币存在的前提是可以兑换法

---

① 参看徐万彬、周详：《电子货币研究综述》，载《商业文化(学术版)》，2007(9)：31-32；褚俊虹、王琼、陈金贤：《货币职能分离及其在电子货币环境下的表现》，载《财经研究》，2003(8)：3-8。

定货币,固电子货币发挥交易媒介职能时必须依靠银行等中介机构的参与才能完成。另一方面,电子货币使货币最基本的两项职能,价值尺度和交易媒介出现分离。

(3)支付手段。与黄金、法定货币相比,电子货币在支付手段方面具有优势地位。作为支付手段,电子是一种高效的流通手段,依托于一定的电子设备,大大加快了交易的速度,提高了运作效率,降低的支付费用,同时也减少了货币的需求量。

(4)价值贮藏。关于这一问题,学术界有不同意见。一种观点认为,把货币存入银行而获得一张信用卡,电子货币执行贮藏手段职能。另一种观点则认为,金属货币和纸币可由所有者独立完成储存,电子货币的存储无法靠所有者独立完成,必须依靠中介机构。同时,电子货币作为价值储藏具有风险,因而,电子货币不是有效的价值储藏手段。

第三节　虚 拟 货 币[①]

一、含义与说明

虚拟货币中的"虚拟",意指非真实。不过,由于虚拟货币形式多样且尚处在发展之中,学术界对它的定义有不少争议。这里,定义虚拟货币为网络企业发行,借助于计算机网络在发行者与持有者或发行者和少数几个商家与持有者之间流通,能购买现实商品、虚拟商品或电子化服务的充当等价物的工具。更详细地说,虚拟货币为一定的发行主体以公用信息网为基础,以计算机技术和通信技术为手段,以数字化的形式存储在网络或有关电子设备中,通过网络系统以数据传输方式实现流通和支付功能的网上等价物。在本质上,虚拟货币是突破了时空限制的全球网上电子商务活动和资金运动过程中价值关系的体现,是在商务活动过程中产生,并在电子信用基础上发展起来的一种最新的价值尺度、流通手段、支付手段和储存工具。

上述虚拟货币的定义中,有三点值得注意:其一,虚拟货币的发行主体是除了中央银行以外的其他实体单位或个人,现阶段主要是非金融机构的网络运营商。其二,虚拟货币是以数字化的形式存储于网络或电子设备中,通过网络系统以数据传输的方式流通。其三,虚拟货币执行的是类似货币的支付功能,能够用于购买现实商品、虚拟财产和电子服务等。

据研究,在国外,虚拟货币产生于1999年3月15日,名为Beenz.com的美国公司创造出一种被称作网豆(Beenz)的网络虚拟货币,Beenz.com公司希望它成为在国际互联网上流通的货币,因而一般把这天作为虚拟货币产诞生的开始。在国内,一般认为2002年5月腾讯公司推出的Q币,是国内虚拟货币产生的时间。

虚拟货币的具体例子有:腾讯公司的Q币、阿里巴巴的阿里币(现在已经不用)、百度公司的百度币、盛大公司的点券、新浪推出的微币(用于微游戏、新浪读书等)、侠义

---

① 参看百度百科相关条目。

元宝(用于侠义道游戏)、纹银(用于碧雪情天游戏),以及各种网站积分、各种游戏币等见表3-1。

表3-1　　　　　　　　　　　　国内一些虚拟货币

币种	发行者	业务与服务	与人民币汇率
Q币	腾讯	QQ会员、QQ秀、QQ游戏、QQ交友、资料下载等	1Q币=1元
U币	新浪	新浪邮箱续费、网游点卡购买、在线课堂学习等	1U币=1元
百度币	百度	下载电影、杀毒等	1百度币=1元
POPO币	网易	购买道具、POPO游戏、短信付费等	无
盛大点券	盛大	购买游戏道具等	100点券=1元
MM币	猫扑	购买猫扑增值服务	1MM币=0.2元
卡拉	云网	购买彩票、社区服务	1卡拉=1元
狐币	搜狐	搜狐付费增值产品和服务	1狐币=1元
联合币	联众	会员资格、联众秀、道具、参加比赛等	10联众币=1元

资料来源:根据网络上资料整理。

不过,百度百科在"虚拟货币"词条中,认为除上述几种外,还包括互联网上的虚拟货币,如比特币(BTC)、莱特货币(LTC)等。比特币是一种由开源的P2P软件产生的电子货币,也有人将比特币意译为"比特金",是一种网络虚拟货币。主要用于互联网金融投资,也可以作为新式货币直接用于生活中使用。这里仅仅考察上述定义的虚拟货币,不把比特币等包括进来,而把比特币等作为下一节分析的数字货币中的一种。

二、虚拟货币的主要类型

目前虚拟货币的具体品种繁多,按照其实现功能及自身特点,可分为以下几种:

第一类是积分金币,这种虚拟货币用于网站业务的营销,是网站为了吸引网民,锁定客户而推出的一种"奖励措施"。往往通过一定的程序,设置相应参数,就可创造出一种虚拟货币。这些虚拟货币名称繁多,一般称为积分金币。获取积分金币主要有两种方法,一种是为网站论坛等提供劳务进行交换,比如提供高质量的上传资料、宣传网站等;另一种是直接用现实货币进行购买。积分金币主要用于站内各种虚拟物品消费,它被用来计价、购买各种虚拟产品和服务。这类虚拟货币目前在使用中占有较大比例,名称繁多,比较分散。网站论坛为了提高论坛质量获取更大的利润,一般都会设置进入权限门槛,当访问者需要网站提供服务,如下载资料时,必须使用它所提供的虚拟货币进行购买。集分宝是由支付宝提供的积分服务,也是一种积分货币。它可以作为现金使用,用途范围也非常广泛,可以在支付宝合作网站使用,比如在淘宝网、天猫商城等网站抵扣相应现金进行购物,同时还支持还信用卡、缴水电煤费用、兑换彩票或礼品甚至是捐款献爱心。豆瓣小豆是豆瓣社区为了促进用户互动而设立的虚拟货币，除了系统的不定期奖励发放，用户还可以通过在豆瓣社区创作优秀的作品来获得小豆，然后通过小豆换取折价券或代金券，去豆瓣合作的网站购买实体商品。

第二类是游戏币。游戏币是网络游戏中流通的货币，用于购买游戏中的各种虚拟道具和服务，在虚拟的游戏世界中，玩家可以在虚拟的"金融市场"交易游戏币。不同的游戏币只能在相应的游戏中使用，不能跨游戏使用。要获得游戏币，最便捷的方式是直接用现实的货币购买游戏币，虽然国家有规定游戏币和法币不能双向兑换，但随着参与游戏者规模的膨胀，已经很难禁止，出现了很多黑市进行游戏币的兑换，甚至还出现了一些充当中介、交易平台、抽取佣金的网站。在国内，目前使用最广泛的是腾讯公司发行的Q币。国外游戏币的案例有：亚马逊为了刺激用户在其市场购买应用程序，进而激励Android开发者为其编写应用程序而推出的亚马逊币，用户可以通过亚马逊币来购买Kindle Fire里的应用程序和道具。再如"第二人生"这种大型角色扮演游戏系统中可以与美元自由兑换并拥有浮动汇率的林登币，不但可以购买虚拟商品和服务，也可以购买实体商品和服务。

第三类是网络消费币。比较著名的如美国贝宝公司（PayPal）发行的贝宝币，主要用于网上购物，这种虚拟货币的出现似乎是为了与现实货币争夺地盘，消费者向公司提出申请，就可以将银行账户里的钱转成贝宝货币，这相当于银行卡付款，但服务费要低得多，而且在国际交易中不必考虑汇率。目前类似贝宝这样的公司还有e-gnld、cybercash、Ecash等，其发行都不受中央银行的管制。严格来说，这种网络消费币具有第三方支付的性质，它同国内的第三方支付平台如支付宝、财付通等性质是一样的，要以真实的货币作为基础的，但它的跨国际性，导致其虚拟性更强，同纯粹的第三方支付仅当银行中介又不一样。

三、虚拟货币的职能[①]

实体货币如黄金，以及作为法定货币的纸币，一般都具备价值尺度等货币四大职能。虚拟货币与电子货币一样，与黄金和纸币有一些差异，因而在货币职能方面也有一定的区别。

从价值尺度来看，货币的价值尺度职能是指货币充当衡量商品所包含价值量大小的社会尺度。一些网络运营商所提供的增值服务和商品可由该运营商发行的虚拟货币来标价，从表面上看，网络虚拟货币是以一定的比例兑换顾客需要的商品，但实际上，这种兑换关系不是商品价值的直接表现形式，而是一种间接表现形式，即通过商品价值→货币→虚拟货币→货币的间接等价关系，使商品价值与虚拟货币挂钩。

从流通手段和支付手段来看，商品的交换即买和卖的过程，销售者把商品卖出以获得货币，消费者则用货币购买商品，一个消费者的买对应着一个销售者的卖，买卖的循环往复使得商品和货币得以流通。当货币在商品交换中起媒介作用时，就是流通手段的体现。

[①] 参看谢灵心、孙启明：《网络虚拟货币的本质及其监管》，载《北京邮电大学学报（社会科学版）》，2011(2)：20-25。

在虚拟网络中，用户只能使用虚拟货币直接购买网络运营商提供的商品和服务。以"大家点"网中的"拍点"为例，在其网站里，"拍点"可以换取拍卖权或者兑换商品。但是只有"大家点"网站的运营商能够充当销售者的角色，用户只能在网站内用"拍点"购买商品或服务，而没有合法渠道将商品售出换回"拍点"。由此可见，虚拟货币只支持单向流通，已购买的虚拟商品不能够通过官方的平台再"卖出"来交换网络虚拟货币。而且虚拟货币的流通范围受到极大的限制，目前某个网络运营商提供的虚拟货币只能相应地在该供应商创建的虚拟世界里购买其提供的商品和服务。最多是几个网络运营商结成商业联盟，共同使用某一种虚拟货币，其流通的自由性完全被商业边界所限制。支付手段职能是随着商品赊账买卖的产生而出现的。在赊销赊购中，货币被用来支付债务，后来，它又被用来支付地租、利息、税款、工资等。由于网络虚拟货币使用范围的限制，其无法购买非发行公司提供的商品服务，所以它只具备部分支付手段职能。

从贮藏手段的角度来看，贮藏手段职能是货币退出流通领域作为社会财富的一般代表被保存起来的职能。不过，目前虚拟货币的发行缺乏信用支持和法律保障，虚拟货币的持有者要面临货币贬值和网络运营商倒闭的双重风险，同时目前法律上也没有对虚拟货币的定价或运营商倒闭后的清偿作出明确的规定。因此，虚拟货币不能作为社会财富的一般代表而保存起来，无法达到保值、增值的目的，也就不具备贮藏手段这一职能。

从本质看，虚拟货币在虚拟世界这一特定领域内充当一般等价物，在现实世界不能流通。在现实中，虚拟货币只是企业发行的所谓的"货币商品"，因此，虚拟货币只是兼具货币属性和商品属性的相对特殊的商品，或者说是目前货币世界中一种特殊的货币。

四、虚拟货币产生的原因[①]

（1）计算机网络科技的发展是虚拟货币产生的技术基础。将线下的一些交易，包括实物商品交易和金融商品交易，通过计算机网络逐步转到线上交易，是一个历史发展过程。自从计算机和互联网出现后，特别是万维网出现后，这一进程就开始出现，并对人类社会的生产与生活产生影响。在这一过程中，计算机与互联网的技术也在发展，由于计算机处理能力的增强，它为虚拟货币的发行提供了足够计算能力的服务器，网络规模和质量的提高也为虚拟货币市场开拓更广阔的流通空间，计算机信息安全技术发展又让虚拟货币更加安全，这成为虚拟货币产生的技术基础。

例如，对于一般的社交、科研、信息服务等以交换电子资料、交流各类信息为主要目的虚拟服务网站来说，通过设立虚拟货币，可以将这种货币作为激励工具，激励网络用户之间的相互合作，促进网络资源共享。而这些虚拟服务网站也具备设立虚拟货币的技术，这直接导致虚拟货币的出现。例如，一些虚拟论坛通过设立虚拟货币系统来鼓励注册用户上传电子资料，用户可以将上传的电子资料设定为免费下载和收费下载两种状态，用户如果要下载收费状态的电子资料，必须向电子资料的提供者支付标注价格的虚拟货币。所

---

① 参看余希：《虚拟货币及其对货币政策的影响》，厦门大学硕士论文，来自《中国知网》，2008年。

以,在虚拟论坛上,虚拟货币是交流信息资料的媒介,也激励了用户向网络提供资源,进而促进了网络资源在不同用户之间共享。

(2) 经济发展和社会进步是虚拟货币产生的历史背景。与黄金和纸币相比,虚拟货币作为商家与消费者之间的一种新兴支付工具,具有强大的优势。对于互联网用户来说,虚拟货币借助互联网平台实现了电子化远程支付,更加快捷、方便而且免费,适合广大互联网用户的需要。对于商家来说,通过互联网销售现实商品、虚拟财产、和电子化服务,通常要求支付手段具有电子化特点,能实现无需中介参与的实时远程支付,这成为虚拟货币产生的经济背景。同时,经济发展给人们提供了越来越丰富的物质财富和精神财富,进入互联网时代,人们开始追求基于计算机程序构造的,通过互联网传送的各种网络虚拟空间,形成一种新型的生产与需求模式,虚拟货币是这种模式的一个重要组成部分。

例如,虚拟货币作为核算与促销工具,对网民的活跃程度进行计量,有助于网络厂商实现对客户关系的区别管理,是进行客户关系管理的一种重要工具。许多网站发行虚拟货币作为核算工具,通过对用户访问相关网站的频率和在相关网站购物金额的计量,来确定是否对用户进行回馈奖励以及回馈奖励的程度。一般情况下,用户通过访问网站或在网站购买虚拟商品或服务获得虚拟货币,其访问量和购买量越多,获得的虚拟货币就越多。当虚拟货币积累到一定程度时,用户可以向网络厂商换取虚拟商品或者实体商品。因此,虚拟货币成为网络厂商鼓励用户成为忠诚客户的一种促销手段。

(3) 虚拟货币的产生符合交易成本递减引发货币形态演变的规律。一般来说,在人类历史中,货币在不断地改变其形态,货币形态改变的原因是货币发行和交易成本的减少,货币形态的演变过程也就是人们追求发行和交易成本不断降低的过程。虚拟货币的出现正好符合这一规律。从人类历史初期的物物交换到金属货币的产生,再到信用货币的产生,从纸币形式再到电子货币形式,货币由具有内在价值的商品变成商品价值的符号,由有形变成无形,虚拟化的程度越来越高。伴随着货币形式的演进,货币使用的方便性和高效性不断提高,货币的发行和交易成本则越来越低。

根据相关研究,通过线下金融营业网点进行交易的单笔成本为 3.06 元,ATM 的单笔交易成本为 0.83 元,网上银行的单笔交易成本仅为 0.49 元。可见,网上银行的成本最低。虚拟货币的交易则比网络银行成本还要低。较之以前的货币形式,虚拟货币具有下列成本优势:发行成本很低,虚拟货币的发行成本既不存在传统货币的铸造费用和印刷费用,也不存在卡基电子货币的卡基费用,只需要发行机构在其服务器上进行数据修改即可。同时,交易成本很低,虚拟货币交易既不会产生如传统货币的保管、携带、运输费用,也不会产生如电子货币的转账费用或手续费用,只需要通过鼠标点击交易指令即可通过网络瞬间完成交易。

五、虚拟货币与法定货币、电子货币的比较

(一) 虚拟货币与法定货币的比较

目前法定货币的基本形态是传统货币中的纸质货币,即纸币,虚拟货币仅是一种存在

于网络空间的信息或数据。法币主要在现实世界(线下)中使用,虚拟货币则主要作为虚拟世界中使用。尽管二者在一定程度上都可以在另外一个领域内使用与流通,但各自主要的服务对象和范围不同。与法定货币相比,虚拟货币具有以下几个方面的本质区别①。

(1)发行主体不同。现实法定货币的唯一发行者是央行,即中国人民银行,它作为国家金融管理和货币发行的机构,既是管理金融的国家机关,又是全面经营银行业务的国家银行。任何社会团体和公司均无权发行法定货币。网络虚拟货币的发行主体是网络服务商,如 Q 币的发行者是腾讯公司,百度币的发行者是百度公司。发行网络虚拟货币的权利具有明显的分散性和非权威性。

(2)发行目的不同。法定货币是政府强制流通的货币,是众多商品价值的表现形式,具有普适性的一般等价物特征,可以为全部商品交易提供统一的价值,是降低商品交易费用的工具。网络虚拟货币是网络运营商为了降低用户购买网络产品及服务的交易费用,刺激用户购买网络虚拟产品和服务的需求而开发的新型支付工具。通过便捷用户购买和支付的途径,达到提高自身营业利润的目的。不具有普适性的一般等价物特征。

(3)发行基础不同。一国法定货币供给量取决于基础货币的供给及相应的货币乘数,中央银行应根据中央政府债权净额、对国内外金融机构债权、对外金融资产净额等确定基础货币供给量,并根据不同货币层次流通速度及货币乘数最终决定货币供给。法定货币供给还需要服从一国宏观政策调控目标,根据调控目标确定最终的货币供给量。网络虚拟货币的发行由其网络运营商自行掌握,发行的基础是发行企业所代表的商业信用,其发行数量则完全根据其经营状况决定,服从利润目标。

(4)获取方式不同。现实法定货币可以与任何其他商品进行交换的特殊性源于其内在价值可以体现被交换商品的价值,这是因为货币与被交换商品包含了等价的抽象劳动。现实法定等量货币的获取都与等量劳动挂钩。虚拟货币的获取不同,它由用户向发行网络虚拟货币的发行商用现实货币购买获得,与线下劳动价值无关。

(5)法律关系不同。合法持有的法定货币即享有对该法定货币的物权和所有权。一旦发生纠纷,就可以适用物权法。而网络虚拟货币只享有对该发行公司的债权,属于合同关系,一旦发生纠纷,只适用合同法,不能适用物权法。

(6)购买力不同。法定货币具有法定购买力,在其管辖领域内,可购买各种商品与,任何人不得拒收,否则就构成违法。虚拟货币只能在发行者范围内或有限几个公司企业之间具有购买力,其购买力明显弱于法定货币。

(7)交换机制不同。现实法定货币可以实现商品和货币的双向流通,即卖出商品可以获得货币,货币可以购买商品。这样的供给与需求关系协调了货币流通量,是中央银行进行宏观调控的基本条件。然而购买网络虚拟货币不能进行双向交易,没有退出机制。即用户一旦购买了网络虚拟货币,没有官方渠道可以卖出或退回网络虚拟货币,无法回兑为法定货币。

(8)使用风险不同。网络货币的风险大于法定传统货币。法定货币是以中央银行和国

---

① 参看谢灵心、孙启明:《网络虚拟货币的本质及其监管》,载《北京邮电大学学报(社会科学版)》,2011(2):20-25。

家信誉为担保的货币。而网络货币则由于是不同机构自行开发设计,其担保依赖于各个发行者自身的信誉和资产。与法定货币相比较,网络虚拟货币无需应对提现,有需要即可随时创造,不需要准备金制度,同时,互联网提供的便捷支付加快了网络虚拟货币流通速度,使得网络虚拟货币在理论上具备无限扩张能力,这种特性使其使用风险较大。

(二)虚拟货币与电子货币的比较

从互联网技术的角度来看,电子货币是用数字脉冲代替金属、纸张等媒体进行传输和显示资金,通过芯片进行处理和存储,没有传统法定货币的物理形状、大小、重量和印记,持有者不可能得到持有的实际感觉。虚拟货币在形态特性上与电子货币类似,但与电子货币不同的是,虚拟货币存在于网络空间,虚拟货币是一种网络空间信息,并不一定需要单独的芯片进行存储和处理,在需要调用的时候才显示存在。对电子货币与虚拟货币来说,可从下列几个方面进行比较[①]。

(1)货币性质。电子货币是货币价值的电子化,即电子货币是基于与实体货币之间能以1比1的比率交换这一前提条件而成立的,它依附于实体货币,并非独立于现金货币或存款货币之外的一种新的货币形式,而是现实货币的一种新的存在形式。但虚拟货币本身就是一种全新的货币,其发行、流通与回笼与传统货币都不相同。

(2)发行主体。电子货币的发行机构主要是商业银行等金融机构或者公证的第三方非金融机构,一般要取得金融业务的法律许可证,并接受中央银行和银监会的金融监管,其发行电子货币的目的,就是为社会提供更多、更方便的交易媒介,而并非为了销售自己提供的非金融产品。使用者必须在银行或金融机构中拥有一个账户才可以使用。虚拟货币的发行主体不是金融机构,而是互联网商家。其发行目的主要是为了销售发行商提供的非金融商品与服务,同时也是为了吸引网民对于网站的关注,提供网站注册用户之间进行虚拟商品交易的交易媒介。用户账户等身份验证的要求只需通过简单设置便可,从而用户可以匿名交易,这也导致了虚拟货币在安全性上比电子货币要低:电子货币或者基于卡,或者基于安全软件,通常情况下持有者对其控制较为严格,而虚拟货币在支付过程中并不基于卡,发行时也未采用数字签名,这就给计算机"黑客"留下了可乘之机,其安全性不如电子货币。

(3)信用保证。中央银行发行法币(通常是纸币)的信用保证主要是国家权力与政府信用,而金融机构发行电子货币的信用保证有两个方面,一是其用纸币缴纳的注册资本金和放贷后留存的纸币准备金,这使得电子货币可以随时无条件兑现为纸币;二是电子货币能够在与发行者有协议的商家那里任意使用,购买各种实物商品与服务。电子货币提供的是一种银行信用。虚拟货币发行保证主要是发行者的产品提供能力,即购买者能否方便地购买到发行者提供的网络虚拟商品或服务。由于其发行过程在本质上是用户对发行商的产品预付费用,也就是发行商对虚拟货币购买者的一种负债,而债务清偿的风险就在于,发行商在虚拟货币售出之后拒绝提供商品和服务,或者提供的商品和服务用户不满意。这种虚

---

① 参看孙宝文、王智慧、赵胤钘:《电子货币与虚拟货币比较研究》,载《中央财经大学学报》,2008(10):28-32。

拟货币的发行信用是一种商业信用。

（4）成本差异。虚拟货币发行成本比电子货币低，电子货币需要卡基费用和监管费用，而虚拟货币不存在这些费用，只需要发行机构在其服务器上进行数据修改即可。同时，虚拟货币的交易成本很低，不会产生像现实货币的保管、携带、运输费用，也不会产生如电子货币的转账费用或手续费用，只需通过简单的网络传输即可。

（5）流通方式不同。虚拟货币需要通过互联网运行，通常只需浏览器的支持，无需其他软件和POS等终端的支持，支付环节和过程较简单。电子货币除了网络银行使用的电子货币（网络货币）可以互联网为运行基础流通以外，其他类型的电子货币必须通过POS、IC读卡器等电子设备才能够实现支付功能。

（6）支付方向。一般地，从支付工具的支付方向上看，可以分为单向性支付工具与双向性支付工具。单向性支付工具是指供应者销售商品时所收到的支付工具不能用于购买其所需要的生产投入或者其他商品，比如网络企业在销售网络虚拟商品时接受Q币后，不能用Q币购买生产投入要素。双向性支付工具是指供应者销售商品时所收到的支付工具可以用于购买生产要素投入或者在同一经济系统中购买其所需要的其他商品。从电子货币的虚拟货币的含义来看，电子货币是双向性支付工具，因为电子货币收款人可以直接使用电子货币购买商品。虚拟货币中有一部分是单向性支付工具，用其购买商品后，收款人不能用其购买所需生产要素投入或其他商品。而类似人大经济论坛币、新浪爱问积分和大多数游戏币这样的虚拟货币则是双向支付工具，因为收取人可以在同一虚拟社区购买虚拟商品：在人大经济论坛上，论坛币是在注册用户之间交易电子资料的交易媒介，注册用户不仅在销售电子资料时接受论坛币，而且也可以用论坛币购买别人所销售的电子资料；在新浪爱问知网上，爱问积分是注册用户之间交易问题与答案的交易媒介，注册用户不仅可以在给别人的问题提供答案时接受爱问积分作为报酬，而且也能够用爱问积分购买别人对于自己所提问题的答案，在一些网络游戏社区，游戏币是不同游戏玩家之间交易虚拟装备的交易媒介，游戏玩家不仅可以在把自己的虚拟装备销售给别人时接受游戏币，也可以用游戏币购买其他玩家提供的虚拟装备。

（7）支付范围。从支付工具的支付范围上看，可以分为全局性支付工具与局部性支付工具。全局性支付工具是指在一个国家或社会内可以支付购买所有商品。局部性支付工具是指只能在有限范围内购买指定商品。显然，电子货币是全局性支付工具，而虚拟货币是局部性支付工具。把上面的划分结合起来，就形成下面的划分矩阵。

（8）借币收费过程。借币收费过程是从Q币购买非腾讯商品的过程抽象出来的一般概念，由于Q币在网络上的权威性，许多网络企业的商品都可以用Q币支付购买。而非腾讯公司在获得Q币之后，或者根据其与腾讯公司协议用其收取的Q币向腾讯公司换取人民币（这称为协议式借币收费模式）；或者将其收取的Q币卖给QQ用户，以获得人民币（这称为非协议性借币收费模式）。非腾讯公司之所以在销售商品获得Q币后必须兑换成人民币，是因为只有这样它才真正获得利润，并且国家法律规定其纳税也是按照人民币进行计算。这正是其他网络企业借用Q币来实现自身商品销售的借币消费过程。电子货币能够无条件随时兑现为纸币，它实质上是纸币代用物，因此厂商在销售商品时收取电子货币之后，不需要将其兑换为其他货币。电子货币不存在借币收费过程。

六、虚拟货币的发行与流通[①]

(一)虚拟货币的发行过程

虚拟货币是一种信用货币,其信用基础是网站自身的商业信用。虚拟货币发行的目的是方便消费者购买到相应网络公司的增值服务,从而促进网络虚拟经济和电子商务的发展。网络运营企业虚拟货币的发行基本不受限制,企业可以按照自己利益最大化的原则予以发行。

根据虚拟货币是否需要法币购买可以把虚拟货币分为两种类型:

(1)用户用法定货币在发行商处购得虚拟货币,本质是用户对在发行商处开设的虚拟货币账户进行预付充值。这类虚拟货币可称为法定货币预付充值型虚拟货币,如腾讯Q币、新浪U币等。对于法定货币预付充值型网络虚拟货币,从理论上又可以分为两类,一是其账户余额可以从发行商处退回法定货币,称为可退回(或可赎回)法币预付充值型网络虚拟货币,如美国林登公司发行的用于"第二人生"网络游戏中的"林登币"。二是其账户余额不能从发行商处退回法币,称之为不可退回(或不可赎回)法定货币预付充值型网络虚拟货币。

(2)用户不用法定货币购买,而是通过卷入或参与相关网络虚拟货币发行网站的活动而获得网络虚拟货币。这种网络虚拟货币可称为网络活动卷入型网络虚拟货币。这类网络虚拟货币大致通过以下四种途径获得:①通过点击网站广告获得;②帮助网站进行营销推广从而扩大网站影响获得;③通过网络消费行为获得,包括虚拟币软件挂机、访问网站、使用网站提供的指定服务等;④通过网络生产行为获得,如通过撰写文章获得论坛币。大多数网络虚拟货币,如新浪积分、popo币可以同时通过以上多种方式获得。

(二)虚拟货币在非发行商之间的转移过程或流通过程

虚拟货币在非发行商之间的转移过程主要有三种形式,转移过程的共同特征是虚拟货币数量不发生增减变化。

(1)虚拟货币作为非发行商的收费手段。以Q币为例,由于其用户群庞大,腾讯之外的网站企业都希望借助于Q币来作为自己网络商品的支付手段。Q币用户使用Q币购买其他网站企业的网络商品,其他网站企业获得Q币后,有两种方式将其转化为法币收入:一是协议性借币收费模式。腾讯公司向用户发行Q币,用户使用Q币在其他网站购买虚拟商品。腾讯公司与这些网站的运营商事先达成协议,以低于发行价的价格来回收Q币。二是非协议性借币收费模式。其他网站企业直接将所获得的Q币销售给消费者以取得法币。这实际上是非腾讯网站企业借用腾讯Q币来作为收费手段,以方便其网络商品的销售。在网络虚拟货币作为非发行商收费手段的过程中,非发行商的网站企业则是以销售网

[①] 参看孙宝文、王智慧、赵胤钘:《虚拟货币的运行机理与性质研究》,载《中央财经大学学报》,2009(10):52-59。

络商品为目的，它们是从销售网络商品中赚取利润，网络虚拟货币只是被它们借用作为销售自己网络商品的收费手段而已。它们并不能用其所获得的网络虚拟货币购买其所需要的商品和服务。

（2）虚拟货币的再交易过程。这一过程又称为倒卖过程，指虚拟货币用户与非发行商之间或者虚拟货币用户之间所进行的虚拟货币交易。在再交易过程中，通常存在一个专门的虚拟货币经营商或交易平台，类似于金融市场中的二级市场。交易者获得虚拟货币的目的不是为了向发行商兑换商品，也不是为了用虚拟货币向其他人购买商品，而是为了把它转卖给其他用户，以赚取差价。而普通用户从虚拟货币经营商处获得虚拟货币的目的主要是为了换取发行商提供的网络商品，其原因在于从非发行商的中间商处获得网络虚拟货币比从发行商处获得还便宜。通常，普通用户之间因为交易成本过高很少发生以虚拟货币为买卖对象的交易活动。

（3）虚拟货币作为交易媒介以进用户之间交易的流通过程。这一过程为虚拟货币普通用户之间以虚拟货币作为交换结算工具的交易过程。在这一过程中，用户获得虚拟货币的目的并不是为了向发行商兑换商品，而是为了向其他用户购买商品。具有交易媒介性质的网络虚拟货币主要是网络活动卷入型网络虚拟货币。

（三）虚拟货币的回收过程

回收过程是用户使用虚拟货币从发行商处换取虚拟商品或传统实物商品甚至人民币的过程。在回收过程中，用户从虚拟货币发行商那里获得虚拟商品，同时其虚拟货币账户余额减少，这也意味着虚拟货币总量减少。

对于可赎回的法币预付充值型虚拟货币而言，用户可以要求发行商退回法币，称为虚拟货币的赎回过程。根据赎回价格与发行价格的高低比较可把赎回分为三种，溢价赎回、平价赎回与折价赎回，其赎回价格分别高于、等于和低于发行价格。目前网络虚拟货币实际运行只有折价赎回的情况。

（四）虚拟货币基本运行过程的组合

前面是对虚拟货币基本运行过程与运行模式的划分。现实中的虚拟货币通常都具有多种基本运行过程与运行模式，形成各种组合情况。显然，任何虚拟货币都至少具有发行过程，通常情况下也具有回收过程。但存在虚拟货币不以进入回收过程为趋向的情况，比如在人大经济论坛充当交易媒介的纯粹网络虚拟货币。虚拟货币运行机制的差异主要体现在非发行商之间的转移过程上。有些虚拟货币不具有非发行商之间的转移过程，有些网络虚拟货币同时具有多种类型的转移过程。

七、虚拟货币与现实世界的联通机制

虚拟货币与现实世界的联通机制主要是指虚拟货币的回笼及其与现实货币的兑换关系，这是虚拟货币能否影响现实世界的关键所在。如果某个虚拟货币只在虚拟世界内流通，与现实世界不发生联系，那么这样的虚拟货币对现实世界就没有影响或影响较小。如果虚拟货币与现实世界能够直接或间接发生联系,能够在虚拟货币和现实货币之间产生双向兑换循环,而且虚拟货币的功能扩大到可以购买到多种现实商品时,虚拟货币对现金的替代作用将会使得人们对法定货币的需求减少,从而必然会对现实世界产生重要影响。

由于互联网提供的各种信息更加翔实、透明,且信息传递速度快,使得基于互联网而产生的现代网络经济中的交易主体间信息更加充分,市场供求双方的信息更加对称,再加上庞大的交易群体和频繁的交易需求,自发形成了虚拟货币的二级交易市场。如果虚拟币可交换的商品不仅仅只限于购买虚拟物品,当它的功能扩大到可以购买多种现实商品,不仅仅是购买杀毒软件、支付手机话费等少数现实商品品种,那么虚拟货币将会取代部分流通中的现金,从而对国家的货币政策造成冲击。

第四节 数字货币

一、数字货币的含义与类型

数字货币简称为 DIGICCY,是英文"Digital Currency"的缩写。数字货币是广义虚拟货币的一种,上节已对虚拟货币的其他三种类别进行说明,这节介绍数字货币。

数字货币属于非实物货币[①]。非实物货币是区分于实物货币的一个概念,是指不存在于现实世界、不以物理介质为载体的货币形式,如银行卡、手机钱包、支付宝、Q 币、比特币等。非实物货币又分为电子货币、虚拟货币(狭义)和数字货币。其中电子货币是电子化的"法币",比如银行卡、支付宝等。虚拟货币是指基于网络的虚拟性,由网络运营商提供发行并应用在网络虚拟空间的类法币,又被称为网络货币,比如各种网络游戏币、Q 币。数字货币区别于虚拟货币的特征是其基于节点网络并采用了数字加密算法。数字货币可以认为是由计算机程序产生,基于密码学和网络 P2P 技术,依靠密码学与数字算法运作且匿名的,并在互联网上发行和流通的广义虚拟货币。

对于数字货币,一些国际机构和国家给予了一些界定。国际清算银行在 2015 年 11 月题为《数字货币》的研究报告中,将数字货币界定为:基于分布式账本技术、采用去中心化支付机制的虚拟货币,它颠覆了货币的定义,打破了原有的商业模式,是对金融市场和经济各方面有诸多影响的一项真正突破性创新。国际金融行动特别工作组将数字货币定义为一种价值的数据表现形式,通过数据交易发挥交易媒介、记账单位及价值储存的功能,但同时指出,它并不是任何国家和地区的法定货币。国际货币基金组织(IMF)在其发表的数字货币的研究报告中,也认为数字货币是指价值的数字化表示,由私人发行的自定义面额的账户单位,可以通过电子形式获取、存储、访问和交易,用途多样化。欧洲央行在

---

① 参看施婉蓉、王文涛、孟慧燕:《数字货币发展概况、影响及前景展望》,载《金融纵横》,2016(7):25-32;朱阁:《数字货币的概念辨析与问题争议》,载《价值工程》,2016(9):163-167;谢平、石午光:《数字加密货币研究:一个文献综述》,载《金融研究》,2015(1):1-15。

2015年2月题为《虚拟货币》的研究报告中将数字货币定义为一种价值的数据表现形式，它并非由货币当局发行，在某种情况下可被当作货币的替代品。

数字货币是广义虚拟货币的一种，但数字货币内也可进一步分类。即从不同的角度把数字货币分成不同的类型。如从是否加密的角度，和从货币创建者的角度等。不过，对于相关分类，学术界没有统一意见。

从是否加密的角度，百度百科上将数字货币分两类[①]，指非加密货币(即数字黄金货币，如 e-gold 等)和加密货币(如比特币)。其中，数字黄金货币是一种以黄金重量命名的电子货币形式。这种货币的典型计量单位是金衡制克或者金衡制盎司，尽管有时候也使用黄金迪纳尔做单位。数字黄金货币通过未配额或者分散配额的黄金存储来资助。到2006年1月，数字黄金货币供应商持有超过8.6公吨的黄金作为储备，价值大约1.54亿美元。数字黄金货币由很多供应商发行。每个竞争供应商都发行独立的数字黄金货币，大多以它们的公司名字命名。当前流通的数字黄金货币有：(1) e-gold，第一个数字黄金货币供应商，创立于1996年；(2) e-Bullion，创立于2000年；(3) GoldMoney，创立于2001年；(4) 1MDC，创立于2001年；(5) Pecunix，创立于2002年；(6) Crown gold，创立于2002年；(7) Liberty Reserve，创立于2002年。目前，e-gold 和 Liberty Reserve 是应用最流行的数字黄金货币供应商，拥有最大数量的用户。在黄金储备总量方面，GoldMoney 是领导供应商(2006年5月)。

数字黄金货币具有一定的风险。数字黄金货币是一种实物货币形式，它的存款以黄金而不是法定货币为单位计量。因此数字黄金货币的购买力波动和黄金价格相关。如果黄金价格上涨，那么就变得更有价值，如果黄金价格下跌，那么会有价值损失。由于还没有具体的金融条例监管数字黄金货币供应商，因此它们以自我管制的方式运作。数字黄金货币供应商不是银行，因此银行条例是不适用的。然而，创立于2002年的全球数字货币协会是一个在线货币运营的非营利协会。此协会监督用户的举报和对兑换商的声誉进行评级，评级操作是根据用户的举报事实来确认的。

加密货币，也称密码货币，是指不依托任何实物，使用密码算法，依靠密码技术和校验技术来创建，分发和维持的数字货币的。密码货币的特点在其运用了点对点技术且每个人都可以发行它。密码货币分为开放式采矿型密码数字货币(以比特币为代表)和发行式密码数字货币。据介绍，截至2016年7月1日，共存在710种数字货币，总市值超过128亿美元。其中，排名前四位的数字货币总市值超过120亿美元，它们分别是比特币、以太币、瑞波币和莱特币[②]。

其中，(1)比特币(Bitcoin)：比特币的出现被视为电子货币划时代的标志，它依据算法产生，不依靠特定机构发行，依托于互联网进行交易，拥有数量不限的分布式节点，存在终极数量2100万枚。在某些国家，比特币已逐步实现了与现实法定货币的自由兑换，并涉足现实商品和服务的购买。2010年7月，比特币的价格不到0.05美元，截至2016年7月26日，比特币的价格已超过648美元，其价值扩张速度惊人。(2)以太币(ETH)：以

[①] 参看百度百科数字货币等条目。
[②] 参看郭莉：《数字货币发展中需要关注的几个问题》，载《西部金融》，2016(7)：89-96。

太币是以太坊（Ethereum）的一种数字代币，开发者们需要支付以太币（ETH）来支撑应用的运行。以太币和其他数字货币一样，可以在交易平台上进行买卖。以太币通过挖矿的形式每年以不变的数量发行。每年发行的数量是预售以太币总量的0.3倍。作为比特币的竞争对手，以太币正在获得越来越多加密货币支持者的青睐。2016年5月，基于以太坊开发的THE DAO项目正式发布，该项目通过使用以太币购买DAO代币，创建阶段仅用了一个月的时间就筹集了1.62亿美元，成为有史以来最大的众筹项目。（3）瑞波币（XRP）：Ripple是一个开放支付网络，XRP是该网络中的基础货币。XRP由Ripple的运行公司OpenCoin集中发行，XRP的总量是1000亿枚，OpenCoin将这些XRP赠送给投资人和普通用户，通过赠送的速率来控制XRP的价格。XRP与比特币相比的一大优点是建立了共识机制，把交易确认速度缩短至3~5秒，大大加快了转账的便捷程度。（4）莱特币（Litecoin）：莱特币与比特币在技术上具有相同的实现原理。莱特币旨在改进比特币，与其相比，莱特币具有三种显著差异：第一，莱特币网络每2.5分钟可以处理一个区块，因此可以提供更快的交易确认；第二，莱特币最终总量8400万个，是比特币的4倍；第三，莱特币在其工作量证明算法中使用了scrypt加密算法，相比于比特币，在普通计算机上进行莱特币挖掘更为容易。主要数字货币相关数据如表3-2所示。

表3-2　　　　　　　　　　　主要数字货币相关数据

货币名称	市值总量（美元）	价格（美元）	货币供应量（个）	过去24小时交易量（美元）	市值占比（%）
比特币	10677316439	679.2	15720500	140087000	83.35
以太币	974353744	11.95	81559766	16595500	7.6
瑞波币	237425256	0.006717	35345971933	967410	1.85
莱特币	197011782	4.24	46466029	3257160	1.54

数据来源：coinmarketcap.com（截至2016年7月1日），转引自郭莉：《数字货币发展中需要关注的几个问题》，载《西部金融》，2016(7)：89-96。

就目前来说看，依据数链收集的数据，比特币总市值占比已经低于50%，2017年1月1日到5月20日期间，全球数字资产总市值从182亿美元涨到了703亿美元，增长了将近3倍；日成交额从1.6亿美元升到了22亿美元，增长了将近13倍；日成交额占总市值之比也从0.88%增长到了3.13%，增长非常快。另外，比特币总市值占比从87.6%降低到了50%以下，目前数字货币的市场正从比特币一枝独秀走向百花争艳。

从数字货币的创建者的角度来看，数字货币可分为民间数字货币和法定数字货币两种，所谓民间数字货币，是指上述比特币、以太币等数字货币，其创建者均为民间主体，这些主体运用计算机与互联网相关技术，往往基于去中心化的分布式网络创建数字货币。对于这些数字货币，一些国家和国际机构有不同看法。上面曾介绍国际货币基金组织等的定义，可见这些机构把民间发行的数字货币作为一般的货币。一些国家，如德国认定比特币为"记账单位"，也就是说，比特币在德国已被视为合法货币，并且可以用来交税和从事贸易活动。美国不同的州对比特币有不同的看法,有的认可为货币,有的则不然。如2014年6月,加州州长Jerry Brown签署了一项法律,放弃对非美元货币的限制。加州旧的企业法第107条禁止企业或个人发行非美元的货币,也就是虚拟货币和奖励点数,如Amazon Coins和Starbucks Stars从技术上说都是非法的。新的法案废除了这一条款,法案提起人Roger Dickinson指出,法律忽略了日益增长的替代货币的现实,因此需要变化。

不过,也有一些国家认为这些民间发行的数字货币不是货币,而是一种特殊的商品。只有国家认可的机构发行的数字货币才是货币。2013年末,中国人民银行等五部委联合发布公告《关于防范比特币风险的通知》(简称为"国五条"),明确指出比特币不具有货币等同地位,不能也不应作为货币在市场上流通使用。从性质上来看,将比特币之类界定为一种特定的虚拟商品。2016年初,中国人民银行指出将发行数字货币,并且明确数字货币必须由央行来发行。中国央行所指的数字货币是由货币当局发行,是法定的货币,表现为法定货币的电子化、数字化形式,由国家信用为担保,确保其发行、流通的正常运营。从2009年比特币诞生以来,一些国家的中央银行行长对比特币和其他虚拟货币的具体属性表态模糊。各国对比特币的定性仍然存在分歧。美国商品期货交易委员会将比特币定义为大宗商品;英国海关税务总署认为比特币是一种货币;菲律宾承认比特币为一种支付系统;瑞典和德国则坚持认为比特币是商品而非货币。

基于上述说明,如果承认民间发行的数字货币也是在一定的网络空间范围内使用的货币,这样,可把数字货币区分为民间数字货币和法定数字货币,民间数字货币也叫私人数字货币、私有数字货币等;法定数字货币有时也叫国家数字货币、央行数字货币①。

二、数字货币的特征

对于数字货币来说,由于目前其内部种类繁多,且有些类别具有针锋相对的属性,因而可能从民间数字货币和法定数字货币两方面来说明其特征更为可取。不过,由于数字货币均是依靠计算机与互联网,因而,从数字货币的技术依托来看,其特征具有共性。数字货币是在计算机技术、信息技术,尤其是互联网的网络技术的基础上产生的。从某种意义上看,是现代信息技术的必然产物。数字货币的基本特征体现在其实现货币职能的多功能化、纯粹的工具化、信息化、网络化以及信息技术的安全性和高效化等方面。这些共同特征主要是:

(1)网络性。数字货币是在计算机技术和网络技术的基础上产生和发展起来的,数字货币的特征与信息技术和网络有着非常密切的联系。数字货币是一种网络信息资源,就像传统货币是从商品中分离出来的特殊商品一样,数字货币是从货币中分离出来的,同时也是从信息中分离出来的一种特殊的货币和特殊的信息。这意味着,一方面,网络是数字货

---

① 例如,庄雷、赵成国:《区块链技术创新下数字货币的演化研究:理论与框架》,载《经济学家》,2017(5):76-83。当然,也有些学者考虑到私人数字货币不是法定货币,为了研究方便,他们给予了不同的名称,如钱晓萍把私人数字货币称为"算法货币"等,参看钱晓萍:《我国发行数字货币几点问题的思考》,载《商业经济》,2016(3):22-23。

币产生和发展的基础;另一方面,网络是数字货币实现其货币职能的基础。此外,网络是数字货币体系的基础。

(2)数字性。数字货币实际上是存储于各网络银行账户上的一组数字。从微观上看,这组数字表示单个经济主体(自然人、法人或非法人机构)拥有其所有权,能够自由运用于投资、交易或财富积累(贮藏)价值的工具。这组数字象征着拥有其所有权者拥有这组数字(数字货币)所代表的一定量的财富或价值,可以运用这组数字(数字货币)的全部或部分进行网上投资或交易。并且,经济主体还可以利用实际的或观念的数字货币进行核算和标价。从宏观上看,这组数字表示一个国家或地区一定时期内的货币供应量、国民生产总值(GNP)、国内生产总值(GDP)或国民收入(NI)。

(3)高效性。数字货币的产生使得货币履行其职能的效率几乎达到了一个十分完美的境界,从现金的发行与管理方面看,货币管理当局从发行现金到回笼现金都不需要采用传统的设计、印刷和运输工具进行,而是直接在网络上实现现金的发行和回笼。这样可以完全避免在纸币本位制度下存在的诸如高成本问题、假币问题、安全问题和现金供应量难以确定的问题。

上面是对数字货币的一般特征的说明。对于不同种类的数字货币,其特征有所不同。例如对于民间数字货币(如比特币等)来说,还具有下列特征:

(1)没有发行主体。由于来自某些开放的算法,数字货币没有发行主体,因此没有任何人或机构能够控制它的发行。这使得政府很难去直接对比特币进行管理,一般将这种模式称为"去中心化"。

(2)交易迅速。比特币运作依靠于点对点的交易网络使得它的交易快捷、直接且不受到时间、地域的限制。

(3)交易安全。由于交易过程需要网络中的各个节点的认可,且交易过程的部分匿名性,交易不可逆,因此数字货币的交易过程较为安全。

(4)总量较为稳定。比特币的总量限定,不会存在超过2100万个。但比特币可以被进行分割,从而去与任意大小的金额进行转换。

(5)具有低廉的交易成本。传统的银行信用卡在网络支付过程中,涉及了四方,甚至五方当事人。一笔交易中的参与方越多,交易的成本也会越高,信用卡的额外交易成本就是银行与其他支付机构手续费。但比特币的模式也去除了传统网络交易中的第三方机构。同时,比特币的原理可以很好地被应用在小额支付与跨境汇款等业务中。

数字货币还可与其他货币形态相比,明确其一些特征。与金属货币(如黄金、白银等)相比,数字货币(如比特币)的总量是固定的,而金属货币的总量是自然界的储藏量,也基本上是固定的。同时,两者都没有发行机构,金属货币的获得来自自然中的开采,而比特币是由系统在挖矿的过程中产生的。两者不同之处在于,贵金属货币本质是商品,本身具有价值。比特币的本质是记账单位,它通过系统的设计人为制造了稀缺性。比特币除了作为交换的媒介并无其他用途,因而不具有价值。比特币可以作为货币使用是基于人们的普遍共识,也就是社会中人们确信可以通过它来交换其他商品。

与信用货币(纸币)相比,相同之处在于:信用货币的发行没有贵金属准备做担保。它的交换媒介职能由国家法律强制规定,同样的信用货币不具有价值,只是充当着交换媒介。信用货币和数字货币的相同点是二者都不具有价值,信用货币可以表现为纸币或账户中的数字,而数字货币表现为区块中的记录,二者都不具有价值。信用货币和数字货币有着诸多不同:一是二者被公众接受的方式不同,信用货币是由国家公权力强制推行,通过法律保障成为社会中的交换媒介。而数字货币是基于社会公众的信任,自愿接受其作为交换媒介。二是发行方式不同,数字货币由系统产生,总量一般有限制,不受交易主体的控制。信用货币一般由一国中央银行发行,发行数量由央行根据社会经济发展水平等确定。

与电子货币相比,数字货币也有一些同异之处。相同之处表现为这两种货币都是计算机和互联网技术的产物,在计算机中表现为一串数字。不过,与电子货币相比,数字货币具有以下新特征[①]:

(1)价值属性不同。大多数数字货币属于资产,其价值由供需决定(与商品类似),但内在价值为零。与电子货币不同,它不是任何个人或机构的负债,也无任何机构的担保,其价值取决于人们认为它未来某时点能交换多少其他物品或服务或主权货币的预期。通常由计算机网络协议决定数字货币单位(如比特币)的创设,没有任何一方能操纵其供应量,一切都基于算法。不同数字货币计划创设或发行新单位时有不同的长期供应或预定规则(即总供给管理),以保证供应的稀缺性。它与主权货币(如美元或欧元)完全脱钩。

(2)价值转移方式不同。直到最近,在缺乏可信任中介情况下交易各方的点对点交易通常被限于物理形态的货币,电子货币通常在受信任实体、可进行清算和结算的中央基础设施中交易。数字货币的关键创新在于使用分布式账本技术进行价值转移,实现了在缺乏可信任实体、无中介情况下进行电子价值的远程点对点交易。其一,支付方在其电子钱包中存放能用于价值转移的密钥,然后进入确认程序,对交易进行认证并添加到统一的账本中,而其复件则分布到点对点网络系统中。其二,当分布在去中心化网络的账本更新后交易才算完成,存储在账本中的信息量不同,从最小的信息量(只有收付款方的身份信息而难以确认网络节点的价值分布)到大量的信息量(包含付款方、收款方、交易和余额)。如今多数数字货币只需在账本中保留极小量信息。

(3)制度安排不同。电子货币需要多家服务供应商:电子货币发行人、网络运营商、特种软硬件卖家、电子货币需求方、交易清算方。数字货币并不需要任何个人或机构运营,去中心化的数字货币意味着交易中无可识别的运营商,而该角色在电子货币情况下由金融机构或其他机构承担。数字货币有许多提供各种技术服务(含钱包服务)的中介,用于价值转移、兑换主权货币和其他资产或用于存储密钥。

三、数字货币的技术基础

数字货币的技术基础是区块链。第四章介绍了区块链的基本内容。如果从技术的角度来看,数字货币是以区块链技术为基础的货币,而电子货币和其他虚拟货币则是以其他的初级的计算机信息技术和互联网技术为基础的货币。

比特币是区块链技术最早应用的货币,以下以比特币为例,对数字货币的技术基础进

---

① 参看曾繁荣:《基于分布式账本技术的数字货币发展研究》,载《西南金融》,2016(5):63-68。

行简要说明①。

1. 散列(hash)

hash，一般翻译为散列或者哈希，hash 函数就是一种将任意长度的输入通过散列算法，压缩到某一固定长度的输出，该输出(二进制数列)就是散列值。比特币采用的 SHA256，可以将任意长度的一条信息，转换成长度为 256 的二进制数字。hash 算法有两个基本特点：可重复和不可逆。也就是说不同的原文理论上又可以得到相同的 hash 值，但是产生相同输出的概率极其微小。一个强大的加密哈希(hash)函数很难从结果再得到原始数据。如果想要得到一个特殊的数值输出，只能凭借逐个尝试的办法来正向计算，难以从输出结果逆向推算出原数值。Hash 函数这个特性是比特币成功运行的重要技术基础。

HashCash 最早被用于阻挡垃圾邮件的骚扰，后来也被中本聪巧妙地用于比特币算法中，防止区块的哈希值被破解从而能够伪造或篡改区块的内容，以消除对比特币系统构成的安全威胁。HashCash 的构思来源于密码学理论的单向陷口函数，此类函数的最大特点是单向计算比较容易而逆向求解却十分困难。举例来说，比如在数学中两个多位数求乘积比较容易而把乘积进行因式分解却需要进行大量的运算，也比如在生活中一个碟子摔成许多小碎片比较容易而把这些小碎片拼凑复原却需要进行复杂的操作。

HashCash 在阻拦垃圾邮件时，利用证明工作量的方式，要求用户发送邮件时需要执行少量的计算，对方接收邮件时则可以十分便捷地验证邮件的有效性。此种方式的工作量对于普通用户来说资源花费较少，基本不影响用户使用及操作。然而对于垃圾邮件制造者来说，当它们要发送数量巨大的垃圾邮件时相对应的工作量也是巨大的，所需花费的系统资源也让垃圾邮件制造者难以承受。

HashCash 主要做的不是需要执行巨量的计算来找到一个完全哈希碰撞，而是只需要执行可控数量的计算来找到一个部分哈希碰撞即可。就当前计算机算力而言，一个完全哈希碰撞仍然无法在 100 年内被计算得到，相较来看计算得到一个部分哈希碰撞的时间则花费很少。HashCash 在比特币系统中，就是利用找寻一个部分哈希碰撞的方式，不断计算使得区块的困难度最大，从而使区块能够被网络节点们信赖并认可。

HashCash 应用在比特币系统中，所需要计算的散列通常有如下几种情况：

(1)对内容连续执行两次散列计算，均使用 SHA-256 散列函数，形如内容为"bitcoin"的字段，第一次执行后散列为：

6b88c087247aa2f07eelc5956b8ela9f4c7f892a70e324f1bb3dl61e05cal07b

第二次执行后散列为：

a23b7f87e4250b3a64b737f349c06422f752f419cbb25ae9169a6cf1e23f4462

(2)对内容连续执行两次散列计算，第一次使用 SHA-265 散列函数，形如内容为"bitcoin"字段执行后散列为：

6b88c087247aa2fO7eelc5956b8ela9f4c7f892a70e324f1bb3dl61e05cal07b

---

① 参看杨兴寿：《电子商务环境下的信用和信任机制研究》，对外经济贸易大学博士论文，来自《中国知网》，2016 年 5 月；赵龙妹：《基于 P2P 的虚拟电子货币比特币借贷模型研究》，安徽大学硕士论文，来自《中国知网》，2015 年 4 月。

第二次使用 REPEMD-160 散列函数，执行后散列为：
b67f99610e811d5eba9e337877a8f55f76647401

生成以上这种较短的散列值，可以用来作为比特币的收付款地址。

2. 挖矿（mining）

挖矿是比特币系统中必不可少的组成环节，提到比特币时总是会伴随着提到挖矿。简单来说，挖矿就是在比特币网络上获取比特币的过程，因为需要付出且不一定能有收获，所以这个过程被形象地称为"挖矿"。

比特币中的挖矿是模拟现实中的黄金挖掘，但机制不同，比特币使用随机数计算进行工作量证明。比特币的设计沿用了马克思经济学中劳动价值论的基本命题：劳动量决定价值的思想，设计了一种工作量证明机制。比特币中使用随机散列运算来证明工作量，为了生成一个开始有特定数目 0 的散列，需要不断计算随即散列值，直到生成一个符合要求的散列，寻找到这个值的工作量也随着 0 的个数的增加呈指数增长，但是检验都只需要一次运算即可。这就是比特币使用的工作量证明机制。

挖矿就是指寻找符合要求的散列并产生新区块的过程。挖矿由比特币网络上的矿工节点自愿执行计算，以期望得到一定数量的比特币作为回报。矿工节点收集在网络上进行广播的交易单，将交易单集合汇集成一个区块，试图运用 HashCash 原理来不断计算并调整区块的散列值，找寻一个部分哈希碰撞的相对最优解，即该散列值必须小于或等于目标难度值。若多个节点都在计算同一个区块，则散列值最接近目标难度值的区块将被网络其他节点所认可，其他区块将被丢弃。

挖矿的过程如下：（1）某台计算机以区块链中最后一个区块的内容为输入运算生成一个散列值；（2）该计算机接收并验证那些广播来的交易单，进行合并放入一个新区块；（3）该计算机生成一个随机数；（4）该计算机将（1）至（3）中产生的数据作为输入，通过 hash 函数生成一个 256 位的散列；（5）检查这个散列前 n 位是否符合要求，如果该数满足要求，该计算机会把新区块和这个随机数一块通过网络广播给其他计算机。（6）其他计算机收到这个区块后，会通过同样的方法进行检验。如果证明正确，所有人都接受这个新区块，将它添加到主区块链中。如果随机数不合要求，则重复密码（2）到（6）的步骤，直到有符合要求的新区块产生。

3. 公开密钥密码体系

公开密钥密码体系，也称非对称密钥体系。在基于公钥体系的安全系统中，密钥是成对生成的，每对密钥由一个公钥和一个私钥组成。在实际应用中，私钥由拥有者自己保存，而公钥则需要公布于众。通过公钥体系可以实现数字信封，以保证信息传输的私密性和安全性，也可以实现数字签名，保证信息的不可抵赖性。数字签名是只有信息发送者使用公开密钥算法的主要技术产生的别人无法伪造的一段数字串。发送者用自己的私有密钥加密数据传给接收者，接收者用发送者的公钥解开数据后，就可确定消息来自谁，同时也是对发送者发送的信息的真实性的一个证明，发送者对所发信息不能抵赖。

每一个单位的比特币都记录着从产生以来每一位所有者的公钥，即公钥是所有者比特币钱包的地址。在使用比特币付款时，付款人以自己的私钥对所付出的比特币进行电子签名，用于确认交易者就是比特币的所有者（即这笔交易不存在盗用），同时用于收款人对这笔交易的确认。不过，收款人无法确认付款人是不是同时将这笔钱转移给了另一个人。如果没有作为第三方的中介金融机构介入，想要做到这一点的一个办法就是将交易信息公开宣布，让整个的比特币网络来对交易进行确认。因此，比特币系统将每10分钟发生的交易记录到一个区块之中，然后由所有比特币网络的节点对此进行确认。整个按照时间顺序连起来的区块就叫作区块链，可以把它想象成比特币的账本，记录着所有比特币的交易，并存在于每个比特币用户手中。

由于采取的是点对点网络，其中没有任何金融机构的存在，没有任何政府或公司的直接干预，比特币网络的构成需要用户的支撑，整个比特币网络的交易也需要用户的确认，在这一过程中，需要用户对比特币的网络作出贡献，去支撑比特币交易过程中所需要的数字运算。这些运算需要用电子设备进行，而使用电子设备帮助比特币网络进行运算的人被称作矿工，这一过程也就是上面所说的挖矿。获取比特币的方式除了挖矿以外，还可以通过在比特币交易所购买，或者接受比特币形式的付款等方式取得。

因为每一笔交易都要向整个比特币网络进行广播、确认以及记载。那么传统网络交易中的隐私模型就不能适用于比特币交易网络。因此比特币被设计成利用相对匿名的隐私模型来保护用户的个人信息。为什么要称之为"相对匿名"？公众所可以看到的是每一个比特币拥有者的公钥，即钱包地址，这是一串33位左右的字符组合。单从钱包地址来看，不能直接判断出一个用户的真实身份。但是如果能确定这个钱包地址的真实用户身份，他的每笔交易都有迹可循。

4. 区块(block)

为了更好地管理和统计交易，比特币系统提出了区块的概念，并将所有的交易区块串联成一个区块链，也就是说所有发生的交易都会被记录在这个区块链中。每个区块都包含三种要素：(1)代表本区块的ID的散列；(2)若干交易单；(3)代表前一个区块的ID的散列。块体的内容包含了两个部分，第一部分为首单即造币交易单，第二部分为比特币交易单集合。

区块链的每个区块包含了前一个区块的ID，也就是所有的区块都可以找到其前面的一个区块，这样所有区块首尾相连，形成了一条记录交易的链条。这条唯一的主区块链记录所有交易情况，而且会向全网广播，使每个客户端的区块链同步。这种非中心化的存储方式，具有极大的优势，也就是有一部分计算机中的区块链记录损坏了，不影响其他客户端的记录，大家仍然可以通过没被损害的网络得到认可。所以交易信息存储越分散化，比特币主区块链完全遗失的可能性越小。

比特币网络上的矿工节点收集交易单形成区块，然后通过挖矿运算得到困难度最大的区块被认为是合法的，其所包含的交易记录也是被认可的，往后其他的节点就会在此区块的基础上继续挖矿运算，这就形成了一条最长区块链。当遇到双重支付的情况时，即比特币被支付两次甚至多次，网络节点接收到的交易记录不一致，则选取最长区块链上的交易记录予以信赖和认可，抛弃非最长区块链上的区块，使得最终该笔比特币只能被有效支付一次。

5. 交易(transactions)

交易是指一个用户用比特币向另一个用户进行支付的过程。一枚电子货币是这样的一串数字签名：每一位所有者通过对前一次交易和下一位拥有者的公钥签署一个随机散列的数字签名，并将这个签名附加在这枚电子货币的末尾，电子货币就发送给了下一位所有者。而收款人通过对签名进行检验，就能够验证该链条的所有者。在比特币系统中，交易单是组成系统的基本原子。系统利用分布式时间戳技术来保证交易单在整个网络上的版本唯一性，储存在每个节点中的交易记录都是相同的，预防了交易单被篡改、伪造和否认的风险。每笔交易单的内容基本包括了收入来源、支出去向、交易金额等重要数据，再由整个最长区块链查找得到每一笔交易单的前接后续交易单，构成的比特币交易链条就是比特币存在的本质。目前，比特币算法的交易单一共设置为如下几种：造币交易单、按收款地址转账交易、按 IP 地址转化交易。

在比特币系统中，一段时间范围内的交易单汇集成一个区块，再由哈希计算后困难度最大的区块链接到比特币系统的整个最长区块链中去，而比特币实际潜藏在其中，依赖于交易单、区块、最长区块链，系统本身并不存在有面值或者有数额的电子货币。一般比特币交易比较常用的就是按收款地址转账，只需知道收款方的收款地址就能发起比特币交易，从我方付款地址将一定数额的比特币转账给收款方。区块由交易单汇集而成并储存在整个比特币网络上，在最长区块链上接续区块的过程其实也就是挖矿的过程。每一个区块收集了最近一定时间范围内所有的交易单，只有该区块落在最长区块链上才能说明其包含的交易单都具有有效性，落在孤链上的区块则未被整个网络所承认而遭抛弃。

比特币系统建立的过程如下：第一步，每一笔交易为了让全网承认有效，必须广播给每个节点（也就是矿工）；第二步，每个矿工节点要正确无误地给这十分钟的每一笔交易盖上时间戳并记入那个区块；第三步，每个矿工节点要通过解 SHA256 难题去竞争这十分钟区块的合法记账权，并争取得到二十五个比特币的奖励（头四年是每十分钟五十个比特币，每四年递减一半）；第四步，如果一个矿工节点解开了这十分钟的 SHA256 难题，他将向全网公布这十分钟区块记录的所有盖时间戳交易，并由全网其他矿工节点核对；第五步，全网其他矿工节点核对该区块记账的正确性（因为他们同时也在盖时间戳记账，只是没有竞争到合法区块记账权，因此无奖励），没有错误后他们将在该合法区块之后竞争下一个区块，这样就形成了一个合法记账的区块单链，也就是比特币支付系统的总账——区块链。一般来说，每一笔交易，必须经过六次区块确认，也就是六个十分钟记账，才能最终在区块链上被承认合法交易。以上是比特币的记账格式，所谓"比特币"，就是这样一个账单系统，它包括所有者用私钥进行电子签名并支付给下一个所有者，然后由全网的矿工盖时间戳记账，形成区块链。

依据上述技术建立的比特币系统，有其优点和缺点。其中优点表现为：（1）完全去处中心化，没有发行机构，也就不可能操纵发行数量。其发行与流通，是通过开源的 P2P 算法实现。（2）无隐藏成本。作为由 A 到 B 的支付手段，比特币没有繁琐的额度与手续限制。知道对方比特币地址就可以进行支付。（3）专属所有权。操控比特币需要私钥，它可以被隔离保存在任何存储介质。除了用户自己之外无人可以获取。比特币完全依赖 P2P 网络，无发行中心，所以外部无法关闭它。比特币价格可能波动、崩盘，多国政府可能宣布它非法，但比特币和比特币庞大的 P2P 网络不会消失。（4）全世界流通。比特币可以在任意一台接入互联网的电脑上管理。不管身处何方，任何人都可以挖掘、购买、出售或收取比特币。跨国汇款,会经过层层外汇管制机构,而且交易记录会被多方记录在案。但如果用比特币交易,直接输入数字地址,点一下鼠标,等待 P2P 网络确认交易后,大量资金就过去了。不经过任何管控机构,也不会留下任何跨境交易记录。(5)跨平台挖掘。用户可以在众多平台上发掘不同硬件的计算能力。(6)山寨者难以生存。由于比特币算法是完全开源的,谁都可以下载到源码,修改些参数,重新编译下,就能创造一种新的 P2P 货币。但这些山寨货币很脆弱,极易遭到 51% 攻击。任何个人或组织,只要控制一种 P2P 货币网络 51% 的运算能力,就可以随意操纵交易、币值,这会对 P2P 货币构成毁灭性打击。

其缺点则表现为:(1)交易平台的脆弱性。交易平台通常是一个网站,而网站会遭到黑客攻击,或者遭到主管部门的关闭。(2)交易确认时间长。比特币钱包初次安装时,会消耗大量时间下载历史交易数据块。而比特币交易时,为了确认数据准确性,会消耗一些时间,与 P2P 网络进行交互,得到全网确认后,交易才算完成。(3)价格波动极大。由于大量炒家介入,导致比特币兑换现金的价格如过山车一般起伏。使得比特币更适合投机,而不是匿名交易。

由于作为民间数字货币的比特币具有上述优点和缺点,因而法定数字货币希望回避其中的不足之处,建立一个更好的货币系统①。

四、数字货币的发行、流通与交易②

本小节以民间数字货币,特别是比特币为例说明数字货币的发行、流通与交易。比特币的发行、流通、交易等主要是基于 P2P 对等网络和分布式数据库的平台。P2P 的分布式特性与去中心化的设计,同时结合密码学的原理,可以确保比特币的运行机制公平、安全可靠、无法伪造并且能避免通货膨胀。这种运行机制可分为发行、流通和回收等环节。

比特币的发行。比特币的发行环节指的是比特币的产生与获得。由于比特币的去中心化设计,比特币没有固定的发行中心,每一个新的比特币都是在当解决一个特定的难题之后由对等网络 P2P 的节点产生,该计算难题由比特币内部算法所决定。通常网络上也把这种行为称为"采矿",这些数学计算难题只有达到一定的运算能力才有可能解决,并且能够被检验、证明。用户可以通过参与采矿(即比特币诞生原理)而获得比特币奖励,或用户用商品、服务甚至是现实世界的货币去同拥有并愿意与其兑换的比特币持有者进行兑换,兑换的比率则取决于比特币交易市场的自发调节。

可以用钱来买比特币,也可以当采矿者,"开采"比特币用电脑搜寻 64 位的数字就行。通过用电脑反复解密,与其他的淘金者竞争,为比特币网络提供所需的数字。如具电

---

① 参看秦波、陈李昌豪、伍前红、张一锋、钟林、郑海彬:《比特币与法定数字货币》,载《密码学报》,2017(4):176-186;范一飞:《中国法定数字货币的理论依据和架构选择》,载《中国金融》,2016(19):10-12。

② 参看祁明、肖林:《虚拟货币:运行机制、交易体系与治理策略》,载《中国工业经济》,2014(4):110-122。

脑能够成功地创造出一组数字，就会获得 25 个比特币。比特币是分散化的，需要在每个单位计算时间内创造固定数量比特币是每 10 分钟内可获得 25 个比特币。换句话说，比特币体制是可以自给自足的，译成编码可抵御通胀，防止他人搞破坏。

比特币的流通。比特币的流通环节包括比特币的存储、转移与交易。比特币钱包用来储存、转移或接收比特币，比特币钱包实际上是一串计算机地址。这个地址在密码学里被称为公钥，就像我们平时使用的银行卡号，而与之成对出现是密钥，就像银行卡有一个密码。这个密钥可以证明你对该地址上的比特币具有所有权，因此，需要妥善保管你的地址和密钥。因为比特币的匿名性，每个人可以有多个钱包，即能够创建任意多的地址，拥有更多的地址可以让你保持匿名性。因为匿名性，与现实世界银行卡丢失或忘记密码我们可以凭本人身份证采取补救措施不同，如果某个比特币用户丢失了他的钱包，他的比特币将无法找回，除非他又找回了自己的钱包。不仅是该用户，当这些比特币在流通过程中被丢失后，谁都无法再使用它们。所以，随着不断有人丢失钱包，比特币的总数将会缓慢减少。

比特币在存储与转移的基础上实现比特币的交易流通。比特币采用了公开密钥系统，每一个钱币都包括了其拥有者的公开密钥。以前的交易记录已被全体网络计算机收录、维护。在每笔交易前，钱币的有效性都必须经过检验确认。在整个转移的过程中，比特币有其独特的检验与加密方式，以保证用户之间交易的安全以及有效性。而用户与用户之间，商家与用户之间，商家与商家之间，通过各自的钱包可以实现比特币相互之间的流通。

比特币交易。比特币作为类似于金属货币的去中心化虚拟货币，在认可并接受比特币的网络经济活动中，能够实现其货币职能，促进网络经济活动的开展。比特币的交易不但指的是利用比特币向商家购买产品与服务时的交易，还指比特币本身可以被交易，就像买卖股票一样，用户通过买入与卖出比特币的行为获利或亏损。比特币的交易可分为三种形式：交易平台型比特币交易体系、类银行型比特币交易体系和支付清算系统型交易体系。

交易平台型比特币交易体系。交易平台型比特币交易体系指的是比特币交易双方通过第三方交易平台实现比特币的交易，比特币交易平台本身并不实际拥有大量比特币。想要卖出比特币的用户将自己的比特币转移到交易平台指定的比特币钱包以获得现实货币，而买入比特币的用户使用现实货币将相应的比特币从交易平台充入自己的比特币钱包，现实货币与比特币的兑换比率取决于交易市场的自发调节。

类银行型比特币交易体系。比特币 ATM 机类似于银行的 ATM 机，用户在银行的 ATM 机可以提取自己银行账户的现金，也可以存入现金到自己的银行账户；用户在比特币 ATM 机存入现金，ATM 机将现金兑换为比特币存入比特币钱包，用户在比特币 ATM 机从自己比特币钱包里提取现金，用户账户里相应比率的比特币减少。

支付清算系统型交易体系。利用比特币交易平台可以实现虚拟货币与现实货币之间的双向流通、人民币与美元之间的兑换，在这个层面上比特币与比特币交易平台实际上等同于一个交易媒介。而 Ripple 体系和 Ripple 币的出现解决了全球货币间的兑换问题并提高了兑换效率与降低了兑换成本。Ripple 是开放源码的 P2P 支付网络，Ripple 币（称作

XRP）是 Ripple 体系下依照一定加密算法发行的虚拟货币，借助 Ripple 机制的 Ripple 币和网关系统作为媒介，用户可以实现全球范围内多种货币（美元、欧元、日元甚至比特币等）之间的汇兑与汇款转账。在 Ripple 交易体系下，Ripple 币与"个人货币"都存在发行的概念，但是就整个交易体系而言，Ripple 体系是一个去中心化的开放式交易体系。Ripple 交易体系实现了一个去中心化的全货币的金融交易体系，实现了用户之间网络支付兑换、P2P 网络信贷、现实货币与虚拟货币的双向流通。

比特币的回收。比特币的回收不同于有发行中心的虚拟货币回收，有发行中心的虚拟货币回收后，市场上流通的有发行中心虚拟货币会相应减少，而比特币的技术原理导致其不会消失也不会超出总量继续增加。

五、数字货币的供求模型及其他影响因素

以数字货币为基础的交易，就像一般经济交易一样，会形成供给与需求两大力量。以比特币为例，挖矿和求解数学难题会得到比特币，同时，在市场上人们还购买比特币，这成为比特币的供给，同时，在交易中，会有一些经济主体需要比特币，这种需要或是基于把比特币作为支付中介，或是用比特币来投资，即以交易需求和投资需求[①]为基础需要比特币，这形成比特币的需求。

阿尔文德·纳拉亚南等在《区块链：技术驱动金融》[②]中，提出了一个简单的以比特币为基础的市场行为模型。他们认为，供给方面的数据是计算每秒钟有多少比特币可用来做交易，假设在 D 秒内，市面上有数量为 S 个的比特币用于交易，则每秒钟有 S/D 的比特币进入流通体系。需求方面可计算每秒钟所需要的用于支付交易的比特币数量，假设 T 为市场中所有参与者用比特币进行支付的总交易量，同时设定该数值用每秒发生的交易的美元来计量，设 P 为比特币对美元的价格，则每 1 美元对应的交易，就需要 $1/P$ 个比特币来完成，这样，T/P 是每秒钟所需要的用于支付交易的比特币数量。

在特定的每秒钟内，供给为 S/D，需求为 T/P，其他市场一样，价格会依据供求关系而达到平衡。当供给大于需求，有些比特币卖不出去，出售方会降价；同时，当供给小于需求，有些人买不到比特币，比特币价格会上升。供求平衡可得：

$$S/D = T/P$$

由此可推导出价格的公式：

$$P = TD/S$$

这是一个简单的市场模型。更为完整的分析还需要考虑许多其他因素，一些文献对此进行分析，阐述影响供求双方的一些其他因素，简述如下[③]：

[①] 关于货币需求，可进一步参看约翰·梅纳德·凯恩斯：《就业、利息和货币通论》（重译本），商务印书馆，2006 年 4 月。

[②] 参看阿尔文德·纳拉亚南、约什·贝努、爱德华·费尔顿、安德鲁·米勒、史蒂文·戈德费德：《区块链：技术驱动金融》，中信出版集团，2016 年 8 月。

[③] 参看曾繁荣：《基于分布式账本技术的数字货币发展研究》，载《西南金融》，2016（5）：63-68。

其一，供给侧因素。除了上述市场内的一些因素外，还包括下列各项：

(1) 碎片化难现网络效应。当前各种数字货币所遵循的交易流程和认证协议以及单位供应增长方式不尽相同，导致碎片化严重，绝大多数数字货币的体量都很小。目前数字货币市场仍以比特币为主，以太坊、瑞波币和莱特币也占据了一定的市场份额。当前数字货币的碎片化不利于人们接纳与使用，难以实现支付网络效应。

(2) 交易规模较小且效率不高。由于接受度和交易规模有限，与一些货币相比，数字货币的交易数量还较小。同时，从处理交易所需能量和计算能力看，数字货币的交易效率需要提高。

(3) 匿名有不利之处。数字货币的匿名性不利于金融体系参与者直接使用或为其顾客使用提供便利。尽管数字货币交易在公共账本中可以观察到（通过区块链的记录），但分析这些账本的难度很大。

(4) 技术与安全问题。网络参与者必须在数字货币中达成共识以确保账本的唯一性，即在整个网络中只存在一个版本的账本。如果数字货币长期存在多个版本的账本或达成共识的程序有缺陷，则其接受度会受影响。

(5) 商业模式的可持续性。有些参与者支持数字货币体系的直接原因就是它能带来收益。但数字货币挖掘会设限或逐渐减少，同时成本也很高，而此时原有激励机制是否有效就成为一个问题。

其二，需求侧因素。除了上述市场内的一些因素外，还包括下列各项：

(1) 安全保障。通常数字货币用户依赖中介存储有关信息，以减轻黑客攻击、操作失败或盗用损失风险。但若发生安全漏洞，使用户丢失了分布式账本中有关数字货币方面的信息，就影响用户及中介对数字货币的信心。

(2) 显性与隐性成本。数字货币能提供比其他支付方式更低的交易费用，但交易成本并不总是透明的，可能存在其他成本，如用户不愿持有以数字货币单位计价的单位余额时而产生的数字货币与主权货币之间的转换成本。

(3) 便利程度。便利性对于选择支付方式和机制很重要，是否使用数字货币和分布式账本依赖于它们相对于现有支付方式的优势，如支付流程是否直观以及与其他流程的融合性。

(4) 波动和损失风险。由于数字货币存在波动性和市场混乱，若用户选择它作为支付手段，将面临与价格和流动风险相关的成本和损失。

(5) 交易的不可撤销性。通常数字货币缺乏争端解决机制，而且支出不可撤销，因而降低了收款人款项被撤销的风险。尽管该特征对收款人（如商家）有吸引力，但也成为付款人（如消费者）不愿使用数字货币的原因。

(6) 处理速度的快慢。尽管各种数字货币的处理速度因技术差异而不同，但其清算与结算速度具有比传统支付系统更快的潜能。此外，实时全额结算系统具备大额快速支付与结算的能力也能促进批发金融市场发展。

(7) 跨境支付能力。数字货币基本上是全球开放网络，不根据地理位置区分用户，交易速度也与收付款人的位置无关，用户能进行价值跨境转移。即使在当局对跨境交易进行限制的背景下，其去中心化特征使当局很难对其进行跨境交易限制。

（8）营销与声誉效应。商家接受数字货币支付能刺激商品和服务需求而获得好处，再加上技术的新颖性，因而它被广泛视为一种创新性和有吸引力的支付方式。

六、基于 P2P 的虚拟电子货币比特币借贷模型[①]

虚拟电子货币的首次尝试并不是比特币，但虚拟电子货币的概念首次大规模地进入人们的视野和思维，是因为比特币。它主要解决了两个基本问题：不依赖第三方机构建立信任；构建价值传导网络。随着目前比特币挖矿算力逐渐饱和，这预示着比特币市场将迎来由以前的交易支付为主逐渐向未来的增值服务为主的转变。然而如今的 P2P 网络借贷平台普遍存在一定程度中心化，无法体现比特币自身的去中心化的优点。针对这些考虑，一些学者提出了一种新的基于 P2P 的比特币借贷模型（BDCM）。这一模型的概要如下：

首先，以比特币技术原理为茂盛建立比特币借贷 BDCM 模型，该模型可以不通过中间节点，直接将比特币借贷作为某种形式的交易向整个网络广播并使其固化到区块链中，且能够得到全网认可，同时利用了分布式时间戳技术和椭圆曲线签名算法，保证交易单在整个网络世界的唯一性和真实性。

其次，针对借贷的优化问题，建立 FICO-B 信用打分方法，该方法结合了国际信用评级法，通过获取并研究比特币系统上大量的实际交易数据，还根据比特币交易单所特有的属性，运用了统计学中的蒙特卡洛模拟方法，分析出节点的多个属性数值来计算节点的信用打分，最终采用了增量式打分法，尽可能地减少对比特币网络造成的计算负担，提高比特币借贷的效率，能够更好地实现比特币资源的合理优他配置。

然后，利用 Petri 网进行形式化分析来验证模型算法的正确性，分析了模型的网络安全性、交易真实性、重复操作、信用风险等方面，并使用 PeerSim 工具进行了算法模拟实验。实验结果表明比特币借贷功能可以在算法中得到实现，FICO-B 信用打分方法及其排序机制使得信用良好的节点所发起的贷款申请能够及早的被响应并达成借贷交易，而有不良还款记录的节点则会因为逾期不还次数的增多导致被响应时间的增大，另外信用打分的高低直接影响了节点所发起的贷款申请被响应时间的长短，节点产生一次逾期不还的行为将导致它再次贷款难度的增加。

七、ICO[②]（运用比特币进行类股票融资）

ICO（Initial Coin Offering）是指加密货币首次发行。募集人（募集机构）向外界披露标的项目信息和发行的代币数额、价格、支付方式。参与者以法币或者比特币、以太坊等"数字"货币购买代币，代币可在地下或交易平台交易。投资者靠代币升值赚钱。

[①] 参看赵龙妹：《基于 P2P 的虚拟电子货币比特币借贷模型研究》，安徽大学硕士论文，来自《中国知网》，2015 年 4 月。

[②] 参看中国证券报 2017 年 7 月 27 日；21 世纪经济报道 2017 年 7 月 6 日；第一财经日报 2017 年 6 月 29 日。

ICO是区块链与生俱来的特性。2009年1月上线的比特币区块链,就是"ICO"的创世之作。不过,2017年的"ICO"有所不同:比特币的ICO采用的是持续发行的"挖矿"机制,而现在的ICO采用的是一次性发行和持续分配机制。

据介绍,真正成功的首个ICO项目是在Bitcointalk论坛上出现的"未来币(NXT)"。NXT是基于全新编写的加密货币代码,并且是首个完全使用PoS的系统。全盛时期NXT的市值超过1亿美元,NXT也因此成为了当时投资者眼中最成功的ICO。

ICO根据IPO创造出来,IPO是首次公开发售股票融资,ICO是首次公开发售数字代币融资。由共享财经发布的《2017年ICO信息铺路指引》提及,ICO与IPO具有一定形式上的相似性,但究其实质,ICO发行的不是股票而是数字货币,一般称之为代币(Token),区块链初创公司以众筹的方式,交换比特币、以太币等主流数字货币,以达到融资创业目的。虽然代币并不代表公司股权或公司债权,但其价值在于一来代币可以驱动公司开发的应用程序,二来代币总发行量有算法约束。如果公司的应用程序受到广泛欢迎,使用者多,代币的需求也会随之增加。代币的旺盛需求会推高代币的价格,其持有者因而获得价格上涨的收益。

ICO项目有不同分类,一般而言,ICO项目分三类:应用类、平台类、底层技术类。应用类ICO是基于现有区块链平台,充分利用平台的技术和生态系统来开发直接面对普通消费者的应用;平台类ICO则对现有区块链技术做出一定改进,形成新的区块链平台,并在新平台上创建新的生态系统;底层技术类ICO则是提出一种新技术改进,应用于目前现有的区块链平台上,从而达到优化和提高的目的。

ICO有五个主要特点:

第一,ICO一定是基于共有区块链的数字资产。也就是说ICO资产必须登记在共有区块链上,不在区块链上的ICO资产一定是骗局。

第二,ICO是非所有权融资。通过ICO的方式,现在很多开元软件项目、非营利机构、自治性组织、共享经济模式都可以很快从社会公众那里筹集到资金。ICO为这些机构打开了一扇大门,债权、股权等所有权不再是融资的必需条件,只要有足够好的使用价值,就可以通过货币化融资。这反过来也说明一点,如果要做ICO,就不应该有股东或权益人,也不可以有权益。有权益和股东,或者以数字代币进行融资的说法都不正确。

第三,ICO中发行的代币不直接收法定货币,而是换取比特币或以太币。

第四,发行的代币在项目的运行中有使用价值。如果发行的代币不可以在项目中被使用,基本也是一个骗局。所有用于ICO发行的代币只用于这个项目,当卖掉离场的时候,可以换为比特币,但是这个代币不能变为公用的货币。

第五,代币一般来说可以在数字货币交易所交易,能够获得很好的流动性,这是目前投资者非常欢迎它的原因之一。

总结来看,ICO最大的特点即:非股非债,无关所有权,仅和使用权相关,无收益分配权和剩余价值追索权。

对于ICO,投资者可从四个方面鉴别ICO项目质量:首先募资方需要保证在一定的时间内市面流通的代币是限量的-无限量供应的代币缺乏升值基础。其次募资方披露的项目信息应该是真实、完整的,不完整的信息应该引起警惕。第三,对于投资者来说,ICO的收益源于"代币"的广泛使用，而这具备很大的不确定性。国内的主流交易平台 okcoin 币行、火币网、比特币中国等，对于上什么样的币有筛选标准。而如果不能上线交易平台，币的流动性受限，价格或受影响。ICO 是一种高风险投资工具，募资方不应该向投资者承诺收益。第四，除了项目本身项目团队的技术能力、人员背景等信息也间接提示了项目质量。

【阅读与案例】

为了增进对货币的一般性知识，尼尔·弗格森的《货币崛起：金融如何影响世界历史》[1]是值得一读著作。这本书虽然不是严格意义上的学术专著，但由于作者是一流的历史学家，具有较为深厚的学术功底，同时又具有媒体写手的写作能力，因而对于了解货币，特别是传统货币，如黄金、纸币等的一般性历史进程及其在历史上的独特意义，该书的确值得一读。如果觉得弗格森的书没有太多关于传统货币的历史进程的叙述，也可参看专门讲述货币史的著作，如让·里瓦尔的《货币史》[2]等。此外，卡比尔·塞加尔的《货币简史：从花粉到美元，货币的下一站》[3]，则从历史、经济、文化、宗教、政治、艺术、生物、神经学乃至未来学的全景视角探讨了货币问题。

本章介绍了货币的一般含义与特征，同时也简要介绍了货币发展形态。其后介绍了电子货币和虚拟货币，特别是数字货币，乃是本章的重点。数字货币是广义的虚拟货币中的一种，与传统货币相比，数字货币的最大特征在于，该货币具有技术基础，第一种数字货币比特币是基于区块链技术创建的货币，这与传统货币十分不同。较少有传统货币是纯粹依靠技术来创建。关于广义虚拟货币，有两本书值得注意，一是保罗·维格纳和迈克尔·卡西的《加密货币：虚拟货币如何挑战全球经济秩序》[4]，二是爱德华·卡斯特罗诺瓦的《货币革命：改变经济未来的虚拟货币》[5]。

鉴于比特币的重要性，本章将其作为案例进行说明。在第四章和本章中，常常提到比特币，说明比特币的多种特性与作用。就比特币的含义来看，百度百科认为，比特币是一种基于 P2P 形式的数字货币。维基百科认为，比特币是一个世界性的虚拟和数字支付系统。该系统是 P2P 对等的，交易直接发生在用户之间，没有中间人。[6] Kubát 在《从货币定义和价值贮存的角度看比特币》[7]一文中对比特币的定义进行了多方面研究，该文第一

---

[1] 参看尼尔·弗格森：《货币崛起：金融如何影响世界历史》，中信出版社，2009 年 6 月。

[2] 参看让·里瓦尔：《货币史》，商务印书馆，2001 年 5 月。

[3] 参看卡比尔·塞加尔的《货币简史：从花粉到美元，货币的下一站》，中信出版社，2016 年 5 月。

[4] 参看保罗·维格纳、迈克尔·J. 卡西：《加密货币：虚拟货币如何挑战全球经济秩序》，人民邮电出版社，2015 年 5 月。

[5] 参看爱德华·卡斯特罗诺瓦：《货币革命：改变经济未来的虚拟货币》，中信出版社，2015 年 5 月。

[6] 参看百度百科、维基百科的比特币条目。

[7] Max Kubát. Virtual currency bitcoin in the scope of money definition and store of value. Procedia Economics and Finance, 2015(30): 409-416.

部分致力于回答"什么是比特币"的问题,具体分析比特币是否满足货币的理论、实证和法律等方面的定义。其中在法律方面,列举捷克、德国和欧盟的法律,并也概述美国和中国政府的态度。

虽然学术界对比特币是否是一般意义上的货币的问题有所争论,不过,在现实经济体系中,比特币的确具有价值,这从比特币与美元等法定货币的比值即可看出,以美元为例,最开始,比特币不足 1 美元,而现在已经值几千美元,显然比特币具有价值。那么可用什么方法来测量其价值?影响比特币价值的因素有哪些?这显然是值得研究的问题。在上文第四节中,曾介绍阿尔文德·纳拉亚南等在《区块链:技术驱动金融》中提出的以比特币为基础的数字货币的供求均衡模型,显然这一均衡值即为比特币的价值。当然,依据基本经济学理论,这个均衡价值也是价格。因而,在现实经济体系中,研究比特币的价值问题可以使用现实经济中比特币价格来进行。Hayes 在《虚拟货币的价值形成:作为比特币价值的生产成本模型的实证研究》[1]一文中,对该问题进行研究。作者分析了可能对比特币的价值产生影响的五个主要因素,即计算能力、货币生成速率、货币的开采程度、算法和货币寿命,并建立了几个计量模型对相关因素进行研究。其中,作者还使用 66 种数字加密货币的相关数据对该计量模型的参数进行最小二乘估计,并对各参数进行显著性检验。通过各种检验,作者最终得出结论:比特币的价值与设备计算能力、货币生成速度和使用的算法有关。由于这三个因素都与货币生产成本相关,因此作者认为货币的生产成本是影响其价值的最根本因素。作者认为,生产成本是挖掘比特币所需要成本,例如购买和安装挖掘所需硬件的费用,以及挖掘过程中所消耗的电费。具体来说,有四大成本:(1)电费,单位为每分/千小时;(2)每挖掘一单位比特币的能源消耗;(3)比特币与真实货币之间的汇率;(4)比特币挖掘算法的难度。作者认为,比特币的市场价格由其供给和需求的关系决定。生产的边际成本会形成价格的下界,该下界代表了比特币内在的价值,使得实际价格与长期期望价格相偏离。同时,作者认为,在生产成本中,边际成本对比特币的价值有很大影响,当挖掘比特币的边际成本小于或等于边际产出(换算成美元表示)时,市场的参与者才会去挖掘比特币。如果比特币市场是一个完全竞争市场,那么理论上认为边际成本应等于边际产出。可见,Hayes 的研究进一步丰富了阿尔文德·纳拉亚南等提出的数字货币的供求均衡模型。

在经济学理论模型中,商品的数量与其价格之间往往具有密切关系。Balcilar、Bouri、Gupta 和 Roubaud 在 2017 年发表于《经济模型》期刊中的论文对其进行了研究。[2] 该文采用非参数因果关系分位数测试方法,分析交易量与比特币收益和波动率之间的因果关系,获得比特币交易量与比特币的收益和波动率之间的一些关系。这种方法与依赖于条件均值的估计方法不同,采用这种方法,可以在条件分布的每一点检验因果关系表征,可以捕获收益和波动的整个条件分布,是一种更普遍的检验。这项研究突出了大数据分析中非线性建

---

[1] Adam S. Hayes. Cryptocurrency value formation: An empirical study leading to a cost of production model for valuing bitcoin. Telematics and Informatics, Available online, 2016(13): 1-14.

[2] Mehmet Balcilar, Elie Bouri, Rangan Gupta, David Roubaud. Can volume predict Bitcoin returns and volatility? A quantiles-based approach. Economic Modelling, 2017(64): 74-81。

模对于分析比特币收益和交易量之间的因果关系时的尾部行为的重要性。

结果表明，交易量可以预测收益，而不是波动，因为收益的因果关系不存在于看跌（低位数）和看涨（上分位数）阶段。因此，当市场在正常（即大致在中位数水平时）模式下运行时，数量确实可以预测收益，从而为比特币市场的投资者提供宝贵的预测信息。然而，当市场表现良好（即牛市）或不好（即熊市）时，预测未来收益的重要因素都是过去的价值，这时收益与数量之间几乎没有关系，换句话说，当市场处于牛市或者熊市的时候，不能通过交易量预测收益。

【概念】

货币、价值尺度、交易媒介（或流通手段）、支付手段、价值贮藏、商品货币、代用货币、信用货币、纸币、传统货币、互联网货币、电子货币、虚拟货币、数字货币、储值卡、信用卡、电子支票、电子钱包、网豆、Q币、积分金币、游戏币、网络消费币、法币预付充值型虚拟货币、网络活动卷入型网络虚拟货币、非加密货币、数字黄金货币、加密货币、民间数字货币、法定数字货币、比特币、以太币、瑞波币、莱特币、借币收费过程、矿工、挖矿、以太坊、数字货币的供求均衡模型

【思考题】

1. 简述货币的含义与职能。
2. 简述货币的深化与各种货币形态。
3. 简述互联网货币的含义及其与传统货币的区别。
4. 简述互联网货币的基本特征。
5. 简述电子货币的含义与特征。
6. 简述电子货币的类型。
7. 简述虚拟货币的含义与主要类型。
8. 虚拟货币与法定货币、电子货币的比较。
9. 虚拟货币的发行与流通。
10. 简述数字货币的含义与类型。
11. 简述数字货币的特征。
12. 简述数字货币的技术基础。
13. 数字货币的发行、流通与交易。
14. 数字货币的供求模型及其他影响因素。
15. 简述比特币价值的测量与影响因素。

第四章 互联网支付

第一节 互联网支付概述

一、互联网支付

互联网支付是指通过计算机、移动终端等电子设备,依托互联网发布支付指令,为收、付款客户提供货币资金转移服务的活动。如网银、第三方支付和移动支付等都属于互联网支付的范围①。

与传统支付相比,互联网支付具有下列特征:

(1)支付基础。互联网支付需要基于现代通信技术,如因特网、移动互联网等,需要有较高水平的硬件系统和相关的软件等设施,需要有联网的电脑和手机等,而传统支付只需要传统的通信媒介,其基础不同。

(2)支付形式。互联网支付是通过数字形式来进行,各种支付指令都表现为计算机和移动设备中的数字,而传统支付主要是通过现金的流动、票据的转让和银行的汇兑等物理实体的流动来完成。

(3)账户介质。在传统支付中,银行等中介机构发挥重要作用。如在 POS 机收单模式下,以银行卡作为用户账户的主要介质。而在互联网支付中,账户一般是网络注册的字符代码。

(4)支付限制。在传统支付中,支付时间和场所有一定的限制,往往受到相关厂商的营业时间和营业地点等影响。在互联网支付中,几乎没有时间的地区限制,只要互联网所到之处,且互联网正常运营,就可以随时随地进行支付活动。

(5)支付效率。传统支付需要许多机构和人员介于其中,往往耗费大量成本,完成一笔支付的效率常常不高。而互联网支付只需要相应的计算机网络和移动网络介于其中,减少了许多成本,其效率也更高。

互联网支付的出现,为金融交易提供了成本低且效率高的资金转移手段,扩展了金融

---

① 参看中国互联网金融协会:《2016 中国互联网金融年报》,中国金融出版社,2016 年 11 月;陈中放、胡军辉:《互联网金融》,高等教育出版社,2017 年 1 月。

服务的广度与深度,对于经济与社会发展具有重要的意义和作用有①:

(1)互联网支付的价值已经超过支付业务本身的价值。传统支付的作用是为了交易双方最终完成交易而进行的收付款形式的债权债务转移,在这一过程中,往往是银行作为支付中介,其目的单一,信息有限。在互联网时代,随着互联网支付的兴起与发展,虽然支付的仍然是为了债权债务的结算,但信息却大大增加,通过对这些信息进行收集、整理、分析和计算等,可以获得远远超过其支付的价值。

(2)互联网支付提升了支付服务的水平。在传统支付中,银行服务的对象往往较少,且主要是一些具有较大量资金的客户,一般客户较难享受银行的支付服务。同时,银行在进行支付活动中,会耗费大量的成本,其效率也较低。互联网支付出现后,因为其支付服务基本上没有门槛限制,其服务的对象快速增加,同时,由于使用新型的技术手段,其效率也较高。

(3)互联网支付进一步推动数字化趋势。在传统支付中,其主要的记载工具是纸张,任何支付行为都需要在纸张上留下记载,以备后来之用。在计算机网络安全或互联网逐步形成的过程中,记载工具的形式从以纸张为主(即纸基)逐步转变为以信用卡等为主(即卡基),目前,又进一步向纯粹的数字形式(即数基)转移,且数字化程度正在快速上升。

二、互联网支付平台的简要模型②

如果在市场交易中设置为交易过程中支付行为服务的平台,那么该支付平台可以是介于消费者和商家之间的机构,为交易双方提供虚拟账户、便利在线支付,并提供网上交易查询等功能,并能起到信用担保作用。这种平台可以是传统金融机构,如银行等,也可以是互联网机构,如目前作为互联网支付平台典型代表的第三方支付平台等。不过,在有第三方支付平台的场合,第三方支付平台将与商业银行合作,以银行的支付结算功能为基础,可同时提供多种银行卡的网关接口。商家无需自行开发支付系统,同时还在消费者与商家之间充当中介提供信用担保,在一定程度上化解了网上交易的风险,从而促进网上交易的达成。

一般来说,互联网支付平台具有双边市场的特征,其两边最终用户分别是消费者和商家,支付平台分别向双边用户提供便利的在线支付服务。消费者在进行网上购物时,需要使用支付平台的付款服务;同样商家也需要使用支付平台的收款服务。付款和收款可以看作一对互补的产品或服务,而平台则是付款方与收款方之间的中介。在这种支付网络中,间接网络外部性普遍存在于互补的产品或者服务之间,支付聚集的消费者用户越多,就会

---

① 参看中国互联网金融协会:《2016中国互联网金融年报》,中国金融出版社,2016年11月。
② 参看付华、赵丽:基于双边市场理论的第三方支付竞争研究,载《商业时代》(原名《商业经济研究》),2013(27):53-55;郝雅红:《支付机构业务发展及中央银行监管研究》,中国社会科学院研究生院博士论文,来自《中国知网》,2014年4月。还有一些文献应用复杂网络理论对基于双边市场理论的互联网支付问题进行研究,如可参看柯玲芬:《基于复杂网络的第三方支付平台定价策略研究》,浙江师范大学硕士论文,来自《中国知网》,2015年5月。

产生越多的支付需求,从而吸引越多的商家使用支付宝进行收款,最终又会提高消费者用户对于支付产品的效用评价。

对于这种具有双边市场特征的支付平台,可应用第二章所介绍的双边市场理论模型进行简要说明。只是这里的参与者共有四个经济主体,即消费者、生产者、互联网平台、传统银行。其他假设与第二章的模型相同,其使用的数学符号也相同。不过,由于有互联网平台和传统银行,这里进一步假设互联网支付平台和传统银行采取分成的方式共享消费者和商户的手续费,互联网平台获取的比例为 $0<s<1$,而传统银行获得的比例为 $1-s$。这样,互联网支付平台的利润为:

$$\pi = n_A(sp_A - c_A) + n_B(sp_B - c_B) \tag{4-1}$$

通过利润最大化,可得到垄断平台的定价策略为:

$$p_i = \frac{c_i}{s} - (k_j)n_j + \frac{D_i(u_i)}{D'_i(u_i)} \tag{4-2}$$

显然,这里的关键是互联网支付平台与传统银行对手续费的分割。对于这种模型,可进一步进行扩展,如考虑应用博弈论进一步分析互联网支付平台与传统银行的分割行为。当然,除此以外,在支付领域中还有许多问题,可应用双边市场理论进行更为细致的研究。

第二节 电 子 支 付

一、定义

可将电子支付定义如下:电子支付是指以电子货币和各种电子化工具为媒介,以现代电子识别技术(如磁条识别、射频识别技术等)、通信技术(如近场通信技术、远程通信技术、互联技术等)和计算机技术(如数据处理、网络连接等)为手段,通过计算机网络系统或互联网系统以数据加密传输的形式实现货币价值和资金转移的各种现代支付方式的总称。

简单地说,电子货币是指可以通过电子媒介转移用于支付结算的资金和货币价值。从类别来看,包括通货替代型电子货币(如储值卡)、存款依附型电子货币(如带有电子支付功能的借记卡)和信用型电子货币(如信用卡)等。由于电子支付的顺利完成依赖与之配套的电子支付系统,如智能卡支付功能的实现就涉及芯片设计生产、智能卡制作、读写机具的设计生产、智能卡的发放和使用管理等诸多环节,而单个支付服务提供商只是整个电子支付价值链上的一个环节,因此,随着电子支付的发展,逐渐形成了一个相对独立的产业——电子支付产业。就智能卡而言,我国几年前就已经建立起包括芯片设计和生产,模块与 IC 卡片制造、读写机具研制及应用软件开发、系统集成、整体解决方案提供和技术支持服务等在内的完整智能卡产业链。

电子支付包括下列流程:支付的发起、支付指令的交换与清算、支付的结算等环节。

其中，清算，指结算之前对支付指令进行发送、对账、确认的处理，还可能包括指令的轧差；轧差，指交易伙伴或参与方之间各种余额或债务的对冲，以产生结算的最终余额；结算，指双方或多方对支付交易相关债务的清偿。严格意义上，清算与结算是不同的过程，清算的目的是结算。但在一些金融系统中清算与结算并不严格区分，或者清算与结算同时发生。

一般来说，电子支付的发展阶段如下：第一阶段是银行利用计算机处理银行之间的业务，办理结算；第二阶段是银行计算机与其他机构计算机之间资金的结算，如代发工资等业务；第三阶段是利用网络终端向客户提供各项银行服务，如自助银行；第四阶段是利用银行销售终端向客户提供自动的扣款服务；第五阶段是最新阶段也就是基于互联网的电子支付，它将第四阶段的电子支付系统与互联网的整合，实现随时随地通过互联网进行直接转账结算，形成电子商务交易支付平台。

二、电子支付与在线电子支付、电子商务支付

在线电子支付不等同于电子支付。因为在电子商务出现之前，以信用卡为代表的电子支付手段早已实现，信用卡可在商场、饭店等许多场所使用，可采用刷卡记账、POS 终端结账、ATM 机提取现金等方式进行支付。而在线电子支付，又可称为网上支付、电子货币支付，从广义上来说，是指交易双方在网上发生的一种资金交换；它是以金融电子化网络为基础，以商用电子化机具和各类交易卡为媒介，以电子计算机技术和通信技术为手段，以电子数据（二进制数据）形式存储在银行的计算机系统中，并通过计算机网络系统以电子信息传递形式实现的流通和支付。电子支付系统是实现在线支付的基础，而在线支付则是电子支付系统发展的更高形式，它使得电子支付可随时随地通过互联网进行直接转账、结算，形成电子商务环境。

在线电子支付系统多种多样，主要有网上银行卡支付系统、电子现金支付系统、电子钱包支付系统、电子支票支付系统等几种形式。

电子支付往往与电子商务相互联系。电子商务支付是在电子商务活动中完成资金划拨的电子支付。通过与电子支付的定义进行比较分析，有助于深入剖析电子商务支付的内涵。电子商务支付和电子支付的范畴不同，电子支付中基于银行的网上支付、移动支付等支付手段可以用于电子商务支付，这是两者相同之处。但是电子商务中还有很多支付系统，比如微支付，是游离于银行系统外的电子商务支付，类似的还包括虚拟币支付等（参看下节）。其不同点主要表现在：

首先是支付的主体的不同。电子支付的主体是银行业金融机构，而电子商务支付的主体可以是金融机构，也可能是非金融机构。电子支付行为必须是由银行发起，同时只有用户在银行中申请的支付结算账户才能作为电子支付账户。电子商务支付在很多情况下是可以在无需银行业金融机构的参与下完成商务活动中的资金转移。

其次是支付服务对象不同。电子商务支付的服务对象是电子商务的交易方。电子支付更多体现的是金融业信息化的结晶，是传统商业银行的支付现代化的成果，不仅可以服务于电子商务，还服务电子商务以外的其他社会领域。

最后是支付工具的不同。电子商务支付的支付工具，既有银行业金融机构的电子支付工具，也有在电子商务实践中，由事实存在的很多非金融机构发起的电子支付工具，如虚拟货币等。

三、电子支付的类型

电子支付的业务类型按电子支付指令发起方式分为网上支付、电话支付、移动支付、销售点终端交易、自动柜员机交易和其他电子支付等。

其中，网上支付是电子支付的一种形式。广义地讲，网上支付是以互联网为基础，利用银行所支持的某种数字金融工具，发生在购买者和销售者之间的金融交换。而实现从买者到金融机构、商家之间的在线货币支付、现金流转、资金清算、查询统计等过程，由此电子商务服务和其他服务提供金融支持。

电话支付是电子支付的一种线下实现形式，是指消费者使用电话（固定电话、手机、小灵通）或其他类似电话的终端设备，通过银行系统就能从个人银行账户里直接完成付款的方式。

移动支付是使用移动设备通过无线方式完成支付行为的一种新型的支付方式。移动支付所使用的移动终端可以是手机、PDA、移动 PC 等。

四、电子支付工具

随着计算机技术的发展，电子支付的工具越来越多。这些支付工具可以分为三大类：电子信用卡类，包括智能卡、借记卡、电话卡等；电子货币类，如电子现金、电子钱包等；电子支票类，如电子支票、电子汇款（EFT）、电子划款等。这些电子支付工具各有自己的特点和运作模式，适用于不同的交易过程。以下介绍电子信用卡、电子钱包、电子现金、电子支票和智能卡等。

（一）电子信用卡

银行卡。银行卡是指经批准由商业银行（含邮政金融机构）向社会发行的具有消费信用、转账结算、存取现金等全部或部分功能的信用支付工具，其基本当事人有三个：银行、持卡人、商户。银行卡按照其是否具有透支功能分为借记卡和信用卡。其中借记卡又分为转账卡（含储蓄卡）、专用卡和储值卡，信用卡又分为贷记卡和准贷记卡。

信用卡是市场经济与计算机通信技术相结合的产物，是一种特殊的金融商品和金融工具。信用卡是银行或专门的发卡机构发给消费者使用的一种信任凭证，是一种把支付与信贷两项银行基本功能融为一体的业务。银行或发卡机构规定一定的信用额度，发给信用情况较好的企业和有稳定收入的消费者。持卡人就可以凭卡到指定的银行存取现金，到指定的特约商家消费，受理信用卡的商家将持卡消费者签出的账单送交给银行或发卡机构，由银行或发卡机构向持卡人收账。信用卡支付对于卖方来说具有加速商品推销及流通的优点，对于买方来说具有先消费后付款、避免携带大量现金的优点，而对于信用卡发行机构来说则有可以收取手续费、发放贷款取得利息、扩大资金周转的优点。

智能卡产生于法国。20世纪70年代中期，法国Roland Moreno公司采取在一张塑料卡片上安装嵌入式存储器芯片的方法，率先开发成功IC存储卡。20多年后，真正意义上的智能卡，即在塑料卡上安装嵌入式微型控制器芯片的IC卡，已由摩托罗拉和Bull HN公司于1997年研制成功。在美国，人们更多地使用ATM卡。智能卡与ATM卡的区别在于两者分别是通过嵌入式芯片和磁条来储存信息。但由于智能卡存储信息量较大，存储信息的范围较广，安全性也较好，因而逐渐引起人们的重视。近年来，中国国家金卡工程取得了令人瞩目的成绩，目前，IC卡已在金融、电信、社会保障、税务、公安、交通、建设及公用事业、石油石化、组织机构代码管理等许多领域得到广泛应用，像第二代居民身份证(卡)、社会保障IC卡、城市交通IC卡、电话IC卡、三表(水电气)IC卡、消费IC卡等行业IC卡应用已经渗透到百姓生活的方方面面，并取得了较好的社会效益和经济效益，这对提高各行业及地方政府的现代化管理水平，改变人民的生活模式和提高生活质量，推动国民经济和社会信息化进程发挥了重要作用。

(二) 电子钱包

随着技术的发展，信用卡由磁条卡发展为能够读写大量数据、更加安全的智能卡，人们称其为电子钱包。电子钱包是用集成电路芯片来储存电子货币，并被顾客用来作为电子购物活动中常用的一种支付方式。是在小额购物或购买小商品时常用的新式钱包。使用电子钱包的顾客通常在银行里都有账户。用电子钱包购物，通常需要在电子钱包服务系统中进行。电子商务活动中的电子钱包的软件通常都是免费提供的，可以直接使用与自己银行账号相连接的电子商务系统服务器上的电子钱包软件，也可以从因特网上直接调出来使用，采用各种保密方式利用因特网上的电子钱包软件。在使用电子钱包时，将相关的应用软件安装到电子商务服务器上，利用电子钱包服务系统就可以把自己的各种电子货币或信用卡上的数据输入进去，并且在相互认可的情况下，也可以在多个电子钱包之间划拨资金。

电子钱包一直是全世界各国开展电子商务活动中的热门话题，也是实现全球电子化交易和因特网交易的一种重要工具，全球已有很多国家正在建立电子钱包系统以便取代现金交易的模式。

目前，世界上有VISA cash和Mondex两大电子钱包服务系统，其他电子钱包服务系统还有HP公司的电子支付应用软件(VWALLET)、微软公司的电子钱包MS Wallet、IBM公司的Commerce POINT Wallet软件、Master Card cash、Euro Pay的Clip和比利时的Proton等。

(三) 电子现金

电子现金(E-cash)是一种以数据形式流通的货币，通过互联网购买商品或服务时使用。电子现金把现金数值转换成为一系列的加密序列数，通过这些序列数来表示现实中各种金额的市值，用户在开展电子现金业务的银行开设账户，并在账户内存钱后，就可以在接受电子现金的商店购物了。

电子现金从产生到投入应用，具备下列特点：(1)货币价值。电子现金必须有银行的认证和信用与资金支持，才有公信的价值。(2)可分性。电子现金可用若干种货币单位，并且可像普通的纸质现金一样，把大钱分为小钱。(3)可交换性。电子现金可以与纸币、商品与服务、银行账户存储金额、支票等进行互换。(4)不可重复性。电子现金不能被重复使用和复制，故发行银行应建立事后检测和惩罚的机制。(5)可存储性。从银行账户中提取的电子现金能够安全地存储在客户的计算机硬盘、智能卡或电子钱包等专用设备中。

电子现金支付的主要特点如下：(1)银行与卖方之间应有协议和授权关系。(2)买方、卖方和 E-cash 银行都需要使用 E-cash 软件。(3)比较适合互联网上一些小额资金的支付结算，像 CtoC 电子商务。(4)身份验证由 E-cash 本身完成。(5)E-cash 银行负责买方和卖方之间资金的转移。(6)具有现金特点，可以存、取、转让，并且安全性也比较好。

电子现金的发行方式包括预付卡式电子现金和纯电子形式电子现金两种。电子现金的应用过程可分为五步：(1)购买电子现金。卖方在电子现金发布银行开电子现金账号并购买电子现金。(2)存储。使用 PC 的终端软件从银行取出一定数量的电子现金存入硬盘。(3)用电子现金购买商品或服务。买方同意接收电子现金的卖方订货，用卖方的公钥加密电子现金后，传送给卖方。(4)资金结算。接收电子现金的卖方与电子现金发行银行之间进行结算，电子现金银行将买方购买商品花费的钱数支付给卖方。(5)确认订单。卖方获得付款后，向买方发送订单确认信息并发货。

电子现金支付比实际现金支付具有一些优点，实际现金要承担较大的存储风险、高昂的传输费用、较大的安全保卫和防伪的投资。不过，也有一些缺点是，如硬盘出现故障的时候，如果没有备份，会导致现金丢失；目前仍然没有一套国际兼容的统一技术与应用标准；对客户、商家和银行的计算机软、硬件要求较高等，这些情况阻碍了电子现金的流通。此外，电子现金的灵活性和不可跟踪性也带来了发行、管理和安全验证等一系列问题。

目前，国际上流行的电子现金支付系统有：由英国 Wet Minster 银行和 MidLand 银行联合开发的以智能卡为存储介质的电子现金系统 Mondex，由美国南加利福尼亚大学设计的 NetCash 系统等。

(四)电子支票

电子支票是一种借鉴纸张支票转移支付的优点，利用数字传递将钱款从一个账户转移到另一个账户的电子付款形式。电子支票是将传统支票的全部内容电子化和数字化，形成标准格式的电子版，借助计算机网络或互联网完成其在客户之间、银行与客户之间以及银行与银行之间的传递与处理，从而实现银行客户间的资金支付结算。它包含与纸质支票一样的信息，如支票号、收款人姓名、签发人账号、支票金额、签发日期、开户银行名称等，具有和传统支票一样的功能。电子支票的支付是在与商户及银行相连的网络上以密码方式传递的，多数使用公用关键字加密签名或个人身份证号码(PIN)代替手写签名。用电子支票支付，事务处理费用较低，银行也能为参与电子商务的商户提供标准化的资金信息，是较有效率的支付手段。

电子支票与传统支票相比，具有如下一些主要特点：(1)电子支票在内容、外观、工作方式上均与传统支票十分相似,容易被客户理解和接受。(2)电子支票较好地支持了企业与企业间、企业与政府部门间的电子商务市场。非常适合 B to B 电子商务的中大额支付结算。(3)电子支票技术将互联网的公共网络连入金融支付和银行清算网络。(4)采用先进的技术,使得伪造一个电子支票比伪造一个传统支票的难度大。(5)电子支票的处理过程自动化与网络化,帮助银行缓解了处理支票的压力,节省了大量的人力和物力,降低了处理成本。(6)第三方金融服务者不仅可以从交易双方处抽取固定交易费用或按一定比例抽取费用,还可以提供存款账目查询服务,因此它可以提高客户满意度,给金融机构带来新的收益。

电子支票支付系统的业务流程如下:(1)客户向银行开设存款账户,存入存款,申请电子支票的使用权。(2)客户的开户行审核申请人的资信情况,决定是否给予其使用电子支票的权利。(3)客户网络购物,填写订单,使用电子支票生成器和开户行的授权证明文件生成此笔支付的电子支票,一同发往商家。(4)商家将支票信息通过支付网关发往收单银行请求验证,并将通过验证后的信息传回商家。(5)若支票有效,商家则确认客户的购货行为并组织发货。(6)在支票到期日前,商家将支票向收单银行提示,请求兑付。

第三节　虚拟网络支付

一、虚拟网络支付的含义、特征与意义

(一)虚拟网络支付的含义

本节讨论与上一章所介绍的虚拟货币相对应的虚拟网络支付问题。不过,由于支付问题还会涉及一些支付工具,因而,这里的讨论会比上一章介绍的虚拟货币涉及更多的内容。

首先来对相关概念进行定义。从相关资料来看,既有虚拟支付的概念,也有网络支付的概念,而且其中定义与电子支付的概念也有重合之处[①]。这里,为了说明的方便,使用虚拟网络支付的用语。所谓虚拟网络支付是指电子交易的当事人,包括消费者、厂商、和金融机构,使用安全电子支付手段通过网络进行的货币支付或资金流转,包括网银支付、第三方支付、手机支付、虚拟货币支付等。其中网银支付涉及网上银行,网上银行是银行在互联网上设立的站点,客户可以通过登录该站点,实现账户查询管理、资金划转、产品购买等业务。网银支付是虚拟支付的先驱,是指通过网络等通信渠道,通过向银行发送指令,从而实现资金转移、完成支付行为的过程。第三方支付是指具备实力和信誉保障的第

---

① 参看百度百科的网络支付、虚拟支付等相关条目。同时参看王君:《电子商务网络支付安全体系研究》,贵州大学硕士论文,来自《中国知网》,2007 年 11 月;孙萱:《虚拟支付条件下的消费者行为研究》,复旦大学硕士论文,来自《中国知网》,2012 年 4 月。

三方企业和国内外的各大银行签约，为买方和卖方提供的信用增强。在银行的直接支付环节中增加一个中介，在通过第三方支付平台交易时进行的支付活动。手机支付也称为移动支付，是指允许移动用户使用其移动终端（通常是指手机）对所消费的商品或服务进行账务支付的一种服务方式。虚拟货币支付可以看成以第三章介绍的虚拟货币为其支付工具进行货币价值的转移行为。总的来说，虚拟网络支付可以看成除电子货币和数字货币支付以外的所有其他货币与支付工具进行的资产价值支出、清算和结算等行为的总和。

（二）虚拟网络支付的特征

相对于传统支付，虚拟网络支付具有下列特征：

（1）使用的是最先进的通信手段，支付过程方便快速。虚拟网络支付通常是以计算机、手机为媒介，通过在计算机或者手机的互联网浏览页面上进行点击操作来完成支付过程，根据支付方式不同，有时候两者的支付行为会交叉。所以，用户需要具备一定的计算机、手机等工具操作技能知识。随着计算机、手机、互联网知识的普及，为虚拟网络支付的发展创造了良好的条件，虚拟网络支付界面设计友好，操作简便，用户体验良好，同时，支付页面跳转迅速，资金及时到账。虚拟网络支付中的资金使用电子货币记账，相较传统支付省却了货币清点步骤，其花费的时间较传统支付大大缩短，提高了支付效率。支付过程对支付时间段、支付地点无特别的要求，可以使用零碎时间进行支付，此外，对空间没有特殊要求，增加了用户使用的概率分布区间。

（2）通过先进准确的数字流传递，在完成相关支付信息传输的同时，也能够长期保留信息，形成可追溯性。由于虚拟网络支付是通过计算机端或手机客户端在互联网上进行，虚拟支付提供商通常会为用户完整地保留其消费时间、金额、数量、标的等相关商品信息和支付记录，并对用户本人开放。对于用户来说，可以通过交易记录的追溯来记录账目，更重要的是可以方便地找到自己曾经消费过的商店和商品，对提高用户黏性有至关重要的作用。而对于虚拟网络支付供应商来说，虚拟网络支付的可追溯性为其风险监控提供了条件，保留交易记录和消费流水，为投诉处理、纠纷仲裁、提供法律证据等提供了相关条件。

（3）具有方便、快捷、高效、经济的优势。虚拟网络支付的时间成本低。网络上商品丰富种类齐全，使用虚拟网络支付可以足不出户就购买到想要的商品，节省了传统支付中购买的路途时间、选择比价时间、扑空的时间成本以及购买商品的机会成本。由于虚拟网络支付有着自助操作特性，很多商品的信息都公开透明，在购买时无需高密度的询问和过多的沟通，简单的排序操作也减少了信息搜寻时间，这在很大程度上节约了时间成本。

（4）具有较高的安全性。虚拟网络支付利用非实物货币交易特点，完全规避了传统支付面临的风险，如假钞等，使支付相对更安全，不过，虚拟网络支付仍存在许多和传统支付相似的风险，如系统性风险和非系统性风险。其中，系统性风险包括收钱不发货诈骗、货不对板、以次充好等信用风险；非系统性风险包括钓鱼网站、网络病毒等支付系统安全级别低而影响到交易信息和资金安全的风险。为了降低系统性风险，虚拟网络支付建立了消费者评价参考体系，使违法违规信息透明化，并提供了三方担保、货到付款、退货运费保险等新型配套服务，从机制上遏制了信用风险的产生。为了规避非系统性风险，虚拟网络支付提高安全技术含量,提供了数字证书、手机计算机 EKEY 交叉验证,从技术上提高用户资金的安全性,并推出了绑定信用卡的快捷支付服务,减少中间环节,保护了客户交易信息的安全性。

(5)在小额支付方面占据优势。相对于传统支付方式,虚拟网络支付可以方便地进行小额支付,无需繁琐的货币清点数步骤,也避免了找零工作,不但降低了时间成本、人力成本,也大大减少犯错机会。对于金额较小的支付来说,传统支付的固定成本比较高,比如时间、人力的花费等,有时甚至超过了小额支付标的本身的价值,边际投入的收益非常低,甚至可能为负值,所以使很多人不愿意频繁发生小额支付行为。而通过虚拟网络支付进行小额支付操作,固定成本非常低,几乎可以忽略不计,使得消费者更愿意使用虚拟支付并更高频率地进行小金额的消费。

(三)虚拟网络支付的意义

(1)对厂商的意义。虚拟网络支付使厂商能够通过提供更快、更便捷的服务来提高客户满意度;可将业务扩展到全球范围,而不必在多个地点设置物理业务点;将付款与客户关系管理和会员方案等整合在一起;通过减少现金的处理过程而降低成本。虚拟支付消费引导的商业模式,相对于传统商业模式来说,厂商的成本结构发生很大的变化,固定资产投资减少,固定成本降低,中间环节减少也带动了成本下降,厂商供给曲线右移,商品价格降低。同时,由于信息传播速度快,市场充分竞争,整体价格降低,厂商无法长时间通过低成本获得超额利润。所以,一方面,厂商倾向投入成本开发新产品,来获得超额利润,由于超额利润随着产品的生命周期而递减,厂商只有通过加速产品更新换代,缩短产品的生命周期,来支持厂商不断获得超额收益;另一方面,厂商倾向于细分产品,用不同的产品满足不同偏好的消费者,使消费者有支付意愿,从而最大化地获取消费者福利,将其转化为厂商福利。

(2)对消费者的意义。虚拟网络支付使用虚拟支付可以省去不必要的大量时间成本,支付快捷便利,便于小额支付,大大节约了时间成本,而且互联网上资源丰富,可供选择的商品种类非常丰富,价格低廉,消费选择可以更加灵活多样。虚拟支付降低了单件商品的价格,在预算约束不变的情况下,用户可以获得更多的产品,更多的商品意味着效用提高,消费者的无差异曲线向右移动,而由于商品选择面更广泛,消费者能找到对自己更优的商品组合,即获得更高的组合效用,消费者福利增加。

(3)对政府的意义。一方面,虚拟支付可以提高透明度和追踪能力,降低税收成本,使得税收工作更容易开展。另一方面,无论是厂商还是消费者,都获得效用的提高,总效用在更高的点上达到均衡,社会总福利增加。这种新兴的商业模式,将逐步淘汰不合时宜的产业,并对服务支持和业务提出新的需求,催生新的产业(例如物流、包装、网店装修等),引起社会产业结构的变化,从而推动社会转型发展。

(4)对商业银行的意义。由于虚拟网络支付的便利性、小额支付等特性,虚拟支付总量在国民经济中占比的不断提高,逐步挤占了现金交易。由于虚拟支付使用的电子货币从消费者转移到厂商的整个过程中,都在商业银行记账,货币从一个银行转到另一个银行,一个商业银行的负债减少,另一个商业银行的资产增加,期间并没有发生现金漏出。所以，当其他条件不变的前提下，货币乘数也将不断攀升，一单位基础货币创造的实际货币供应量更大，央行可以发行较少的基础货币来满足货币流通的需要，与此同时，对于央行通过基础货币投放来调节货币供应量的措施也需要更谨慎。

(四)虚拟网络支付系统

虚拟网络支付的总和表现为虚拟网络支付系统。虚拟网络支付系统是融购物流程、支付工具、安全技术、认证体系、信用体系及金融体系为一体的综合大系统。虚拟网络支付的过程涉及客户、商家、银行、认证部门之间的安全商务互动。

虚拟网络支付系统组成部分如下：(1)客户：是指与某商家有交易关系并存在未清偿的债权债务关系(一般是债务)的一方。客户用自己拥有的支付工具来发起支付，是网络支付体系运作的原因和起点。(2)商家：是拥有债权的商品交易的另一方，它可以根据客户发起的支付指令向金融体系请求获取货币给付。这个过程一般由商家的后台服务器来处理。(3)客户开户行：是指客户在其中拥有资金账户的银行，它在提供支付工具的同时也提供了一种银行信用。(4)商家开户行：是指商家在其中开设账户的银行，其账户是整个支付过程中资金流向的地方，商家把客户的支付指令提交给它的开户行后，就由开户行进行支付授权的请求以及商家开户行与客户开户行之间的清算等工作。(5)支付网关：是互联网与银行内部的金融专用网之间的安全接口，支付信息必须通过支付网关才能进入银行支付系统，进而完成支付的授权和获取。(6)金融专用网：是银行内部及行间进行通信的网络，具有较高的安全性。(7)认证机构(CA)：主要负责为参与的各方(客户、商家、支付网关、银行)发放数字证书，以确认各方的真实身份，保证网络支付的安全性。认证机构(CA)类似于传统商务中工商管理局的作用。

除以上参与各方外，虚拟网络支付系统的构成还包括支付中使用的支付工具以及遵循的支付协议。虚拟网络支付工具常用的有网络银行卡、虚拟货币等。支付协议有 SSL 与 SET 协议等，这些协议规定了网络支付过程中信息的流动规则和安全保护模式。

虚拟网络支付系统具有重要功能和作用，表现在下列几个方面：

(1)即时结算。这是虚拟网络支付系统最基本的功能，其表现是效率较高，成本较低，且使客户现场参与其中，获取较大收益。

(2)安全保障。其表现是使用加密技术，对相关支付信息进行加密，可以防止未被授权的第三者获取信息。同时使用数字签名和数字证书实现对参与各方的认证，防止支付欺诈。

(3)信用评估。其表现是能够向客户和商家提供有关的信用评估信息，或以自己的信用提供相应担保，以便当出现支付纠纷时，保证对相关行为的不可否认性。

(4)方便易用。其表现是整个支付结算过程对参与各方，特别对客户来讲，方便易用，手续和过程相对较为简单。

(5)多边支付。其表现是能够顾及多方，如客户、商家和银行等，各方的支付可能通过相关技术同时完成。

二、虚拟网络支付的基本形式

虚拟网络支付的几种基本形式是：网银支付、第三方支付、移动支付、虚拟货币支付等，以下对这几方面进行说明①。

(一) 网银支付

网络银行是银行利用互联网将客户的计算机连接到银行网站，实现将银行的金融服务直接送到客户办公室、家中和手中的金融服务系统。根据提供的业务是针对个人用户还是企业用户，可分为个人网络银行和企业网络银行两种。

其中，个人网络银行是指银行利用互联网技术，通过建立自己的互联网站点和万维网主页，向个体消费者提供开户、销户、查询、对账、转账、支付结算、信贷、网络证券、投资理财等服务项目，是网络银行提供的一种针对个人用户的业务。

企业网络银行支付是指银行利用互联网技术，通过建立自己的互联网站点和万维网主页，向企业客户提供账务查询、内部转账、对外支付、代发工资、银行信息通知、金融信息查询等金融服务业务。

不过，由于这种支付活动涉及许多经济主体，商业银行根据接收业务的不同，既扮演发卡行的角色，也扮演收单行的角色，会同时接收多种划入指令和划出指令。这对商业银行的服务器和技术水平形成挑战，商业银行往往力不胜任。于是银联作为第三方机构参与其中，银联最初是参与支付的后台业务，统一收集发卡行划出的资金，经集中处理后，再将划入资金发送给收单行，进行资金划拨，即承担了集中清算的职责。由于现实的支付活动这样进行，因而百度百科认为，网银支付是银联最为成熟的在线支付功能之一，也是网民在线支付的首选方式，是国内电子商务企业提供在线交易服务不可或缺的功能之一。其特点是银行卡需事先开通网银支付功能，且在支付时是在银行网银页面输入银行卡信息并验证支付密码，具有稳定易用、安全可靠的特点。

网银支付的流程和交易机制如下：在没有银联的场合，网上银行支付涉及的主体有消费者、发卡机构、收单机构、商户。其业务流程为：消费者进行消费，登录互联网发送指令通过其指定的商业银行(发卡行)进行支付，商业银行 A (发卡行)扣减消费者账户的资金，将此笔资金划转到商户指定的商业银行 B (收单行)，商业银行(收单行)将资金划转到商户的账户，商户银行账户资金增加，至此支付完成。在银联介入的场合，消费者进行消费，登录互联网发送指令通过其指定的商业银行(发卡行)进行支付，商业银行 A (发卡行)扣减消费者账户的资金，将此笔资金划转到第三方机构(例如银联)，第三方机构收集到相关信息后，进行集中处理，清算后，将资金划拨到商户指定的商业银行 B (收单行)，完成银行间交收，商业银行(收单行)将资金划转到商户的账户，商户银行账户资金增加，至此支付完成。

---

① 参看百度百科的网络支付、虚拟支付等条目。同时参看孙萱：《虚拟支付条件下的消费者行为研究》，复旦大学硕士论文，来自《中国知网》，2012 年 4 月。

(二) 第三方支付[①]

第三方支付是指具备实力和信誉保障的第三方企业和国内外的各大银行签约，为买方和卖方提供的信用增强。在银行的直接支付环节中增加一中介，在通过第三方支付平台交易时，买方选购商品，将款项不直接打给卖方而是付给中介，中介通知卖家发货；买方收到商品后，通知付款，中介将款项转至卖家账户。

最常用的第三方支付是支付宝、财付通、环迅支付、易宝支付、快钱、网银在线，其中用户最常选择的独立网商或有支付业务的网站是支付宝、环迅支付、易宝支付、快钱这四家。

支付宝：支付宝（中国）网络技术有限公司是国内领先的独立第三方支付平台，是由阿里巴巴集团 CEO 马云创立的第三方支付平台，是阿里巴巴集团的关联公司。支付宝致力于为中国电子商务提供"简单、安全、快速"的在线支付解决方案。具体来说，支付宝服务自 2003 年 10 月 18 日在淘宝网推出以来，在短短的几年时间，迅速成为会员网上交易不可缺少的支付方式，深受淘宝会员喜爱。经过不断的改进，支付宝服务日趋完善。为了更好地运营支付宝，为用户提供更优质的服务，成立了支付宝公司，并于 2004 年 12 月 30 日推出支付宝账户系统。支付宝有以下几种支付方式：快捷支付（含卡通）、网上银行、支付宝账户余额、货到付款、网点支付、消费卡支付、找人代付、银联手机支付等。

财付通：财付通是腾讯公司于 2005 年 9 月正式推出专业在线支付平台，致力于为互联网用户和企业提供安全、便捷、专业的在线支付服务。

1. 第三方支付的特点

第一，第三方支付平台提供一系列的应用接口程序，将多种银行卡支付方式整合到一个界面上，负责交易结算中与银行的对接，使网上购物更加快捷、便利。消费者和商家不需要在不同的银行开设不同的账户，可以帮助消费者降低网上购物的成本，帮助商家降低运营成本；同时，还可以帮助银行节省网关开发费用，并为银行带来一定的潜在利润。

第二，较之 SSL、SET 等支付协议，利用第三方支付平台进行支付操作更加简单而易于接受。SSL 是应用比较广泛的安全协议，在 SSL 中只需要验证商家的身份。SET 协议是发展的基于信用卡支付系统的比较成熟的技术。但在 SET 中，各方的身份都需要通过 CA 进行认证，程序复杂，手续繁多，速度慢且实现成本高。有了第三方支付平台，商家和客户之间的交涉由第三方来完成，使网上交易变得更加简单。

第三，第三方支付平台本身依附于大型的门户网站，且以与其合作的银行的信用作为信用依托，因此第三方支付平台能够较好地突破网上交易中的信用问题，有利于推动电子商务的快速发展。在通过第三方平台的交易中，买方选购商品后，使用第三方平台提供的账户进行货款支付，由对方通知卖家货款到达、进行发货；买方检验物品后，就可以通知付款给卖家。第三方支付平台的出现，从理论上讲，彻底杜绝了电子交易中的欺诈行为。

2. 第三方支付支付流程

基于互联网平台的网上支付一般流程如下：

---

① 参看百度百科的第三方支付、移动支付等条目。

(1)客户接入因特网,通过浏览器在网上浏览商品、选择货物、填写网络订单,选择应用的网络支付结算工具,并且得到银行的授权使用,如银行卡、电子钱包、电子现金、电子支票或网络银行账号等。

(2)客户机对相关订单信息,如支付信息进行加密,在网上提交订单。

(3)商家服务器对客户的订购信息进行检查、确认,并把相关的、经过加密的客户支付信息转发给支付网关,直到银行专用网络的银行后台业务服务器确认,以期从银行等电子货币发行机构验证得到支付资金的授权。

(4)银行验证确认后,通过建立起来的经由支付网关的加密通信通道,给商家服务器回送确认及支付结算信息,为进一步的安全,给客户回送支付授权请求(也可没有)。

(5)银行得到客户传来的进一步授权结算信息后,把资金从客户账号上转拨至开展电子商务的商家银行账号上,借助金融专用网进行结算,并分别给商家、客户发送支付结算成功信息。

(6)商家服务器收到银行发来的结算成功信息后,给客户发送网络付款成功信息和发货通知。至此,一次典型的网络支付结算流程结束。商家和客户可以分别借助网络查询自己的资金余额信息,以进一步核对。

以上的网上支付一般流程只是对目前各种网上支付结算方式的应用流程的普遍归纳,不表示各种网络支付方式的应用流程完全相同,但大致遵守该流程。

(三)移动支付

移动支付,也称为手机支付,是指交易双方为了某种货物或者服务,使用移动终端设备为载体,通过移动通信网络实现的商业交易。移动支付所使用的移动终端可以是手机、PDA、移动 PC 等。移动支付是允许用户使用其移动终端(通常是手机)对所消费的商品或服务进行账务支付的一种服务方式。单位或个人通过移动设备、互联网或者近距离传感直接或间接向银行金融机构发送支付指令产生货币支付与资金转移行为,从而实现移动支付功能。移动支付将终端设备、互联网、应用提供商以及金融机构相融合,为用户提供货币支付、缴费等金融业务。

移动支付主要分为近场支付和远程支付两种,近场支付是指用手机刷卡的方式坐车、买东西等,很便利;远程支付是指通过发送支付指令(如网银、电话银行、手机支付等)或借助支付工具(如通过邮寄、汇款)进行的支付方式,如掌中付推出的掌中电商、掌中充值、掌中视频等属于远程支付。目前支付标准不统一给相关的推广工作造成了很多困惑。

移动支付标准的制定工作已经持续了 3 年多,主要是银联和中国移动两大阵营在比赛。数据研究公司 IDC 的报告显示,2017 年全球移动支付的金额将突破 1 万亿美元。强大的数据意味着,今后几年全球移动支付业务将呈现持续走强趋势。

移动支付属于电子支付方式的一种,因而具有电子支付的特征,但因其与移动通信技术、无线射频技术、互联网技术相互融合,又具有自己的特征。

(1)移动性:随身携带的移动性,消除了距离和地域的限制。结合了先进的移动通信技术的移动性,随时随地获取所需要的服务、应用、信息和娱乐。

(2)及时性：不受时间地点的限制，信息获取更为及时，用户可随时对账户进行查询、转账或进行购物消费。

(3)定制化：基于先进的移动通信技术和简易的手机操作界面，用户可定制自己的消费方式和个性化服务，账户交易更加简单方便。

(4)集成性：以手机为载体，通过与终端读写器近距离识别进行的信息交互，运营商可以将移动通信卡、公交卡、地铁卡、银行卡等各类信息整合到以手机为平台的载体中进行集成管理，并搭建与之配套的网络体系，从而为用户提供十分方便的支付以及身份认证渠道。

移动支付业务是由移动运营商、移动应用服务提供商(MASP)和金融机构共同推出的、构建在移动运营支撑系统上的一个移动数据增值业务应用。

移动支付使用方法有：短信支付、扫码支付、指纹支付、声波支付等。

移动支付系统将为每个移动用户建立一个与其手机号码关联的支付账户，其功能相当于电子钱包，为移动用户提供了一个通过手机进行交易支付和身份认证的途径。用户通过拨打电话、发送短信或者使用 WAP 功能接入移动支付系统，移动支付系统将此次交易的要求传送给 MASP，由 MASP 确定此次交易的金额，并通过移动支付系统通知用户，在用户确认后，付费方式可通过多种途径实现，如直接转入银行、用户电话账单或者实时在专用预付账户上借记，这些都将由移动支付系统(或与用户和 MASP 开户银行的主机系统协作)来完成。

(四)虚拟货币支付

运用虚拟货币进行支付，是虚拟网络支付的形式之一。主要的虚拟货币，如积分金币、游戏币、网络消费币等。这里以腾讯公司 Q 币为例对虚拟货币支付进行说明[①]。

1992 年 2 月，腾讯公司正式推出第一个即时通信软件 OICQ，因与另一款 1996 年 11 月先于其开发的即时通信软件 ICQ 名字相似而被控侵权，为了避免与 ICQ 混同产生法律纠纷，腾讯 OICQ 改名为腾讯 QQ。以 QQ 通信软件为核心，腾讯公司开发了几十种产品，其中约有一半为收费业务，另一半为免费业务。其收费业务主要通过用人民币购买 Q 币和 Q 点两种虚拟货币进行支付。无论是 Q 币还是 Q 点，都是与 QQ 号码绑定的，即 QQ 号码同时也是 Q 币、Q 点的账户。

Q 币是由腾讯公司推出的可以用于购买腾讯公司提供的各种网络虚拟商品或者增值服务的一种虚拟货币。Q 币能购买腾讯公司的一系列虚拟商品和服务，主要包括 QQ 号码服务、QQ 秀、QQ 游戏、QQ 宠物、QQ 表情、QQ 交友等。Q 点是用于购买腾讯公司的 QQ 音速和 QQ 幻想中的虚拟财产的一种虚拟货币。Q 币和 Q 点有两种取得途径，一种是原始取得，另一种是继受取得。用户直接从腾讯公司购得 Q 币或 Q 点的方式称为原始取得。除此之外，用户还可以通过私下交易从其他用户处购得，这称为用户对 Q 币和 Q 点的继受取得。原始取得涉及 Q 币或 Q 点的发行过程，会增加它们的数量，而继受取得只涉及

[①] 参看李邦胤：《虚拟货币现状及发展研究》，河南大学硕士论文，来自《中国知网》，2014 年 5 月。

Q币或Q点的再交易过程，不会增加其数量。

腾讯公司为了扩大Q币和Q点的销售，为用户提供了多种Q币和Q点的充值手段。腾讯公司销售Q币和Q点的收费渠道可以分为两种，一种是普通收费渠道，另一种是借用其他商品销售商的收费渠道。普通收费渠道主要有银行卡直接转账、运月充值工具和运用有形的QQ充值卡通过中间商进行销售。银行卡直接转账是指腾讯公司直接把Q币或Q点卖给用户，用户通过网上银行卡转账、电话银行转账、财付通转账等方式把人民币支付给腾讯公司。目前，腾讯公司已实现与国内多家银行合作进行网上银行转账，给Q币和Q点充值。运用充值工具是指用户通过虚拟QQ卡、一点通这两种充值工具为Q币和Q点充值。虚拟QQ卡是只具有账号和密码的无形卡。用户可以通过银行卡转账或者财付通支付购买虚拟QQ卡，通过输入账号和密码与QQ号码绑定，在有效期内，可以随时将卡上金额分批转到Q币或Q点账户中。一点通是将用户的QQ号码与其银行账号绑定在一起，随时为账户充值。借用其他商品销售商的渠道是指腾讯公司借用电话公司、宽带公司等企业的收费渠道来销售Q币和Q点。这种模式本质上是代腾讯收费，因此代理商要从腾讯销售收入中分得一定报酬，增加了交易费用。

Q币的发行目的是用于购买腾讯公司自己提供的虚拟商品或服务，但是随着QQ用户数量的增加，Q币成为网络上较为成熟的虚拟货币，越来越多的网络厂商与腾讯公司合作，使得Q币也能够购买其他网络厂商的虚拟产品。腾讯公司规定人民币与Q币的兑换比率为1∶1，存在折扣优惠。一方面，Q币的原始取得现在只能通过人民币购得，并且可以随时自由购买；另一方面，虽然腾讯公司禁止Q币兑换为人民币，但是现在已经出现了可以提供Q币交易的第三方平台，Q币持有者仍可以通过第三方平台实现Q币与人民币的自由兑换。

第四节 基于区块链技术的支付

一、传统支付等支付方式的问题与区块链支付的创新[①]

前面讲授的支付方式，不管是传统支付，还是电子支付和虚拟网络支付等，都具有一个相同的特征，除非完全使用现金，否则不可避免地需要借助一个中心、中介或者平台等进行支付清算和结算，形成一个中心化的支付解决方案。以传统支付方式中，银行是支付中心，在一个简单的支付交易中，付款方与收款方都在同一家银行开设账户，付款方向银行发出指令，从自己的账户支付指定金额到指定的收款账户中。银行首先（通过密码等方式）确认发出指令者有操作付款方账户的权限，然后确认付款账户中有足够的余额，如果满足这些条件，就在自己的账户系统中进行操作，从付款账户余额中减去指定金额，并在收款账户中增加相应金额。这种支付方式较为安全与可靠，其关键在于付款方与收款方在

---

① 参看任哲、胡伟洁：《区块链技术与支付体系变革》，载《金融》，2016(14)：90-91。

作为中心的银行等机构中已开设账户，银行发挥中心作用，对这种支付活动进行管理与监督。

随着互联网金融的发展，相比于传统支付，电子支付和虚拟网络支付出现了爆发式增长，但它们仍是依靠中心化的方案来解决支付问题。这时的中心不仅仅是银行，还有其他类型的企业和机构，如银联、第三方支付企业支付宝等。和传统支付方式一样，中心化方案是通过某个银行、公司或者政府信用作为背书，将所有的价值转移计算放在一个中心服务器(集群)中，尽管所有的计算也是由计算机的程序自动完成，但却必须信任这个中心化的人或者机构。事实上，通过中心化机构的背书来解决信用问题，也只能将信用局限在一定的机构、地区或者国家范围之内。目前，在现实经济中的支付结算系统，不管是线下还是线上，本质上都是这种中心化结构的运用与扩展，如果有变化，往往是增加了一些层级(银行间转账、跨国转账等)，或是增加一些新的元素(交易手续费、信用交易等)，其中心化的本质没有变化。

显然，除了早期的物物交换和纯粹使用现金货币进行的交易外，这种中心化的模式是支付的主流，存在相当长的时间，而且直到现在仍然在支付领域中发挥主导信用。即使计算机网络或者互联网技术快速发展，但许多技术仍然以这种中心化的形式展开，并没有出现根本性的革命变化。经济学虽然在教科书中强调没有中心的市场交易体系，认为分权的市场经济体系最优，并进行模型的设计与数据的计量，得到十分精致的想象结构。但实际上，这种教科书的体系在现实中并不存在。现实的市场经济体系一直是以中心化的形式进行运作，有许多中介商和交易中心，如商店、银行、证券公司、保险公司、就业中心等存在，这种中心化的运用方式的确也带来了许多有利之处。

在2008年，中本聪提出比特币系统，其后人们从这一系统中得到区块链技术，并对这种技术进行深入研究，现在学术界和产业界普遍认为，至少在互联网的发展中，会出现一种基于区块链技术的非中心化方案，由此对人类的经济交易与社会行为进行重新认识与组合。基于区块链的观点认为，中心化方案虽然在大多数时候运行良好，但仍然有其不可避免的内在缺陷，如无法实现完全不可退款的交易，中介的存在会提高交易的成本，使得实际最小交易金额受到限制等。在电子商务发达的今天，一些商品或服务由于其本身的性质或运输成本等原因，实际上是不可退货的，由于没有不可退款的支付手段，商家需要对客户小心提防，支付额外成本去获取客户信息以增加信任(客户在此情况下也同样面临不必要的隐私暴露)，这些成本的存在，使得很多潜在的交易无法达成。提供一种能解决这些弊端的低成本支付方式，就是比特币区块链系统的设计初衷。

在目前的支付结算系统中，银行等第三方机构基于账户余额进行管理。虽然银行也会保存过去的交易记录，但事实上，如果不存在信用借贷与跨期支付，即使银行丢失以前的所有交易记录，只要账户余额信息保存完好，未来的支付结算完全可以不受影响地正常进行。但在比特币区块链系统中，交易数据完全保存在区块链中。比特币网络的每个节点，都完整保存着记录比特币创建以来的所有区块链数据。

互联网诞生的最初，要解决的核心问题是信息制造和传输，但其无法解决价值转移问题，即在网络中以每个人都认可的方式，将某一部分价值(包括货币资产、有价证券、金融衍生品等)精确地从某一个地址转移到另一个地址。区块链技术能在信息不对称和信息不确定的环境下，建立起满足经济活动所需的信任生态体系，突破互联网价值转移局限，形成所谓的价值互联网。比特币是区块链技术在金融领域的首个运用，这种研究在进一步发展，目前已出现运行于区块链的法定数字货币和商业银行使用区块链的案例，其中，货币作为区块链上的数字资产被登记、转让等，能借助区块链技术迅速完成支付和清算。

二、基于区块链的支付变革[①]

（一）基于区块链支付的收益

与传统支付体系相比，区块链支付是交易双方直接进行数据交互，不涉及中介机构。即使部分网络瘫痪也不影响整个系统运行，极大地降低了中心化支付方式的系统性风险。在区块链技术下完成一次支付不需要任何中心化机构的参与，市场中的银行和客户完全可以建立一个私链完成支付过程。假设 A 向 B 发起了一笔超过其账户余额的支付，由于在分布式账簿中，每个参与主体都有所有历史支付的数据拷贝，一旦所有参与主体对其交易完成认证，代表该交易的区块将被永久地加入数据链条中，且该数据链条不能被修改。区块链上交易被确认的过程就是清算、结算和审计的过程，对优化金融机构业务流程具有重要意义。

基于区块链技术的支付网络有望能安全、快捷、低费用地解决全球支付问题。信任是信息交互时面临的难题，即在整个网络中的任意节点都无法信任与之通信的对方时，如何能创建出共识基础来进行安全的信息交互而无需担心数据被篡改。在没有任何中心化机构审核与背书的情况下，区块链技术能帮助市场主体解决互信问题。区块链使用算法证明机制来保证整个网络的安全，整个系统中的所有节点能够在去信任的环境下自动且安全地交换数据。西班牙 Santander 银行的一份报告预测，到 2022 年，区块链技术至少能帮助金融行业降低 200 亿美元的记账成本。只要解决其中一小部分企业国际贸易中的支付问题，就能创造巨大利益。

（二）区块链支付的事例

目前比较成熟地运用区块链进行支付的例子是私人数字货币：比特币。关于比特币，已经在前一章介绍过。上面提到的区块链支付的好处在比特币支付中也体现出来。除了比特币外，区块链技术还在许多业务场景得到了实践。通过应用区块链技术提高交易效率，降低业务流程成本，在创新的业务场景中具有重塑整个行业的潜力。下面选择几个事例作简要介绍。

第一个事例是法定数字货币支付。随着区块链和分布式记账技术的日益成熟，以及在以比特币等为代表的私人部门数字货币应用实践的推动下，数字货币体系正逐步从理论设

[①] 参看任哲、胡伟洁：《区块链技术与支付体系变革》，载《中国金融》，2016(14)：90-91；曹汉平：《区块链技术在支付场景的应用展望》，载《中国信用卡》，2017(1)：62-63；卜又春、赵其伟、陈强、王捷：《关于数字货币支付体系的几点思考》，载《金融发展研究》，2016(12)：39-42。

想走向现实应用。各国中央银行、银行机构等也在积极研究和布局数字货币，如瑞银、毅联汇业等机构联手研发"多功能结算货币"，用于未来银行间跨境支付和金融交易清算，并投入商用。

就目前业界主要对法定数字货币的架构模式进行研究，相关方案主要包括：完全去中心化架构、中央银行独立发行管理架构、中央银行-商业银行二元制架构三类。综合考虑数字货币应用对已有金融体系架构形式和业务系统改造的影响等因素，数字货币的发行、流通、回笼可沿袭现行实体货币发行的基本架构，即"中央银行-商业银行"模式。在该模式下，央行负责数字货币发行与验证监测，商业银行从央行支取数字货币后，面向社会公众提供数字货币流通服务，并与央行共同组建数字货币记账中心，基于区块链技术分层记录维护数字货币账本。单位或个人用户在商业银行经实名身份认证后开立数字货币账户，使用数字货币账户储蓄数字货币，并可将数字货币提取至数字钱包。数字货币账户和数字钱包可通过移动终端上相关应用程序访问控制。央行根据测算确定的数字货币发行量，生成数字货币基金，存放于央行数字货币发行库。商业银行在央行开立准备金账户，缴存数字货币准备金，并根据自身需求，向央行支取数字货币，数字货币从央行发行库发送到商业银行业务库。用户在商业银行开立数字货币银行账户后，可直接使用数字货币银行账户支付，也可从商业银行数字货币银行账户提取数字货币至数字钱包，使用数字钱包支付购买商品或服务。用户可根据自身需求在商业银行开立若干个数字货币账户，每个用户持有唯一的数字钱包，与其拥有的数字货币账户绑定。

该模式与现行实体货币管理要求的一致性较高，便于央行对实体货币和数字货币进行统一管理，而且数字货币提存和交易方式与实体货币具有一定相似性，易被社会公众接受。基于区块链分层存储交易账本，一方面缓解了商业银行节点计算和存储资源压力，避免央行节点单点故障问题；另一方面，商业银行不能同时获取所有的账户及交易信息，实现了用户隐私保护与账本公开透明需求的均衡。因此，"中央银行-商业银行"二元制架构对于降低货币"转型"成本、提高数字货币普及效率具有积极作用，可以认为是数字货币在我国应用的一条合理化路径。

第二个事例是数字积分。数字积分属于第四章介绍的虚拟货币中的一种。为提升客户黏性和忠诚度，银行、航空公司、酒店等行业均创建了积分体系，但从实际应用效果来看，目前的积分体系存在着一些问题。第一，客户体验不佳。客户的积分分散于多个不同领域的平台上，功能单一，积分因此往往变成"鸡肋"，积分资源难以被集中使用和优化配置。第二，积分价值低、兑换流程复杂，导致"沉睡"积分难以被"唤醒"，积分附加值未得到充分利用和升华。第三，现有积分应用环境狭窄，单一积分体系所能掌握的资源有限，且较小的用户规模无法带来显著的费率优势。在支付领域，依靠积分维护客户关系的功能还没有发挥作用，尤其在金融脱媒的趋势下，银行需要充分挖掘资源，提升自身的获客能力。

区块链技术具有共享、多中心化、可追溯、防篡改等特点，有可能解决积分实际运用中遇到的难题。使用区块链技术建立"数字积分"体系，我们可以打造一个集积分发行、积分兑换、积分互联互通、积分交易、积分对价于一体的数字积分交易平台，创建基于算法规则的商业上下游自治生态模式，实践金融改革创新。

具体来说，数字积分的实现方式分为两种。一是建立通用的积分币，对外开放 API 接口，实现各机构自有积分与积分币的兑换。客户通过注册积分平台实现所有机构之间的积分无障碍兑换和交易。二是建立积分撮合平台，直接将积分相互转化或将积分与平台发行的积分币进行转换，转换后的积分币可以转赠、合并。数字积分的模式还具有较好的可扩展性，不同的接入机构也可以积极探索与外部商户结成积分联盟，通过采取"1+N 战略"，利用区块链技术打通机构间信息的孤岛，建立多个数字积分的互信体系，并提供自有或整合的兑换资源，将数据串联在一起，创造更大的价值。

第三个事例是跨境汇款。现有的跨境汇款流程存在一些较为突出的业务瓶颈。第一，成本和费用高昂。交易链条长，参与者多，中间环节产生较为可观的费用。第二，操作不方便、不安全，如只能在银行工作时间内进行交易、必须准确无误地输入账号和汇款路径代码等。第三，结算缓慢，往往要花去数天的时间。长期以来，银行及清算机构都在尝试通过不同的方式，达到以下理想状态：减少中转费用，同时提高跨境汇款的安全性，并加快结算与清算速度，提高资金利用率。

区块链技术恰好提供了解决这些问题的可能：将目前跨境汇款业务中境内外多个独立银行的代理、对账和清算模式转变成为面向不同记账系统的沟通渠道，实现信息流与资金流的同步。统一的分布式记账系统通过许多节点以共识机制来验证交易并记账，不需要任何信任中心。银行不再需要通过第三方，就能实现点对点的支付。这可以省去众多中间机构和环节，实现全天候支付、实时到账、快速提现，同时降低了资金风险，满足了跨境汇款及时性、便捷性的需求。

基于区块链技术的跨境汇款业务，一种理想的方案应时而生：将不同国家、不同金融机构接入统一的区块链中，采用汇款币的形式实现跨境汇款。验证节点由遵守共识机制且经过验证的金融机构（如 Ripple）来运营，运营者需要妥善处理各机构间隐私保护、各国不同要求的监管节点接入、可能涉及的各国货币政策自主性等问题。

在理想方案面临的诸多问题得到妥善解决前，较为可行的落地方案是在一个银行集团内部首先尝试使用区块链技术，为跨境汇款行为生成总账（私有链），实现钱和账的同步管理，从而实现省去不同数据库对账工作、无需中间方结算费用、缩短结算时间等目标。同时从监管者角度出发，区块链是一个不可篡改地记录了全部交易的共享总账，所有的监管者和审计方都拥有对区块链的访问权限。当多个银行集团都具有区块链汇款的实践基础之后，建立银行间的汇体系就有了可操作性。

（三）困难与挑战

虽然区块链技术可从诸多方面革新支付场景，但从全球实践上看，区块链仍面临着技术和业务层面的诸多挑战。

第一，区块链网络的处理速度和吞吐量直接影响着系统的整体性能。其中，共识算法是网络吞吐量和延迟的决定性因素。区块链网络目前还不能满足高频率大规模的金融交易要求，必须处理好账本存储容量与处理性能之间的关系。

第二，使用区块链技术，需要投入大量的研发费用，是否进行这样的投入值得每一家企业认真权衡；同时，在运用区块链技术的过程中，需要考虑其与现有的传统基础设施衔接的成本；此外，由监管变化导致的合规成本目前尚不明确。

第三，发挥区块链技术的篡改数据难度大和隐私保护性高等优势，需要建立一套必要的、切实可行的监管机制。目前，这方面的研究和实践还十分欠缺。

区块链技术的众多优势和特性，值得深入研究和探索。共享经济和信任机制的建立，也需要秉持开放和合作的态度。在区块链技术的研究热潮中，还需要保持清醒的头脑，从实际出发，从小处入手，加强同业合作，探索区块链技术在支付模式、应用场景的创新应用。

【阅读与案例】

支付和支付体系的建立与发展，往往是一个企业走向大型化的重要的一步。据相关文献资料介绍[1]，欧洲中世纪晚期，意大利的美弟奇之所以成为当时欧洲首屈一指的富裕家族，与美弟奇为罗马教会建立的支付网络密切相关。中国近代金融史上有名的晋商，其汇通天下的票号生意，也是其独步天下的利器，那时的首富曹家与其第一家票号日升昌的出现与发展具有十分密切的关系[2]。由这些事例可见，对于创新创业来说，支付与支付体系的建立具有重要意义。

关于支付问题，国内的许多书籍比较重视基础知识和实际操作方式等的介绍，如曹红辉的《支付结算：理论与实务》即是如此。该书从支付与货币、票据、支付工具、支付系统、跨境支付系统、支付的安全、支付风险的管理及支付系统的监管这一主线，介绍了支付结算这一十分重要的金融基础设施[3]。在最近出版的"中国支付结算丛书"中，值得关注的书籍有诺塞尔和罗什托的《货币、支付和流动性》，与其他支付方面的书籍相比，该书具有较强的理论性。该书第一章提出了贯穿全书的基本理论模型，其后在基本理论模型的基础上逐步深入地研究与支付相关的问题[4]。此外，在"中国支付结算丛书"中，曼宁等人所著的《大额支付结算的经济学分析：中央银行视角的理论与政策》，是对大额支付结算的专题研究[5]。

在互联网金融中，关于互联网支付，可参看帅青红的《电子金融与支付》[6]，以及前面提到的史浩主编的《互联网金融支付》。关于美国支付行业中革命的变化，可参看《支付战争：互联网金融创世纪》[7]，关于国内在互联网支付领域的一些变化，可参看《支付革命：

---

[1] 参看三谷宏治：《商业模式全史》，江苏文艺出版社，2016年1月；克里斯托弗·希伯特：《美弟奇家族的兴衰》，社会科学文献出版社，2010年5月。

[2] 参看刘建生：《晋商五百年——汇通天下》，山西教育出版社，2014年11月。

[3] 参看曹红辉：《支付结算：理论与实务》，中国物价出版社，2014年7月。

[4] 参看埃德·诺塞尔、纪尧姆·罗什托：《货币、支付和流动性》，中国金融出版社，2015年3月。

[5] 参看曼宁等：《大额支付结算的经济学分析：中央银行视角的理论与政策》，中国金融出版社，2013年8月。

[6] 参看帅青红：《电子金融与支付》，清华大学出版社，2010年2月。

[7] 参看埃里克·杰克逊：《支付战争：互联网金融创世纪》，中信出版社，2015年4月。

互联网时代的第三方支付》①。前一本书是对在线支付鼻祖贝宝(PayPal)这一产品创业过程的介绍,其中详细介绍了贝宝团队如何起家,如何发展的故事。后一本书介绍我国第三方支付的发展过程,在这一过程中,我国支付行业的最重要创新是支付宝。以下使用相关资料,以贝宝和支付宝作为案例,进行简要介绍并比较②。

一、贝宝和支付宝的企业背景

贝宝:美国乃至世界最大的第三方网上支付服务商,它是1998年12月由彼得·蒂尔(Peter Thiel)、MaxLevchin 和 Elon Musk 创立的,于1999年10月开始运营,总部位于美国加利福尼亚州圣荷西市,现为美国电子商务公司易贝(eBay)的全资子公司。贝宝致力于让个人或企业通过电子邮件,安全、简便、快捷地在线支付和接收款项,这避免了传统的邮寄支票或者汇款的方法。贝宝也和一些电子商务网站合作,成为它们的货款支付方式之一。但是用这种支付方式转账时,贝宝会收取一定数额的手续费。

2005年7月11日,贝宝推出了面向中国用户的贝宝。最引人注目的是贝宝与银联的合作。由于银联几乎联合了中国所有的商业银行,贝宝得到了15家银行、7000万张借记卡和1000万张信用卡的用户,他们可以通过20多种不同的银行卡在贝宝平台上进行网上支付。

2017年4月,Android Pay 与贝宝合作,贝宝将成为 Android Pay 用户可使用的移动支付平台,至此,两大支付竞争对手正式化敌为友。2017年6月6日,《2017年 BrandZ 最具价值全球品牌100强》公布,贝宝名列第52位。

支付宝:公司名称是浙江支付宝网络技术有限公司,是由前阿里巴巴集团 CEO 马云在2004年12月创立的支付平台公司,地处杭州。支付宝于2003年10月首次在淘宝中使用,是全球最大电子商务公司阿里巴巴集团的关联公司,也是目前中国国内领先的独立第三方支付平台。

作为电子商务的关联公司,支付宝定位于电子商务支付领域,从2003年10月开始到在2008年8月底,支付宝用户数首次达到1亿。据蚂蚁金服旗下支付宝发布了2016年中国人全民账单来看,目前的实名用户数量已经达到4.5亿以上。支付宝已成为国内网络支付的首选工具,很多专业网站包括个人购物网站都推荐使用。可以说,支付宝是最本土化、人性化的支付平台。

支付宝曾荣获2005年网上支付最佳人气奖、用户最信赖互联网支付平台、中国最具创造力产品、用户安全使用奖等多项殊荣;支付宝在2005年中国互联网产业调查中获得"电子支付"第一名。此外,还有人称支付宝是21世纪最伟大的发明之一,是现代中国的新四大发明之一。

---

① 参看马梅、朱晓明、周金黄、季家友、陈宇:《支付革命:互联网时代的第三方支付》,中信出版社,2014年2月。

② 参看百度百科相关条目,以及杨怀珍:《支付宝与 PayPal 的运营比较》,载《沿海企业与科技》,2007(12):129-130。

二、贝宝和支付宝的支付安全比较

贝宝：采用电子邮件地址作为在贝宝上的账号，并用简单的执行密码作为支付的命令和指示，避免了将信用卡信息和其他银行账号信息透露给其他商家的过程中被泄露的风险。此外，贝宝推出了以下两条措施以保障支付安全。

(1)验证账户。用户可以选择注册三种账户之一进行支付。个人账户、标准账户、商业账户，在确定选择一种账户后，用户使用支付还需绑定一个银行账户或者一张信用卡。此时，贝宝就对信用卡账户和银行账户的有效性以及用户的身份验证。

(2)交易保护。基于贝宝初始依赖于易贝不断扩大自己业务的关系，贝宝专门设置了一系列针对网上交易的安全支付政策，有买方申诉政策、卖方申诉政策、买方保护政策和退款担保政策。其中在买方申诉政策和买方保护政策中，都提到贝宝对卖方未交货、收到的货品和描述不符合等情况，提供一定的退款保障。

支付宝：2006 年，支付宝推出国内支付领域首张数字证书，从技术上摆脱了普通六位密码验证。用户安装了数字证书后，即使被黑客盗取账号和密码，如果他没有用户的数字证书，也无法动用其账户，就算黑客监控了网络数据传输，也无法破译其内容。此外，支付宝还推出了以下几点安全措施。

(1)"支付宝账户"设有登录和支付两个密码。登录密码，用于登录支付宝账户、查看账目等一般性操作；但凡牵涉资金流转、用户资料修改的过程，还必须有支付密码。缺少任何一个密码，都不能进行资金的流转、用户资料的修改。

(2)"支付宝账户"都可设置密码保护问题。

(3)"支付宝账户"提现时，系统将自动检查用户自主登记的银行账户姓名与用户在支付宝注册或认证的姓名是否一致，否则系统将拒绝用户的提现申请。

(4)"支付宝账户"设有账户变动手机短信通知功能。每当有修改密码、使用支付宝账户余额付款、申请提现、取回密码、变更登记的银行账号、修改 E-mail 地址等操作，用户将会收到手机短信通知。

(5)"支付宝账户"中的资金，原则上将不会用于用户指定的用途以外的任何用途。

(6)如用户在"支付宝账户"中的资金来源是合理合法的，那么除非用户的指示或者生效法律文书的指示，用户的"支付宝账户"中的资金将不被任何人划转。

三、贝宝和支付宝的经营模式比较

贝宝：公司作为全球最大的第三方支付平台，其在经营上的成功经验也值得我国第三方支付企业借鉴。从贝宝的发展历程可以看出，贝宝之所以成为全球最大的第三方支付平台，它在经营模式上的创新不可忽视。贝宝最初是以信用卡作为后盾，让个人或企业通过电子邮件即可安全、简便、快捷地在线支付和接收款项。贝宝服务建立在现有的银行和信用卡的金融基础设施之上，并采用世界上最先进的、专有的防欺诈技术和模型，创建了一个安全的、全球性的、实时支付解决方案。贝宝被公认为代替性付款方式服务中的佼佼者，不单只是因为其成功的获利性，还包括创新性的方法、能够适当处理顾客问题的弹性，以及乐于挑战新兴商业模式的态度。

支付宝：支付宝属于信用担保型支付平台，所谓信用担保就是在网上支付过程中起到信用担保和代收代付的作用。其运作的实质是以支付宝为信用中介，在买家确认收到合格货物前，由支付宝替买卖双方保存支付款的一种增值服务。这种支付模式是针对我国信用体系不完善的情况下应运而生的，它有效地解决了现在电子商务发展的支付瓶颈和信用瓶颈，有力地推动我国电子商务的发展。

另外，支付宝还与天津大田集团等大型物流企业合作，将支付和物流整合为一体。如果货物在物流环节中出现问题而出现纠纷，物流公司可以提供相关的证明，有助于解决交易过程中的纠纷，提高网上购物的安全性。

四、贝宝和支付宝的赢利模式比较

贝宝：贝宝运作初期，实施免费服务，收入主要来自用户留存在贝宝账户中的资金的浮动利息。现在，贝宝除利息收入外，还收取交易费用。对收款人的交易收费是最主要的部分。贝宝的收费结构中，个人账户的服务是免费的。高级账户和公司账户存款、取款、付款都不收费（仅对美国国内用户），只有当他们接受付款时需要付费，费率根据交易量的大小，从 1.9%+0.3 美元到 2.9%+0.3 美元不等。

支付宝：支付宝实行三年免费，这一措施的实施，为支付宝赢得了众多用户。可以这样说，三年免费使得支付宝赢得了市场，赢得了信誉。支付宝的赢利来自物流和店铺费广告费。支付宝在不介入物流的实际业务流程前提下，用一个电子化的方式去整合和捆绑一家或者几家物流公司。由物流公司支付给支付宝一定费用。另外，随着淘宝和支付宝业务的扩大，这一方面的收入将会随之增加。而且在淘宝网内部相互竞争的情况下，店铺的搜索竞价排名也会越来越激烈。

【概念】

支付、支付体系、清算系统、传统支付、现金结算、非现金结算、票据结算、非票据结算、汇票、银行汇票、商业汇票、银行承兑汇票、商业承兑汇票、本票、支票、汇兑、托收承付、委托收款、电子支付、电子联行、电子汇兑、支付网关、电子钱包、电子货币、电子信用卡、电子钱包、电子现金、电子支票、智能卡、在线电子支付、电子商务支付、网上支付、电话支付、移动支付、销售点终端交易支付、自动柜员机交易支付、网络支付、虚拟网络支付、网银支付、第三方支付、手机支付、虚拟货币支付、互联网支付、区块链支付、贝宝、支付宝

【思考题】

1. 简述支付的含义与支付体系的层次。
2. 简述传统支付的类型、支付工具和支付方式。
3. 简述传统支付的特征。

4. 简述互联网支付的基本特征。
5. 简述互联网支付的意义和作用。
6. 简述电子支付与在线电子支付、电子商务支付的差异。
7. 试比较分析电子支付与传统现金支付的特征。
8. 比较传统支付和虚拟网络支付的特征。
9. 简述第三方支付的含义、特点与流程。
10. 简述手机支付的含义与特征。
11. 简述传统支付的问题与区块链支付的创新。
12. 以腾讯公司 Q 币为例说明虚拟货币支付。
13. 简述区块链支付的几个事例，说明其优点。
14. 简述区块链支付的利益与问题。
15. 比较分析贝宝和支付宝。

第五章 互联网征信

第一节 互联网征信概述

在计算机技术迅猛发展、大数据技术日新月异、信用信息被人们越来越深入认识的背景下,互联网征信迅速崛起。互联网征信在互联网平台上可以把参与网络活动的人群都覆盖到,不用建立专门的机构和数据库,不需要大量的资金成本和人力物力进行数据库传输,即不用为了采集数据而采集数据,一切数据与信息都随着网络活动自然生成,只要在网上通过平台或者直接使用大数据搜索与抓取就可以,成本低、门槛低,这也是互联网征信快速发展、成为未来主流的原因。

一、互联网征信带来的机遇与挑战[①]

互联网时代的形成与互联网金融的兴起有益于征信活动的创新。互联网征信带来的机遇主要表现如下:

(1)征信业务需求迅速增长。互联网金融模式将给金融消费者带来个性化的金融服务、精细化的金融营销和批量化的业务处理,准确掌握服务对象的信用状况、消费习惯及风险偏好更为重要,征信业务的需求也将快速增加。传统金融机构拓展金融服务领域,将原有查询信用报告开展信贷业务,扩大到对电子商务领域和互联网平台上小微企业、个人的信用信息征集。P2P网络小额信贷以及电子商务的开展高度依赖交易对象的信用信息,也将产生巨大的征信需求。此外,金融服务和产品的升级为有效防范违约风险也需要征信机构提供行业历史违约率、重要风险预警和个人信用评分等高端产品。因此,互联网金融兴起及发展将为征信业带来更广阔的市场空间。

(2)征信产品更加丰富。互联网技术已经相当成熟,基于互联网的收集信息数据、提供服务给征信服务带来便利。大数据、搜索和云计算等也将推动传统征信服务方式的升级和产品的创新。传统征信业务将得到优化,例如利用互联网平台开展信用信息报告的查询、个人身份信息验证,以及将村镇银行和小额贷款公司等小型金融机构接入互联网平

---

① 参看闻娜:《基于大数据的互联网金融个人征信体系研究》,吉林大学硕士论文,来自《中国知网》,2016年。

台。高端征信业务也将得到发展，通过互联网，资金需求方的信息在社交网络显示和传播，由搜索引擎组织和标准化，云计算进行高速处理，变成动态变化、时间连续的信息序列，最终得出资金需求者的风险定价和动态违约概率。在积累完整历史数据后，还可以利用大数据技术挖掘行业分析、重大风险预警和宏观的经济形势预测等服务。

（3）信用信息征集范围覆盖面更广。通过互联网技术的应用，传统的社会征信机构将扩大征集范围，同时阿里巴巴、腾讯、京东和百度等互联网企业依托电商平台、社交网络和搜索引擎等工具整合加工信用信息，各级政府部门也将进行电子政务工程改革，为依托互联网实现各部门间信用信息共享提供可能性。在征集互联网信用信息后，原本以征集信贷数据为核心的中国人民银行征信系统可以获得包括信贷、证券、保险、电子商务、政务和司法等领域的信用信息，进一步提高专业化和完整性。

（4）征信机构种类更加丰富。当前，国内的公共征信组织主要有中国人民银行征信中心和其他70多家社会征信机构。在互联网金融模式下，互联网企业、金融机构也开展了征信业务。一类是电子商务公司组建征信机构，依托自身电商平台和支付渠道，建成覆盖广泛的信用信息数据库，开展小额贷款、网络联保贷款和网络理财等业务，其中以阿里金融尤为突出。另一类是金融机构拓展业务成立征信机构，征集银行信贷记录、P2P借款信息以及其他公共部门提供的信用信息等，成为专门挖掘金融数据的中介组织，如平安集团下属的P2P平台陆金所。还有一类是第三方公司利用共享平台，借着互惠互利的机制，为会员机构提供信息查询及征信报告，深圳鹏元、上海资信、北京安融惠众是这一类市场化征信机构的代表。

互联网金融的发展方兴未艾，创新型金融服务平台如雨后春笋般出现，而现有征信体系建设已滞后于金融业的发展，制约着互联网金融的发展。目前存在互联网金融征信系统建设缺位的问题。同时，征信系统的数据主要来源并服务于银行业金融机构等传统意义上的信贷机构，还没有完全包括P2P、电商小额贷款机构等新型信贷平台的信贷数据，此外，无法利用征信系统共享和使用征信信息，对借款人的信用缺乏了解，导致坏账率升高，风险增加。许多公司已经看到互联网金融征信系统缺位产生的机会，并展开行动做P2P咨询平台。2013年3月，安融惠众在北京发布了"小额信贷行业信用信息共享服务平台"（MSP），该平台以会员制同业征信模式为基础，采用封闭式的会员制共享模式，目的是帮助P2P公司、小额贷款公司、担保公司等各类小额信贷组织防范借款人多头借款，降低违约风险和减少坏账损失，提供行业借款信息共享服务，形成业内失信惩罚机制。上海资信旗下的征信业务已经获得中国人民银行颁发的征信牌照，于2013年6月正式上线"网络金融征信系统"（NFCS），服务于中国人民银行征信系统尚未涉及一些互联网金融领域，为网络金融机构业务活动提供信用信息支持。

互联网金融的发展亟待突破征信瓶颈，而互联网及大数据技术在突飞猛进的发展无疑为发展征信行业提供了坚实的技术基础。大数据有助于将更加准确且全面的金融信息提供给相关需求方。有金融需求的互联网客户，其资产、经营状况的不断变化会直接在网络上体现出来。在互联网金融尚未全面普及的过去，商业银行为了获取实时、准确的客户相关信息，必须成立独立的部门和专业的团队，实现对信息的有效管理，避免因信息遗漏和失误带来风险的提高。近年来，随着互联网金融的发展，企业信息获取渠道得到了极大的拓宽，同时通过互联网获得的信息更加准确、实时，在这样的条件下的利率波动也能紧跟市场变化步伐。随着大数据时代的来临和网络消费的兴起，传统方法在市场信息比如电子商务、搜索行为的搜集方面显得十分乏力。随着大数据时代的到来，人们积极探索期望找到一种新型的能够满足金融企业用户的科学的评价体系。随着小微企业金融服务、P2P 平台的兴起，征信巨头随着大数据技术加速而不断丰富征信模式、征信体系和征信方法，进行技术创新，这些创新主要体现在数据源、征信调查渠道、信用信息挖掘等方面。其中最著名的国外三大征信机构和 FICO 公司就从大数据入手，展开了对更为完善和成熟的评估体系的研究，益百利（Experian）将其研究重点专注于社交网络数据如何影响信用评分，FICO 公司早就通过并开始了在互联网时代下如何更好地利用在线信息对客户信用进行评价的项目，德国 Kreditech 贷款评分公司、美国 ZestFinance 公司、中国香港 Lenddo 网络贷款公司等新型中介机构试图设计建立能反映大数据时代互联网金融信用的平台。

二、建设互联网征信体系的重要性

（1）征信数据支撑互联网金融发展。传统金融业如银行要发放贷款，需要对贷款人进行信用审核，注重实物资产、债务水平、现金流水等，而互联网金融征信注重消费数据、频率和地位。不同于传统的金融业，互联网金融公司，尤其是电子商务平台，拥有自主支付渠道和积累大量数据是它们的优势所在，以此来有效、快捷地对借款人进行资信评估，并快速发放贷款。基于电子商务平台的大数据金融，就是因为掌握了用户的交易数据才能为内部的商户提供融资业务，并借助大量的网络信贷业务发展壮大，同时将平台信贷的不良率保持在较低水平。如阿里巴巴网贷，就是利用其电商平台进行信用数据征集和使用，很好地控制了商户信贷违约的风险，进而实现稳定、可观的利息收入。再如，腾讯、苏宁、京东等电商，也是利用自身电子商务平台上的客户数据开办网络小额贷款或与金融机构合作开发金融产品。另外，P2P 网贷平台放款人通过数据来分析、评估借款人的信用，其实也是借助互联网数据进行征信管理。除上述电商大数据金融及 P2P 网贷平台，数据征信还可以独立开办业务，国外专门提供数据征信服务的公司就普遍存在，它们通过搜集、挖掘、加工数据，形成信用产品卖给需要这些征信数据的公司和个人。

（2）完善的征信体系有助于互联网金融控制风险。互联网金融征信系统对于信贷风险管控的价值在于它能够通过网络获得以前商业银行通过看报表、现场收集的资料，从而大大提高了效率和精确度，而且交易达成后会产生新的信息且能够立即进入征信系统，累积成范围更广、行业更多、数据更全的征信数据，这也正是征信系统相较于电商平台自筹的征信组织本质上的不同。一个主体在阿里平台上有表现，在京东平台上有表现，在其他平台上也有表现，这样的表现是隔离的，独立取得的互联网行为报告是不全面的，正如在进入中国人民银行征信系统前，工商银行有一个主体的信贷记录，农业银行、建设银行都有，但是信息隔离得出的信用报告是不全面的，信息只有在更广、更大范围内共享，才会全面完整地体现主体的信用记录。征信系统可以帮助互联网金融企业解决以下核心问题：一是放大网络金融的违约成本，降低行业总体经营风险；二是帮助互联网金融企业全面掌握融资主体的负债水平和历史交易表现，优化信审流程，降低成本；三是帮助投资人了解投资对象的真实信用水平,为互联网金融企业被迫超自身能力提供担保获取资金的局面解困。

(3)互联网征信的探索有利于传统征信业务创新。首先,征信系统需要覆盖更广大人群。目前世界上有信贷征信记录的人数较少,金融服务有明显的长尾效应,处于尾部的人群较难获得理想的金融服务。互联网金融的发展弥补了正规金融领域没有服务到的人群,而征信需要为每个有金融需求的个体建立信用档案。其次,征信系统需要探索更便利的服务方式。互联网技术日趋成熟,应用互联网技术对网络上的信息进行征集、加工,并形成征信产品提供给征信需求方是未来征信服务的技术趋势。最后,征信系统需要创新风险评价模式。网络社会中个人的行为方式,已经在电商平台、社交网络、网络工作工具及渠道上留下痕迹,基于此类信息开发有效的风险防范模型,是对传统风险评价方式的重大突破。

(4)互联网征信体系的建设有助于在更大范围内促进全社会形成良好的信用环境。一是互联网金融机构可以通过借助征信系统的威慑力和约束力,增加对线下信用风险的管理手段,控制还款人信用,督促客户按时还款,使客户更加重视保持良好的信用记录,更大程度提高金融资源的配置效率,减少互联网金融模式下的金融交易成本。二是可以使互联网金融的守信用客户积累信用财富,进而提升个人、小微企业的信用水平,使其获得成长为传统金融服务对象的机会和资格,在客户成长发展维度上,互联网金融将为传统金融培育潜在客户,二者形成良性互补。

三、互联网征信的简要模型[①]

和其他互联网金融的商业模式一样,征信也可运用平台形式进行商业活动。一般来说,可以单独设置互联网征信平台,也可以与其他互联网交易平台相互结合,形成一个包括相关商业活动(如实物商品买卖、金融商品交易等)与征信活动在内的一体化平台。

不管是哪种平台形式,仍然可以应用第二章介绍的双边市场理论模型对征信活动进行简要说明。假设存在一个垄断的双边平台,互联网平台服务的群体为 A 和 B。平台两边用户数量为 n_A、n_B,平台对两边的经济主体的信用进行采集和处理。其中一个简单的信用生成过程如下:

平台两边的某两个经济主体进行交易,如某个 n_A 和某个 n_B 进行交易,在进行交易后,n_A 对 n_B 进行评分,从而形成原始信用数据,由于这种数据带有 n_A 的主观色彩,平台可通过相应的方法,如某种校正函数进行处理,由此得到更为合理的评分值,如果交易次数为 N 次,则可对 n_A 和 n_B 的交易的评分进行相应的统计计算,获得有关平均值等,并在其后的交易中,进一步计算出相应的概率,通过信用值对交易进行维护。

进一步借用第二章理论模式的符号与相关代数方程,在征信的基础上,互联网平台的利润方程可写成:

---

① 参看刘驰:《基于社会网络的信用模型研究及应用》,浙江大学硕士论文,来自《中国知网》,2010年3月。

$$\pi = n_A(p_A - c_A)\mu_A + n_B(p_B - c_B)\mu_B \tag{5-1}$$

其中，$\mu_i(i=A,B)$ 表示基于信用评分，由互联网平台获得的概率值。显然，互联网平台可运用相应的计算机软件程序和算法等，告知交易双方，促使交易更为顺利地进行，并获得更为稳定的利润。

四、征信的基本作用

征信在促进信用经济发展和社会信用体系建设中，发挥着重要的基础作用。

(1) 防范信用风险。征信降低了交易中参与各方的信息不对称，避免因信息不对称而带来的交易风险，从而起到风险判断和揭示的作用。

(2) 扩大信用交易。征信解决了制约信用交易的瓶颈问题，促成了信用交易的达成，促进了金融信用产品和商业信用产品的创新，有效扩大了信用交易的范围和方式，带动了信用经济规模的扩张。

(3) 提高经济运行效率。通过专业化的信用信息服务，降低了交易中的信息收集成本，缩短了交易时间，拓宽了交易空间，提高了经济主体的运行效率，促进了经济社会发展。

(4) 推动社会信用体系建设。征信业是社会信用体系建设的重要组成部分，发展征信业有助于遏制不良信用行为的发生，使守信者利益得到更大的保障，有利于维护良好的经济和社会秩序，促进社会信用体系建设的不断发展完善。

征信不仅对经济社会的发展具有重要作用，对于企业和个人来说，也具有重要意义。

(1) 征信能够从制度上约束企业和个人行为，有利于形成良好的社会信用环境。我国自古以来就崇尚诚实守信这一美德，并通过道德意义上的批判促进诚信观念的形成。诚信是一种社会公德，是企业经营活动的基本准则。

(2) 征信的出现让银行了解个人信用状况的方式变简单：它们把各自掌握的关于个人的信用信息交给一个专门的机构汇总，由这个专门的机构给个人建立一个信用档案(即个人信用报告)，再提供给各家银行使用。

(3) 征信可以为个人贷款节省时间，更快速地获得借款。如果去银行贷款，银行需要了解的很多信息都在信用报告中，就不用再花很多时间去调查核实借款人在借款申请表上填报信息的真实性。

(4) 有利于借款人借款。中国俗话说好借好还，再借不难。如果信用报告反映出借款人按时还款、认真履约，银行不但能提供贷款、信用卡等信贷服务，还可能在金额、利率上给予优惠。

(5) 如果信用报告中记载曾经借钱不还，银行在考虑是否提供贷款时必然要慎重对待。银行极有可能让借款人提供抵押、担保，或降低贷款额度，或提高贷款利率，或者拒绝贷款。如果信用报告中反映借款人已经借了很多钱，银行也会很慎重，担心负债过多难以承担，可能也会拒绝。因而征信实际上可以提醒借款人珍惜自己的信用记录，自觉积累自己的信用财富。

(6) 征信可以帮助借款人获得更公平的信贷机会。征信中心提供给银行的是借款人信用历史的客观记录，让事实说话，减少了信贷员的个人情绪等因素对借款人贷款信用卡申请结果的影响，让借款人得到更公平的信贷机会。

第二节 网络征信

一、网络征信及其机构

互联网征信正在发展过程之中。就目前来看，这种发展主要表现在三个方面，其一是把以前线下的征信逐步向网络发展，这里称为网络征信；其二是利用大数据分析方法处理征信问题，这里称为大数据征信；其三是以区块链的发展为背景，将区块链技术应用于征信问题，这里称为区块链征信。

网络征信是互联网金融的重要组成部分，依托互联网平台，运用云计算、大数据等互联网技术，由专业化的、独立的第三方机构为个人或企业依法收集、整理、保存、加工自然人、法人及其他组织的信用信息，提供相应的信用报告、信用评估、信用信息咨询等服务，帮助授信方判断、控制信用风险，进行信用管理的活动。

征信机构是进行征信活动的主体。进入互联网时代，征信机构主要有下列几种[1]：

(1)专业征信机构仍将是互联网征信领域的重要力量。专业征信机构拥有健全的消费者和企业信用等信息的综合数据库和丰富的征信产品以及服务经验与技术。在互联网征信方面，专业征信机构具有得天独厚的优势，目前主要是为各类公司、企业等机构提供互联网征信服务。

(2)大型电子商务和互联网企业可依赖其主营业务发展互联网征信，采集的信息多以网络交易信息为主。以阿里巴巴集团为例，阿里巴巴为解决网络贸易的信用问题，早在2002年3月就推出为中小企业量身定制的"诚信通"。通过独一无二的第三方身份认证，拥有诚信通档案，获得买家信任。随着网络贸易的发展，两年之后，阿里巴巴又推出了"诚信通指数"，用于展示企业的网上信息公开度和贸易成熟度，成为企业之间相互了解和选择对方的一个重要参考。

(3)新兴的互联网企业主要借助大数据等新技术手段从事信用评分、建立声誉机制等征信活动。美国 Movenbank 移动银行、德国 Kreditech 贷款评分公司、中国香港 Lenddo 网络贷款公司以及 Connect Me 等新型中介机构试图设计打造能反映大数据时代互联网征信平台，通过说服 eBay、LinkedIn、facebook 或其他社交网络开放资料，结合用户在各网站的活动记录，通过自行开发的软件、算法等，分析客户的同事、好友信息(特别是信用状况)，建立归纳与收集信用资料的标准化格式，作为客户获得信用评分的重要依据，将社交网络资料转化成个人互联网信用。

---

[1] 参看石峰：《互联网征信发展研究》，载《西部金融》，2014(3)：56-59。

二、网络征信的特征[①]

关于网络征信的特征,可从传统银行征信与网络征信的异同来说明。从定义上来看,无论是银行征信还是互联网金融征信,均属于征信的理论范畴,但银行征信和互联网金融征信在征信模式、评价思路等多个方面又是完全不同的。

第一,在征信模式方面,就中国来看,传统银行征信的模式是政府主导模式。政府以立法的形式建立非营利性质的征信机构,并由国家设立征信管理局(人民银行下属)对征信进行直接控制管理,强制要求与金融机构产生信贷业务合作的企业和个人提供征信数据,并保证数据的真实性。现有征信系统是人民银行1997年建立的全国银行信贷登记系统,该体系由人民银行总行构建,数据库分布在各级分支机构,在企业方面以贷款卡为媒介,个人方面以身份证为媒介,重点采集与银行有信贷业务的个人、企业的数据。网络征信的模式是市场化的征信模式,参与者众多,且对各个市场进行了细分,由市场需求决定数据库的规模,由客户需求推动征信产品的创新。在这种征信模式下,征信体系由民营机构构成,这些征信机构独立于政府之外,管理和运作完全按市场化的模式进行。这种市场化也存在两种类型,一种是以行业协会建立的会员制征信机构为主体的征信,由会员提供数据来源及共享数据应用;另一种则是为满足企业内部风险控制的需要而搭建的,并供自身使用的封闭征信类型。

第二,在信用评价思路方面,侧重点有所不同。传统银行征信注重实物资产和债务水平,用昨天的信用记录来判断今天的信用,但网络征信却不同,其更注重消费数据等。从银行的角度来看,在开展信贷业务时往往侧重点在资产水平、负债水平以及还款能力上,仍将相对简单的信贷审核方法应用在互联网金融领域,征信的重点信息也主要为基本信息、资产信息、负债信息等。而网络征信则不同,以淘宝、京东为代表的电商平台崛起,极大地分流了银行的资金流和数据流,商品的交易信息流转移到电商上成为大趋势,银行逐渐被"后台化",电商平台、P2P平台等互联网企业游离在传统人行征信数据之外,通过协会性质的"联盟"以及整合体系内平台累计的数据,或应用自有模型进行分析或广泛通过电子平台资金流、物流、信息流分析后进行评级,通过大量互联网行为数据测算授信对象的信用状况,形成了自有征信产品。

第三,在数据来源方面,传统银行征信数据来自金融机构并主要由金融机构使用,以金融交易为核心,集中分析财务数据等"小数据",一般只有几十个数据项,主要涉及收入、资产及抵押状态、担保情况等,表现的主要是债务状况。网络征信的来源则更加广泛,主要是个人在互联网上的金融信息,包括通过电子商务网站在网上留下的交易数据,通过社交网络留下的社交数据等,这些数据来源随着互联网的发展而不断衍生出其他的信息源。相比传统征信数据,互联网金融征信所获得的非结构化数据更能反映人更加本质的信息,从主观思想上来看,更能对个人信用状况进行推断,结论也更加准确。

第四,在覆盖人群方面,到目前为止,中国人民银行的征信系统中记录了我国约

[①] 参看李真:《中国互联网征信发展与监管问题研究》,载《征信》,2015(7):9-15。

40%的人口，人数总量虽大，但离发达国家的征信相对甚远，以美国征信体系为例，其覆盖率可达到85%左右。随着互联网的发展，征信范围不断扩大，征信渠道越发广泛，较传统征信方式相比，征信成本也大大降低。另外，银行征信仅采集了与金融机构存在信贷业务关系的数据信息，存在一定的局限性，而网络征信由于应用范围不仅限于信贷业务，因此在采集范围上是没有条件限制的，可以是一切与互联网产生关系的人，通过收集他们在互联网行为中留下的信息，进行整合分析，从而作出信用判断。所以，网络金融征信覆盖范围更广。

第五，在惩戒机制方面，失信惩戒机制是互联网金融发展的一大难题，但也是最重要的一个环节，是一种高效而简约的辅助机制，旨在信用交易过程中对失信者进行惩罚。我国银行征信经历了多年的发展，建立了以征信平台为媒介，依托于银行业金融机构建立起高效联动机制，对于失信者，银行体系内共享失信信息数据，并依托各自的风险模型进行失信记录、披露，从而使市场中的信息透明度更高，信用对人经济行为的影响更大，各经济中行为主体对自身的信用行为更加重视。例如在个人征信领域，某一个人在一家银行出现了坏账，将可能无法在其他银行或授信机构获得贷款。而在互联网金融模式下的征信中，我国互联网金融发展尚处于初级阶段，现有法律法规体系仍不健全，金融监管尚不明确，且无有效的风险控制手段，相关的制度约束仅确立了基本法律，无细化的执行规则。并且，各平台在建设自身业务管理信息系统时，均出于自身经营管理、隐私等方面的考虑构建，缺乏全国统一的标准，缺乏共同的惩戒机制。

总的来说，传统征信的特点是由征信机构进行专业化、牌照式经营，是分析"小数据"，其征信的用途主要是预测信用交易风险和偿还能力，且数据获取渠道比较狭窄和固定。网络征信的特点则在于，应用更多的数据进行分析，且数据来源广泛，不拘泥于财务，还包括非财务类的信息，如社交行为、文字言论、谈话语音、图片甚至交友情况等各种信息，征信机构也多样化，征信用途更为广泛。

三、网络征信模式的优势与劣势[①]

与传统征信模式不同，网络征信模式具有独特的优势。如果说传统征信模式的数据是"少而精"，那么网络征信模式的数据就是"多而杂"。网络征信模式，就是以大数据为特点的征信方式。因此，数据量大是最主要的特点。大数据产生的背景是整个社会走向数字化，特别是社交网络和各种传感设备的发展。大数据具有四个基本特征，即数据体量庞大、价值密度低、来源广泛和特征多样、增长速度快。这也就构成了网络征信模式的基本特征。蚂蚁金服首席信用数据科学家俞吴杰曾指出："互联网发展给个人征信行业带来了跳跃式的发展；随着互联网的发展，个人的各类交易行为变为24小时可记录；因此跟传统征信业的数据相比，互联网的数据涉及范围更广、种类更多。"在互联网时代，传统的由银行为主的个人征信体系被无限丰富化。以互联网企业（腾讯、阿里、百度等）和支付

---

① 参看李然：《互联网征信模式的发展研究》，对外经济贸易大学硕士论文，来自《中国知网》，2015年。

系统(支付宝等第三方支付机构)为核心,掌握了个人用户的日常生活数据,如个人手机话费、打车软件、水电煤气费、物业费等。这意味着,互联网企业获取了传统征信模式无法获得的数据。其具体表现是:

(1)数据量大。2013年以来,信息和数据的大爆炸,驱动众多行业、企业和团体关注大数据。数据单位从小到大依次为KB、MB、GB、TB、PB、EB、ZB、YB等。每两个数据单位之间都为1024倍数。我国作为全球人口和计算设备保有量的大国,每时每刻都产生庞大的数据量。一些互联网企业构建自己的IT架构和处理海量数据的服务平台。以阿里巴巴集团为例,阿里集团自主研发构建Oceanbace架构,能够处理海量的数据;同时建立了云计算平台,运行服务器规模达到5000台。阿里已提供了大数据产品和云服务平台产品,向用户提供云端服务同时还能获取第三方网站、应用、硬件和用户的数据。这就是传统征信数据目前无法匹敌的巨大力量。

(2)数据多样性和广泛性。由于国内并未建立全国性的多领域的信用体系,行政执法部门利益关系复杂,造成工商、水电煤气、法院、通信等信息彼此相互封闭并形成垄断。传统征信体系并没有将这些政府的公共信息全部纳入征信体系的范围内。互联网企业通过搜索引擎、电子商务平台和社交平台等,运用互联网、移动互联网技术和手机应用程序,在提供服务的同时,积累了上亿企业用户和个人用户的包括通信充值信息、水电煤气缴纳信息、工商信息等多范围的数据信息,用户通过互联网企业获得了方方面面的便捷服务,企业获得了用户衣食住行等多种多样的数据,这显然会促进征信行业的发展。

不过,与传统征信相比,网络征信模式也有一些劣势。这表现在数据质量差、数据整合难度大等方面。目前国内优质的信用数据如银行等金融机构的信贷数据,是直接接入中国人民银行征信中心的金融基础数据库,质量上乘。互联网企业的数据,由于数据范围广、内容杂,因此在征信的过程中利用的价值不足,需要花费大量的时间和精力去寻找能够间接证明信用能力和信用意愿的数据和关系。这些细碎的数据,无论是社交、言论或者交易数据,对于评判借款人社会关系等指标,只是参考的数据,并没有较强的说服力。只有通过强大的数据平台积累,对复杂的数据进行相关性分析,挖掘数据与数据之间潜在的关系,才能利用数据开发出具有说服力的征信报告。因此,互联网平台的数据积累程度和数据挖掘能力,就决定了其开展互联网信用评价的精准性。

四、网络征信的运营方式[①]

如果以美国三大信用局益百利、艾克菲和环联为美国3亿人口提供的个人信用报告服务领域总收益估值240亿元人民币来估算,中国13.7亿人口将存在高达1000亿元以上的个人信用报告市场空间。目前,国内征信市场规模20多亿元,主要来自企业征信业务,个人征信业务开展较少,未来采用市场化的征信模式将在消费信贷、互联网金融以及征信业务领域拓展等多重助力下迎来大蓝海时代,市场前景不可限量。

---

① 参看李然:《互联网征信模式的发展研究》,对外经济贸易大学硕士论文,采自《中国知网》,2015年。

中国人民银行规定，征信机构必须满足"数据来源于第三方，适用于第三方"。在互联网时代，依据上述规定，网络征信模式主要以互联网企业为核心，融合多种资源和数据展开征信业务。根据互联网企业的核心业务，可将网络征信细分为电子商务平台征信、支付业务征信、网络信贷征信、社交平台征信等。在首批入围的八家个人征信机构中，就包含这几类征信机构。每家企业都具有各自的优势和劣势，针对的市场也不同。蚂蚁金服的芝麻信用是电子商务平台征信的代表，依托阿里集团具有包括用户网购、还款、转账和个人信息等方方面面的数据，在数据挖掘上可以依托任何旗下的多个领域和产品拓展；腾讯征信则是支付业务征信和社交平台征信的代表，拥有巨大的 QQ 账户和微信账户和大量的支付用户，庞大的用户和数据处理能力，也为其发展征信业务提供了无限可能；前海征信是全牌照金融企业平安集团下属子公司，平安集团旗下陆金所作为 P2P 网络信贷的领头羊，曾联合多家 P2P 企业实行黑名单共享机制，如果这些数据可以挖掘，对于个人贷款的征信意义显而易见。互联网企业通过自身独特优势，一方面提供各具特色的征信产品；另一方面通过信用评价体系，提供个性化的增值服务，与互联网平台其他产品进行捆绑营销，最终实现互联网产品与征信产品的叠加销售。以下主要介绍电子商务平台征信、第三方支付平台征信和网络信贷征信。

（一）电子商务平台征信

以阿里集团为例，阿里集团的电子商务平台在构建信用体系方面处于行业领先地位，也为阿里集团开展网络征信业务提供了基础。在企业征信方面，阿里巴巴从 2002 年就推行"诚信通"计划，通过身份认证、客户反馈等信用数据形成可视化的信用评分建立了企业会员信用体系；2004 年设立第三方支付平台——支付宝，对资金进行监控和管理，解决资金纠纷隐患。阿里巴巴旗下淘宝、天猫也同时获得了卖家的商品交易量、商铺活跃度、用户满意度等数据。2007 年阿里巴巴尝试与建设银行、工商银行合作，向会员企业提供网络联保贷款，由 3 家或 3 家以上企业联合起来，共同向银行申请贷款，由阿里巴巴向银行提交会员的信用记录，银行最终确定发放贷款的金额。2010 年阿里自建小额贷款公司，为商家提供循环贷等小额贷款业务，通过贷款客户自身长期的数据和同类型企业的数据对比，为企业和店铺在不同时段提供恰当的贷款。阿里小贷依托阿里巴巴集团的电商平台交易数据，积累了庞大的客户群体，也在原有电商数据基础上增加了信贷业务的数据。从金融信贷的角度看，这实现了银行对于企业授信的业务，而阿里的这种信贷授信的模型又比银行传统授信更灵活和有效。4 年时间，阿里小贷累计投放贷款额超过 1700 亿元，服务小微企业超过 70 万家，不良贷款率小于 1%，低于银行等传统金融机构的不良贷款率。在个人征信方面，阿里巴巴旗下蚂蚁金服设立的芝麻信用，已经于 2015 年 1 月率先公测其信用产品"芝麻信用分"。公测版"芝麻信用分"界面显示，最低 350 分，最高 950 分，其中 350~550 分为较差，550~600 分为中等，600~650 分为良好，650~700 分为优秀，700~950 分为极好。较高的芝麻分可以获得更好的淘宝生活服务和金融服务。"芝麻信用分"数据来源包含五个维度——信用历史、行为偏好、履约能力、身份特质、人际关系。信用历史是指过往的信用账户还款记录和信用账户历史；行为偏好是指在购物、缴费、转账等活动中的偏好和稳定性；履约能力是指使用各类信用服务并确保及时履约；身份特质是指在使用相关服务中留下丰富和可靠的个人基本信息；人际关系是指好友的身份特征以及与好友的互动程度。用户在这五大维度的成绩体现在图像上，具有一定警示作用，可根据自身情况调整相关行为，实现不断提升芝麻分的目的。

目前，芝麻信用已开放五大模块功能，包括出行、住宿、金融、购物和社交，提供免押金租车、免押金入住、借款和分期等服务。目前只有出行和住宿的部分功能可以使用，要求芝麻分在 600 分及以上可以享受。这些维度的数据积累，一方面，是阿里集团与公共政府机构合作，接入公安、学历学籍、工商、法院等政府部门的数据而实现的数据融合；另一方面，是来源于阿里集团旗下淘宝及天猫、支付宝、阿里小贷等多个主体的数据。作为电商行业率先推出征信产品的企业，阿里集团依托电子商务平台和小微金融服务，对海量的数据进行处理，依靠阿里云计算平台，将消费者包括支付在内的交易和信用数据加以融合和利用。在淘宝从 2012 年 1 月 5 日实行了 VIP 成长体系，包含 7 个会员等级，从 V0~V6，会员等级由成长值决定，V1 对应 1000 点，V2 对应 5000 点，V3 对应 20000 点，V4 对应 50000 点，V5 对应 150000 点，V6 对应 800000 点。成长值是淘宝网会员通过购物所获得的经验值，由累计金额计算获得。对买家的会员等级评价，一方面是为高消费用户提供更好的服务，另一方面也是评估用户的消费能力和偏好。

电子商务平台发展网络征信业务，需要充分展现互联网"开放、平等、合作、共享"的精神，将自身业务的营销与网络征信相结合，一方面开放免费的网络征信产品，以实现电子商务平台业务的用户黏性和使用率；另一方面，提供定制化的征信产品和服务，包括偿债能力预测、收入预测等风险评估产品。同时，可将个人征信与企业征信结合，用于企业招聘或评价企业风险时，考量求职者或者高管的个人风险等。发展初期，电子商务平台上多范围的业务，与金融、征信相融合，形成独具特色的产品；之后，可将视角拓宽至整个社会的实体经济领域，与大型企业进行合作，将相关数据模型进行优化和改进，形成个性化的征信产品；最后，网络征信模式及其构建的数据模型发展成熟之后，将有望纳入中国人民银行的征信系统中，真正成为传统征信体系的一个补充。

(二) 第三方支付平台征信

第三方支付是指采用与国内外银行签约方式，借助银行卡等支付工具或虚拟账户、虚拟货币等网上支付工具，提供与银行支付结算系统衔接的独立的第三方交易平台。支付公司从 2000 年左右发展至今，同电子商务企业一起成长壮大，成为介于银行与电子商务企业、互联网企业的关键环节。

第三方支付公司开展征信业务的优势是极为突出的。如果说单个银行可以监控企业和个人在该银行的所有交易，那么第三方支付公司就是可以监控个人或企业在每家银行的每笔业务，包括跨银行的交易，这对于传统的金融业来讲是没法全行业融合的，但却是支付公司的最大优势。第三方支付公司不同于电子商务企业，它的数据种类较为稳定和单一，主要包括两类：其一，是商户信息，包括订单信息、买方身份信息、送货信息等；其二，交易信息。其中，商户信息占据了支付公司 80% 的数据量。因此，支付公司具备了网络征信的基础数据和资源，而且这些数据，与电子商务平台的大数据相比，更具逻辑性和结构化。

随着移动互联网技术和移动支付的广泛推广，第三方移动支付的规模也在逐年增长。移动支付数据成为第三方支付公司重要的数据来源，而移动支付数据又可细分为移动金融、移动消费、个人应用及其他行为的数据。用户习惯和用户支付场景的相互关联，可作为切入支付平台征信的一个思路。

因此，第三方支付公司可以通过用户在移动支付等方面的用户习惯和用户资金用途，运用大数据技术，形成用户的信用评估。通过征信产品，挂钩信贷业务产品，同时通过交易过程的资金监控，实现信用贷款的功能。这将对传统的信贷业务产生较大影响。从某种程度上讲，支付公司提供的网络征信业务，为金融服务的要求水平降低，也将为更多的中小微企业和个人提供资金支持。

另外一个发展方向，是将第三方支付平台征信应用到 P2P 网贷行业，实现保障平台和投资人的安全。通过这种方式，有效防范身份欺诈、恶意违约等问题，也通过征信产品优化了 P2P 平台的信贷审批流程和成本。在 2015 年初公布的 8 家有望获得个人征信牌照企业中，拉卡拉信用就是由拉卡拉集团旗下公司出资设立的。

(三) 网络信贷征信

在中国人民银行批准准备设立个人征信机构中，前海征信就是网络信贷平台征信的代表。据了解，前海征信目标客户主要是小额贷款公司、网贷平台等。

2014 年，我国 P2P 网贷行业发展迅速，同时问题重重。据第三方机构网贷之家数据统计，2014 年行业成交额 2528 亿元，是 2013 年的 2.39 倍；贷款金额 1036 亿元，是 2013 年的 3.87 倍。2014 年，全国网贷行业正常运营平台 1575 家，出现问题的平台高达 275 家，仅 2014 年 12 月就有 92 家 P2P 平台负责人跑路，超过 2013 年全年问题平台 76 家的数量，问题平台的主要问题为诈骗和提现困难。出现问题的平台由于风控措施不到位，造成了资金链断裂。因此，做好风险控制也就成为各个 P2P 平台在激烈竞争中寻求稳定发展的关键一环。因此，发展网络信贷平台征信，将有效解决类似问题的出现。

由于 P2P 行业不能直接接入中国人民银行的征信系统，为防范信用风险和实现信贷信息共享，中国人民银行征信中心通过下属上海资信建立网络金融征信系统，使得目前一部分 P2P 网贷企业可以以间接形式接入中国人民银行征信系统。以 P2P 行业的现状，引入第三方征信机构，可以提高平台的征信能力和违约情况。早在 2012 年左右网络借贷行业发展初期，就有关于引入第三方个人征信机构、完善借贷违约惩罚机制的文献和讨论。引入第三方个人征信有助于降低信用风险，促进网络借贷市场的健康发展，同时有利于征信机构丰富信息来源，完善征信体系建设。网络信贷平台征信，重要的一点就是信贷数据的共享。

在这一点，前海征信背后的平安集团旗下陆金所就曾进行过尝试。2012 年底，陆金所、拍拍贷等多家 P2P 公司联合成立了"网络信贷服务业企业联盟"，实现了信贷数据的公开共享，建立了黑名单共享机制，将对其借款人信息公开。因此，前海征信在 P2P 网络信贷行业征信方面，已经具有资源优势和经验。但网络征信还存在一些问题，需要网络信贷征信在征信产品的设计上更多元化和更具说服力。依靠平安集团，在传统金融业和互联网金融行业具有独特优势的金融机构，结合在保险、金融产品等方面的用户积累，前海征信在开展网络征信行业具有扎实的基础和资源。网络信贷行业的征信业务，对于 P2P 行业具有巨大影响，将会带来 P2P 行业向更正规、更完善的方向发展。

第三节 征信与大数据分析

一、大数据征信概述[①]

大数据征信是指运用现代计量方法和大数据分析技术构建信用评价模型，基于互联网海量数据，对信息主体的经济交易与社会交往活动进行记录、刻画和报告，形成对个人、企业和组织的信用评价。不同于传统征信，大数据征信使人们在互联网上的交易、娱乐、社交等行为都被记录、报告与传播。

大数据征信的数据基础是大体量、多元化、大样本的非结构化数据，其原理是通过对信息主体的各种行为数据进行综合性、多角度、多层次的收集处理，同时根据信息主体对应产品维度建立对应的数据模型，然后使用该模型计算、按照特定维度与关联性得出信息主体的各个信息维度特点，最终按照一定的信用评估算法计算信用主体的信用分数。大数据征信包含的数据主要涉及传统中国人民银行的征信数据、经营数据、身份数据、社交数据、消费和财务数据，乃至日常活动数据、特定场景下的行为数据等，基本上是互联网非保密信息、个体提供信息、其他合作机构给予的信息等。

二、大数据征信发展的基础[②]

2015 年全国银行征信系统建设与应用工作座谈会在北京举行，中国人民银行行长助理杨子强在会上表示，我国征信行业伴随时代进步已经进入了一个全新的领域，互联网金融结合大数据对传统征信业造成冲击，创新与传统之间的竞争正改变着市场格局，新的征信系统对数据的应用提出了更高的要求。显然，大数据征信是传统征信的发展，这种发展是技术方面的变化、市场格局的变化、政策环境的变化以及回避传统方法不足的产物。

（1）技术变革推动大数据征信的发展。数据是大数据征信的核心，要想做到运用大数据进行征信，就必须能够正确地处理和分析得到的数据信息，大数据征信的重点和难点不仅在于数据的来源和采集，更多在于如何在数量庞大的数据中进行数据处理以及数据挖

[①] 参看吴晶妹：《从信用的内涵与构成看大数据征信》，载《首都师范大学学报（社会科学版）》，2015(6)：66-72；冯文芳、李春梅：《互联网+时代大数据征信体系建设探讨》，载《征信》，2015(10)：36-39；马杰：《大数据征信应用于互联网金融风控研究》，对外经济贸易大学硕士论文，来自《中国知网》，2015 年。

[②] 参看于欣言：《大数据在互联网金融征信中的应用研究》，首都经济贸易大学硕士论文，来自《中国知网》，2016 年。

掘。随着整个社会走向数字化，特别是搜索引擎、移动网络和云计算的普及，数据的采集、记录和存储变得容易。而人工智能、数据挖掘、计算机基础设备的出现，进一步为深入挖掘、筛选、管理数据提供极大的便利。

大数据更深层次的意义在于对数据进行深度挖掘，其数据间的交叉使用和关联分析是传统技术不可比拟的。目前大数据分析技术已经有很多种，总体上看可以分为两类：一类是基于模型的假设，不完全运用计算机，而是在传统模型上进行升级，运用计算机辅助的人机相结合的综合系统。信用评估模型包括著名经济学家罗伯特·莫顿（Robert Merton）提出的Merton模型、CDS模型、Logit模型以及国内的阿里小贷运用的水文交易预测模型。这些技术的发展变革不仅可以统计和评估个人以及企业过去的信用状况，也可以通过分析来预测未来可能产生的违约率；另一类是不基于假设的机器学习模型，即完全使用计算机来模拟人类学习行为，采用计算机进行建模，这也是未来发展的主要方向。

（2）大数据征信的市场基础。互联网金融能否健康稳定地发展关键在于能否有效进行风险控制，风险控制的核心业务就是征信，大数据征信则为互联网金融的发展奠定了重要的基础。大数据征信的发展是伴随着互联网金融新的需求，先进的互联网技术和信息技术正应用于大数据征信业。我国一些互联网公司已经开始从事大数据征信的分析，社会的数据来源广泛，个人和企业的更多行为都会被记录和应用。

芝麻信用是大数据征信进入市场的一个应用，证明我国市场正逐渐接受大数据征信。2015年1月5日，中国人民银行发布了公告，允许8家机构进入征信领域进行个人征信业务，这意味着个人征信系统有望向商业机构开放，腾讯征信、阿里巴巴的芝麻信用位列其中。芝麻信用是蚂蚁金服下一个独立的第三方信用管理和信用评级机构，依托阿里巴巴的支付宝平台的用户数据的积累，依据各方各面的公共数据信息，运用云计算以及大数据技术客观地给个人的信用情况进行评分。并通过与其他服务的合作，让每个人都能体验到信用带来的价值。芝麻信用分是芝麻信用根据得到的海量数据，对其进行分析、处理、综合评估得到的一个具体的分数值。芝麻信用通过五个维度来进行考察，包括用户信用历史、履约能力、身份特质、行为偏好和人际关系。集合过往的违约记录、资产信息、真实的学习和职业经历、购物缴费等活动偏好和人际交往中影响力等数据进行评估。这些信用评估可以帮助互联网金融企业对用户的还款意愿和是否具有还款能力得出结论，从而为客户提供现金分期、快速授信等服务。

本质上来说，芝麻信用就是一套征信系统，它的数据来源主要分三个方面：一是网络平台、金融机构、社交网络等对外公布的信息；二是阿里巴巴集团旗下的电商以及第三方支付平台支付宝的支付记录；三是政府内部或者金融机构内部存储的用户的私人数据。芝麻信用通过大数据模型将通过以上方式得到的信息进行推演计算，以此作为信用评级的依据。芝麻信用可以应用于信用卡还款、网购、理财、转账、水电煤缴费，在芝麻信用分达到一定数值，还可以进行租车、租房、婚恋以及签证等多种服务，租车、租房、住酒店可不用交押金，办理签证时不用再办存款证明等。这种个人评级系统完善了我国的征信体系，提高了风险控制的效率。大数据征信和互联网技术正深刻地影响着我国传统的征信模式，大数据征信机构与传统征信机构相互借鉴、相互融合的发展模式正在凸显。

（3）政策环境支持大数据征信的发展。目前，我国大数据征信发展的技术基础和市场基础正在逐步完善，运用大数据的征信机构的数量不断递增，既有传统征信机构，也有新兴的金融机构；既有利用云平台的机构，也有在业务领域更垂直的机构。大数据征信市场多元化发展的局势已定，既有竞争也有合作的发展格局正逐步形成。在大数据征信的发展中，政府的政策支持也是其背景之一。

就我国来看，2015年1月，中国人民银行发布信息，允许商业机构进行个人征信业务的准备。2015年国务院出台多项政策，鼓励支持互联网金融的健康发展和大数据征信市场的开拓，如《关于运用大数据加强对市场主体服务和监管的若干意见》提出要充分认识运用大数据加强对市场主体服务和监管的重要性，充分运用大数据、云计算等现代信息技术，加强监管，促进市场公平竞争，维持市场的正常秩序。并进一步加大政府信息的公开程度和数据开放力度，推动政府和社会信息资源共享，提高政府运用大数据的能力；《关于促进互联网金融健康发展的指导意见》提出了一系列推动互联网平台发展，支持互联网金融产品创新的政策，积极鼓励大数据存储、网络与信息安全维护的该技术领域基础设施建设。允许符合条件的具备资质的相关金融机构介入中国人民银行征信系统，开展互联网企业信用评级，增加市场信息透明度；《关于积极推进"互联网+"行动的指导意见》提出鼓励各金融机构利用云计算、大数移动网络等技术手段，为更多地区提供信用中介平台的服务，利用大数据开展个人征信业务，推动信用评级体系建设、加快网络征信创新。

（4）传统征信的一些问题也促使大数据征信的兴起。一般来说，信用评分是利用数据挖掘技术，基于消费者的历史记录，对其放贷款的违约风险进行量化评估。就美国来看，FICO信用评分是最具有代表性的信用评分。在19世纪中叶，美国费埃哲公司开发的FICO信用评分作为第一个数据驱动的消费者评分系统，主要在商业机构的投资分析中使用，随着计算机技术发展成为美国信贷市场不可缺少的元素。截至1995年，房利美和房地美（美国政府的住房金融代理机构）与费埃哲签订合同将FICO信用评分嵌入房地产审贷过程后，信用评分开始融入美国金融系统的血液。到2000年，FICO信用评分已经在超过75%的家庭房地产贷款中被使用。2015年，费埃哲宣称FICO信用评分已应用到超过90%的借贷决策中。尽管FICO信用评分在过去几十年内促进了美国消费信贷和房地产市场的快速发展，但也存在明显的局限性。比如为了获得FICO信用分，个人需要至少有一个持续6个月以上还款记录的银行信贷账户，而且该账户的信息要保证报送到征信机构。美国消费者金融保护局（CFPB）最近的一项分析指出，美国存在2600万消费者（占美国成年人口的11%）的信用报告中没有信贷信息，因此也不能够进行FICO信用评分。另外美国还有1900万消费者（占美国成年人口的8%）的信用报告中没有足够的信贷历史信息来支撑信用评分的基本应用。因此会出现以下情况：如果一个消费者每月定时交纳房租，将每月收入的20%存入银行，在所有交易中使用借记卡，避开任何的信贷活动，那么他仍可能没有信用评分了，致使其在未来的金融服务申请中困难重重。由于FICO信用评分对于信用不足或缺失的消费者无效，导致了美国将近20%的消费者无法获得正常的信用评分。而大数据征信的兴起则可以弥补传统征信在这方面的不足。

三、大数据征信的一些具体做法与经验①

以上述背景为前提，一些信用信息服务机构开始探索评估信用能力的新方法。传统数据包括信用卡、车贷、房贷、消费贷等数据，与传统信贷数据相区别的是替代数据（alternative data），所谓替代数据是指银行和征信机构所收集传统信贷偿还数据之外的数据，包括电话费、公共事业账单和地址变化记录等内容。一些替代传统信贷风险管理的解决方案正在不断涌现，例如利用手机预付费信息、心理测试数据、社交媒体活动信息和电商行为数据进行信用风险评估等。

利用替代数据进行信用评分的需求之一来自银行。银行担心拒绝了没有传统信用评分的消费人群，也就拒绝了未来的盈利。一些实际信用合格者，例如新移民者和年轻人，可能没有足够的信贷记录进行信用评分，通过替代数据可以给这些人以评分，从而找到其中拥有较高信用水平的人。从银行的角度来说，在可接受的风险区间内，增加新的客户是一件很好的事情。这些替代数据的引入为风险评估注入了新的活力，为大型银行开辟了新的消费者客户群体。就美国来看，可用下列事例说明一些具体的新型做法。

（1）益博睿：将房租数据纳入信用报告和评分。2010年6月，益博睿收购了一家拥有700万美国人房租历史的公司Rent Bureau，到2011年1月，房租数据已经包含在美国的消费者信用报告中。2012年3月，益博睿在英国开始了房租信用机构的业务。通过将房租支付记录包含在信用报告中，使得几百万需要租房的人借助征信系统的帮助，可以享受更低价格的租房服务。除了将消费者的房租数据加入信用报告中，为了提高信用评分的普适性，益博睿也将房租信息加入信用评分模型中作为主要的指标（传统信用评分模型依靠信用卡、车贷和房贷还款信息）。

从2014年开始，益博睿越来越广泛地将房租信息应用于个人征信产品和服务中。益博睿的一份研究报告统计表明，如果不将房租信息包含在信用评分之中，具有租房交纳记录的消费者中会有11%因为没有信用记录，而不能获得信用评分，这些正面的租房交易信息可以帮助消费者获得信用评分。此外，80%没有信用评分的消费者在益博睿的房租数据库中有超过12个月的租房历史记录。这些缺乏传统信贷信用记录的消费者由于信用报告中有及时的每月房租偿还记录，可以接受金融机构的授信。

另一项研究表明，将消费者2个月的交纳房租信息整合到信用评分中，其信用评分会提升9%，特别是次级贷的消费者，加入了交纳房租信息，其信用评分会增加29分。益博睿增加了交纳房租信息的信用评分未来可能会形成新的信用评分框架，每一个租房的消费者都应该充分利用新的评分来享受更好的金融服务，特别是对于学生和刚进入社会的年轻人这些传统信贷信用记录缺失的消费群体更有意义。

（2）费埃哲、艾克菲和律商联讯：利用电信和公共事业缴费大数据。像费埃哲这样的信用评分机构受监管和银行的双重压力，被要求找到为上百万没有信用评分的美国人提供

---

① 参看刘新海、曲丹阳：《基于征信大数据的替代信用评分》，载《征信》，2016(3)：33-36；姜俊琳：《大数据时代的征信创新与发展研究》，浙江大学硕士论文，来自《中国知网》，2016年。

可靠信用评分的方法。费埃哲已经做出了行动：与艾克菲及律商联讯集团合作，开发名为 FICO XD 的新信用评分，该新信用评分关注有线电视、电话、公共事业缴费和移动电话的支付历史来进行评分。在 FICO XD 的开发过程中，费埃哲负责算法模型，艾克菲提供移动电话和有线电视、电话账户中的数据来获得数据，律商联讯集团提供了财产记录和其他公共数据。FICO XD 与传统信用评分一样，使用三位数衡量，分数越高，风险越小。FICO XD 信用评分与传统的 FICO 信用评分有相同的得分范围，都为 30~850 分；不同分数段对应的预期违约率也是相同的。因此不管从 FICO 分数还是 FICO XD 分数上看，750 分都是一个很高的分数。费埃哲已经在一些银行中测试了该新信用评分，35%~50% 测试个体的 FICO XD 分数超过 620 分，这意味着很多人将从该新信用评分中获益。

FICO XD 并没有替代传统的 FICO 评分。如果消费者的信用报告中有足够的信息能够获得传统 FICO 评分，则 FICO XD 对他就没有必要，而且也不适用。事实上，FICO XD 推出的目标就是使人们可以从 FICO XD 评分向 FICO 评分升级：可以让传统信用记录不足的消费者利用 FICO XD 信用评分获得金融信用服务，等消费者逐渐有了信贷记录之后，就可以升级为传统 FICO 信用评分的获得者。FICO XD 的应用也比较注重消费者权益保护：正如每个消费者可以在 Annual Credit Report.com 网站上获得一个免费的、每年一次的信用报告，这些信用报告中的信息可以用来产生 FICO 评分。在利用 FICO XD 评分时，征信机构将会把评分用到的信息（电话付费和公共事业缴费信息）存储在一个单独的数据库中，并将其加入信用报告。与传统的信用信息一样，这个专用的数据库可能会出错，消费者需要警惕、及时查询和检查、对相关错误进行修改。FICO XD 信用评分正在大量的信用卡提供方（主要是银行）之间进行测试，在未来几年将会被广泛获得。银行在前期接触的时候对此非常感兴趣，在测试过程中，FICO XD 给半数以上过去无法评分的信用卡申请者提供了评分，这是一个绝对飞跃。但到目前为止，FICO XD 还不能被广泛获得，而消费者可以从艾克菲和律商联讯得到相关的免费信用报告（进行 FICO XD 评分的信息都在其上）。近年来，尽管费埃哲在公众和监管的压力下，启动了评分开放计划，逐步向消费者提供免费的信用评分，但费埃哲没有决定是否向消费者免费提供 FICO XD 评分。

（3）环联：整合大数据与传统数据。美国第三大个人征信机构环联也在推广其替代评分系统，目标是给没有传统评分或分数较低的人提供更合理的信用分数。环联的新信用评分体系命名为 Credit Vision Link，结合了替代数据，号称是第一个将征信机构的数据和替代数据源进行结合的信用评分模型。研发该模型的目的一方面是提供一种对消费者风险更精准的预测，另一方面是扩大征信覆盖人群，将使美国 95% 的成年贷款人获得信用评分。

环联称其新评分利用替代数据，结合了对消费者传统支付历史的分析，可以得到对风险更准确的评估。例如，传统信用评分揭示的是消费者是否按时支付最低信用卡还款额度，而新信用评分关注消费者每月的支付规模和支付增减变化。此外，新评分考虑了消费者改变住所的频率、支付日的数据、账户历史（如账户是否关闭或超过限额）等因素。Credit Vision Link 需要充分的传统征信数据，新增的数据可能使消费者的信用评分变差，但大多数的时候，对消费者的信用评分还是会有所促进的。在主要汽车贷款消费者的测试中，新评分使超过 24% 的贷款得以实现。与 FICO 信用评分一样，环联 Credit Vison Link 分数的范围也是 300~850 分。如果消费者使用 Credit Vison Link 评分，替代数据将成为环联信用报告中的一部分，并且每年提供给消费者。Credit Vision Link 还在进行不同的测试，如果新的评分模型性能超出传统的风险评分模型，它的广泛接受将激发一场信贷容量和信贷质量的重大进展，这对消费者和信贷机构来说是一件双赢的事情。环联称其新评分系统已被一些贷款方使用。环联的新产品发布将意味着在信贷市场的新标准即将确立。

除此之外，还有一些事例：（1）非传统数据源整体与风险防范。艾克菲公司作为美国三大征信公司之一，主要提供信息服务和保险信息服务。2011年，非法人员与美国加州洛杉矶市一家诊所密谋，伪造众多病人信息。通过对病人姓名、社保号码及其他个人数据的伪造骗取医疗贷款和保险。然而，艾克菲在传统信贷以及公共信息进行分析的基础上，整合了互联网媒体资源、杂志订阅等非结构化信息后，进行进一步挖掘，了解到虚构的人员在互联网上没有留下方方面面的生活痕迹，这种类似于国内互联网企业所设想的大数据分析方法，促成了新的信用分析工具。

（2）应用新媒体实现征信调查。Lending Club 的 P2P 贷款平台作为中介机构，实际上只扮演撮合的角色，并不提供担保服务。借款人产生资金需求，在平台网站进行发布，由于是线上模式，借贷双方互相了解程度极低，以传统的方式难以对贷款申请的真实性进行验证。由于 Facebook 等社交网络的兴起，线上的沟通变得简单而真实，效率更高，成本更低。投资者通过平台查询到贷款申请后，面对信息缺失，不必进行面对面的沟通，可以通过 Facebook 等进行询问。这种方式，近两年来在国内阿里巴巴贷款中已得到推广和应用。

（3）依靠大数据重构信用体系。Kabbage 是一家总部在美国亚特兰大的网贷平台，该公司的主要业务为提供预付款融资，收取费用，主要受众群体为网络零售商。上线以来 Kabbage 已累计发放 2 亿美元预付款。Kabbage 依靠大数据技术，在申请、审批和利率决定方面进行了创新，基本实现了实时放贷，主要体现为：一是通过大数据对客户分散在各平台的信息进行采集和归纳，该部分信息可以真实地反映企业的交易情况、客户评价、ERP 和物流等信息，一方面排除了真实性风险，另一方面由于通过系统数据自动整合，降低了成本，提高了效率。通过对非结构化的社交网络互动数据等指标进行分析，生成一份信用评分报告——Kabbage ScoreKard。二是与客户双向互动，强化社交网络对信用评分报告的重要作用，引导客户在其社交网站上建立、维护客户关系，并努力将该行为形成一种持续性的量化挖掘。根据调查，如果商户将其社交数据链入 Kabbage，则该网商的信用状况有大幅提升，失信情况大幅降低，拖欠款项的可能性要减少 20%。这些研究，从另一个角度证明非结构化数据及双向互动对信用的提升作用，同时证明将社交网络数据纳入贷款资格考量将是可行之路。

总的来说，这种大数据征信的开发应用代表一种发展趋势，不过，以美国为例的一些征信机构和互联网公司对大数据征信的探索目前尚处于测试和推出阶段，还需要进一步的商业应用来检验和完善。在欧美的大数据征信发展过程中，一些经验值得注意。

（1）法律保障。以美国为例，自 20 世纪发展至今，其法律体系已经涵盖了征信产品从生产至使用的整个过程。该国通过了《公平信用报告法》等近 20 部法律，从基础的法律规范，到具体执行层面的法律细则，使得征信机构、个人、企业的所有信用行为均有法可依；从征信监管、征信体系、隐私保护各个层面进行了规范，形成了全面的征信法律体系，使得征信机构有法可依。逐步健全征信法律体系。20世纪60年代美国便开始颁布信用监管的法律，发展至今其信用信息服务业的法律体系已经比较齐备。其主要做法：一是使法律范畴涵盖信用产品生产、销售、使用的全过程。涉及信用管理的主要法律有《消费者信用保护法》《诚实借贷法》《公平信用报告法》《公平债务催收作业法》《平等信用机会法》《公平信用结账法》等。二是对信用报告机构和信用报告使用者均进行规范。《公平信用报告法》是美国信用管理法律框架中最核心的法律，消费者信用报告机构和使用信用报告的消费者都要遵守《公平信用报告法》的条款，并以这些条款为依据保护消费者权益。三是及时对法律法规进行完善。上述法律随着美国的经济发展变化都进行了相应修改完善，其中1970年出台的《公平信用报告法》在1996年、2002年分别进行了重大修改。

（2）重视发挥行业协会的自律作用。在英美，自律对互联网金融行业的良性竞争、规范运营和保护消费者权益起到很好的促进作用。美国早在19世纪末就成立了民间信用管理组织，目前，消费者信用协会、美国国际收账协会和全国信用管理协会三家信用行业协会影响力较大。其中1896年成立的全国信用管理协会规模最大、历史最悠久。全国信用管理协会通过联系会员单位举办交流会议、开展专业教育培训、制定技术标准、为客户提供商账追收服务、为授信机构提供决策咨询服务、进行政府公关等活动推动信用行业良性发展。在英国，2011年3家占英国人人贷市场份额92%的公司成立了全球首个互联网金融行业自律协会。2012年，英国的12家众筹公司也成立众筹协会并设立相应行为准则，通过制定融资平台最低资本额、信用评级、信息安全管理、反欺诈和反洗钱措施等，约束筹资人，保护出资人权利，促进行业良性发展。

（3）自律先行，适度加强监管。为鼓励金融创新，避免"一管就死"，英国政府采取行业自律先行、监管随后跟进的方针，初期阶段不设立专门的政府监管机构或出台针对性法律和法规，而是让行业协会进行自我管理，让其自由发展，但随着互联网金融行业发展壮大，才开始逐步进行监管。在美国，网络信贷被列为信贷类理财产品，需要经美国证券交易委员会批准准入，只有取得证券经纪交易商牌照的网络信贷企业才可以营业。此外，美国证券交易委员会坚持以信息披露为准的监管方法，要求P2P平台对收益权凭证和对应的借款信息做全面的披露，从监管的角度促使美国P2P行业的业务开展走向合法化、透明化，间接要求P2P平台提高其信用风险管理能力。

（4）信息共享畅通，建立失信惩戒机制。打通信息共享通道，建立失信惩戒机制，鼓励人们守信用，惩罚失信的人，提高违约成本，使信用体系得到健康发展。在英美等P2P借贷业务起步较早的国家，注册借款人账号或注册互联网金融公司，都需要注册其社保账号，关联银行账号，填写学历、以往不良支付的历史记录等信息，信用信息共享程度较高，违规成本也因之较高。在美国，企业和个人都十分重视保持自身良好的信用记录，因为美国的信用交易随处可见，信用制度很完备，并且信息共享渠道畅通，没有信用记录或信用记录有污点的企业或个人，将很快被披露并对其生存和发展带来很大的麻烦。美国为了惩戒失信行为和失信者：一是通过大量信用产品的频繁交易和使用，使之与信息主体的日常生活的各个方面息息相关，并最大程度扩大失信者与全社会的对立，达到约束和威慑失信者的目的；二是对失信者进行罚款和行政处罚；三是司法介入。

（5）市场化运作。国外征信成功的核心原因还在于充分调动市场的积极性，构建了良好的市场环境。征信公司从自身利益的角度出发，一方面促使各方从市场的角度审视合作的重要，实现了信息的共享；另一方面按市场的需求对数据进行加工，设计不同层次、不同客户群的征信产品，为不用的用户提供信用评级、分析报告以及咨询服务，协助其控制风险，并通过市场化的方式运营。以市场化的运作方式，充分挖掘了各个信息主体的最大潜能，形成了成熟的体系。

（6）注重标准和技术进步。以美国的信用协会为例，该协会作为征信市场的管理者，制定了统一标准，统一的标准一方面有效防止了各家征信公司各自为政的情况，降低了资源浪费，使得各家征信机构的共享成为可能。同时，随着互联网、信息技术的大规模应用，统一的标准和格式在信息化时代更加简单有效，自动化、精准化也成为未来一大主流方向。同时注重技术进步。征信的重点在于数据处理，而如何对征信数据进行采集、整合、挖掘是一项既复杂又关键的技术。数据采集体现为在大数据环境下对多个变量进行收集、分析，确定征信要采集的关键要素；数据整合体现为两点，一是在多个数据源中甄别同一个人，二是对一个人的多个信息进行整合，最后得出的个体的真实信息；数据挖掘是更深层次的要求，体现为对经过采集、整合的信用信息进行深度剖析，进行充分的加工，最终影响风险决策。此外，在开始阶段，应该首先选择与信用风险强相关的大数据，例如电信预付费、房租缴费、公共事业缴费和支付数据等，而其他类型的大数据，需要将这些数字纳入信用报告和信用评分中，并进行深入研究、反复测试后谨慎推出应用。

四、大数据征信的基本特点[①]

与传统征信相比，大数据征信具有一些独有的特征。结合上面对大数据征信概念和做法等的介绍，可以归纳出大数据征信的下列特征：

（1）征信覆盖范围愈加广泛，能够更准确地量化结果。中国人民银行征信中心为全国个人征信的主干数据库，主要通过工资收入、社保记录、信用卡记录、贷款记录等维度，有效地解决了信用风险问题。但其仅覆盖了与银行发生过信贷关系的群体，现有信用记录数量及覆盖人群有限。而大数据征信采用了新的信用评估体系，人群覆盖面非常广，只要个体有注册登记、开立银行账户、纳税等活动，就可通过对个体在网络上留下的痕迹进行数据挖掘和分析，为征信体系进行有效补充。同时，大数据具有预测的准确性和快速迭代的优点。在大数据背景下，科技进步为收集、整理、分析、使用海量数据提供了可能，信用评价模型可纳入更多变量，得到更全面、更准确的量化信用评价结果。

（2）数据源更丰富，征信数据实时性强。现有中国人民银行主导征信体系自 2004 年开始建立以来，主要的信用信息来自个人或企业的借贷行为并主要应用于借贷领域，并逐步将信托贷款、委托贷款、证券保险、融资租赁、资产处置等信息纳入其中，征信数据也不断在全面性、及时性和完整性方面得到完善。大数据征信可采用非传统结构的信用数

[①] 参看张雨辰、杨坚争：《大数据背景下的互联网金融征信问题研究》，载《网上金融》，2016(5)：55-56；中国人民银行石家庄中心支行征信管理处课题组：《大数据环境下互联网征信发展与监管研究》，载《河北金融》，2016(4)：3-7。

据，和更加复杂的数据，如半结构化数据和非结构化数据，征信领域有更多维度、不同层次的数据用来挖掘和分析，除了现金流等财务数据，还包括地址信息、行为数据、客户在互联网上的交易行为、社会关系等半结构化、非结构化数据。将更多信用记录以外的信息纳入征信体系，可得到更多广谱信息来刻画信用。同时，传统的信用评价模式主要是关注、分析考察对象的历史信息，数据少且时效性差，而大数据征信将注意力从数据的精确性转移到数据的相关性上来。大数据具有存量和热数据的典型特征，它不再是离线的事后分析数据，而是在线实时互动数据。在大数据征信的框架下，分析对象包括了考虑目标的历史信息和当前信息，在深度挖掘之外还能进行横向拓展，使当前业务的快速决策更加有效。

（3）信用评价思路不同。传统征信的理念是利用从前的信用记录来决定未来的违约概率。这实际上是存在漏洞的，一是过去的信用记录不好，并不能完全确定未来信用交易中依然是高风险者，二是对于过去没有发生过信用记录的人，没有依据判断其信用状况。根据中科院院士鄂维南教授的观点，从数据源的角度，与个人有关的信息可以分为三层，最外层是关于个人的所有信息，中间层是关于个人的所有履约信息，最里层是信贷的履约信息。传统的征信主要是通过分析信贷的履约信息以及基本信息，从而用来预计和判断个人的信用评价，而随着信息技术的不断发展，征信开始逐步向外圈发展，即所获取的数据能够更全面实时地反映个人的行为轨迹，并以此推断个人相对稳定的性格、心理状态和经济状况，进而推断其未来的履约能力。信用评分模型可以广泛地应用于互联网征信，通过相互关系的互联网行为判断个人信用状况，并根据信用评分进行风险定价。

（4）征信产品应用范围不同。传统征信方式主要应用于金融机构的信贷领域，在贷款申请、信用卡申请、预警高风险信贷业务、转化不良贷款、个人二套房识别等方面发挥了重要的作用，商业银行通过查询企业征信系统拒贷率多年来为2%～3%，通过查询个人征信系统拒办信用卡比率为10%左右。同时随着社会信用体系不断推进和统一信用平台的完善，传统征信产品应用范围也在不断拓展，在政府部门和司法机关信息支持、纳税、环境保护、求职招聘、投资担保等多个领域发挥重要作用。而互联网征信由于通过互联网收集信息数据、提供服务，因此数据来源相对来说更加灵活和分散，应用场景更为人性化和多元化。目前阿里巴巴推出了芝麻分的信用评级产品和花呗的个人信用消费产品，京东推出了白条的个人信贷消费产品等，在租房、租车、预订酒店需要支付押金或预授权等现实中的各种履约场景都可以得到应用。

（5）评分机制更加完善。在传统征信中，信用数据仅包括个人信用卡记录、银行贷款记录和部分企业信贷记录。从数据来源上看，高度依赖信用卡使用数据；从数据收集渠道上看，主要依靠线下收集，线上几乎是空白；从信用评分模型上看，大多使用五维关联业务评分模型。该模型从账户价值、数据技术、商业延展、IT实力和金融能力五个方面对征信对象行为进行量化打分。其中，征信账户相当于用户的金融身份证；征信结果的质量与数据技术息息相关，要求也最高；商业延展征信几乎涉及金融的各个方面，甚至超越金融的行业也有涉猎；征信对金融是一种支持，更多考虑用户金融行为的结果，因此做征信更偏重公司的建模能力。在互联网征信中，可以依据相关数据与方法，完善评分体系和评分机制。

(6)信息处理与整合能力较强。与传统征信系统的先整合后按需查询相比,大数据征信一般是征信系统收到服务请求并得到确认授权之后才开始征信处理。用户在使用大数据征信服务时,第一次需要提交各种基础信息,大数据征信公司一般利用大数据技术按照信用数据模型在很短的时间内就可以推演出用户的信用评分。大数据征信系统反馈的结构报告一般有两个部分:一是个人基础金融信息,例如银行各种交易记录;二是用户在互联网上的"行动",大致分为个人网络消费信息、社交信息以及其他生活信息等。对于个人金融信息,数据公司在得到用户授权后,会直接通过银行内部信息系统调取个人相关金融业务信息,从而进行收集处理。对于个人的网络信息,针对社交网络公开信息,例如新浪微博的微博、朋友圈的共享等直接收取,对于类似淘宝账单、电商购物清单等需要用户自行提供或者授权相关电商提供。

五、大数据征信的优势[①]

互联网金融的业务一般都在线上完成,从申请到完成最快可能只需几分钟的时间,而传统的征信流程时间长、进展效率低、业务覆盖面窄,已经无法满足越来越多的业务需求。大数据技术的发展,使信息来源收集到的一切可行数据都成为信用分析的基础,为互联网金融征信体系的建设指引了新的方向。大数据征信主要是收集庞大的互联网用户数据,然后对数据进行规则化的清洗,整理出有用数据后通过深度挖掘和数据归纳,最终转化成高可用的征信数据源。大数据是互联网金融的核心依托所在,所以新的征信体系也应该拓展大数据技术的发展,而且这对于整个互联网金融也是通用的。

(1)大数据征信拓展了数据来源。在信息收集方面,传统金融涉及的信息来源较少,一般仅涉及金融领域、电信领域、日常生活的水电煤账单和政府公开信息等。我国权威征信机构人民银行的征信系统目前还没覆盖我国的全部人口,据 2013 年底统计,被中国人民银行征信系统覆盖的人群仅有 3.2 亿,大约占我国人口总数的 23.7%,这意味着其余未被记录的人在获得传统金融服务方面会受到阻碍。而在大数据时代,具有更广泛的数据来源、更丰富的数据来源、更广阔的覆盖面。大数据采用的信用数据大多来源于电商平台的交易数据、社交网络的关系数据、第三方支付的消费数据、P2P 网贷信息等。这些数据囊括了所有网上的经济活动、娱乐活动和社交活动,数据采集源自日常生活,但也并非仅仅限制于特定的方向,因此可以准确地反映出信息主体的社会关系、消费习惯和偏好,有利于进行信用风险评估。

(2)大数据征信反映了对象的本质特征。大数据征信之所以受到各方的关注,就在于由它计算和预测出的信用主体的信用状况的精准度可以达到 80% 以上。传统信用评估模型主要来自借贷领域并且主要应用于借贷领域,关注的是授信对象的历史信息,致力于对信用历史的深度挖掘,并不具有时效性。相比之下,大数据征信更重视获得主体的现在的信息。信息主体在日常生活中的交易数据、社交数据以及运用其他互联网平台时产生的信

[①] 参看于欣言:《大数据在互联网金融征信中的应用研究》,首都经济贸易大学硕士论文,来自《中国知网》,2016 年。

用数据，都具有实时性和有效性，可以反映主体近期的信用记录，通过以上信息预测其未来的履约能力更具有可靠性。

（3）大数据征信应用场景丰富。传统征信体系的征信报告一般只有在信贷业务或者其他金融业务中用到，而大数据征信由于数据的来源和信用评估方式的不同，可以被社会生活的各个方面应用，例如租房时需要掌握租房者的信用状况、酒店对于信用良好者可以实现免租金、求职应聘有优良信用的人可以优先考虑等。此外，大数据为政府机构提供帮助，在政府和监管机构作决策时提供数据支持，提高政府工作效率和服务水平，降低监管和服务成本。

（4）大数据征信覆盖人群广泛。近年来，我国网络使用的人数正在成倍数增加，计算机网络和手机网络的使用几乎可以覆盖我国 80% 的人口，大数据征信收集的正是网络使用者产生的数据信息，因此大数据征信覆盖到的人群比例远远大于传统征信系统的覆盖比例。通过对网民在线上产生的行为的数据挖掘分析和处理，就可以对传统征信的记录进行有效补充，增加人们的信用记录，让金融征信无记录的人群也可以获得金融服务。

第四节　基于区块链技术的征信[①]

一、区块链征信的含义

区块链作为计算机网络技术发展的前沿形式，在本质上是一个去中心化的数据库。也就是说，在没有中心的网络形态的互联网上，各个节点相互连续进行互动与工作，这种互联网上的信息成为一个数据库，为各个节点所保存与知晓和运用。网络中和各个节点可以看成经济体系中进行交易的主体，在交易过程中，每个交易者希望知道对方的相关信息，了解对方是否具有诚信和是否具有信用，这是交易得以顺利进行的前提。在传统征信中，一些征信机构发挥着中心的信用，就像具有中心的数字库一样。不过，这种具有中心的数字库需要耗费大量的成本进行维护，其效率较为低下。因而在区块链技术出现的发展之际，运用区块链技术建立一个没有中心的各个节点相互进行征信的网络，省略中心化征信的各种不利之处，就是区块链征信的意义。简单地说，区块链征信是一种没有中心的、各个交易者之间相互进行征信，并认可这种信用信息的系统。

显然，这种系统需要符合区块链技术的一些要求和特点，首先这种系统是一个计算机系统，即是由各种程序和算法等进行构造的一个互联网世界，其次这种系统是去中心化的，是开放且匿名的，各种信用信息是不可篡改且可追溯的，同时，还是可以进行编程的智能合约的系统。总的来说，这个系统与传统征信和大数据征信相比，是一种智能化的征信系统。区块链以分布式存储、点对点传输、共识机制与加密算法等技术，屏蔽了底层复

[①] 参看王强、卿苏德、巴洁如：《区块链在征信业应用的探讨》，载《电信网技术》，2017(6)：37-41；张忠滨、刘岩松：《区块链技术在征信业的应用实践及展望》，载《征信》，2017(7)：47-49。

杂的连接建立机制，通过上层的对等直联、安全通信和匿名保护，加速打破"信息孤岛"的行业坚冰，加快各行业信用数据的汇聚沉淀，加强用户数据的隐私保护，以低成本建立共识信任，以新模式激发行业新业态、新动力，在征信领域有着广阔的发展前景。

二、区块链征信形成的背景

区块链征信是互联网征信的一种形式，也是目前互联网征信发展的新阶段。因而有关互联网征信形成的背景也构成区块链征信形成的背景。这包括计算机的互联网技术的进步（在这里表现为区块链技术的形成与进一步的完善）、市场的逐步发展与完善（在这里表现为分散型市场具有较高的竞争，从而获得较高的效率）、政府政策的支持（在这里表现为政府并不限制这种征信方式的发展，并承诺不同的征信方式可以进行竞争，不偏重于任何一方，同时还表现为政府可以为区块链技术的发展提供基础设施等）以及传统征信、网络征信和大数据征信存在的一些问题等。网络征信、大数据征信与传统征信在中心式运作、相互形成壁垒等方面相同，因而下面以传统征信为例进行说明。

（1）数据缺乏共享，征信机构与用户信息不对称。征信机构与征信机构、征信机构与其他机构等缺乏有效的共享合作，信息孤岛问题严重，无法实现征信业内高质量的数据流通及交易，造成征信机构与用户信息不对称。征信机构间信息孤岛问题严重，金融业内信贷机构、消费金融公司、电商金融公司等机构的海量信用数据尚未发挥其应有的价值，金融业外信用信息割裂在法院、政府部门、电信运营商等机构手中。究其原因，主要是我国数据归属权尚未确立，处于隐私保护的顾虑，各机构宁愿握紧手中的数据画地为牢，没有额外的积极性进行数据交换共享。除体制机制原因外，传统征信业也由于技术架构的问题无法在各机构、行业间安全地共享数据，使得传统征信工作中数据孤岛障碍的问题迟迟得不到解决。

（2）正规市场化数据采集渠道有限，数据源争夺战耗费大量成本。信用数据不同于其他行业数据，所属用户是最重要的数据标签，涉及企业和个人的切身利益，因而无法通过传统数据交易平台进行共享交换，导致正规市场化采集信用数据渠道极其有限。传统征信机构通过自爬、合作、购买等方式，主动对接相关的部门与机构，从有限的场景中整合数据，抢占征信业发展的高地与先机。因此，关于数据源的竞争尤为激烈，这也直接使得传统征信机构在采集数据上耗费了大量成本，导致用于数据分析及征信产品研发的资金比例缩水，征信机构无法过多关注征信产品的质量，继而影响了征信机构的水平与信誉。

（3）数据隐私保护问题突出，传统技术架构难以满足新要求。大数据时代下的征信业对隐私保护和数据安全的要求更高。中国人民银行对下发个人征信牌照非常谨慎，说明监管机构对于正式放开个人征信领域还存在疑虑，隐私信息保护、个人信用评价指标不统一等问题仍是中国人民银行最主要的担忧。此外，"暗网"中的个人信息交易灰色产业链，以其多样性、隐蔽性与复杂性成为监管部门查处的痛点与难点。为此，中国人民银行征信管理局明确指示要加强隐私保护，要求征信机构采集、使用用户信息应当经信息主体同意，并明确告知可能产生的影响等事项，信息主体有权要求征信机构将其纳入拒绝用于营销的范围内。然而，传统征信系统技术架构对用户的关注度较低，并没有从技术底层保证用户的数据主权，难以达到数据隐私保护的新要求。

（4）垄断程度较高，成本较大，且不能跨境交易。在传统征信中，信用评价企业如标准普尔、惠誉等公司往往形成对信用市场的垄断，这些公司凭借垄断信用信息、信用评价，形成了对市场的控制权，无论是对市场中的企业，还是对发展中的国家而言，都是不利的。同时，在目前的征信体系下，信用信息的征集需要很高的成本，同时又被高度垄断，造成信用评价的成本居高不下。此外，跨境交易由于垄断和地域管辖权等问题，其成本更高，往往阻碍全球贸易的发展，阻碍资源在全球经济中的优化配置。

三、区块链征信的应用模式①

区块链具有去中心化、去信任、时间戳、非对称加密和智能合约等特征，在技术层面保证了可以在有效保护数据隐私的基础上实现有限度、可管控的信用数据共享和验证。区块链最初的应用是比特币所代表的货币信用，作为一种加密的数字货币，只要能够模拟实物货币的特征，就可用数字形式的货币替代实物货币。所以区块链的货币应用，相对而言，是一种比较简单形式信用应用。区块链信用是比特币信用的进一步发展，可以把货币信用扩展到一般的信用管理，扩展到整个金融领域，以及整个社会信用的其他领域。区块链信用和比特币信用的区别在于：（1）区块链信用的涵盖范围更广，包含比特币的货币信用，比特币信用可以看作区块链信用的一个特例，区块链信用可以是个人信用、企业信用、政府信用、商品信用、知识信用、信息信用等，只要具备信用属性的独立的主体都可以通过区块链来构建信用体系；（2）非货币信用的区块链信用，不需要通过工作量证明其价值，也就不需要比特币的挖矿证明过程，通过非对称加密的签名体制来确认信息的真实性；（3）区块链信用和比特币一样采用分布式数据库，比特币的每个客户端都是相同的数据库副本，区块链由于整个数据库可能很庞大，个人电脑无法存储完整的区块链数据库，所以大部分个人电脑存储整个数据库的结构索引以及一小部分数据，这样既可以保障数据库的分布式又可以减少个人客户端的存储量；（4）比特币是一条区块链，区块链信用对每个信用主体都建立一条区块链，所以有许多区块链组成的区块链簇。

在传统信用经济中，货币作为最基本的信用，其他的金融契约本质上也是信用，借贷、汇款、债券、股票。但这些传统信用都是建立在中心化的基础之上。可以构建一个信用合约的区块链，作为互联网金融体系的总账本。这种新的信用模式可能改变目前整个信用运行的市场格局。

区块链征信的应用模式包括下列要素：

（1）区块链信用的主体，可以包括任何事物。每个主体拥有一个独立的客户端，没有中心服务端，各个客户端直接点对点进行通信。可以包含比特币的货币信用，比特币信用可以看作区块链信用的一个特例，也可以是个人信用、企业信用、政府信用、商品信用、知识信用、信息信用等，只要具备信用属性的独立的主体都可以通过区块链来构建信

---

① 参看杨兴寿：《电子商务环境下的信用和信任机制研究》，对外经济贸易大学博士论文，来自《中国知网》，2016年5月。

用体系。

(2) 分布式数据存储，区块链信用数据是由许多主体的信用区块链组成的区块链簇。比特币是一条区块链，区块链信用对每个信用主体都建立一条区块链，所以有许多区块链组成的区块链簇。

(3) 非货币信用的区块链主体信用认证是通过应用非对称密钥体制的数字签名来实现的。有三种方式：①通过交易记录积累认证，实现匿名模式，认证不需要通过工作量证明其价值，根据区块链中的交易记录实现主体信用认证；②通过第三方认证将实际身份和客户端绑定，本质上是实名制的模式；③身份匿名，但资产通过第三方认证机构进行认证注册到区块链中，可在违约时自动赔付。

(4) 区块链信用数据分布式存储的机制。比特币是单一货币信用，数据量较少，比特币每个客户端都是相同的数据库副本；区块链信用由于整个数据库可能很庞大，个人电脑无法存储完整的区块链数据库，所以大部分个人电脑存储整个数据库的结构索引以及小部分数据，这样既可以保障数据库的分布式又可以减少个人客户端的存储量。

建立区块链征信主要有两种思路：一是线下到线上，即从当前线下已有的数据库出发，利用区块链技术将数据库连接，解决数据孤岛问题；二是从线上到线下，建立一个以区块链技术为基础的底层数据库，并在其上形成一种新型的征信系统。应用这种思路，可设想以下两种基本的区块链征信模式：

(1) 数据交换平台模式。数据交换平台是指各参与方、参与者把原始数据保存到自己数据库，把少量摘要信息提交到区块链保存，形成区块链数据库，有查询请求通过区块链转发到原始数据提供方查询，这样各方既可以查询到外部海量数据，又不泄露自身核心商业数据，进而解决在现有技术上难以解决的数据孤岛问题。作为优质信息入口，区块链数据库还可以剔除大量的重复工作，完成对大数据的重构，从而带来数据清洗成本的大幅度降低，解决困扰已久的数据噪音问题和数据可信性问题。其参与方即平台节点成员包括征信机构、用户、其他机构（互联网金融企业、银行、保险、政府部门等）。这一模式也可以进一步分为两种形式：一是征信机构与征信机构共享部分用户信用数据，二是征信机构从其他机构获取用户信用数据并形成相应信用产品。

目前国内的公信宝数据交易所，即是一个基于区块链技术的去中心化的数据交易所。公信宝数据交易所由杭州存信数据科技有限公司开发、维护和运营，该公司成立于2016年8月。随着互联网金融的高速发展，征信行业的一些问题成为关注的焦点，如个人征信和个人信息泄露、金融履约数据没有实现统一、整个行业风控水平较低、多头借贷问题严重、传统数据交易所的数据"缓存沉淀"问题等。公信宝数据交易所认为，对于这些问题，单纯依靠传统技术已经难以解决，只有区块链技术才能解决该行业现今遇到的诸多问题。

在经过技术性、市场性的研究和发展方向的不断调整后，公信宝项目由此定形。公信宝数据交易所是一个通用的数据交换平台，底层是基于区块链（公链）打造的一条联盟链，适用于各行各业的数据交易，面向的典型客户为互联网金融企业、有数据交换需求的政企部门、银行、保险等行业企业（以下称为商户）。其发展阶段是：第一阶段：建立数据授权爬虫产品；建立网络爬虫产品，以免费服务快速拓展互联网金融企业客户，并将企业客户纳入"公信宝数据交易所联盟成员"中，共享数据交易的红利。该产品开发阶段已于

2016年10月8日完成，公信宝团队爬虫组正快速补充爬虫维度，每日均有新的爬虫上线。第二阶段：建立基于区块链的去中心化数据交易所。公信宝区块链开发团队已于2016年11月成立，并着手进行代码开发，2017年6月份完成第一个版本，9月份之前推出稳定版。同时，开启交易所运行，纳入互联网金融数据在公信宝数据交易所开发的大半年时间内，以免费、精准爬虫产品拓展互联网金融客户，同时自动延伸成为数据交易所联盟成员，至2017年底，已发展企业客户500家，覆盖网贷、消费金融个人用户2亿人。

（2）共建共享数据平台模式。从区块链技术的角度来看，传统的中心化的系统架构具有成本高、效率低、信息失真等问题，因而可改用区块链技术来建立一种共建共享数据平台，这种平台有助于征信机构自动记录海量信息，并作为一个网络节点，以加密的形式存储及共享客户在本机构的信用状况，从而实现信用资源的共享共通、共建共用，聚合成一个自信任和去中心化的分布式系统。

共建共享数据平台模式是国内的银证征信有限公司开发的云棱镜征信区块链系统。在云棱镜区块链征信系统中，信用将会跟钱、音乐一样成为数字资产，不会被存储于一个中央仓库，而是会利用最先进的密码学被散布在一本全球账簿上，个人信用履约、违约记录等数据信息均将散布在这个全球账簿上。当个人有一条新的信用记录产生时，该记录将被发送给全球数以亿计的电脑，并且这些数据是不可篡改、不可抵赖、公开透明的。每次新产生的信用记录被存储在一个区块中，这个区块与前一个区块，以及再前一个区块相连，从而创造出一个区块的链，每一个都会被打上时间戳，一种类似数字蜡封的东西。区块链的运行方式决定它很难被黑，修改个人信用记录不只是黑一个区块那么简单，而是要修改这条链上的所有区块，即全部信用记录。而且这些信息并非存在于一台电脑上，而是遍布于百万台电脑，且都在使用最高级的加密技术。有全世界最大的计算机资源监视着，信用记录很难被篡改。

云棱镜征信区块链系统的发展过程如下：2014年3月，云棱镜系统V1.0正式上线，为集团内部提供企业征信数据服务。2015年2月，云棱镜系统改版面世，个人征信内部查询系统首次上线，为汇腾金服集团旗下多家企业提供企业及个人征信数据服务。2015年9月，云棱镜系统V2.0版本上线，涵盖个人征信数据服务8大功能，企业征信数据服务6大模块。2016年7月，云棱镜系统V3.0版本上线，由供内部系统使用的服务平台升级为向公众开放的SaaS云平台，新增个人征信报告功能，全面提供数据报告生成、永久保存、查询、更新及商户管理等服务。目前，云棱镜征信区块链系统仍然在发展之中。

四、区块链征信的优势与特点

区块链征信模式可以帮助多家征信机构实现数据资源不泄露前提下的数据多源交叉验证与共享，信贷客户多头负债的问题得到了根本的解决，数据交易成本、组织协作成本也将大大降低且有利于打破行业坚冰。不仅如此，区块链征信模式基于数据确权，重构了现有的征信系统架构，将信用数据作为区块链中的数字资产，有效遏制数据共享交易中的造假问题，保障了信用数据的真实性。基于区块链的征信数据共享交易平台，解决了传统征信业的一些问题，是征信业革命性的创新。

（1）实现数据共享与协作，打破"信用数据孤岛"。平台模式能帮助用户确立自身的数据主权，生成自己的信用资产。在信用确权的基础上，以用户作为数据聚合点，平台模式可连接各个企业及公共部门，进而开展用户数据授权，可解决数据孤岛的问题，同时又确保用户隐私安全及各方源数据不对外泄露。平台模式有助于征信机构作为一个网络节点，以加密的形式存储及共享用户在本机构的信用状况，从而实现信用资源的共享共通、共建共用。

（2）实现系统维护与业务拓展，大大降低征信运营成本。平台模式有助于征信机构以低成本方式拓宽数据采集渠道，并消除冗余数据，规模化地解决数据有效性问题，还可去除不必要的中介环节，提升整个行业的运行效率。另外，区块链可以使信用评估、定价、交易与合约执行的全过程自动化运行与管理，从而降低人工与柜台等实体运营成本，并能大幅提高银行信用业务处理规模。

（3）保障系统安全，实现数据隐私保护。平台模式中每一个完整的节点都参与了系统的维护，不会由于系统中的某一个组件发生问题而影响全局。只要不超过51%的节点出现问题或是遭遇恶意袭击，系统就可继续稳定运行下去。另外，并不是所有的数据都要跑在"链"上，也并不是所有的数据都是公开透明的，除了数据共享交易参与的各方，不会有任何第三方可以获得数据。

（4）降低信用成本。如果建立全球信用区块链，也就是全球信用记账本，可以通过互联网来确保某个协议的执行，因此它是一个自动收集信用信息的系统，具有边际成本为零的特性，从而可以极大地降低信用成本。

（5）打破传统信用评级企业的垄断。区块链信用模式采用分布式的存储模式，所有人都可以通过客户端获取，没有个人或者企业对区块链形成垄断，所有可以打破传统信用评级公司的垄断，对于发展中国家尤其重要。

（6）真正实现信用的公平化和民主化。互联网时代，可以依靠整个互联网系统作为第三方，而不是传统的评价公司，互联网不存在利益偏好，可以做到公正无私。执行可以通过代码自动执行，减少了人为因素的干涉，只要我们设计了规则，这个系统就会按照规则去运行，人力无法干预，所以这个系统具有更可靠、更公平、更低成本的特征。

五、区块链征信发展过程中的问题与挑战

区块链征信作为一种重构的征信系统，可以解决传统征信业的一些问题，其应用前景值得期待。不过，传统征信业在征信系统和基础设施方面耗费了大量资源，传统系统与新系统的过渡和衔接存在较大的成本替代风险，区块链征信的进一步发展和应用也会遭遇较大的挑战。

（1）私钥泄露或丢失将损害用户的信用资产。相比于其他技术，区块链在数据交易共享的安全性方面有天然的优势，但前提是用户私钥是安全的。与以往任何技术体系不同的是，私钥是用户自己生成并且自己负责保管的，理论上没有第三方参与。因此，用户私钥一旦丢失，便无法对原有的数字资产做任何操作。若在征信系统中遗失私钥，则用户无法为征信机构及其他机构授权，征信机构无法追溯其信用数据，也无法使用其信用数据，用

户即便重新加入区块链，征信机构也无法对其之前的信用数据进行追溯，影响用户信用资产，造成利益损失。多重签名某种程度上能解决一部分问题，但实施起来非常复杂，而且要设计与之相配套的非常复杂的私钥管理和使用体系。

（2）用户"被遗忘"的权利与区块链无法篡改的特性存在本质矛盾。根据我国2013年3月15日实施的《征信业管理条例》第十六条，"征信机构对个人不良信息的保存期限，自不良行为或者事件终止之日起为5年；超过5年的，应当予以删除"。可知，如果采用区块链来记录个人的征信记录，也同样需要保存5年以内的信用信息，同时删除超过5年的不良信用信息。然而，区块链的结构就是依托密码学算法，实现一个环环相扣、无法删除的数据结构，这就导致了用户"被遗忘"的权利在实施过程中将遇到较大的技术挑战。因此，如何在区块链系统中确保用户不良信用信息的及时删除，仍需重点研究和实践证明。

（3）公有链的架构并不适应征信系统的等级保护规定。我国2013年12月20日开始实施《征信机构管理办法》，其中第三十条规定，"征信机构应当按照国家信息安全保护等级测评标准对信用信息系统的安全情况进行测评。征信机构信用信息系统安全保护等级为二级的，应当每两年进行测评；信用信息系统安全保护等级为三级以及以上的，应当每年进行测评"。根据我国国标《信息系统安全等级保护基本要求》（简称《等保》），公有链的技术架构在物理访问控制、网络安全保障、服务性能要求、系统可靠运行等方面并不能适应国家的相关规定。从本质上说，公有链系统允许系统中的多个节点失效、退出，甚至是恶意节点的存在。因此，征信机构只能采用联盟链或者私有链的架构方式，而这两种架构方式在信任建立和模式创新等方面都有一定的权衡取舍。

（4）基于区块链的征信系统无法适应传统征信的监管体系。我国传统征信业监管体系有待完善：一方面，征信法律法规保障体系薄弱，我国征信业自2005年相继出台了《个人信用信息基础数据库管理暂行办法》《征信业管理条例》《征信机构管理办法》《征信机构监管指引》《企业征信机构备案管理办法》等行政法规和部门规章，虽已形成多层次制度体系，但法律效力较低，在保障和推动征信业发展方面稍显不足。另一方面，传统征信监管策略与技术管理手段落后，对征信机构监管和处罚的法律依据不足，且监管手段单一、影响力有限，已不能满足实际监管需要。而区块链匿名性与去中心化的特性也可能对传统监管模式形成一定挑战，导致传统监管体系无法适应新形势下的监管要求。目前，可考虑将监管部门作为系统的一个节点，加入征信系统区块链中，并通过合法的手段取得监管权限，不过这种方式有待实践。

【阅读与案例】

经济交易一般涉及双边和多边关系，不可能仅仅由一个人来完成。在这种交易中，另外一方是否可信，是否诚实成为交易能否顺利进行的关键。如果市场交易不是很多，那么对于另外一方是否可靠和诚实的需求就不会很大，从而征信机构也就难以产生。征信机构是在市场交易较大时才会出现，这从征信的历史发展中可以看出。

和支付有点类似，国内对征信介绍和研究的书籍比较重视基础知识和实际操作方式等方面。前面提到的中国人民银行征信管理局编著的《现代征信学》，对征信的介绍较为全面，且阐述重点突出，清楚明白。广东金融学院与中国人民银行广州分行联合编著的《征信理论与实务》，也对征信相关问题作出了较为恰当的介绍①。此外，林钧跃的《征信技术基础》，对征信技术的介绍较为着力。零壹财经·零壹智库的《金融基石：全球征信行业前沿》②，以及前面提到的苏志伟和李小林的《世界主要国家和地区征信体系发展模式与实践》，对欧美日和中国等国家和地区的征信发展过程、基本特征、基本商业模式、主要技术状态等方面进行了研究，并在这个基础上，对中国征信行业的发展提出了意见。

在互联网征信方面，下列几本书籍值得关注：一是《大数据时代下的互联网征信——基于微型金融视角》③，二是《征信与大数据：移动互联时代如何重塑"信用体系"》④，三是《大数据征信背景下的信息质量度量与提升研究》⑤，四是《网络借贷与征信》⑥。其中前三本著作主要研究大数据与征信问题。在《征信与大数据：移动互联时代如何重塑"信用体系"》中，第一篇说明美国征信发展过程和美国主要的征信机构的做法，第二篇说明大数据与征信的一些技术问题，第三篇研究征信模式，特别是互联网征信模式。《大数据征信背景下的信息质量度量与提升研究》则十分关注大数据背景下的信息质量度量方法和信息质量管理提升策略。最后一本著作《网络借贷与征信》主要是以网络借贷为对象，并对其中的征信问题进行研究，并附有一些典型案例。

在征信领域中，有许多重要的案例，上述著作中有的已经对这些案例进行过一些说明与分析。下面以上述著作的说明为基础，同时查找一些资料，以美国征信机构费埃哲（FICO）旗下独立的第三方征信机构：芝麻信用为案例，进行简要的介绍与比较⑦。

1. FICO评分和芝麻信用分的计算方法比较

FICO评分是Fair Isaac公司开发的信用评分系统，也是目前美国应用得最广泛的一种。FICO评分系统得出的信用分数范围在300~850分，分数越高，说明客户的信用风险越小，它采集客户的人口统计学信息、历史贷款还款信息、历史金融交易信息、人民银行征信信息等，通过逻辑回归模型计算客户的还款能力，预测客户在未来一年违约的概率，其中各项目的内容如下：其一，人口统计学信息，如客户年龄、家庭结构、住房情况、工作类别及时间等；其二，历史贷款还款信息，即过去6个月或12个月的付款方式、逾期次数等；其三，历史金融交易信息，即过去6个月或12个月的平均月交易笔数、金额等；其四，银行征信信息，如过去12个月中新开的账户总数、所有账户的总额度、账户是否逾期等。以上这些信息构成FICO评分模型的自变量，然后通过逻辑回归模型输出最终

---

① 参看广东金融学院与中国人民银行广州分行联合编著：《征信理论与实务》，中国金融出版社，2015年11月。

② 参看零壹财经·零壹智库：《金融基石：全球征信行业前沿》，电子工业出版社，2018年1月。

③ 参看本书编委会：《大数据时代下的互联网征信——基于微型金融视角》，经济科学出版社，2016年12月。

④ 参看刘新海：《征信与大数据：移动互联时代如何重塑"信用体系"》，中信出版社，2016年11月。

⑤ 参看宋媚：《大数据征信背景下的信息质量度量与提升研究》，上海出版社，2016年12月。

⑥ 参看谢平、邹传伟：《网络借贷与征信》，中国金融出版社，2017年5月。

⑦ 参看百度文库相关文献，如《浅析芝麻信用分与FICO的征信体系》，同时还有2017年8月份在线得到的一些文献，如《解读芝麻信用与FICO评分的差异》（该文来源于36大数据，www.36dsj.com）等。

分数。

2. FICO 评分和芝麻信用分的优点与不足

FICO 评分和芝麻信用分的评分模型采用着不同的数据量，这种不同体现了其评分思路的区别。通常，FICO 评分模型只有十几个评分项，每一个评分项对目标变量（即是否违约）的预测性和影响力都很高。但是，在机器集成学习法中，最终进入模型的评分项可能多达成千上万个，而且每一个这样的评分项对目标变量的单独预测性可能都很小。Ensemble 就是利用机器学习法，把许多微小的预测性汇总成为对个体的违约可能性具有很强预测性的评分。

不过，芝麻信用也有一些局限性。这可参照已有的实例来进行横向对比进行说明。美国的互联网金融公司 ZestFinance[①] 从 2009 年就开始研发基于大数据的信用评估模型：融合多源信息，采用机器学习的预测模型和集成学习策略，进行大数据挖掘。它们收集了上千种来源于第三方的数据，比如水、电、煤账单，电话账单，房屋租赁信息，和传统的金融借贷、还款信息等。然后通过机器学习的方法寻找数据间的关联性并对数据进行必要的转换，在关联性的基础上将数据重新整合成不同的测量指标，每一种指标反映个体的某一方面特征，比如诈骗概率、长期和短期的信用风险和偿还能力，最后，将所有指标按加权投票的原则，做成最终的信用评分。

但是 ZestFinance 的个体信用评分只适用于缺乏或没有信贷记录的人群，也就是说，这些人或者刚移民到美国，或者之前从来没有过贷款行为。所以 ZestFinance 的大数据征信最终无法替换 FICO 评分，而只是用来补充 FICO 评分的不足。其原因在于：其一，ZestFinance 的大数据征信的体量不大，到现在只为 10 万美国人提供服务，对模型的有效性、准确性还很难做出有效的评价。其二，ZestFinance 的大数据模型也给传统的风险管理带来挑战：传统的 FICO 评分需要处理的变量比较少，对模型结果可以给出合理的解释，方便金融机构不同部门之间、金融机构与客户之间的沟通。而 ZestFinance 的基于大数据的数以千计的变量规模和多模型应用，使得数据的处理和模型的解释变得很复杂，在实际应用中会带来许多麻烦。其三，ZestFinance 在利用个体消费者的大数据进行信用评估时，很多数据会涉及个人隐私，比如个人社交网络数据（微信朋友圈）、电商交易数据、通话记录等，所以涉及个人隐私的保护和合规性。

不过，大数据信用评分是历史的趋势，目前 FICO 公司和国外三大征信机构都已经开始了利用大数据分析技术来完善传统信用评估体系的前瞻性研究。比如，益百利已经投入研究团队关注社交网络数据对信用评分的影响；FICO 公司也已经开始了在线评估的信息工具和基于互联网的信用评估系统的项目研究。随着理论与方法的完善和实践的深入，基于大数据分析的信用评分终有一天将占据主流地位。

【概念】

征信、信用信息、信用评分、征信机构、信用、诚信、传统征信、信用评估模型、互

[①] 关于 ZestFinance，可参看刘新海、丁伟：《大数据征信应用与启示——以美国互联网金融公司 ZestFinance 为例》，载《互联网金融》，2014(9)：93-98。

联网征信、网络征信、大数据征信、替代数据、区块链征信、区块链信用、比特币信用、企业征信、个人征信、债券信用评级、信贷征信、商业征信、雇佣征信、区域征信、国内征信、跨国征信、网络征信运营方式、电子商务平台征信、支付业务征信、网络信贷征信、FICO 评分、芝麻信用分、ZestFinance、机器集成学习法

【思考题】

1. 简述征信的含义与要点。
2. 简述征信的类型。
3. 简述征信的发展历程。
4. 试述互联网征信带来的机遇与挑战。
5. 简述建立互联网征信体系的重要性。
6. 说明征信的基本作用。
7. 简述网络征信的机构与特征。
8. 与传统征信模式相比,说明网络征信模式的优势与劣势。
9. 简述网络征信运营方式。
10. 试述大数据征信的含义及其发展的基础。
11. 试述大数据征信的一些具体做法与经验。
12. 与传统征信相比,说明大数据征信的特征。
13. 与传统征信相比,说明大数据征信的优势。
14. 试述区块链征信的含义与形成背景。
15. 试述区块链征信的应用模式。
16. 简述区块链征信的优势与特点。
17. 试述区块链征信发展过程中的问题与挑战。
18. 试述区块链征信的发展趋势。
19. 比较说明美国征信机构费埃哲(FICO)和蚂蚁金服旗下的芝麻信用。

第六章　P2P 网络借贷

第一节　P2P 网络借贷概述

一、含义与说明

P2P 网络借贷的英文是 Peer-to-Peer network lending，一般称为 P2P 网络借贷，或简称 P2P 网贷，有时则称为 P2P 借贷(Peer-to-Peer lending)，还有一些名称，如 P2P 金融、P2P 贷款、P2P 网络贷款、P2P 借贷，P2P 信贷，还有称为人人网络借贷等，是互联网金融(ITFIN)的一种。这一用语中的 P2P，是 IT 技术领域的术语，意思是点对点，个人对个人，是指互联网中的一种传输协议，数据的下载方和提供方均是个人，在这种协议下，下载人数越多，可提供的下载点就越多，下载速度也更快。这一用语中的借贷，一般指向人借用钱物，或者指簿记或资产表上的借方和贷方，或者是指将钱物借给他人[①]。

P2P 网络借贷是指点对点的信贷或个人对个人的信贷，即指不同的网络节点之间的小额借贷交易(一般指个人)，需要借助电子商务专业网络平台帮助借贷双方确立借贷关系并完成相关交易手续。借款者可自行发布借款信息，包括金额、利息、还款方式和时间，自行决定借出金额实现自助式借款。P2P 网络借贷本质上是连接个人资金借贷双方的第三方网络平台，是一种与互联网小额信贷等创新技术、创新金融模式紧密相关的新型借贷形式。

P2P 网络借贷一般包括三个经济主体，借款人、投资人和 P2P 平台，其中借款人需要资金，是平台上的资金需求者，投资人则有投资需求，是平台上的资金供给者，平台是一个中介，撮合其中的需求者与供给者，最终达成交易。所谓平台，是处理 P2P 网络借贷业务的互联网金融服务网站。直观地说，P2P 网络借贷表示由一个 P2P 公司搭建一个平台，由需要钱的借贷人发布需求信息，由投资者进行竞标，最终由平台撮合双方的交易，撮合成功后，平台会收取一定的信息服务费，这里建立平台的公司是 P2P 网络借贷

---

① 参看百度百科的 P2P、借贷、P2P 网络借贷等条目。

平台公司①。因而有些书籍中将 P2P 写 P2P2P，前后两个 P 是指个人(peer)，中间的 P 是指平台(platform)。

在 P2P 网络借贷出现后，又出现了一些与其类似的平台，一些文献将其称为互联网借贷平台。广义的互联网借贷包括 B2B、B2C 和 P2P 三种模式。B2B(Business to Business)是指借贷的双方都是商家，比如企业、公司等，它们通过网络平台参与借贷行为；B2C(Business to Customer)是指借贷双方中，借方是个体，贷方是以银行为代表的金融机构的网络借贷；P2P(peer to peer)是指每个个体之间直接通过第三方网络平台实现的一种小额借贷②。

二、起源

关于 P2P 网络借贷的起源，主要有下列几种观点：

其一，认为 P2P 网络借贷起源于一种特殊的民间借贷方式，这一方式的名称是"标会"或"合会"，即由亲友和熟人间通过契约组成的经济互助团体，并在团体中相互进行借贷。这种形式的借贷，在我国唐宋时期就已经形成，英文将其称为 Rotating Savings and Credit Associations，意为轮转储蓄和信贷协会，简称为 ROSCA。这种标会依靠获得借贷的方式，如抽签、竞标、协商等而划分为不同的模式。把这种民间借贷依靠互联网技术让熟人借贷"线上"化，实现了跨越空间、时间的交易，通过平台服务将交易范围由亲朋好友扩展到陌生人，发展为现在的 P2P 网络借贷③。

其二，认为 P2P 网络借贷起源于小额借贷。这一观点认为尤努斯创建的小额借贷是其起源。2006 年度诺贝尔和平奖得主、孟加拉国的尤努斯教授认为现代经济理论在解释和解决贫困方面存在缺陷，为此他于 1983 年创建格莱珉银行，通过开展无抵押的小额信贷业务和一系列的金融创新机制，不仅创造了利润，而且还使成千上万的人尤其是妇女摆脱了贫困，使扶贫者与被扶贫者达到双赢。格莱珉银行已成为 100 多个国家的效仿对象和盈利兼顾公益的标杆。同时，格莱珉银行不仅提供小额贷款，而且也鼓励小额存款，并通过格莱珉银行将这些存款发放给其他需要贷款的人。

三、P2P 网络借贷兴起与发展的背景与原因

P2P 网络借贷兴起后，获得了快速发展，P2P 网络借贷兴起和发展的背景与原因可归结为以下几点④：

---

① 参看徐红伟、马骏、张新军、王方编著：《P2P 网络平台运营手册》，同济大学出版社，2015 年 7 月。
② 参看黄琼：《P2P 借贷行业的发展与风险控制》，兰州大学硕士论文，来自《中国知网》，2014 年。
③ 参看李鸿、康会欣主编：《P2P 借贷的逻辑》，机械工业出版社，2016 年 11 月；谢平、邹传伟、刘海二：《互联网金融手册》，中国人民大学出版社，2014 年 4 月。
④ 参看刘轶、赵宣、罗春蓉：《P2P 网络借贷研究：一个文献综述》，载《金融理论与实践》，2015 (6)：106-112。

(1)互联网技术的发展为 P2P 网络借贷的产生提供客观条件。Web2.0 技术使用户从单纯的信息接收者,变为网络活动的主体并创造价值。它为之后互联网平台经济的发展提供了技术基础。同时低成本网络技术的普及降低了 P2P 网络借贷的参与门槛,活跃网民的增加为 P2P 网络借贷培养了巨大的潜在用户群。

(2)金融机构借贷为 P2P 网络借贷提供发展契机金融危机冲击后大型金融机构开始收缩信贷,一些小额的个人贷款难以申请,迫使很多借款人转向 P2P 网络借贷平台寻求资金支持。银行严格的资信审核让自有资本不足、缺乏担保的借款人望而却步。处于弱势地位的小微企业也很难获得传统投资人的青睐。P2P 网络借贷因其门槛较低,为急需资金的借款人提供了新的出路。

(3)信贷市场细分需求促进 P2P 网络借贷发展。在中国,金融排斥现象一直存在,传统小微金融服务收益低,难以有效覆盖成本,因此银行往往排斥小微客户。莫易娴等通过金融创新动因理论、金融门槛效应理论解释了金融排斥背景下的 P2P 网络借贷产生机理,认为当有效需求达到金融门槛时,金融市场中相关的创新服务便会产生。其中,电子商务和金融服务相结合的融资模式充分影响目前的借贷市场格局,成为最重要的金融服务创新之一。

(4)P2P 网络借贷本身的优势特点助其快速发展。P2P 网络借贷本身具有下列优势:①低成本优势明显。互联网技术的应用,使得网贷平台的运营成本和客户的交易成本急剧降低。网络借贷手续简便,交易完成迅速,为交易双方节约时间成本,平台允许信用贷款,节省抵押担保相应的中间成本。②广泛的参与人群。P2P 网络借贷的参与主体覆盖了社会各阶层、各行业。海量的用户基数,使得达成交易的"交易可能性集合"不断扩大,提高效率的同时反哺平台发展,形成良性循环。③引导投资人自控风险。P2P 网络借贷撮合交易双方直接对接,披露借款人信息,可以降低交易过程中的信息不对称。同时平台鼓励投资人分散投资,以此降低投资人面临的总体违约风险。

四、P2P 网络借贷的发展过程

P2P 网络借贷在国外的发展起点是 Zopa,这也是世界范围内第一个 P2P 网络借贷平台。Zopa 成立于 2005 年 3 月,其含义是"可达成协议的空间"(Zone of Possible Agreement)。Zopa 的创始人团队很多曾经参与过网络银行 Egg 的创立过程,由 Benchmark Capital 和 Wellington Partners 两家风投公司作为财力支持,是目前英国最大的个人 P2P 网络借贷平台。Zopa 成立之后业务量增长迅速,并很快实现了国际化扩张,其业务曾拓展至美国、意大利、日本等多个国家。但是自 2008 年美国 SEC 要求所有 P2P 借贷平台向 SEC 进行注册之后,Zopa 便全面停止了其在美国的业务,此后 Zopa 的国际业务也大多售卖给当地的 P2P 公司,目前 Zopa 的主要业务仍然集中在英国本土。Zopa 采用的是实名认证的方式,同时会考察借款人的信用条件,以此来给予贷款额度。在 Zopa 网页上,有钱可供出借的人在网络上列出金额、利率和想要出借的时间,其中有些人提供的利率相对较低，但对借款人的信用度要求较高；相反，利率相对较高的投资人出借条件可能更有弹性①。

美国第一家 P2P 网络借贷平台是 Prosper(Prosper.com，"繁荣网站")，于 2006 年上线，运营模式是利用在线拍卖平台对贷款进行竞价拍卖。Prosper 创办了平台 Prosper 网络小额贷款平台，让资金富余者通过 Prosper 向需要借款的人提供贷款，并收取一定利息。Prosper 是一种单纯的中介，其本身不承担任何坏账风险，它使用的就是一种类似拍卖的过程来确定贷款利率，不过，借款者可以设定一个他们愿意且能够接受的最大贷款利率。在一个有限的时间内(Prosper 通常是 14 天)，出借者可以以自己愿意提供的资金金额和他们愿意接受的最低贷款利率进行压低利率来竞标。即使资金供给已足以满足贷款需求，出借者仍然可以继续竞标，最终利率最低者将会中标。

Prosper 在美国本土的主要竞争对手是 Lending Club("借贷俱乐部")，这是 2007 年 5 月上线的网站，地点在加州的森尼韦尔市。该网站的创始人从网络社交平台上找到了新的思路，因为社交平台上的用户具有参与度高、活跃度高、互动性强、传播特性强的特点。Lending Club 和 Facebook 合作，作为平台应用加入，以此来推广、鼓励社交平台上的朋友之间相互借贷。Lending Club 贷款的额度最低为 1000 美元，最高为 2.5 万美元。平均的贷款年限为三年。网站制定固定的贷款利率，借款人在进行贷款交易前必须要经过严格的信用认证和 A～G 分级，不同分级对应不同利率水平。投资人可以浏览借款人的资料，并根据自己的风险承受能力或是否自己的朋友，来作出借款的决定。Lending Club 不采取竞标方式，而是根据不同的借款人的信用等级有不同的固定利率。借款人可以在 Lending Club 的 Facebook 应用中发出借款请求，因为 Facebook 中多为认识多时的朋友或同学，所以大多数借款人都觉得将借款请求在此公布会增加成功的可能性。Lending Club 模式的特点就是划分了信用等级，并将它和利率完全挂钩，还有和社交网站的合作。

P2P 网络借贷在国外发展过程中呈现出来的基本特征如下②：

第一，P2P 网络借贷平台贷款业务激增，市场前景广阔。以美国市场为例，自 2010 年起，Lending Club 和 Prosper 这两家美国市场上最大的 P2P 平台在摆脱了 SEC 对其暂停业务处罚的影响以后，贷款成交量已经逐步恢复到了停业前的水平，并在 2011 年前后业务量迅猛增加，年新增贷款增长率多数超过 100%，月环比增长率平均超过 10%。同时，根据英国第三方调查机构 Nesta 的调研报告显示，英国市场目前每年通过 P2P 平台完成的贷款超过 1 亿英镑，而目前市场潜在贷款数量能达到每年 100 亿英镑，这说明尽管最近 3 年，P2P 平台已经进入了业务高速发展期，其总贷款额已经相当可观，但是对潜在市场的挖掘还只是冰山一角。另外一方面，从上述关于贷款用途的分析中可以发现，平台贷款

---

① 参看韩斯玥、黄旭、贺本岚：《国际 P2P 行业发展趋势与商业银行未来发展》，载《金融论坛》，2014(3)：23-38。

② 参看冯科、宋敏：《互联网金融理论与实务》，清华大学出版社，2016 年 8 月；韩斯玥、黄旭、贺本岚：《国际 P2P 行业发展趋势与商业银行未来发展》，载《金融论坛》，2014(3)：23-38；同时参看杨中民：《P2P 借贷行业调研报告》，成都，西南财经大学硕士论文，来自《中国知网》，2013 年。

的基本用途集中在偿还其他债务，这一特点说明 P2P 平台所提供的贷款成本相对于借款人通过其他资金途径的资金成本更低，价格优势能够使 P2P 平台获得稳定的贷款需求。

第二，目标客户明确。主流的 P2P 平台目前主要专注于小微贷款，单笔贷款的金额较小，并且多数专注于个人消费贷款。Lending Club 和 Prosper 平台单笔贷款额相对稳定，尽管也有一定的上升，但是其上涨幅度远小于总贷款额的增加。Lending Club 在 2011 年中期以前平均每笔贷款大约为 10000 美元，2011 年中期以后平均每笔贷款额在 15000 美元上下浮动；Prosper 的单笔贷款额波动更小，基本稳定在 8000 美元左右。除了单笔贷款额变动较小，P2P 平台的贷款用途也相对集中，平台的贷款用途均以个人消费贷款为主。按照 Lending Club 和 Prosper 的数据披露，平台贷款用途中，占比最高的是偿还信用卡债务，分别超过了 75%和 25%。Prosper 向 GAO(Government Accountability Office)调查所公布的数据显示，自平台运营开始，25%的贷款人利用借款去偿还到期债务和信用卡，4%用作房屋维修，10%用作商业用途，14%用作其他目的。贷款用途的集中表明使用这一类平台客户的同质性较强。

第三，风险控制和评估体系较完善。Zopa 拥有一套出色的风控程序，力图用各种保护措施降低投资人的风险。Zopa 一般提供的是比较小额度的贷款，通常在 1000 美元到 25000 美元之间。通过与信用评级公司 Equifax 的密切合作，平台将借款人按信用等级分为 A*、A、B 和 C 四个等级，投资人可以根据借款人的信用等级、借款金额和借款时限提供贷款，当然，借款人也可以相应地选择能够接受的贷款利率。平台作为中介的责任包括借贷双方交易中所有有关借款的事务、完成法律文件、执行借款人的信用认证、雇佣代理机构为投资人追讨欠账等。Prosper 平台参照借款人在益百利(Experian)信用评级公司的信用评分确定，根据借款人的个人经历、朋友评价和社会机构的从属关系对其进行信用判断，Prosper 的坏账率长期保持在 1%~2%的较低水平。通过 Lending Club 进行借款的借款人在交易前必须要经过严格的信用认证和 A~G 分级。投资人可以浏览借款人的资料，并根据自己能够承受的风险等级自主选择借款人来进行交易。

第四，较为专业的服务与不时推出新的产品。多数 P2P 平台都有一个简单的投资者资产管理工具，通过这一工具，投资者可以建立风险组合。目前一些国外 P2P 平台逐渐涉足于高端资产管理业务，Lending Club 专门设立一家子公司 LCA dvisor，为高净值客户管理资产，其资产规模需要在 50 万美元以上。同时，一些 P2P 平台还时时推出一些新型产品，如 Prosper 和 Lending Club 推出的资产证券化产品。当放款人和贷款人达成协议后，双方并没有发生直接和借贷关系，而是由 Web Bank 进行审核、筹备、拨款和分发贷款。Web Bank 在完全贷款后，会将收益权出售给 P2P 平台，P2P 平台则将这些收益权证按照放款人最初在平台上认购的份额进行销售，形成新型的资产证券化产品。

P2P 网络借贷在国内的发展起点是拍拍贷的上线①。拍拍贷成立于 2007 年 6 月，总部位于上海，是中国第一个纯信用无担保的网络借贷平台。根据海树网的统计，2012 年

---

① 也有学者认为是宜信，认为宜信于 2006 年 5 月成立，为国内第一家。参看黄健青：《互联网融资》，对外经济贸易大学出版社，2015 年 10 月。宜信下面有介绍，可参看。

拍拍贷年度交易额超过 1.9 亿万。它撮合借贷需求的方式是竞标。拍拍贷是国内最早一批 P2P 网站，也是最有原则的网站，这么说是因为它一直坚持独立中介的地位，以至于交易规模发展相对缓慢，但它所表现出来的宁肯慢不可急的态度是令人敬佩的，但多少有些理想主义。其创始人张俊曾在他的文章中论述过拍拍贷为何会选择这样一条路，认为保持独立才是长远发展之道。拍拍贷的主要特点如下：第一，参与交易的程度低。拍拍贷参与交易的程度非常低，虽有一些保护投资人的规则，但基本上不承担借款人的违约风险。第二，对借款人的把控程度弱。拍拍贷对借款人的把控程度较弱，全程线上审核，仅对借款人进行信用认证和信用评级。第三，利率是由借款人在一个利率下限之上自行设定的，而利率下限是跟信用等级挂钩的，投资人竞标产生交易利率。第四，与网络结合的程度高。拍拍贷完全线上，是利用网络程度最高的一种模式。

人人贷成立于 2010 年 4 月，注册资本为 100 万，目前已处于行业内交易量领先的几家平台之一。根据该网站披露的业绩数据，2012 年网站交易额达 3.54 亿元，同比增长 803%，它起步相对较晚，却走在了行业前列。人人贷的模式也是竞标，但它比拍拍贷更多地介入交易，从借款流程上来看，与拍拍贷是一样的。人人贷的网站界面非常简洁美观，令人印象深刻，它披露的年报也是各家平台当中较为专业的一个。同时，人人贷具有强大的营销能力，并且还是目前所有平台中与监管方、媒体、学界联系最密切的一个。

宜信公司于 2006 年创建，总部设在北京。它是一家集财富管理、信用风险评估与管理、信用数据整合服务、小额贷款行业投资、小微借款咨询服务与交易促成、公益理财助农平台服务等业务于一体的综合性现代服务业企业。目前已经在 100 多个城市和 20 多个农村地区建立起强大的全国协同服务网络，为客户提供全方位、个性化的普惠金融与财富管理服务。宜信跟大部分 P2P 公司不同，它是一家完全在线下开展 P2P 业务的公司，尽管如此，由于宜信的模式比较独特，属于 P2P 金融理念演化出的金融模式。宜信的创新模式帮助几千万小微企业主和几亿贫困农户建立信用，释放信用价值，获取信用资金，并为他们提供培训等增值服务。

P2P 网络借贷在国内发展过程中的基本特征如下：

第一，在增长水平、平台数量、地区分布以及交易数量方面均快速增长，规模巨大。据《2016 年中国互联网金融年报》披露的数据，平台数量在 2015 年比 2011 年增长 46 倍，平台中的投资人数和借款人数分别为 586 万人和 285 万人，平台分布于全国各地，但近 7 成在东部地区，到 2015 年末，全国平台的贷款余额为 4305 亿元，数量较为巨大①。

第二，借贷模式不断演变。国内 P2P 平台起步时一般都借鉴英美的成熟模式，由于法律制度与投融资环境的差异，它们在发展中也产生了诸多不同。国外的 P2P 平台一般遵循中介性质、线上模式两个原则。而在国内则演变成出保证金、债权转让等新模式。业务范围也从线上发展到线下。国内 P2P 网络借贷演变主要集中在三个方面：(1) 贷款主要为中小企业商业融资而非个人消费信贷；(2) 线下寻找借款人、线上获取资金；(3) 为吸

---

① 参看中国互联网金融协会：《2016 中国互联网金融年报》，中国金融出版社，2016 年 11 月。

引投资提供本金担保服务。因此国内平台面临更大的运营风险。

第三，借贷产品多样繁杂，这些借款标按照标的的实际用途或者目的，大体分为三类：第一类，基础借款标：主要是信用贷款，但需要通过相关资产证明，经一般的流程审核后获得一定的借款额度。这类借款产品一般额度金额较小，以工薪阶层经营消费性贷款为主。如信用标、普通信用标、普通标等。第二类，高级借款标：相对于普通的借款标，此类标一般会办理抵押、担保手续、签署反担保协议，金额较大，以中小企业或者个体户生产性贷款为主。如抵押标、担保标、阳光标、质押标、机构担保标、给力标、本地标、推荐标等。第三类，非常规借款标：大部分并非用于实际生产或者消费性信贷。一般旨在活跃网站人气、站内资金周转、逾期重组、体验借贷流程等。如秒还标、净值标、非提现标、重组标、友情标、体验标等。

五、借贷业务的一般流程

网络平台借贷过程的特征在于摒弃了银行这一吸存放贷的传统媒介，通过建立一个网络平台来实现借款人与投资人的自行配对，其借贷业务的一般流程为：

第一步，借款人首先在网站实名注册，一旦决定开始借贷，必须提供相应的身份证复印件及相关身份证明，还需要提供详尽的个人财务状况说明，并向网站提出申请。

第二步，P2P网站运用多种手段进行审核。

第三步，审核通过后借入人需要先在网站上发布一则借款信息，约定借款金额、最高年利率、资金筹措期和还款期限，发出借款的邀约。

第四步，借款人在网站上发布个人的借贷金额、借款用途、还款期限等信息，并明确个人能承担的最高利率。

第五步，投资人了解借款人的各项信息后，根据个人风险承受能力决定是否借贷及借贷的额度和利率。

值得注意的是，借出人用自有资金进行全额或部分投标，但投标利率不能高于借入人所约定的最高值。在资金筹措期满后，如果投标资金总额达到或超过借入人的要求，则全额满足其需求的年利率最低的一项或几项资金中标；如果资金筹措期满仍未能集齐借入人所需资金，该项借款计划流标。

第六步，一旦借款成功，网站自动生成电子借条，借贷双方达成交易，电子借贷合同成立。

第七步，借入者需按月还款即可。在这个过程中，P2P网络借贷平台（P2P network lending platform）向借款人和投资人收取一定的服务费（即佣金）。

需要特别说明的是，在上述借贷流程中，网络平台的运营资金与所服务的贷款资金是严格分离的，这有两层含义：一是发放贷款的资金都不是网络平台的，均来自出资人或贷款人；二是贷款资金并不进入网络平台运营账户，出资人的资金与网络平台的公司运营无关。

六、P2P 网络借贷的特征[①]

P2P 网络借贷具有鲜明的特征，这种特征在与传统金融，如民间借贷和银行借贷相比，十分明显。下面是对其特征的简要概括：

（1）目标客户不同。传统金融中的借贷者主要是一些公司与生意人，与此不同，P2P 信贷主要针对那些信用良好但缺少资金的大学生、工薪阶层和微小企业主等，帮助他们实现培训、家电购买、装修和兼职创业等理想。这一特点也直接决定了 P2P 信贷的数额相对较小，一般不针对大企业和数额较大的借款人，不涉足热点投资领域，有人称其为微型金融。

（2）联络方式不同。由于时间和空间成本的限制，P2P 信贷的借方和贷方不可能面对面进行商谈，所有的借贷行为依靠中介平台，其联络的桥梁则是网络，因此，P2P 信贷被直接称为网络信贷。

（3）便利程度不同。P2P 信贷的借款人一般不用提供额外的抵押担保，全凭个人信用进行贷款，借贷相对简单便捷，个人信用情况由中介公司进行把关审核，现阶段主要依靠的是人民银行的征信系统。根据中介公司提供的借款人资信情况，投资人可以对借款人还款能力进行评估和选择，信用级别高的借款人将得到优先满足，其得到的贷款利率也可能更加优惠。

（4）透明程度不同。P2P 信贷的投资人与借款人直接签署个人间的借贷合同，一对一地互相了解对方的身份信息、信用信息，投资人及时获知借款人的还款进度和生活状况的改善，最真切、直观地体验到自己为他人创造的价值。

（5）交易范围不同。P2P 信贷被称作人人贷，其准入条件非常宽松，有几千元甚至仅仅几百元的资金或者需求就可以通过网络进行借贷。P2P 借贷使每个人都可以成为信用的传播者和使用者，信用交易可以很便捷地进行，每个人都能很轻松地参与进来，所以 P2P 信贷也被称为"草根"金融。

（6）风险管控不同。P2P 借贷的参与者数量众多，成分复杂，借贷数量庞杂，沟通形式多样，这些均与传统金融不同，因而针对 P2P 借贷的风险管控方式和方法也与传统金融不同。

七、P2P 网络信贷的优点与不足[②]

与传统金融相比，P2P 借贷具有下列优点：

（1）有利于弥补金融市场空白，满足小额信贷需求。当前，金融机构更加关注大企业和大项目，针对普通百姓和中小企业的信贷服务相对匮乏，融资渠道狭窄和融资成本高昂

[①] 参看钮明：《"草根"金融 P2P 信贷模式探究》，载《金融理论与实践》，2012（2）：58-61；同时参看冯科、宋敏：《互联网金融理论与实务》，清华大学出版社，2016 年 8 月。

[②] 参看钮明：《"草根"金融 P2P 信贷模式探究》，载《金融理论与实践》，2012（2）：58-61。

已经成为制约我国微型经济发展和人民生活水平提高的突出难题。而 P2P 信贷的出现无疑为解决这一难题提供了一个良好的思路,它以快捷、便利、无抵押担保等诸多优势吸引越来越多的人加入其中,从而成为一支不可忽视的"草根"金融力量,在有效破解民间融资难的问题上发挥了一定作用。

(2) 主要针对中低收入阶层,先天具有公益属性。无论是受到尤努斯教授的乡村银行启发还是北美华人社区的合会影响,P2P 信贷都先天具有了一种公益属性,其针对的群体是中低收入者,不以吸取利差为盈利方式,更多的是希望借款者能以较低的利率借到款项,一方面可以保证借款人自觉还款,另一方面保证借贷良性循环。同时,也有越来越多的 P2P 平台专门从事公益性小额贷款活动,如 kiva 针对发展中国家贫困人群进行零利率贷款,齐放网专门针对学生群体发放小额助学贷款,wokai 网专门针对农户发放低息贷款等。这些 P2P 平台的出现对鼓励学生创业、消除贫困、扶助弱势群体都发挥了积极作用。

(3) 有利于培育全社会的诚信意识,增强人与人之间的信任感。P2P 信贷的鲜明特点在于其无抵押担保的借贷方式,这种模式成功的前提在于社会公众都有良好的诚信意识。为保障借款安全,各家 P2P 平台都制定了一系列信用评价标准,或借助央行征信系统,或借助公安、银行网络,建立起庞大的个人信用数据库和严谨的信用评级制度。在 P2P 这个信贷平台中,信用作为个人最宝贵的无形"财富"被一再强调,信用评级高的借款人会优先得到满足并且利率可以进行优惠,还可以享受其他一系列优质服务,这就促使 P2P 信贷的参与者无比重视自身信用,从而有利于带动全社会信用环境的改善。

(4) 有利于合理引导民间投资,维护信贷市场稳定。相比传统民间借贷,P2P 信贷采用将资金打散的方式进行单个小额放贷,有效控制了风险。同时,P2P 信贷依托开放式网络平台,能够吸纳的资金也相当可观,对于规模庞大的民间游资来说这是一个足够大的"池子"。对于借贷双方都比较关注的利率,由于 P2P 平台不靠利差盈利,没有了推高利率的冲动,而借贷双方依靠竞标的方式进行磋商,无形中让资本在市场中进行了充分竞争,使利率能稳定在一个相对合理的范围,我国现行 P2P 信贷的年收益率一般在 12%~20%,这既充分保证了 P2P 信贷的吸引力,也让其和年利率 50%~200% 的"高利贷"区别开来,有力地维护了信贷市场稳定。

不过,作为一种新生的金融方式,也有一些不足之处:

(1) 资金的安全相对缺乏保障。P2P 信贷的特点是快捷便利、无担保,信贷资金的安全完全依靠借款人的信用,在我国信用评价体系不健全的条件下,一旦借款人信用材料虚假,欠款不还,投资人将无法获得有力保护。由于 P2P 平台自我定位于中介咨询的角色,在法律上免除其连带赔偿责任,资金风险被全部转嫁到投资人一方,但投资人的信息获取又是依靠 P2P 平台,依靠虚拟的网络进行投资决策对于绝大多数并不专业的投资人来说无疑存在巨大风险。同时,现行制度下也缺乏对欠款进行追讨的有效手段,大多数 P2P 平台对于预期不还款行为只能采用电话催收或者上门催收的方式。

(2) 资金的真实用途无法检测。P2P 信贷的一大特点就是直接透明,投资人可以通过 QQ 等工具了解资金在借款人处得到的应用。但这种直接透明建立在借款人忠实履诺的基础上,如果借款人刻意隐瞒真实借款目的,则由于 P2P 平台借款后管理的乏力,投资人的资金有可能会被借款人挪作他用,如投资房地产、艺术品等市场,或者被转借,这不仅危及投资人的资金安全，也会冲淡国家宏观调控效果。

（3）个人信息有可能泄露。现代经济理论认为信息决定了借贷市场的成败，而且有用的信息是包含大量借款人的信息，但是因为隐私的原因，使得使用这些信息的部门仅限于可信度高的部门如银行和信用管理机构，问题是使个人隐私暴露在每一个可能的贷款人甚至是整个网络的使用者下，这对保护借款人隐私是不利的。并且，一旦P2P平台遭遇黑客攻击或者管理上出现纰漏，很可能出现大面积个人信息泄露的风险。

（4）对P2P平台监管失位。P2P平台运营初期，尚未明确对P2P信贷的主管机关，P2P中介只需在工商管理部门进行注册即可运营，其发展处于一种自发无序的状态，只是依靠一个松散的行会组织——小额贷款联盟进行行业自律，存在着巨大风险，如资金管理风险、网站安全风险，尤其是P2P平台自身的道德风险。如果P2P平台开立第三方账户，而贷款由此账户代为发放，那么P2P平台就可以变相地进行非法集资，并且这种集资手段相对隐蔽，成本较小。

八、P2P网络信贷的意义

P2P网络信贷模式自诞生以来，从欧美迅速扩展，在世界范围内得到广泛应用发展。这种模式有以下几个方面的积极意义：

第一，推动民间借贷走向阳光化，优化多层次融资服务体系。有资金需求的企业主在P2P金融信息服务平台仅靠点击鼠标输入相关信息就可完成借款申请、查看进度以及归还借款等操作，极大提高了企业主的融资效率。P2P网络信贷有效整合各角色的参与度，高度发挥各自优势，并让投资者的收益最大化，从而实现多方共赢。

第二，纾解中小企业融资困难，助力普惠金融发展。P2P模式撮合的是个人与企业的借贷，其优势是面向具有还款能力和还款意愿的优质中小企业。对社会来说，这种模式提高了资金利用率，遏制了高利贷的滋生和蔓延，有利于经济发展和社会稳定。

第三，推动市场市场化，利用现代网络技术提高资源配置效率。P2P网络信贷解决了投资者投资信息不对称、投资起点高、投资风险高的问题；同时解决了中小企业融资难、融资时间长的问题。结构化设计理念，让专业的机构做专业的事，利用互联网实现信息对称、实现资源高效利用，帮助广大中小企业快速融资。

第四，提高闲置资金率丰富大众投资产品。有闲散资金的投资人能够通过P2P金融信息服务平台找到并甄别资质好的有资金需求的企业主，获得比存款到银行更高的收益。

第五，有利于政府对金融借贷行为进行公开公正的监管。对政府相关部门来说，这种模式都是网上公开进行的，所有平台交易数据随时透明可查，在利息税收和借贷利率方面更能轻松监控和监管。

第二节 P2P网络借贷模式与影响因素研究

在李鸿、康会欣主编的《P2P借贷的逻辑》中，将P2P网络信贷分成三个基本要素，即投资者(C)、P2P平台(I)和借贷人(A)，并由此建立他们的AIC系统分析框架①。显然，这三大要素中的每一个要素会受到不同因素、不同成分的影响，同时三大要素之间的互动也会呈现不同的形式，并且，三大要素及其之间的关系会受到环境、政策等的制约。因而会呈现不同的模式。下面首先说明各种基本模式，然后在这个基础上，说明各种影响因素。

一、网络借贷模式

(一) 国外主要模式②

国外平台基本分为两类：营利型和非营利型。这里的"营利"是指P2P平台创建者的投资目的。营利型平台的创建者，希望通过借出资金来获取匹配风险的经济收益。非营利型平台的创建者，其投资行为旨在帮助他人，不注重索取经济回报。现今多数营利型平台都在本国范围内开展业务，服从所在国的监管要求。非营利型平台一般不受地域限制，可在全球范围内运营。

在此基础上，可进一步将国外典型平台细分为三类：公益型、单纯中介型和复合中介型，后两类都属于营利型平台。公益型平台其主要服务对象为欠发达地区的低收入者。单纯中介型平台只扮演信息中介的角色，不干涉用户交易过程。复合中介型平台提供信息服务的同时还要充当监督者、联合追款人、利率制定者等角色。代表平台如下：

(1) 公益型Kiva。Kiva (www.kiva.org)成立于2005年，是一家组织欧美富裕阶层投资人向发展中国家的中小企业提供贷款的非营利型P2P网络借贷平台。其运营资金基本由募捐获得，为小微借款人提供低利率贷款与免费的中介服务。由于各国法律政策的不同，Kiva的业务开展需要与当地小额贷款机构(MFI)合作，通过其作为中间人来监督贷款的发放与偿还。

(2) 单纯中介型Prosper。Prosper(www.Prosper.com)在借贷交易中只起单纯的信息中介作用，通过信息披露与信用评级为借贷双方自由选择提供依据，交易达成后Prosper不再介入借贷交易本身。在Prosper平台，凡拥有社会保障号、个人税号、银行账号且个人信用评分超过520分的美国公民即可申贷。最初其借贷撮合采取类似易贝(EBay)的"双盲拍卖"模式。这种方式基于借贷双方偏好，力求达到借款人的贷款条件与投资人的投资速度、接受程度相互平衡，通过动态博弈获取最佳利率。然而统计发现三分之二的借款人倾向于选择提前设定利率，因此在2010年后，Prosper改为以借款人信用评级为依据提前设定利率的交易方式。研究者们普遍认为Prosper的优势在于：第一，信用制度完善，贷前审核和贷后管理都较为出色；第二，将社会资本纳入信用评估体系，开创群组模式为评估风险提供了新的维度。

---

① 参看李鸿、康会欣主编：《P2P借贷的逻辑》，机械工业出版社，2016年11月。
② 参看刘轶、赵宣、罗春蓉：《P2P网络借贷研究：一个文献综述》，载《金融理论与实践》，2015(6)：106-112。

(3)复合中介型 ZOPA。ZOPA(www.zopa.com)作为 P2P 网络借贷平台的鼻祖,一直被认为是最成功的 P2P 网络借贷模式之一,多数学者将其成功归结于完善的风控体系。首先,ZOPA 与信用评级公司 Equifax 合作,根据其信用评分确定借款人的信用等级,并安排其进入相应的细分市场,供投资人选择。其次,在借贷过程中,ZOPA 几乎参与和交易相关的一切事务。除提供信息外还要充当监督者,检查借款人贷款手续的合法性、完备性,监督借款人按时还款等。最后,ZOPA 首创引导投资人分散投资的模式,进一步降低了投资人面临的违约风险,提供了更真实透明的金融服务,同时有效的风控措施会使其风险比传统金融机构更低。

通过以上几种 P2P 企业的典型分析可以看出,国外 P2P 也是在探索中前进,就其运营模式来看:Zopa 介入交易较多,通过制度设计来保障投资人利益,主要是强制借款人每月还款、负责坏账追讨;Prosper 则是典型的市场化借贷中介平台,在此投资人和借款人完全是自主交易,它介入交易的程度比较小;Kiva 是为发展中国家的中小企业提供融资的,非营利的公益借款平台。它们的营利方式都是收取中介服务费。

(二)国内主要模式

国内 P2P 平台起步时一般都借鉴英美的成熟模式,由于法律制度与投融资环境的差异,它们在发展中也产生了诸多异化现象。一些学者在研究国内模式时,选取拍拍贷、宜信等代表性平台,对其运营模式与特点进行分析。还有一些学者认为,国内的 P2P 网络借贷平台已经超过 2000 家,平台的模式各有不同,需要进行归纳。由相关文献,可将 P2P 网络借贷平台归纳为以下几种类型①:

(1)纯平台模式:担保机构担保交易模式,这也是最安全的 P2P 模式。纯平台模式坚持了 P2P 平台的中介性质,平台本身没有资金介入借贷双方,而只是向借贷双方提供一个信息交互的平台。在纯平台模式中,贷款违约风险由投资人承担,P2P 平台不承担贷款违约责任。纯平台模式是一种直接金融形式,具有金融脱媒的特征。如果 P2P 平台在借贷实现后,向借款人收取一定比例的费用建立风险备用金。以风险备用金为限向投资人提供本金或本金和利息的保障,而不使用自有资金来赔偿投资人的本金或本金和利息的损失,这样的模式也可以看作纯平台模式,因为平台本身并没有介入借贷双方的利益之中。我国纯平台模式的典型代表是拍拍贷。这种平台作为中介,平台不吸储、不放贷,只提供金融信息服务,由合作的小贷公司和担保机构提供双重担保。此类平台的交易模式多为"1 对多",即一笔借款需求由多个投资人投资。其优势是可以保证投资人的资金安全,由国内大型担保机构联合担保,如果遇到坏账,担保机构会在拖延还款的第二日把本金和利息及时打到投资人账户。

(2)保证本金(利息)模式:P2P 平台模式下的保本保息的模式。保证本金(利息)模式是指 P2P 平台向投资人提供本金或本金和利息的保证。迫于竞争的压力,除了拍拍贷,几乎所有平台都给投资人提供了本金或本金和利息保证。但大多数平台既没有明确说明保证资金或所建立风险备用基金的来源,以及风险备用基金的使用情况和动态规模,也没有

---

① 参看叶湘榕:《P2P 借贷的模式风险与监管研究》,载《金融监管研究》,2014(3):71-82。

明确说明承担风险的责任主体,以及平台是否仅以风险备用金为限提供保障资金。事实上这类平台是以自有资金承诺保证投资人的本金或本金和利息不遭受损失,扮演了担保机构和中介机构的双重角色,平台的性质已不是单纯的中介机构,而是无证经营的担保机构。如果由平台之外的担保机构来承担担保业务,P2P 平台的经营是合法的,但这种商业模式由于提供了担保服务,已不是金融脱媒的纯平台模式了。我国大多的 P2P 平台采用的是以自有资金担保的保证本金(利息)模式。

(3)信贷资产证券化模式。信贷资产证券化是指将原本不流通的金融资产转换成为可流通的资本市场证券。一些担保机构和小额贷款公司通过建立自己的 P2P 平台或者和其他 P2P 平台合作,将自己的担保产品或小额信贷资产通过 P2P 平台销售给平台的投资人,其过程类似于信贷资产证券化。信贷资产证券化模式的典型代表是陆金所和有利网。前者是将平安担保产品证券化销售,后者则是将大量的小额贷款公司的信贷资产打包成理财产品销售。这种模式的信贷业务主要在线下完成,线上主要是销售理财产品。信贷资产证券化模式利用互联网突破了传统金融机构理财产品销售所受到的监管,其实质是在进行监管套利。但是该模式能较好地满足小微企业的借款需求,投资人也比较接受这种有金融机构担保的贷款形式。

(4)债权转让模式。债权转让模式非传统意义上的 P2P 借贷,借贷双方并不直接签订债权债务合同,而是由与平台紧密关联的第三方个人先行放贷,再将债权转让给投资者。许多业内人士、学者、媒体认为,债权转让模式不属于 P2P 借贷;但也有学者认为,其专业放贷人在中间只是承担中间人的角色,本质上仍然是个体对个体的贷款,总体来讲仍属于广义的 P2P 借贷范畴。不过,债权转让模式中 P2P 平台的性质与其他模式明显不同:由于平台和专业放贷人是不可分割的整体,平台实质是充当了金融机构的角色。债权转让模式的典型代表是宜信。宜信成立于 2006 年,其根据中国国情所创立的债权转让模式在业务扩张上比较成功,在 2010 年获得快速发展。2011 年后,宜信模式受到了一些平台的模仿。

随着互联网金融和移动互联网的迅猛发展,不同的 P2P 网络借贷平台模式也出现相互借鉴、相互交织的状态,同时还出现了一些新的模式。例如,在微信平台出现的一些 P2P 产品,利用"快速、高效、移动化、无空间限制"等优势,形成闪电借款模式。同时,与欧美国家相比,也有一些学者认为我国 P2P 网络借贷平台模式存在一些突出的异化现象。这些学者认为国外的 P2P 平台一般遵循中介性质、线上模式两个原则,而在国内则异化出保证金、债权转让等新模式,业务范围也从线上发展到线下。在国内 P2P 网络借贷平台模式中,异化集中在三个方面:(1)贷款主要为中小企业商业融资而非个人消费信贷;(2)线下寻找借款人、线上获取资金;(3)为吸引投资提供本金担保服务。因此国内平台面临更大的运营风险。

二、P2P 网络借贷的简单模型

一些文献以前面第二章介绍的双边市场理论模型为基础,建立研究 P2P 网络借贷的理论模型。就目前掌握的文献资料来看,国内外已经有许多研究成果。下面,使用一个简单的理论模型进行说明①。

显然，P2P 网贷平台的双边市场特征有：(1) P2P 网贷平台双边用户的需求互补性。出借人通过出借资金获得利息，使出借人投资理财的需求得到满足，而借款人借入资金来满足自己的资金需求。(2) P2P 网贷平台双边用户的网络外部性。除出借人带给借款人与借款人带给出借人的组间网络外部性效应之外，出借人与借款人相互之间的影响同样都非常重要。(3) P2P 网贷平台定价结构的多样性。一些网贷平台从平台利润最大化的角度往往对出借人采取免费的方式，甚至以各种补贴方式来吸引他们加入平台，对借款人一方收取各种费用。也有一些平台不是这样。(4) 出借人和借款人归属的多样性。理论上可以按照出借人、借款人进入平台的情况将市场分为四类：①出借人、借款人均为单归属；②出借人单归属、借款人多归属；③出借人多归属、借款人单归属；④出借人、借款人均为多归属。(5) P2P 网贷平台所面对的交易类型是金融交易，金融交易所涉及的金融商品价格为利率，同时，在金融交易中，风险问题占据交易过程中的重要地位。(6) 对于双边市场的经济主体所进行的各种交易，P2P 网贷平台的匹配能力及其匹配效率发挥着重要作用。

由于 P2P 网贷平台的上述特征，相关研究文献较多集中于研究价格竞争策略对平台企业的影响，主要围绕定价方式（使用费还是会员费、对称定价还是非对称定价）、价格结构（价格是否中性、对哪一方最终用户进行补贴）、影响进入价格因素（多归属性、产品差异化）等方面展开。同时还有一些文献涉及 P2P 网贷平台在金融交易中面对的利率确定与风险问题，以及匹配能力和匹配效率等问题。

以下以 P2P 网贷平台的收费方式为例，应用双边市场理论，对 P2P 网贷平台的定价进行简要说明。一般来说，P2P 网贷平台企业对两边用户收取注册费、交易费以及两步收费为三种主要的收费方式，这里，仅以对双边收取交易费为例进行说明。

该种情形下，P2P 网贷平台向投资人和借款人都收取交易费。假设投资人的交易金额（成功放款金额）在 $[0, t_A]$ 上均匀分布，p_{tA} 为平台向投资人按交易金额收取的佣金比率，可用 $(p_{tA} \times t_A)/2$ 表示平台向投资人收取的期望费用。假设借款人的交易金额（成功融资金额）在 $[0, t_B]$ 上均匀分布，p_{tB} 为平台向借款人按交易金额收取的佣金比率，可用 $p_{tB} \times t_B/2$ 表示平台向借款人收取的期望费用。这样，在第二章介绍的理论模型的基础上，假设其他符号相同，则平台第 i 方用户的效用为：

$$u_i = k_i n_j - p_{ti} t_i, \quad i, j = A, B, i \neq j \tag{6-1}$$

同时，P2P 网贷平台的利润为：

$$\pi = \frac{1}{2}[n_A(p_{tA}t_A - c_{tA}t_A) + n_B(p_{tB}t_B - c_{tB}t_B)] \tag{6-2}$$

通过纳入相关费用，可以对 P2P 网贷平台的行为和利润等进行更为深入的研究。就收取交易费来说，P2P 网贷平台对投资人收取的交易费随投资人数的增加而减少，而对借

---

① 参看李建：《基于双边市场的 P2P 网贷平台定价策略研究》，深圳大学硕士论文，来自《中国知网》，2017 年 5 月；雷云：《基于双边市场的 P2P 借贷平台定价问题研究》，北京工业大学硕士论文，来自《中国知网》，2017 年 5 月。

款人收取的交易费随借款人数的增加而增加。

三、P2P 网络借贷交易行为之影响因素

就目前 P2P 网络借贷来看，大多数通过平台进行，即这种交易是基于中心化的平台交易，因而正像上一小节所说的那样，其影响因素也可以从借贷人、投资人和平台等方面进行说明。

（一）涉及借款人的基本因素[①]

在传统借贷市场上存在的借款人与投资人之间的信息不对称问题，在 P2P 网络借贷市场上仍然存在。信息不对称产生的原因可能来自逆向选择和道德风险。与投资人相比，借款人拥有的信息要远远多于投资人拥有的信息。为了提高借款成功率或者降低借款利率，借款人会故意隐藏对自己不利的信息。在传统商业银行的借贷市场中，银行会通过抵押、定期检查甚至是派专人进入企业董事会的方式来降低委托代理问题。但是在 P2P 网络借贷平台，上述方式会由于显著增加交易成本而不适用。

P2P 网络借贷平台对此的变通方法，一是会强制要求借款人提供借款目的、借款期限、借款利率和一些经过第三方认证的财务或非财务信息，例如借款人信用评分、收入和支出的账单、是否拥有住房和债务收入比等；二是除了上述信息外，部分平台也会要求借款人提供个人的人口统计学信息，例如性别、年龄、种族、受教育程度等；三是借款人会自愿披露一些非认证性质的信息，如借款描述、照片、家庭背景、自己的爱好等；四是借款人自愿披露的社交信息，例如在平台上借款人可以选择加入群组，或者邀请朋友一起在平台上借款或投资等。

1. 认证信息

P2P 网络借贷平台一般都要求借款人向投资人披露自己的信息作为信用的主要标识，信息一般包括信用等级、收入和支出的详细信息、是否拥有住房、已有债务、债务收入比、信用报告查询情况等。一般这些信息会被第三方信用评级机构以评等或评分形式呈现。同时，一些平台也会在此之外要求披露更详细的信息，如银行账户、信用卡使用情况等。

可使用 Prosper 网络借贷平台的数据研究借款成功的影响因素，首先将影响因素分为两大类，一类是借款特征，主要包括借款利率、借款金额和投标时间；另一类是借款人特征，包括借款人的人口统计学特征（性别、年龄、种族、婚姻、是否有孩子等）、金融实力（信用等级、债务收入比、是否拥有住房等）和努力程度（是否加入群组、描述个人情况和借款情况的详细程度等）等。这种研究表明，借款特征、借款人特征和借款成功与否之间存在多个层次的关系。

首先，借款特征对借款成功与否有直接影响；其次，借款人特征对借款成功与否有显

[①] 参看廖理、张伟强：《P2P 网络借贷实证研究：一个文献综述》，载《清华大学学报（哲学社会科学版）》，2017（2）：186-196。

著但比较小的直接影响；再次，借款人特征对借款特征有直接影响；最后，借款人特征调整了借款特征对借款成功与否的影响。总之，借款人特征对借款成功有直接影响，借款人特征通过借款决策变量对融资结果有间接影响，借款人特征修正了借款特征对融资结果的影响。结果表明，与财务指标和努力指标相比，人口特征对融资结果的影响不大。与传统金融机构相比，P2P 网络借贷平台更平等地对待借款人，减少了金融歧视。

借款人的信用等级对借款成功与否起着至关重要的作用，信用等级低的借款人在传统的银行系统不能得到借款，在 P2P 网络借贷平台上也很难借到款。例如，在 Prosper 网络借款平台上，54% 的借款申请由信用等级较低级的借款人发起，其中只有 5.5% 的借款申请成功借到钱。而那些信用等级是 AA 级的借款人发起的借款申请，54% 的借款申请能借到钱。使用 Prosper 网络借贷平台 2006 年 6 月至 2008 年 7 月的数据对 P2P 网络借贷平台的逆向选择问题进行研究，结果发现，由于 Prosper 网络借贷平台上只显示借款人的信用等级，而不出现实际的信用分数，则同一信用等级中，信用分数较低的人更倾向于选择在平台上借款。借款人的高利率并不能为投资人带来高的实际收益率，提供高利率的借款人的违约率更高。Prosper 网络借贷平台在 2007 年 2 月要求借款人提供更多的金融信息后，平台的平均借款利率从之前的 8.51% 上升至 10.14%。

基于拍拍贷平台的研究发现，借款金额、借款利率、借款期限等借款订单信息、借款人基本的基本特征和借款人的社会关系都会对借贷成功率产生显著的影响。基于人人贷平台的研究发现，线上与线下相结合的认证机制能够有效降低借款人与投资人之间的信息不对称性，认证有利于提高借款成功率和降低借款成本。在美国借贷市场上，一系列的法律保护公民不因性别、婚姻、年龄、种族、肤色、宗教、残疾、原籍国和家庭状况等受到歧视。但是，在实际借贷过程中，是否存在基于人口统计学的歧视仍存在争议，歧视在经济效果上是不是合理也在探讨中。在 P2P 网络借贷平台上，是否存在人口统计学上的歧视，借款人的融资成功率、借款利率和借款未来表现与人口统计学特征的关系都得到深入探讨。

（1）年龄。在 P2P 网络借贷市场上是否存在年龄歧视，目前的结论比较一致，即青年人和老年人往往不容易得到借款，或者即使借到款，得到借款的金额也比较少。其中在 P2P 网络借贷市场上存在对老年人的歧视，且他们需要支付较高的借款利率。相对于不上传图片的借款人，上传图片的借款人更容易获得借款；在上传了图片的借款人中间，如果图片中的人年龄偏大，那么这些申请更不容易得到借款。虽然老年人的违约率并不高，但他们平均支付的利率要高 14 个基点。通过经济学实验来检验 P2P 网络借贷市场上借款人和投资人之间个人特征的相互影响则发现，青年人会被认为是高风险和高违约率的群体，他们往往会得到较少的借款。

（2）性别。在 P2P 网络借贷市场上是否存在性别歧视，目前仍没有定论，这可能受到各国的人文历史和社会传统文化影响。在美国 P2P 网络借贷平台，存在着男性性别歧视，虽然投资于男性借款人的期望收益率更高，但女性借款人更容易获得借款。在中国 P2P 网络借贷市场上，则存在女性性别歧视，女性的违约率更低，但要支付更高的利率。而在德国 P2P 网络借贷市场上，没有发现显著的性别歧视。对于不上传图片的女性借款人，上传图片的女性借款人更容易获得借款。而在上传了图片的借款人中间，如果图片中出现女人或者穿军装的人，那么这些申请更容易得到借款。只是女性虽然被认为比男性更漂亮和可信,但是并不被认为具有更高的信用,虽然在其他相同的情况下女性借款人有更高的概率获得借款,但她们并不能获得利率上的优惠。

在 Prosper 网络借贷平台 2006 年 5 月到 2008 年 1 月的 17.65 万条借款申请和 1.74 万笔成功交易中,随机挑选了 2 万条借款申请和 6500 笔成功交易,使用亚马逊土耳其机器人对借款人的照片信息进行分析。作者发现,长相更可信的人更容易融资成功、信用分数较高而且违约率较低。在控制其他因素后发现,投资于女性借款人最终获得的期望收益率比较低。使用中国 P2P 网络借贷平台拍拍贷 2007 年 8 月至 2011 年 8 月的交易数据研究 P2P 网络借贷平台的性别歧视,在这期间共有 2.32 万名个人(20.64% 是女性)申请了 5.29 万笔贷款(女性申请占 18.34%)。结果发现,女性借款人有更高的概率获得借款,虽然女性借款的违约率更低,但她们需要支付的利率更高,在中国 P2P 网络借贷市场上存在显著的女性性别歧视。对德国 P2P 网络借贷平台 Smava 的 2007 年 3 月至 2010 年 3 月的交易记录进行分析发现,在控制了借款利率、借款金额、借款期限、借款目的、财务状况和年龄、就业、区域等因素对融资成功率的情况下,性别这个因素的影响并不显著,也就是说,性别并没有对借款人的融资成功率产生影响。

(3) 种族。基于美国的 P2P 网络借贷数据研究发现,非洲裔美国人与白人相比往往不容易得到借款,即使得到借款也要支付较高的利率。但是研究同时也发现,虽然非洲裔美国人支付了较高的借款利率,但是他们的违约率也更高,投资于非洲裔美国人的借款获得的实际收益率更低。在上传了图片的借款人中间,如果图片的人是非洲裔,那么这些申请不容易得到借款。但是这并不意味着存在种族歧视,从还款情况看,虽然非洲裔美国人的借款利率更高,但他们的违约率也高,与白人借款者相比,投资于非洲裔美国人借款的真实收益率更低,非洲裔美国人支付的高利率不足以补偿他们的高违约率。相对于白人,其他情况相同的条件下,非洲裔美国人获得借款的概率要低 2.66%,同时要支付 148 到 183 个基点的更高的利率。但是,相对于白人,非洲裔美国人的违约率要更高一些,投资于非洲裔美国人的借款获得的内部收益率要低 13.01 个百分点。

(4) 受教育程度。已有研究发现,虽然受教育程度较高的借款人的违约率显著的低于受教育程度低的借款人,但他们的借款并没有受到投资人的特别偏好。

2. 非认证信息

除了认证信息外,在 P2P 网络借贷平台上借款人可以提供一些非认证信息,这些非认证信息有利于投资人更好地了解借款人的情况,降低信息不对称性。但是,由于这些非认证信息不能或者不容易由第三方机构认证,其真实性与可靠性不是很强,投资人使用时存在一定的不确定性。已有文献从非认证信息的种类和某一具体的非认证信息出发,研究非认证信息对借款的影响。

(1) 借款描述。在 P2P 网络借贷平台上,借款人可选择填写借款描述一栏。在借款描述中,借款人可以介绍更多的个人信息或本次借款的目的,意图体现出本借款的与众不同之处,说服投资人作出投资决策。已有研究发现,借款描述对融资成功率和借款利率的影响并不一致,易读性好、字数多、描述得具体有利于提高借款成功率和降低借款利率,而那些包含更多私人问题、解释性词汇则降低借款成功率。投资人并不能很好识别借款描述背后隐含的风险,如使用欺骗性语言的借款人更容易借到款,但他们借款的违约率更高。

在将借款描述中的词汇划分为六类：信任、成就、努力、经济困难、道德、信仰，使用Prosper网络借贷平台2006年6月和2007年6月的共1493个借款申请来研究借款描述（语言）对于借款的影响，结果发现，一是那些信用水平低的借款人，会使用更多的借款描述；二是借款人借款描述中使用的种类越多，借款的利率会越低，借款成功率会越高，但是违约率会上升；三是借款描述的类型也与借款成功率、借款未来表现有关，其中可信任的和成功的有利于提高借款人的借款成功率，有道德的描述与借款未来表现正相关，而经济困难的描述与借款未来表现负相关。同时，从词汇的角度来看，借款描述对借款成功率也有影响，使用Prosper网络借贷平台2005年到2008年的22万条交易记录进行研究，结果发现，借款描述的字数越多、描述的越具体（使用更多的冠词、介词和数量词等）、使用了跟金钱有关的数词和单词，将有利于提高借款的成功率；反之，如果借款描述中包含了更多私人问题的词汇（家庭、朋友、工作、成就、休闲、住房、信仰、死亡）和解释的词汇（因果关系连词），则会降低借款成功率。利用心理学文本数据技术来研究P2P网络借贷平台语言对未来借款违约率的预测能力，从易读性、情绪（乐观或悲观）、客观性和欺骗性四个角度研究借款内在的风险，结果发现，当借款描述易读性强、借款人使用更多的乐观词汇时，借款人的借款成功率会较高、违约率会较低。那些借款人使用客观性强、欺骗性的语言更有利于借到款，但这些借款的违约率要高。针对借款描述在中国市场上作用的研究发现，一是借款描述语言长度越长，借款成功率越高，违约率也越低，低信用等级借款人更愿意提供更多的描述性信息；二是语言内容上表现出迷惑性的，一些词汇（创业、家庭、急迫、诚信）有利于提高借款成功率，但与违约率不相关。在德国网络借贷平台上也发现了拼写正确率高、文本更长和正向词汇的使用都有利于提高借款的成功率。总之，投资人并不能成功识别借款描述语言背后的风险。

（2）相貌。在P2P网络借贷市场上相貌也发挥重要作用，一些研究表明相貌漂亮的借款人能够更容易获得借款，借款利率也低，但也有研究认为漂亮并不一定会给借款人带来优势，甚至可能是劣势。也有研究从相貌中能否观测借款人是可信的角度展开研究，发现相貌看起来可信在借贷市场也起着重要作用。已有研究表明，漂亮的借款人获得借款的概率要高出1.59%，同时他们支付的利率要低32到65个基点。在其他条件相同的情况下，相貌普通的借款人如果想获得借款，需要将利率提高7.54个百分点。更有意思的是，虽然相貌普通的借款人更难获得借款而且需要支付更高的利率，漂亮的借款人与相貌普通的借款人这两类人的违约率几乎是一样的。一些研究表明，当年龄不容易区分的情况下，外貌在借款中起到了混合作用。当借款人和投资人的性别不同时，美丽存在溢价，漂亮的借款人能够获得更多借款。而当借款人和投资人的性别相同时，美丽反而是一种障碍，漂亮的借款人反而不能获得借款。也有研究发现与借款的信任本质相同，那些看起来更可信的人更容易获得借款，而且借款的利率也低，他们的违约率也比较低。与此同时，那些看起来更可信的人一般拥有更高的信用分数，违约率也更低。

（3）信息数量。除了一般需要的信息外，自愿性披露信息在P2P网络借贷市场上也具有作用，这些信息一般不能得到认证，例如借款用途、其他债务上的利率、对自身信用分数较低的解释，或者是一张图片。通过使用2007年2月12日到2008年10月31日Prosper网络借贷平台上的1000个借款申请样本的数据，考察九类自愿性披露信息（借款用途、收入、收入来源、教育、其他债务、其他债务的利率、对自己信用等级低的解释、支出和照片)对融资利率和融资成功率的影响，具有且考查的是自愿披露的数量，而不关注自愿披露的内容，结果发现，提供更多的自愿性披露信息对于借款人具有重要的经济价值。一方面，自愿性披露有利于增加参与投标的数量，每增加一个自愿性披露信息可以提高8%的投标数量；另一方面，自愿性披露有利于降低融资利率，借款人每增加一个自愿性披露，借款利率平均降低1.27个百分点。

3. 社会关系

社会关系介于认证信息和非认证信息之间，如果是较强的社会关系，那么此时的社会关系的价值就很大，等同于认证信息。反之，如果弱的社会关系，则可以归为一般的非认证信息。在P2P网络借贷兴起之时，恰逢Facebook和Twitter等社交网络的兴起。平台借鉴传统民间借贷市场的社交借贷，将线下社会关系移到线上，在平台引入群组(groups)和朋友关系(friendship)等社会关系，鼓励借款人之间、投资人之间、借款人和投资人之间建立群组或朋友关系，组员之间可能是具有某些相同的背景等因素，例如职业或者教育背景相似。平台可以充分利用成员的社会关系，促进借款人、投资人相互之间的信息交流，弥补信息的缺乏。已有研究结果发现，社会关系有利于提高借款人的借款成功率、降低借款利率和借款违约率。如果这个社会关系是较强的社会关系，例如认证的群组或者强的线下朋友关系，那么上述效果更强。

(1)群组。一些研究发现，群组有利于降低信息不对称，特别是对信用评分不高的借款人，可以在提高借款的成功率的同时降低借款利率，具体表现为，借款人加入群组、群组领导人的推荐或者投标都可以帮助借款人降低借款利率；此外，群组级别提高和群内人数的增加也都有利于降低借款人的借款利率。如果存在社会惩罚措施，加入群组会减少违约率；群组成员地理相近程度越高，违约率越低，利率越低；当投资人竞争较为激烈的时候，决定违约率较低的因素会传导到较低的利率；当内部人和外部人存在竞争的时候，内部人的软性信息会导致利率较低。结果表明，当群组成员在真实生活中有联系的时候，加入群组会显著地降低违约风险。在群组的领导人能够收取创设费时，会导致严重的逆向选择，即借款的利率较低而且违约率较高。相反，当群组领导人不收创设费，或者群组领导人自己也投资时，借款的利率会较高，而且违约率会较低。当一个借款人是一个群组的成员时，如果这个群组的信息没有得到认证，那么投资人虽然愿意投资，但借款人不能得到较低的利率；而当这个群组的信息得到认证的时候，投资人不仅更愿意投资，也会给借款人提供更低的利率。与非认证的群组相比，经过认证的群组成员的借款违约率也更低。

(2)朋友关系。相对于群组的弱关系，朋友的关系要相对更强一些。Prosper网络借贷平台的用户在注册时需要验证一个电子邮箱，同时可以填写朋友的邮箱地址邀请他们加入Prosper网络借贷平台，当朋友接受邀请后就在Prosper网络借贷平台建立了一个朋友关系。当一个借款人发布借款申请时，他的朋友关系和信用信息、借款信息一起被展示出来，当他的朋友投资这个借款时，更是会被特别标出。那么，Prosper网络借贷平台上的线上朋友关系是否有助于识别借款人的信息呢？一些研究发现朋友关系可以作为借款人的信用水平的一个信号。他们将朋友关系从弱到强划分成五等，从一般关系到真实发生借贷交易的关系的朋友。结果发现，那些拥有较多朋友的借款人能容易借到款，而且借款利率也比较低；与此同时，这类借款人的违约率也要低一些。特别是那些朋友们是投资人的借款人，他们的违约率更低。使用中国第一家 P2P 网络借贷公司拍拍贷 2009 年 1 月至 2010 年 6 月的交易记录，将借款人、投资人之间的关系划分为强线下朋友关系、弱线下朋友关系和线上朋友关系三种，考察朋友关系对借款的影响，结果发现，朋友关系有助于投资人向借款人借款，而且随着关系的亲密程度而加强。对于借款人，从线下强关系、线下弱关系和线上关系的朋友得到借款的可能性分别比从陌生人处得到借款的可能性大 17.3 倍、4.3 倍和 2.2 倍。但是对于非朋友关系的陌生投资人，他们不愿意借钱给之前有朋友借款的借款人，这时候朋友关系是一个负效应。也有研究使用中国网络借贷平台公司拍拍贷的数据研究朋友关系上质与量的关系，结果发现，如果借款人有较多数量的朋友关系，那么他更容易得到借款，借款利率也低，借款未来表现也好；如果朋友的质量更高（有更高的信用等级），那么借款人也借款更容易，利率更低，未来表现也更好；与朋友的数量相比，朋友的质量的重要性更强。

（3）相似性。当借款人与投资人在地域或文化上相近，或者某些特征上相似时，已有研究发现在这种情况下更容易借到款。使用公益性 P2P 网络借贷平台 Kiva 的数据研究影响借贷的关键性因素发现，一是投资人更偏好于容易识别的借款人，例如相对于机构，投资人更愿意把钱借给个人；二是投资人更愿意把钱借给跟自己社会特征相似的个人，例如，当借款人的性别、职业或姓氏与自己相似时，投资人更愿意借款。使用公益性 P2P 网络借贷平台 Kiva 的数据，研究文化习惯和地理位置对借贷的影响时发现，投资人更偏好于文化上与自己相似和地理位置上更相近的借款人。当借款人与投资人文化上差异上增加一个标准差，会减少 30 个投标；相距地理位置上增加一个标准差，会减少 0.23 个投标。

（二）涉及投资人的基本因素

（1）信息识别能力。对于投资人的决策能力，一些研究的结论并不一致，有的研究认为投资人具备信息识别能力，而有的研究则认为投资人并不具备信息识别能力。有研究发现，P2P 借贷市场中的投资人表现出了很强的信用甄别能力，虽然投资人不知道借款者的准确信用分数，只知道借款者的信用类别（信用分数的区间），但是他们对借款人违约率的估计比借款人准确信用分数估计的违约率要更准确 45%。与拥有全部信息的经济学家相比，他们的预测准确度也达到经济学家的 87%。总之，非标准信息在低质量借贷市场中也是有用的，能够很好地帮助投资人估计借款人的信用，P2P 借贷市场的众多投资人和非标准信息有利于提高借贷效率。也有研究发现，即使在非完全市场化利率下的中国市场上，投资人也是聪明的投资者，具有良好的风险判断能力，他们能够借助借款人的公开信息识别相同利率背后所包含的不同违约风险，他们的这种风险识别能力能够直接反映在一个成功订单的参与人数上，间接反映在订单募资成功所需的竞标时间上。还有研究表明，借款人的信用等级、债务收入比、费寇分数和循环效用比与违约率高度相关。低信用等级和长的借款期限伴随着高违约率。虽然投资于低信用等级的借款人能够获得高利率，但是考虑到低信用等级的高违约率，实际的投资人收益率反而比较低。Lending Club 网络借款平台存在严重的逆向选择问题，投资人不具备信息识别能力。

（2）学习能力。通过研究 Prosper 网络借贷平台 2006 年 6 月至 2008 年 7 月的 29 万条交易记录，可以看出借款人的学习能力的重要性，虽然 P2P 网络借贷是一个新生事物，相比传统借贷存在严重的信息不对称性，借款人初期并不能完全了解市场的风险，但是随着时间的推移，借款人的学习有利于识别风险，行为错误随着时间推移逐渐减少。那些高风险的借款人会被经验丰富的投资人鉴别出来。

(3)风险厌恶。使用 Lending Club 网络借贷平台 2007 年 10 月至 2008 年 4 月的交易数据研究投资人风险厌恶的作用，通过估计投资人的效用函数的曲率来估计投资人的风险偏好，同时由于投资人多次的投资，建立了面板数据的风险厌恶参数。结果发现，从截面数据看，平台上富有的投资人更加厌恶风险，而以房价变化作为一个参考，当投资人的财富缩水以后，会变得更加厌恶风险。

(4)本地偏好。使用 Prosper 网络借贷平台 2008 年 10 月之前的交易数据来考察 P2P 网络借贷平台上是否存在本地偏好(home bias)问题，结果发现，P2P 网络借贷平台上存在本地偏好。这种本地偏好是一种理性行为还是一种行为偏差呢？结果发现本地偏好并没有经济上的解释，更多是一种情绪上的因素导致，投资于本地借款并不能给投资人带来更高的收益。同时，在控制了订单信息以及借款人信息之后，中国各省份之间的订单成功率仍然存在显著的地域差异，说明在中国 P2P 网络借贷市场中存在地域偏好。但是，那些被歧视的省份，其订单的违约率并没有显著地高于其他未被歧视的省份的订单违约率，表明这个地域歧视本质上属于非有效的偏好歧视，是一种非理性的行为。

(5)羊群行为。一般来说，P2P 网络借贷平台投资人存在羊群行为。关于投资人的羊群行为是理性的(行为是观测性学习的结果)还是非理性的(被动的模仿别人的选择)的问题，已有的研究结论并不一致。针对美国 Prosper 网络借贷平台的研究结论是投资人表现出理性的羊群行为，即投资人可以从其他投资人竞标行为中收集到有用的信息，羊群行为与投资人业绩正相关。中国 P2P 网络借贷平台的研究结论则认为羊群行为是非理性的，有害于投资人的业绩。还有一些研究发现投资人存在一种战略性羊群行为，即在借款的投标没满标之前，存在显著的羊群行为；一旦借款的投标满标，则羊群行为消失。同时这种研究还发现，羊群行为对于投资人是有利的，羊群行为越明显的借款，投资人按时还款的概率越高。在控制了标的特征、借款者特征、朋友推荐、加入群组、未被观测的异质性和满标的外部性后发现，投资人表现出的是理性羊群行为，即投资人可以从其他投资人的行为中推测出借款者的真实信用情况。当标的特征较差时(例如低信用等级、高债务收入比)，羊群效应较为明显；相反，当标的特征较好时(例如有朋友投标、借款人加入群组)，羊群效应则较弱。

使用中国第一家 P2P 网络借贷公司拍拍贷 2007 年 6 月至 2011 年 8 月的交易记录研究 P2P 网络借贷平台的羊群效应，发现在拍拍贷平台上存在显著的羊群效应，但羊群效应对投资人的业绩是有害的，羊群效应降低了借款利率，但不能降低借款人的违约率，导致投资人的收益率降低。在人人贷平台上也发现了羊群效应。借款订单的完成进度越高，越能吸引投资者参与，订单完成进度所引发的羊群行为呈现边际递减趋势。信息不对称程度越强的订单，其初期羊群行为更明显，但是羊群行为的持续性更短。表明这种羊群行为背后更有可能是基于信息发现的机制，而且这种信息发现机制所驱动的羊群行为并非一直存在的，达到一定程度之后，投资者将不能继续从其他投资者的投资行为中获取更多信息，因此羊群现象逐步消失。使用韩国最大的一家P2P网络借贷平台Popfunding 2009年6月至2010年7月的交易数据研究投资人的羊群行为发现，平台的投资人交易中发现了显著的羊群行为，具体表现为当一个借款标的投标率越高时，越能吸引更多的投资人来竞标。在Popfunding平台上有一项与其他平台不一致的设置，投资人对借款人的到期还款可能性的进行投票，投资人只能选赞同或否定中的一个选项，所有的投资人都可以看到投票的结果（所有投票中赞同或否定的比例）。

（三）平台和其他影响因素[①]

除了借贷人和投资人以外，还有平台以及其他一些因素。就平台来看，平台的经营方式和方法，建立的网络状态，针对信息的处理能力，所耗费的成本及其收益、潜在的竞争平台的出现与平台的数量等是其重要的影响因素。

除去借款者、投资者以外，P2P网络借贷行业的其他参与者还包括监管机构、行业自律组织、第三方机构等。从监管机构上看，国家监管机构对行业的影响是最直接、最有效地。监管机构出台的政策、文件具有强制性的特点，能够有效地规范行业里竞争与垄断行为。对于P2P网络借贷的成功具有重要影响。

从行业自律层面上看，P2P网络借贷的行业自律组织能够在行业标准及规范程度上，给行业平台提供指导性的建议，协调不同平台之间的关系，减少恶性事件的发生。行业自律组织的出现，在一定程度上促进了国内P2P网络借贷行业的发展。但行业自律组织自愿性、区域性、非强制性的特点，也决定了其对行业的影响力比较有限，还是需要国家监管机构的介入。目前，国内比较著名的P2P行业自律组织包括上海市网络信贷服务企业联盟、中国小额信贷联盟。这两家联盟在维护行业合理有序、公平竞争的市场环境以及规范P2P平台运作、从业人员行为上，作出了很大的努力。

从第三方平台来看，第三方平台在P2P网络借贷行业中扮演的是资金存管的角色。就中国来看，现阶段虽然监管部门明确表示P2P网络借贷平台不得归集资金搞资金池，但在实际运作中，采取资金池运作的平台还是很多，这就使得第三方平台难以发挥资金存管的作用。随着未来监管的加强，监管部门肯定会颁布相关条例来解决资金池的现象，第三方平台的托管角色将会回归。且第三方平台完全可以与P2P网络借贷平台进行合作，对网络贷款支付模式以及进行创新。

第三节 P2P网络借贷平台设计

上文已说明P2P网络借贷平台模式，国内外类型较多。下面主要从纯平台模式和其他模式来说明P2P网络借贷平台的设计问题。其中其他模式中，仅仅选择一种平台加担

---

① 参看曾智：《中国P2P网络贷款行业研究报告》，西南财经大学硕士论文，来自《中国知网》，2014年。

保模式进行说明①。

一、纯粹平台公司设计

1. 具体方案

平台公司应以发展和扩展"信息平台"为导向，主要功能是撮合资金供需双方的交易，起到类似阿里巴巴和淘宝网在 B2B 和 B2C 业务中的作用。具体如下：

（1）会员交易。平台公司将是本地区民间融资集中交易场所，按会员制组织，符合一定条件的中小企业、金融机构和自然人均可以加入。债权债务关系的建立、转让和交易严格限制在会员之间。

（2）基础设施。平台公司通过为民间融资提供基础设施和各种便利（包括引入标准化合约设计、完善信息披露制度、建立托管清算系统、允许贷款二级市场转让和交易等），汇集和发布资金供需信息，吸引场外民间融资活动主动入场。

（3）中介服务。平台公司通过内部的经纪业务部，为在场内交易的民间融资活动提供各类中介服务，包括信用担保、信用评级、信用增级、投资咨询、公证以及法律咨询等服务。

（4）政策窗口。平台公司负责维护场内交易秩序，对场内民间金融交易进行登记和监测，并在此基础上为政府履行监管职责提供咨询。

2. 可行性分析

（1）经济合理性。平台公司定位正面，职能和业务上有创新，在原本传统小额贷款公司业务的基础上，作为催化剂，借助互联网最大范围地解决所在地区中小企业融资难和储蓄高、投资难的"两难"问题，构成正规金融体系的有益补充。为更好地服务中小企业融资，民间金融市场需要创新，在交易主体产权合作安排、风险定价和对冲、交易工具和市场机制三方面都需要有新的思路和安排。平台公司本质是俱乐部会员之间相互融资，通过俱乐部合作将个体产权转化为半公有产权。俱乐部会员之间相互信任，能充分利用社会资本，降低俱乐部会员之间交易成本。俱乐部会员合在一起，能分散和规避风险。平台公司通过引入标准化合约设计、托管清算、信息披露制度、征信机构、信用评级机构和增进机构等正规金融手段，能规范交易形式和行为、充分揭示风险和合理定价。所以，平台公司综合了正规金融和民间金融的优点，有助于缓解中小企业融资难问题，整合和规范一部分民间金融行为，定位正面。

（2）法律和监管可行性。平台公司在目前法律和监管框架下是可行的。平台公司的股东数量不超过 200 个，符合《公司法》关于股份有限公司的规定，但吸收会员的数量不受限制，在发展壮大方面不存在法律障碍。在平台公司，资金供需仅在会员之间发生，融通的主要是会员资金，不吸收公众存款，不向非特定投资者开放，具有私募特点，因此不构成存款类金融机构，不受商业银行法约束和银监会监管，不需获取金融牌照。

---

① 参看谈浩：《互联网金融和小额贷款研究》，上海交通大学硕士论文，来自《中国知网》，2013年 6 月。

(3) 商业可行性。平台公司的商业模式是可行的。平台公司不赚取任何形式的存贷利差，基本功能是促进会员之间融资互补，并基于相互信任降低会员之间的交易费用和融资成本。平台公司的收入来源是针对会员机构和进场机构的场租费和服务手续费，属于无需占用风险资本的中间业务收入。总体上，平台公司不直接承担中小企业的信用风险。在平台公司中，作为资金需求者的中小企业的信用风险高于商业银行的企业贷款客户，但由于参与资格审查，其信用风险低于民间金融借贷者。所以，对资金需求者而言，通过平台公司的融资成本高于商业银行贷款利率，低于民间借贷利率。对资金供给者而言，通过平台公司的投资收益高于商业银行存款利率，低于民间放贷利率，但安全性比民间放贷更有保障。这样，平台公司对资金供需双方均有吸引力，具有发展壮大的基础。

3. 配套机制

平台公司构建合理运行机制以吸引民间资金交易供求双方以及中介机构进场交易。否则，交易量无法扩大，平台公司就无法起到引导民间资金交易公开化、规模化和非人格化的目的。具体配套机制体现在以下两个方面。

(1) 贷款的风险定价机制。平台公司通过信息披露制度、征信机构和信用评级机构等措施，更充分地揭示中小企业的信用风险，缓解资金供需双方之间的信息不对称。只有信用风险揭示充分后，估值定价才能合理。在此基础上，平台公司可发布不同信用等级、不同期限的中小企业融资利率，作为市场的参考基准。

(2) 放贷人的资金安全保障机制。可以考虑由保险公司设计相关的贷款违约超赔保险等保险新产品，对缴纳保费的资金借出人提供本金一定百分比(如20%)的保险。平台公司要充分发挥担保公司等中介机构的积极性，鼓励担保制度创新。由保险公司或担保公司提供的第三方履约保证保险(担保)业务将会大大提高普通民众进场交易的积极性。

平台公司也可以考虑对进场中介机构按其撮合交易额的一定百分比提取风险基金，为一定金额以下民间借贷交易提供保障，类似于一种强制存款保险制度。对进场机构收取的费率可以根据该机构撮合交易的坏账率进行动态调整。为了防止资金出借方和中介机构的道德风险行为，可以考虑留出本金的一定百分比由资金出借方自己承担风险。但平台公司的资金安全保障机制应满足风险隔离原则。平台公司不直接参与交易，比如向中小企业放贷或购买、持有中小企业债权，本身不为各类场内民间融资交易提供任何担保和增信服务，平台公司仅为由其提供的基础设施服务的风险承担责任。如果前述风险基金因中小企业违约而亏损，平台公司可能遭受损失或有法律风险。为将这种风险控制在可承担的范围内，应完善风险基金的治理结构，特别是促进股权多元化，平台公司承担的损失以其出资额为限，同时应要求风险处置业务按商业原则进行，当然政府可给予一定补贴。

4. 监管措施

平台公司面临的主要风险包括：通过平台公司成交的借贷各方因合约纠纷要求平台公司承担赔偿责任；入场的中介机构和个人利用平台公司这一合法平台违规从事吸存-放贷业务等。为防止通过平台公司成交的借贷双方因合约纠纷找平台公司要求赔偿，平台公司需事先公示声明：平台公司对借款人的债务及投资咨询、担保、评级、增信、公证、登记、法律咨询等场内中介机构和个人提供的中介服务不承担连带责任。也就是风险自担原则：平台公司内的交易须在国家法律法规范围内进行，交易条款由资金供需双方以及中介机构协商确定，对于交易各方的所有违约行为，由交易各方按法律原则承担责任。

为防止进场中介机构利用平台公司这一合法平台违规从事吸存-放贷业务，可以采取以下措施：一是完善会员资质管理。首先是制定会员资质，为控制风险，会员要满足一定资质，有一定风险承担能力，比如资产规模足够大、信用评级足够高和有一定金融知识。其次是审查入会申请，实现会员的"优进劣汰"和动态管理，防止会员的"逆向选择"。二是进场机构承诺。平台公司与进驻的各类中介机构签订合约，要求进场机构承诺严格遵守政府的金融法规，决不违规从事存贷业务，否则要给予一定惩罚措施，甚至送交公检法和金融监管部门处理。

5. 打通平台接口

为融通更多资金，平台公司可建立三个接口。第一个接口是不满足会员资质的个人或企业可通过共同基金投资于平台公司内发行和交易的金融产品，前提是该共同基金是平台公司的会员。第二个接口是以原小额贷款公司为基础，平台公司下设一个融资子公司，可以对外负债，比如发集合债、用会员资产作抵押来融资。第三个接口是通过集合会员信用、信用增强、相互担保等形式，打通会员向资本市场和银行间债券市场的融资渠道，比如推荐优秀会员企业去银行间市场发行集合债、私募债等，也可以组织优秀企业互保融资。

二、小额贷款公司与 P2P 网络借贷平台公司结合模式设计

除了纯粹平台模式外，还有一些其他平台模式。这里以平台加担保模式来说明其设计问题。设想进行 P2P 网络借贷平台设计前，存在一家小额贷款公司，问题是这家公司如何进一步设计成一家具有 P2P 网络借贷模式的公司呢？值得注意的是，这里所说的小额贷款公司，如果仅仅从进行小额贷款的角度来看，也可看成是一家较大型银行的小额贷款部门。

一般来说，小额贷款公司是指由自然人、企业法人与其他社会组织投资设立，不吸收公众存款，经营小额贷款业务的有限责任公司或股份有限公司。小额贷款公司的基本职能是放贷，与其他金融机构相比，又有其自身的一些特点：第一，"只贷不存"，小额贷款公司只能放贷，不能吸储，这是跟银行的本质区别；第二，小额贷款公司受自身特点所限，放贷金额小；第三，小额贷款公司只能用自己的钱去放贷而不能吸储，面临的优质项目也不多，所以利率较高；第四，贷款手续灵活简便，担保条件相对比较低。

小额贷款公司与 P2P 网络借贷平台公司的区别显而易见[①]，正如本章第一小节所说，P2P 网络借贷平台公司是能够利用互联网发布借款和贷款信息来匹配借贷人和投资人，运用互联网技术（如计算机网络技术和大数据分析技术等）进行经营的公司，这与上面定义的小额贷款公司显然不同。

不过，由于都是以从事小额借贷为主要业务，因而小额贷款公司与 P2P 网络借贷平

---

① 参看徐红伟、马骏、张新军、王方：《P2P 网络平台运营手册》，同济大学出版社，2015 年 7 月。

台公司可以相互结合形成一种新型的公司模式。一般来说，小额贷款公司与 P2P 平台有机结合将是一种能弥补各自短板的融资模式，其主要优势有：其一，小额贷款公司借助 P2P 平台将获得更多的资金来源渠道，只要做好风控，便于扩大业务规模，更好地回报股东。其二，依托互联网属于轻资产化的运营模式，小额贷款公司能够打破网点限制，更好地跨区域经营、服务三农发展。其三，小额贷款公司地域性特征非常明显，在一定区域内借助其风险控制和信贷担保能够使 P2P 平台的风险大大降低，从而促使 P2P 平台主要聚焦于用户体验，网络系统安全及渠道打造，核心竞争力进一步增强。由此可知，小额贷款公司与 P2P 平台结合，将使其发展模式得到进一步优化，更好地满足中小企业及民间借贷需求①。

下面简要介绍小额贷款公司与 P2P 网络借贷平台公司结合模式的设计方案，由于这一模式中的关键在于 P2P 网络借贷平台公司有平台，小额贷款公司有担保，因而下面也简单称为平台加担保模式。

1. 具体方案

要发展民间金融担保业务，培养坚实的客户基础，要在客户挖掘和有效信息积累花些工夫。具体如下：其一，贷款客户信息库建立：为贷款及目标客户建立信息资料库，并随着时间的推移，为客户信用评级提供基础资料。其二，中介服务：要设立经纪业务部，为本地区的民间融资活动提供各类中介服务，包括投资咨询、公证以及法律咨询等，并以俱乐部的形式将活跃的有效资金提供方培养成长期合作伙伴。其三，基础设施：建立相关互联网平台。

2. 可行性分析

（1）经济合理性。担保作法借鉴了信托公司刚性兑付的经验。信托公司从本质上类似平台公司，是受托管理资产，而风险应当由委托人自己承担。但毋庸讳言，近几年信托公司能取得飞速发展，刚性兑付承诺在其中发挥的作用可以说是基础性的。同样要培养资金提供方的会员，对其资金提供担保是目前阶段不可或缺的。

（2）法律和监管可行性。政策规定小贷公司可以从事担保业务，担保比例为 1∶4，这大大低于金融担保公司 1∶10 的比例，这样一方面可以将借款客户业务量放大 4 倍，另一方面较低的杠杆倍数对于资金提供方来讲，安全感更高，接受起来也更加容易。

（3）商业可行性。目前部分优质的小额贷款公司已经开展了部分担保业务。一方面，为国家开发银行、中国进出口银行和一些拓展小微客户的金融机构小微贷款提供客户资源并进行担保。另一方面，银行的理财客户也在寻找相对高收益的投资产品。两者相结合，小贷公司为民间金融提供担保的业务具有可行性。

3. 配套机制

前面讲到的，公司可效仿信托的刚性兑付承诺做大规模，这样担保就是这一过程中的核心。相应地，担保业务的收费定价成为风险定价的主要内容。

目前，担保业务的收费定价主要参考因素有三点：其一，市场价格。目前 2% 的担保

---

① 参看梅佳、兰强：《互联网金融视角下小额贷款公司与地方经济发展互动研究》，载《经营管理》，2015(11)：77-80。

费总体是不能覆盖民间融资的风险的,应当结合历史经营记录中的不良率确定适合本公司经营能力,并为市场接受的费率水平。其二,经营成本。这和公司的经营规模相关,一般来讲,经营规模大,业务单位成本低,要求的收益水平低。其三,客户信用情况。在公司总体担保费率定价范围确定后,公司可根据客户不同信用等级、不同期限的贷款确定有差别的担保费率。

互联网的核心优势是开放,不是一个封闭系统,可以随时快捷接入新资源和新需求。平台的核心优势是共享,平台上资源都是共享的,特别是信息资源,共享自然导致快捷、方便、低成本。这些优势使得在互联网平台上最适合做 P2P 的金融需求,即 2P 网贷。但平台是最易复制的,最易同质化的,那么 P2P 网络借贷的核心竞争力不在平台本身,而在平台上运行的金融业务特性,如风险控制、金融产品、客户群体。

目前绝大部分有营运许可的小贷公司的资金来源、客户群、风险控制模式和 P2P 网贷还有较大差异。小贷公司资金来源主要是自有资金,客户群主体主要是企业,风险控制采用传统的风控模式(贷前信用调查、贷款审批和贷后管理),P2P 网贷资金来源主要是线上投资人,客户群主体主要是个人,风险控制是依赖大数据进行批量信用评级计算。风险控制模式是依赖于客户群,随着客户群的变化而变化。传统的风控模式不适合非常分散、贷款额度很小、客户数很大的客户群,但能控制系统性风险。而依赖大数据信用计算的风控模式则相反。

随着小贷公司业务的发展,有的小贷公司客户群会向 P2P 网贷的客户群渗透,资金来源也会选择线上投资人,其对互联网平台的需求和依赖就越强烈,会选择向平台加担保 P2P 网贷模式发展。电商小贷公司(如阿里小贷)的客户群一开始就基本和 P2P 网贷客户群一致,所以就天然选择了互联网平台。小贷公司不一定要向互联网金融融资模式方向发展,这主要看其客户群的选择。但小贷公司可以运用互联网技术来提升它的竞争力,如结算支付流、程管理、信息资源管理等,形成更好的金融模式。

第四节　区块链与 P2P 网络贷款

一、P2P 网贷行业发展亟待解决的问题[①]

互联网技术改变和优化了金融的功能及实现方式。P2P 网贷通过将线下服务搬到线上、细化服务市场、扩大服务边界、延长服务时间,促进了参与主体与展业形式的多元化,实现了产品销售渠道的立体化,填补了传统金融服务的"盲区",但同时也带来了一些问题。

---

① 参看吕雯:《区块链技术对 P2P 网贷行业发展的影响分析》,载《中国信用卡》,2016(8):34-36;赵大伟:《区块链能拯救 P2P 网络借贷吗》,载《金融理论与实践》,2016(9):41-44;吴建刚:《区块链应用于 P2P 网络借贷的适用性与难点分析》,载《上海金融》,2017(2):52-58。

第一,信任建立机制面临挑战。互联网金融在虚拟网络中完成相关交易和服务,交易双方缺乏现实中的沟通和交流,没有传统金融实体机构的权威认证,信任建立过程较为长久和复杂。例如,对于目前P2P网贷平台而言,资金贷出后如何保证借款人按照承诺的用途使用资金,进而保障投资人的权益,是其急需解决的问题。从2013年起,P2P网贷平台已陆续出现了运作不规范、法人跑路、公司倒闭等问题,互联网金融网络信任关系的建立和保护迫在眉睫。

第二,信息披露体系不完善。互联网金融经营主体在信息披露上存在不足,有的甚至进行虚假披露。对于投资者特别是中小投资者来说,由于缺乏对交易对手信用信息的全面搜集、掌握和分析,导致用户因为风险识别和判断能力过弱,造成误判个人或机构的真实身份和信用能力,从而诱发信用风险。

第三,隐私安全缺乏保护体系。随着业务互联网化深入,客户身份识别和安全认证显得尤为重要。因为国内互联网金融交易平台的准入门槛较低、安全防范措施不足,极易导致用户信息泄露、隐私安全面临挑战等问题的出现。比如,P2P借贷网站作为借贷双方的信息中介平台,一般会要求借款人提供个人身份、财产等信息,作为投资人选择借款人和信用评价的依据。若平台的保密技术被不法分子破解,借款人的相关信息遭到泄露,隐私权甚至个人财产都将无法得到有效保护。

第四,技术安全建设有待提高。互联网金融建立在高度发达的计算机网络基础上,但由于现阶段互联网金融系统存在应用技术不完善、技术安全水平较低等缺陷,大多数平台的安全系统架构不够牢固,容易遭受黑客攻击,出现账户资金和客户信息被窃等问题。

第五,金融监管体系尚待完善。目前互联网金融监管的方法和手段落后于金融创新的发展,监管机构检查的程序化、规范化程度比较低,缺少行之有效的风险防范措施和手段。同时由于互联网金融数据透明度不高、数据质量参差不齐、采集标准不健全等原因,风险监管标准还有待完善,风险评价体系有待建立,相应的监管手段也正在摸索之中。

二、区块链技术对解决P2P网络借贷问题的贡献

人们借助技术进步的力量可以有效解决互联网金融发展遇到的一些问题。区块链技术优势带来的安全性、可追溯性、不可篡改性、透明性和隐私性,以及智能合约实现的协议控制与执行,可以有效地解决信用创造机制的问题、提高信息披露透明度,并有效提高系统安全性,进一步减轻政府的监管负担。

第一,确立非中心的网络,形成信息中介。P2P网络借贷行业表现出问题,与P2P网络借贷平台成了"中心"机构有关,平台不仅掌握参与者个人信息,增大了信息安全风险,也降低了信息传递效率、增加了信息不对称;同时,平台也控制着资金价格决策权,决定了资金投向。平台实质上成为建立在互联网渠道、技术上的"传统金融中介",违背了互联网金融降低金融交易成本、提高交易效率、增加信息透明度的诉求。

区块链实现点对点之间直接交易,为P2P网络借贷平台加速转型信息中介提供了技

术支持。区块链技术在提供一个可靠的规则约束的基础上，为投资人和借贷人直接进行交易提供了可能，帮助平台加速向信息中介转型。平台提供便利条件帮助投资人和借贷人达成交易。在"信息中介"提供"场所"中，投资人和贷款人"点对点"直接交易，有闲置资金、有理财需求的投资人在平台上发布资金信息，明示资金价格、借贷周期等信息，甚至可以对资金用途做出范围限定，借贷人根据需求，在平台上众多投资人中进行选择并完成交易；有资金需求的借贷人通过平台发布需求信息，投资人根据借贷人信用状况、资金用途等信息判断是否贷款；每一个投资人和借贷人都保存着所有交易信息的副本，随时从平台下载信息更新账本，可以查询交易信息，共同验证交易的合法性。

第二，创造"无需信任的信任"，更好地保护隐私。区块链最大的颠覆性在于信用的创造机制。区块链技术基于数学（非对称加密算法）原理进行信用创造机制的重构：在系统中，参与者之间不需要了解对方的基本信息，也不需要借助第三方机构的担保，直接进行可信任的价值交换。区块链自身的技术特点保障了系统对价值交换的活动记录、传输、存储的结果都是可信的，而分布式账本上的智能合约可以把许多复杂的金融合约条款（多以外部事件为触发点）写入计算机程序，在条件触发时自动执行，解决履约时的逆向选择和道德风险问题。同时，区块链技术通过密钥控制和权限管理，保障了交易过程和信息记录的隐私性。基于节点的授权机制，区块链技术将私密性和匿名性植入用户控制的隐私权限设计中，只有授权节点才有相应权限查阅和修改有关数据信息，保障个人信息、财产状况、信用状况等信息不泄露。

第三，提高信息披露的透明度，增强信息披露的可靠性。区块链系统分布式账本解决了信息披露的透明度问题，每一次交易在账本上的变动都是可追溯且不可篡改的。如果一个节点认为自身持有一定的价值，那么网络中的其他节点也应当认同这条消息，整个系统实现信息自动同步，以实现真实、及时、完整的信息披露。区块链技术一方面让广大互联网金融用户能及时了解信息，规避风险；另一方面可以确保披露信息的准确性，优化信息质量，防止信息被篡改、虚假宣传等违规行为的发生。区块链交易信息不可篡改、可追溯能够为监管提供便利，加盖时间戳的交易信息让监管机构对平台交易发生情况、交易余额情况、参与者数量、交易逾期情况等信息有连贯性的了解，使监管更加富有效率。同时，区块链保证了信息披露的真实性和可靠性，进一步压缩了劣质平台的生存空间，行业内违反法律底线、屡屡触碰"红线"的劣质平台必将面临市场出清，P2P网络借贷行业去芜存菁的大幕即将拉开。

第四，增强系统安全性。目前系统安全性的提高主要通过多处备份或在异地建立灾备系统的方式实现高可用性，以及通过容错机制、安全策略等方式降低系统被攻击的风险。一方面，根据信息对称和共享开放的要求，参与者进入平台须填写真实有效的证件信息，或被要求绑定银行卡、手机号码等，以便核实参与者真实身份信息；另一方面，IT系统不牢靠、信息安全保障低是P2P网络借贷平台面临的一大风险。由于P2P网络借贷行业暂无统一标准和准入门槛，且监管主体暂时缺位，导致部分劣质平台进入P2P网络借贷行业，这部分平台既无风险管理手段，也无牢靠的IT技术，极容易受到黑客攻击，使平台参与者信息面临较大的个人信息泄露风险。

区块链技术的分布式高容错性自动解决了系统的安全问题。区块链在分散的网络节点上运行，分布在区块链内的数据信息可以从成百上千的节点中访问，任何特定节点的故障都不会危及整个区块链的业务处理能力。区块链利用分布式智能身份认证系统可以在确保平台参与者身份信息真实可靠的基础上，防止参与者个人信息泄露。平台参与者将在区块链上注册的用户名与个人其他有效身份信息（可以是微信、QQ、银行卡、驾驶证信息）相互验证并形成"共识"，从而在区块链上创建专属的、真实可靠的"智能身份信息"。在分布式管理的基础上，参与者的个人信息丢失、被恶意篡改的风险也被大大降低。区块链利用加密技术，帮助平台参与者隐匿真实身份信息，其他参与者通过公钥查询也仅限于交易信息，当查询参与者身份信息时，得到的结果仅是区块链上的用户名或者是一串地址代码，只有参与者本人通过私钥才能获得身份信息，从而能够对参与者的个人信息形成有效保护。

第五，利用智能合约，提高约束力，增强执行力。区块链为智能合约的发展提供了无限可能，有利于规范P2P网络借贷行业各方参与者行为。出于抢占市场份额或攫取利润目的，部分P2P网络借贷平台违规经营行为干扰了P2P网络借贷行业的正常秩序，对依法合规平台的正常经营活动产生了不良影响；同时，劣质平台、参与者恶意违规、违约行为，也让P2P网络借贷这种创新模式备受争议。基于区块链技术的智能合约，能够做到有效控制资金用途、增加违约成本，提高合约执行力，对于规范P2P网络借贷行业各方参与者行为大有裨益。智能合约能够杜绝平台搞资金池、非法集资、非法吸存、发布虚假标的、自融自保、承诺本息等违规经营行为。区块链上的交易信息都是公开透明的、可追溯的，虚假标的将无法形成"共识"，交易将不被认可。投资人的资金可以附加一串代码，当符合出借人预先设定的投资偏好时，则自动执行交易，将资金直接划转到贷款人账户，平台将无法再接触出借人资金，也没有必要提供增信、担保、承诺本息，将严格按照信息中介定位开展经营活动。同时，智能合约还能够降低贷款人违约风险，并能提高执行力，保障投资人权益。投资人的贷款决策是基于贷款人在平台上公布的贷款金额、信用状况、资金用途等信息做出的，任何改变贷款用途的行为对投资人都意味着风险，智能合约降低违约风险则意味着对借款人权益的保护。当一笔贷款确实出现到期无法偿本付息的情况时，智能合约可以自动强制执行，对贷款人抵押物进行及时处置，弥补投资人的资金损失。

第六，区块链记录完整，可减轻政府监管负担。区块链技术为监管部门提供了新的工具，每一个区块记录都包有完整的时间戳，由于采用通用共享的数据库，所有的数据都按照一个共同版本的要求进行记录和加密，并且允许任何一个可信任方进行调用，因此可以满足监管部门的交易记录存档要求。同时，该技术还可以帮助监管部门通过一个窗口进行实时观察、跟踪交易数据，为政策的制定和调整提供依据。目前，中国互联网金融协会拟定的《互联网金融信息披露规范（初稿）》、上海互联网金融协会制定的《上海网络借贷平台信息披露指引》、北京市网贷协会推出的P2P网络借贷"1+3+N"监管模式都在信息披露方面做出了明确要求。未来信息披露将成为P2P网络借贷平台日常化、制式化的工作，公开、透明应成为依法合规经营平台的重要特征。但是，平台信息披露的真实性和可靠性如何保障，成为相关办法能否落地、监管能否落实的重要因素。

三、P2P 网络借贷与区块链的契合点与应用场景

P2P 网络借贷的特点决定其是比较适合使用区块链技术的，可以预测，区块链技术将在这一行业得到大量的应用。这一预测是因为 P2P 网络借贷与区块链有重要的契合点。

第一，P2P 网络借贷也是一种分布式系统，资产不能在中介留存，是点对点转账，如何提高转账效率是一个问题，而区块链应用于去中心化的分布系统转账已经有成熟的经验。区块链使中间截留资金成为不可能。第二，P2P 网络借贷的核心是处理信息不对称的问题，而区块链的透明、可追溯，使核查贷款者的交易记录并了解资产情况成为可能。第三，P2P 网络借贷涉及利息和本金的支付，而且在事前有清楚的合约，这正是智能合约发挥作用的地方。通过智能合约将使贷款合约自动执行，极大地提高效率、安全性和节约成本。第四，P2P 网络借贷的安全性是一个致命伤，而区块链有很强的安全机制。第五，新的监管办法出现，大量的平台的存在使监管成本太高，监管滞后。但公开透明的区块链，以及在其基础上建立的监管程序使监管有可能实现无人化，由程序自动检查各条负面清单。

区块链技术在 P2P 网络借贷领域的应用刚刚开始。由于比特币具有广泛的影响力，目前 P2P 网贷中主要是以比特币为载体开展这一服务，它为我们提供了基于区块链技术的 P2P 网贷行业的思路。借款人在区块链终端发起自己的借款需求，详细列出贷款总额、期限、利率、过往信用记录等基本信息，并说明自己可接受的借款跟踪检查项目。意向贷款人通过已提供信息或者与借款人直接交流来决定是否借款，到期后借款人通过系统设定自动还款。去中心化的 P2P 借贷平台 MoneyCircles 为借贷双方创建了一个以信任为基础的借贷系支付网络。它不需要任何中介机构或中间商的介入，通过智能合约自动完成交易。所有的交易和协议都会透明、公开地被记录在账本上，为政府部门提供监管依据，并大大节省了平台的组织成本，降低了执行借贷关系的监督和服务成本，控制了业务风险并提高了工作效率。

金融业与社会经济运行紧密相关，其对区块链技术的探索应用也走在时代最前沿。区块链技术有望在改造金融基础设施、释放存量市场活力、规范增量市场运行方面起到积极作用。美国、英国、澳大利亚等国家纷纷表示对区块链技术的关注，传统银行、证券交易所、保险公司以及新兴的股权众筹、P2P 借贷平台都表现出了对区块链技术的强烈需求，开始进行区块链应用场景的探索或投资。在 P2P 网络借贷领域，区块链可以作为一种支付网络来创建一个去中介的、全球性的、实时的 P2P 借贷市场。区块链的技术特点符合互联网金融普惠化的方向，它增强了 P2P 网络借贷平台的活力，深化了"金融脱媒"的趋势，降低了交易成本，为构造令人信任的交易组织形式而建立了适宜的基础设施框架。它是分布式的，实现了点对点、多中心的组织结构；它是去中心化的，实现了无中介、低摩擦的自治管理；它是一体化的，实现了风险管理、收益分享、权责分担的全流程业务模式；它是智能化的，实现了价值转移、可编程的智能金融。虽然目前区块链技术的应用案例还处于测试阶段，尚没有任何一个区块链网络进入大规模商用化，而且区块链本身也面临一些挑战，但是很多 P2P 网贷公司通过不同的规则、安全模型及实现方式，成为积极

拥抱区块链技术的"探路者"。在区块链这一颠覆性的技术面前，各企业都试图通过实践的探索逐步形成自身的先发优势。

依据上述分析，可设想区块链下 P2P 网络信贷的应用场景。

（1）区块链的建立需要一个过程。首先是由大的 P2P 网络借贷公司之间形成联盟，讨论区块链经济的规则，共同开发和维护公开源代码的区块链程序。实际上，GitHub 上有大量的公开源代码的程序，除了比特币程序外，IBM 还公开了四万多行的高质量的区块链代码。

（2）将现有业务逐步过渡到区块链上。包括合约和结算都通过区块链进行。由联盟各方提供算力和数据储存。记账和加密也有奖励机制。

（3）在其他机构逐渐参加联盟，将现在模式逐步移植到区块链上。

（4）产生新的商业模式。比如开发智能合约的公司和提供信用评估的公司。区块链只是一套记录系统，以前的商业模式依然存在，只是它们的网站将提供区块链的数据接口，而且它们的底层数据库就是区块链。区块链上的客户是对等的，将会记录各种 B2B、B2C、C2C 的交易。

四、区块链应用于 P2P 网络借贷的优势与难点

区块链应用于 P2P 网络借贷的优势如下：

（1）增加安全性。从现状来看，现有 P2P 网络借贷的安全性远远不够。例如，2016年 2 月，黑客入侵孟加拉国央行在纽约联邦储备银行的账户，盗走 8100 万美元。黑客攻击已经引发全球金融业的担忧，环球银行金融电信协会（SWIFT）也在 11000 个成员构成的银行间网络中加强安全措施。国内也有类似案例，2016 年 5 月腾讯云 CDN 业务就遭遇最大规模 DDoS 攻击，该轮攻击流量峰值最高达 400G，持续 105 分钟。黑客攻势可谓是猛烈如虎，不惜成本，可见系统安全实在不容乐观。如此大的机构或专业互联网公司都会受到攻击，10 万元就可以注册的 P2P 公司在安全性上更值得担忧。事实上，P2P 网贷系统的安全现状的确不容乐观。黑客对金融系统有特别的兴趣，对于任何中心化的系统，其关键问题还在于，不论如何定期检查，重金维护，也不可能做到万无一失，而任何中心化的金融系统一旦出错，就难以挽回。

就区块链技术来看，区块链技术具有保障 P2P 网络借贷安全的优势。区块链采用了每个时间段的数据进行加密，并由分布式网络中各个点对其进行核实的方式进行验证的。这样的加密数据块链接在一起形成的区块链是很难破解的。这可以从历史区块链和最新区块链两方面进行讨论：一方面，已经进行的交易，已经保存在各个节点的电脑上，要想黑进所有电脑进行篡改，几乎不可能；另一方面，如果在最新的一个区块动手脚，那需要至少占有整个交易网络所有节点计算资源的 51% 才有可能。

P2P 网贷行业的情形是大量网贷平台存在，它们都需要区块链服务，并且有动机维护区块链的安全和完整，而这些平台服务着更大量的小额出借和贷入者，他们并没有很强的动机或能力去维护区块链的安全，所以 P2P 行业是最好进行联盟链的行业。区块链分为公开链、联盟链和私有链。公开链是每个参与节点是对等的；联盟链成员周日区分为两

种，联盟成员和其他成员，两者是不对等的，联盟成员负责记账和数据维护；私有链是集团、企业或机构内部不同部门构成不同的节点，供集团内部使用，类似于集团内部的联盟链。对于 P2P 网贷行业，现有几千家的平台，这样的数量已经足够多了，哪怕最后合并倒闭后减少到数十家或十数家也是可行的。这样做的额外好处是，数据可以相互对照，有利于增信。

(2) 节约转账成本。P2P 就是点对点转账，这种转账和清算是相当频繁的。试想大量小额的贷款、利息、本金需要小额多少的转账，如果能够不依赖第三方系统直接点对点转账，这将极大地提高安全性、效率和节约成本。而区块链上用户之间的转账，不论是一对一、一对多、多对一等，都像发微信信息一样的简单，并且非常安全。如果通过智能合约，这种转账将自动进行，成本将进一步减少。

(3) 减少信息不对称。区块链当初用于比特币转账就是为了使陌生人之间不用事先取得信任就可以进行交易。这是因为，在每个区块记录交易时有一个校验，以确定对方账户是不是有这笔钱，如果没有，交易将不会进行。更重要的是，所有历史交易都记录在案，任何人都不能篡改，但可以通过匿名机制进行查核。这就使信用评估可以通过程序自动完成。这就是可编程经济的好处。因为有历史记录，在区块链上做过交易的用户将主动维护自己的信誉，不会出现不良的记录，这也是一种激励机制。系统将逐步使有良好记录的客户得到贷款，但你不必知道对方的身份。实际上，除了记录贷款记录，在区块链上还可以记录抵押物和抵押记录，以及担保记录，这就为避免多重抵押、超额担保的自动核实提供了方便。这是一种越来越透明的经济，将通过惩恶扬善形成良性循环，并保持很好的生态。最后，记录在区块链上的资产可以作为抵押物自动发行货币，这就为个人融资提供了极大的方便。而这些资产可以是艺术品、专利权、版权、房地产等，以及所有交易记录形成的信誉。总之，由于建立在区块链上的经济是可编程、可核实和不可篡改的，这就使区块链为消费信息不对称产生的社会交易成本的消灭打开了方便之门。

(4) 利用智能合约使交易自动化，并形成新的商业模式。由于区块链使转账就像发信息一样方便，在借贷双方签订合约时，完全可以把各种条件写进程序，而程序就是合约。这些条款至少可以包括：①负面条款。即要求对方使用资金时要有所限制。由于对方的账户在使用这笔资金时是可以监督的，一旦触发就可以将资金自动转回到出借方，这就有利于出借方的利益第一时间得到保护。②正面条款。即如果对方做到什么，就可以得到奖励。比如，对方保持账户资金在一定的数量就可以减产利息，这也很容易通过软件监督和实现。只需要对方在签订的合约时授权即可。智能合约逐渐发展将形成很多应用程序，这些应用程序建于区块链操作系统，可以实现各种需求，形成一整套经济生态。随着区块链经济的发展，签约和履约的成本将极大减少，而合约将更加多样化，使每个人、每个机构都可以得到定制的服务。

(5) 有利于监管自动化。由于建立在区块链上的经济是可透明的可编程经济，政府的负面清单完全可以写进底层代码，这样所有的合约都将受到这些规定的约束。各平台的智能贷款合约也可以由第三方或监管方审计其是不是符合监管办法，这样在事前就可以把各种违规行为减少到最低限度，甚至消灭掉。这其实就是把法规写入程序。

不过，区块链在 P2P 网络借贷行业应用也有许多难点。

第六章　P2P 网络借贷

（1）联盟的形成和生态的维护还不成气候。比特币后面有一个社区，之所以能成功，是因为有大量人相信并使用。而 P2P 行业比较散和弱，难以有大的公司出来牵头。大的公司出来做，其他公司会有一个"搭便车"的问题。当然，最重要的驱动还是成本节约，但由于区块链需要有多方参与才能进行，这种"搭便车"博弈可能需要时间才能进行。另外，由于区块链会减少信息不对称，使现有的靠信息不对称实现收益的 P2P 公司收益受到影响，这也是一个考虑因素。所以，最后甚至有可能不是内业内的公司完成过度，而是由其他方面的区块链生态切入 P2P 网络借贷领域而倒逼现有的公司迁移到区块链经济上。

（2）线下资产与线上资产的连接机制需要探索。区块链交易可以比较顺利地在线上实现，但如果要完整的生态就需要借入人把线下抵押资产进行线上登记，并且有变更时能够及时反应。这可能是一个难点。但区块链没办法完成的工作，正说明 P2P 公司还有用武之地。当然，一旦完成线上登记，是否抵押及多次抵押就很容易被核实。

（3）是否使用代币及如何设置托管行。由于借贷的都是法币，但要往区块链账户充钱就需要从银行转入换成数字化的货币，但这些转入的人民币由谁代管呢？假设这类似于往余额宝中充钱，这就需要一个基金公司代理理财和记账，然后产生的利息在所有区块链账户上平均分配，或者作为记账的奖励。这与比特币的情形是不同的，是需要解决的问题。比特币是无中生有的，是"挖掘"出来的，而"挖掘"者也付出了代价。但如果 P2P 区块链采用这种方式似乎行不通。如果采用基金公司，就还是离不开一个中心，即有一个管理机构来处理这个问题。

【阅读与案例】

　　自从英国的 P2P 网络借贷公司 Zopa 于 2005 年成立后，国内外已经出现大量的针对 P2P 网络借贷的研究文献。仅仅就针对这些研究成果的文献综述来看，其数量也十分丰富，随着互联网时代的进一步发展，这类文献还会逐步增加。

　　在针对 P2P 网络借贷的研究文献中，有一类文献针对 P2P 网络借贷的特殊性，提出了一些新型的理论模型与方法，并针对一些实际运营的 P2P 网络借贷公司进行案例研究。下面，选择几篇文献对其中的理论模型与方法进行介绍，值得注意的是，这些研究的实证方面基本上以 Lending Club 公司等发布的数据为基础进行，正好可以看成是这些公司某个方面的案例分析。

　　Malekipirbazari 等人的论文涉及运用一种新型的方法对 P2P 网络借贷的风险进行评估[1]。该论文发表于 2015 年。在当时，P2P 网络借贷也逐步成为银行借贷的一种替代方案，个人成员在没有银行等金融中介的帮助下，使用在线交易平台借贷。在对等平台上做生意的吸引人的特点是相互盈利的更高潜力。借款人可以以较低的利率获得贷款，贷款人可以以比他们从银行获得的贷款更好的利率贷款。特别是，通过 P2P 网络借贷，贷款人可以找到大量的潜在借款人，并从中选择他们想借出的借款人。由于最终储户主要是消费者，消费者是实际在社会贷款模式中贷款的个人，因此没有必要通过证券化贷款来提高贷

---

[1] Milad Malekipirbazari, Vural Aksakalli. Risk assessment in social lending via random forests. Expert Systems with Applications, 2015(42): 4621-4631.

款的流动性。由于 P2P 网络借贷由互联网提供，因此为了社区内贷款和借款的目的，不需要花费很多努力来连接小城镇、宗教或族裔群体。

目前较为重要的 P2P 网络借贷平台是美国 Prosper 和 Lending Club 公司，英国的 Zopa 公司和德国的 Smava 有限公司。所有这些平台都依赖于一些合作信用报告机构提供的信用评分进行网络借贷，这些信用报告机构是 Experian、TransUnion LLC、Equifax 公司和 Schufa 控股公司等。不过，即使 P2P 网络借贷人可以基于外部机构提供的传统金融信用评分制定投资战略，现有数据表明，相比传统贷款，P2P 网络借贷往往有不同的动态。例如，贷款人对社会贷款列表的出价在按时间索引时的分布遵循权力法，这种方法有一些问题。假设贷方和贷款列表由节点表示，并且它们之间的边表示贷方对相应列表感兴趣。由于出价的分布表明偏向高度连接的节点，这实际上意味着一旦贷款列表有一百或更多贷方出价，那么该特定列表更可能吸引越来越多的贷方。这反过来使得相应的列表更可能由于高贷款人的兴趣而最终得到资助。一些对 Lending Club 公司贷款数据的分析揭示了两个主要发现：(1) 存在选择偏差，在某种意义上，具有最高 FICO 信用评分的高收入借款人不从 LC 借款。特别是，对于 FICO 分数，前三分之一的消费者不在 Lending Club 公司上创建任何贷款列表。(2) 对高风险借款人收取的高利率不值得承担风险。具体来说，对于低信用等级的借款人收取的较高费率不足以克服贷款人承担的较大违约风险。上述两个结果意味着，从盈利的角度来看，确定"良好的借款人"，即在适当时间内全额偿还贷款的人，对参与 P2P 网络借贷的投资者非常重要。另外，社会投资者的利润是 P2P 网络借贷持续兴趣以及社会贷款市场整体可持续性的关键组成部分。在这方面，在一些研究风险和回报效率的文献中，一些学者建议，贷款人将更好地只借给最高水平的最安全的借款人。尽管如此，实际情况是即使具有最高 FICO 分数的借款人也不一定是好的借款人，这反过来表明传统的金融分数指标没有较好地捕捉社会中流行的非常规动态贷款。

为了提高良好借款人在社会贷款背景下的识别，该论文提出并介绍了不同机器学习方法的比较，包括随机预测(Random Forests，RF)、支持向量机(SVM)、逻辑回归(LR)和 k-最近邻(k-NN)分类器，并对这些方法进行比较，其结果是随机预测方法更有优势。运用 2012 年 1 月到 2014 年 9 月之间的 Lending Club 公司的数据进行计算，结果表明随机预测方法优于其他分类方法，并且作为一种可扩展和强大的方法来预测借款人身份。事实上，经验比较显示，在低违约概率方面，随机预测方法在识别最佳借款人方面显著超过 FICO 分数等信用评分。

总的来说，确定潜在贷款借款人的真正信用度对 P2P 网络借贷市场的健康运作至关重要。为了计算个人的风险评分，使用诸如过去的财务历史、存在违约账户、债务收入比 (DTI) 和各种其他财务特征的金融特征。该论文研究且提出了一种基于 RF 的方法，并利用世界上最大的 P2P 网络借贷平台 Lending Club 公司的公开历史记录来识别社会贷款中的良好借款人。其中，还引入非标金融特征，以提高计算风险评分的可靠性。同时还对机器学习方法 RF、SVM、LR 和 k-NN 等进行比较，以识别社会贷款中的良好借款人。其计算结果表明，随机预测方法在预测良好客户方面优于其他分类器以及 FICO 分数等信用评分。

Serrano-Cinca 等人的论文涉及 P2P 网络借贷的评分系统，该文在对传统的评分系统进行分析后，提出一种新型的计分系统，并对这两种评分系统进行了比较研究①。

传统的评分系统是信用评分系统，这一系统在分类方面，是将因变量进行二分，即将逾期未付贷款标为"0"，将正常偿付贷款标为"1"，并由此运用逻辑回归和神经网络的技术来尝试评估借款人的违约概率(PD)。不过，借款人不仅关注违约概率，同时他们也关注贷款所带来的收益。贷款收益也会受到违约损失率(当借款人违约时贷款丢失的一部分)和要求利率的影响。影响违约概率因素与影响利润的因素有时是不同的。例如，新兴企业贷款额违约概率也许是大于结婚贷款的；然而，若新兴企业贷款的利率足够高，那么贷款给企业所得利润也许会高于结婚贷款所得利润。影响违约概率的因素是显而易见的，但仅有极少数的研究分析了影响贷款获利状况的因素。这是由于缺少数据以及计算客户获利状况的困难导致的结果。这篇论文的目标即是为 P2P 贷款建立利润评分决策支持系统。

P2P 网络借贷即个人贷方通过网络平台贷款给个人借方。这些网络平台使借贷双方取得联系并收取一定费用。贷方承贷交易的全部风险。基于以前有关借贷问题的研究，针对 P2P 网络借贷的研究形成了 P2P 贷款的信用评分系统，但没有进一步提出利润评分。利润评分决策支持系统能选出将获得最大收益的借方，这关系到顾客终身价值。要计算出一个凭借信用销售产品的商店的盈利状况就需要管理会计系统的数据，例如每种产品销售给每个客户的差额。对于金融机构来说，每位客户会拥有不同的产品，从抵押贷款到信用卡，并使用不同的渠道，从银行支行到网上银行。这些因素都使获取精确的客户获利状况变得困难，研究者也缺少能够研究利润评分系统的数据。然而，P2P 贷款平台提供了足够的数据，这是因为该平台具有信息不对称的严重问题，即贷方对借方几乎一无所知导致贷方通常不会贷款给借方。P2P 贷款平台便试图解决这个问题，平台会尽可能多地公布借方的信息，这包括贷款支付状况。除此之外，P2P 贷款商业模式较银行商业模式要简洁得多。因此，计算相关借方获利状况是可能的。

这篇论文在进行研究时，主要借助内部收益率作为衡量贷款获利状况的标准。内部收益率是一个著名的金融公式。它能轻松地计算出那些具有初始现金流出(贷款额)和后期若干笔现金流入(支付款项)的投资，同时也可能包含一些非常规的偿付计划。在贷款市场中，内部收益率即借方的有效利率，由于违约贷款和其他费用，这与贷方的有效利率是不同的。使用内部收益率有两个好处：(1)内部收益率是一个连贯变量，相对于两分变量，它能够获取更准确的信息。例如，三位借款人以 10% 的利率贷款 100 美元。第一位借款人偿还 110 美元，第二位支付 102 美元，第三位支付 5 美元。第一笔贷款得到完全偿付，然而第二笔和第三笔则被冲销了，虽然第二位借款人归还了贷款的大部分。实际上，第一笔贷款的内部收益率是 10%，第二笔是 2%，第三笔是 -95%。(2)内部收益率不仅考虑了贷款支付也考虑了贷款利率。最具风险的贷款通常有很高的违约概率，然而，它们同时向贷方提供高利率以冲抵高违约风险。小额信贷是一个很好的例子。即提供高利率但同时具有高风险。

这篇论文的第一个贡献是设计 P2P 贷款的利润评分决策支持系统(DSS)，这也是这

---

① Carlos Serrano-Cinca, Begoña Gutiérrez-Nieto. The use of profit scoring as an alternative to credit scoring systems in peer-to-peer (P2P) lending. Decision Support Systems, 2016(89): 113-122.

篇论文的主要贡献。这篇论文同时还研究了信用卡及客户信用的利润评分。在这篇论文之前的研究基本上没有采用内部收益率作为因变量。之前的研究表明，商业贷款较汽车贷款风险更高；根据贷款历史经验，显而易见的是借款人的年收入会影响违约概率这一事实。这篇论文所提出的研究方法结合了考察分析、多元回归、CHAID 和决策树技术。传统的信用评分系统研究尝试定义影响贷款偿还的因素，虽然这些因素与决定贷款利润的因素可能是不同的。

　　这篇论文的第二个贡献是针对 P2P 贷款中的获利影响因素的研究。P2P 贷款是一个电子市场，在这里，借款人提出借款需求而贷款人选择他们认为合适的借款人。若一个市场中的价格总是能够完全反映市场信息，那么我们称这个市场是有效的。如果 P2P 贷款市场是有效的，它的价格（贷款利率）便会反映所有可得的市场信息。而且，由于价格已经反映了这些信息，一个特定的贷款人不能够通过选取借款人来获得正的异常受益。有效市场假设认为想要"打败市场"是不可能的。虽然这一概念起初是应用于股票市场，但它也能使用于其他市场，如劳动力市场或信用市场。因而有必要检测 P2P 贷款市场的效率问题。若这个市场是有效率的，某个特定贷款人的策略便是无关紧要的，这是因为获利情况都是一样的。这篇论文实证研究采用了来自 Lending Club 网络借贷平台的数据，样本包括 40901 笔贷款，其中 4800 笔违约。同时采用了跨期交叉验证的验证方法。其研究表明，借款人利率、借款人负债以及贷款目的都是解释内部收益率的因素，虽然这种关系不是线性的。决策树技术为投资人找到了有用的规则。除了信用评分，这一研究使用内部收益率作为因变量以及进一步研究发展利润评分系统的新方法。同时，这一研究表明，市场效率也进一步提高。

　　总之，该论文研究阐释了 P2P 贷款中利润评分系统相对应信用评分系统的优势。信用评分系统评估贷款违约概率。虽然逾期借款人不会偿付贷款全额，但可以保证借款人能收回一定金额。另外，高风险贷款有极高的违约概率，但同时提供极高利率以补偿违约贷款。有别于之前仅关注如何确定违约概率的研究，该论文专注于评估投资 P2P 贷款的预期收益率。这将通过内部收益率来衡量，并分析了贷款收益率的决定因素，而这些因素与决定违约概率的因素是不同的。研究表明 P2P 贷款市场仍不成熟。这意味着数据挖掘技术能找出那些利率最高的贷款，用行话来说，即"击败市场"。在研究样本中，该论文发现，通过利润评分系统（基于多元回归）所选贷款的表现优于传统的信用评分系统（基于逻辑回归）所选贷款的表现。

【概念】

　　P2P 网络借贷、借款人、投资人、P2P 网络借贷平台、P2P2P、B2B（Business to Business）、B2C（Business to Customer）、P2P（peer to peer）、"标会"（"合会'）、轮转储蓄和信贷协会（ROSCA，Rotating Savings and Credit Associations）、小额借贷、格莱珉银行、Zopa 公司、Prosper.com（"繁荣网站"）、Lending Club（"借贷俱乐部"）、拍拍贷、人人贷、宜信公司、公益型 P2P 网络借贷平台、单纯中介型、复合中介型、纯平台模式、保证本金（利息）模式、信贷资产证券化模式、债权转让模式、随机预测（Random Forests，RF）方法、信用评分系统、内部收益率、传统的信用评分系统、利润评分决策支持系统

【思考题】
1. 简述 P2P 网络借贷的含义与形成起点。
2. 简述 P2P 网络借贷兴起与发展的背景与原因。
3. 简述 P2P 网络借贷的发展过程。
4. 简述 P2P 网络借贷在国外发展过程中的基本特征。
5. 简述 P2P 网络借贷在国内发展过程中的基本特征。
6. 简述 P2P 网络借贷业务的一般流程。
7. 简述 P2P 网络借贷的特征。
8. 简述 P2P 网络信贷的优点与不足。
9. 试述 P2P 网络信贷的意义。
10. 简述 P2P 网络信贷模式。
11. 简单介绍 P2P 网络借贷的理论模型。
12. 简要说明 P2P 网络借贷交易行为的影响因素。
13. 简述 P2P 网络借贷平台设计的几种形式。
14. 试述 P2P 网贷行业发展中需要解决的问题。
15. 试述区块链技术对解决 P2P 网络借贷问题的贡献。
16. 试述区块链应用于 P2P 网络借贷的优势与难点。

第七章 众 筹

第一节 众筹概述

一、众筹及其相关概念

众筹,又称众筹融资、群众募资、大众筹资等,是把英文单词 crowd funding 组合起来,即 crowdfunding,是指面向公众筹集资金,特别侧重于个人、公益慈善事业和商事企业的小额资金筹集。众筹往往涉及项目发起人(一般为需要资金的主体,或融资人)和公众(一般为具备资金的主体,或投资人)以及连接双方的互联网众筹平台。其中,项目发起人通常是需要解决资金问题的创意者或者小微企业的创业者等。他们通过在众筹平台上展示其具有成长前景或公益性质的项目来获得资金的支持。投资人往往是数量庞大的互联网用户,他们通过互联网搜寻自己感兴趣的众筹项目进行投资。作为筹资人与出资人的对接交互平台,众筹平台一方面承担着对项目发起人申请融资的项目进行审核与发布,向公众展示项目的发展历程、发展前景、融资金额、截止时间等相关信息的责任;另一方面,其承担着监管筹集资金流向,维护出资人利益的角色。也就是说,众筹意味着项目发起人借助于互联网众筹平台向广大投资者发起众筹项目,该项目通常会规定一个时间期限和目标金额,如果到期筹集到了足够资金,表明众筹成功,每位投资者通过其少量的投资金额将从融资主体那里获得预期回报;否则,意味着众筹失败,投资者的投入资金将会退回。就平台与项目发起人的关系来看,众筹是组织或个人向群众公开发布商业的或非商业的项目、获取资金、评估市场潜力、建立客户关系的过程;就平台与投资方的关系来看,众筹是投资人在特定的时间期限内,基于不同的支付方案和回报方案,以线上或线下的方式投资一定数量的金融资本或非金融资本,以获得特定的或不特定的商品、物质的或非物质的奖励[1]。

根据 WordSpy.com 等披露,2006 年美国学者迈克尔·萨利文(Michael Sullivan)致力于一个名为 Fundavlog 的融资平台,第一次用众筹(crowdfunding)一词解释了 Fundavlog 的核心理念。该平台允许发起人采用播放视频的方式在互联网上吸引潜在投资者进行项目融资。不过,该平台建设最终以失败告终。2006 年 8 月,萨利文在其个人微博中最先使用

---

[1] 参看百度百科的众筹等条目。

第七章 众　筹

"crowdfunding"一词，并在维基百科中将之定义为"群体性的合作，人们通过互联网汇集资金以支持他人或组织发起的项目"。这样，众筹一词开始流行。2009年4月，世界上最负盛名的同时也是最大的众筹平台——Kickstarter网站正式上线。网站创立不久就为入驻的创意项目成功募集到资金。由此，这种全新的融资模式引起了社会的广泛关注。随后，麦克米伦词典和牛津词典分别于2010年2月和2011年11月收录crowdfunding。

crowdfunding出现后，作为全新舶来品，在国内也迅速引起关注，并先后出现了云募资、众筹和密集型筹资等三种译法。(1)云募资。云募资是crowdfunding在国内最初的译法。2011年1月11日网易科技每日一站报道了一篇题为《Fundry.com：为软件开发者筹集经费》的新闻，介绍了澳大利亚一个利用crowdfunding模式筹资的网站。飞翔（编辑）将该网站行为定义为云募资。(2)众筹。寒雨（笔名）借鉴美国 *Entrepreneur* 杂志文章在2011年第2期《创业邦》杂志上发表了《众筹的力量》一文，第一次使用了众筹的译法。(3)密集型筹资。全球首个股权众筹平台Crowdcube合伙人Luke Lang于2011年3月在英国卫报撰写了文章 *Crowdfunding Equity-the New Age of Co-created Finance*。2011年4月7日，腾讯公益将该篇文章全篇翻译，并作标题为《权益密集型筹资——开启"共生型"金融新时代》进行报道。密集型筹资译法即出自其中。之后，国内还出现了密集型融资、大众融资等不同的译法。尽管这期间国内对crowdfunding的中文译法存在争议，但这并不妨碍该模式登陆中国。2011年7月，国内首个根据crowdfunding模式建立的网站——点名时间正式上线。2012年5月16日，百度百科贴上众筹词条才将各种译法归为统一，至此，众筹正式进入国内公众视线①。

还有一些学者认为，众筹（crowdfunding）是众包（crowdsourcing）和微型金融（microfinance）两词的结合②。从这两个概念的角度来看，众筹是以公开的方式和面向众多的网络潜在受众，采用微型金融的通常作法，即小额无抵押出资，完成企业或个人外包融资任务。简单来说，众筹融资是指若干人通过互联网为某一项目或创意提供小额资金支持的科技融资创新方式。这两个概念中，微型金融的含义自明，即指小型金融、小型无抵押融资等，而众包是一个新概念，众包是一种技术创新模式，借助互联网平台，以公开发布问题的形式向非特定大众群体公开征集最优解决方案。众包是一种多人参与的在线活动，发起者可以是个体、公共机构、企业，甚至是非营利机构，这些组织或个人利用先进的互联网技术将传统上交由指定的机构或个人（通常为雇员或承包商）所做的工作，以公开征集的方式召集一群具有不同特征的个体，将这些工作外包给他们，由他们自愿参与其中，来完成这项任务。众包的任务通常是由个人来承担，但如果涉及需要多人协作完成的任务，也有可能以依靠开源的个体生产的形式出现。在美国《连线》杂志2006年的6月刊上，该杂志的记者杰夫·豪（Jeff Howe）首次提出众包的概念，并在维基百科上定义众包，"指一个公司或机构把过去由员工执行的工作任务，以自由自愿的形式，外包给非特定的（通常是

---

① 参看黄健青、辛乔利：《"众筹"——新型网络融资模式的概念、特点及启示》，载《国际金融》，2013(9)：64-69；刘志坚、吴珂：《众筹融资起源、发展与前瞻》，载《经营管理》，2014(6)：77-81。

② 参看张本照主编：《从筹学概论》，中国科学技术大学出版社，2016年4月；武帅：《基于双边市场的众筹定价机理研究》，中国科学技术大学硕士论文，来自《中国知网》，2016年5月。

大型的)大众网络的做法"。国内对该词的翻译也多种多样,如群包、众包、群众外包、公众外包、众包等,不过目前较常用的是众包。

众筹是众包在融资领域的扩展,两者具有相似的运作模式,都是一方通过网络平台公开向另一方(非特定大众群体)征求资源支持,不同的是众筹项目发起人是为了获取项目启动资金而非创意、解决方案等。因此,众筹是众包在互联网金融领域的实践应用,是众包的一个子集。以众包为基础可对众筹可作如下说明,众筹是通过互联网面向大众公开募集资金的过程,以捐赠或以产品、服务、股权等作为回报的形式,获取外部融资,支持创新项目实施。这意味着,从融资的角度,众筹是对小额融资模式的再创新,目的是为创新项目筹集资金。同传统融资相比,众筹更有效率,可扩展性更强,投资风险更为分散,资本更加适于民主化。从商业的角度,众筹是一种新的商业模式,符合商业模式以价值创造为核心的商业逻辑。从筹资形式上看,众筹是一种多数人资助少数人的模式,以网络社区为媒介,通过某种协议机制使不同个体之间融资筹款成为可能。从创新的角度,众筹是大众创新的表现,是一种集体智能,大众自发地以一种有效的方式,实现项目融资的目的。众筹来源于众包,又有着自身独有的特征,众筹实现了创意者、投资者和消费者的无缝对接,为创新型项目早期阶段筹措资金提供了的一种新的方法,是对传统融资渠道的重要补充。

众包概念与外包有一定联系。所谓外包(crowdsourcing),是指企业通过整合、利用其外部最优秀的专业化资源,从而达到降低成本、提高效率、充分发挥自身核心竞争力和增强企业应对外界环境能力的一种管理模式。众包和外包有着众多的相似之处。首先,它们都是竞争日益激烈的市场经济产物,外包鼓励公司"有所为而有所不为",众包鼓励消费者及用户"你的地盘你做主"。其次,延伸了组织边界。一个将任务外包的组织,其外延可以扩展到它旗下所有的接包商;而一个将任务众包的组织,其外延则包括它所有的众包合作伙伴,甚至可以囊括每个互联网用户。再次,两者都是网络时代的产物。正是网络,使得人们可以在任何时间、任何地点相互联系,而人力资源价格的不均等则是产生这些商业模式最基本的推动力。最后,这两种模式最重要的相同点是企业的创新不再局限于企业内部,企业开始向外寻求创新能力,这是对传统创新模式的最大突破。不过,两者也有许多不同,其中最大的不同之处在于:外包强调的是高度专业化,它是社会专业化分工的必然结果,是专业化作用下规模经济的产物;它信赖的是专业化的机构和人士,主张让专业人干专业事。众包恰恰相反,它倡导的是社会多样化、差异化所激发的创新潜力,是范围经济的产物,依靠的是公众的智慧和力量,是更加个体的行为①。

值得注意的是,在美国提出的众包概念前的2005年,在中国诞生的威客与众包概念实际上相同。威客的英文Witkey是由wit(智慧)、key(钥匙)两个单词组成,也是the key of wisdom的缩写,是指那些通过互联网把自己的智慧、知识、能力、经验转换成实际收益的人,他们在互联网上通过解决科学、技术、工作、生活、学习中的问题从而让知识、智慧、经验、技能体现经济价值。威客的提出者是刘锋,2005年,刘锋开始建立威客网,试图将中国科学院的专家资源、科技成果与企业的科技难题对接起来。在建设网站的过程

---

① 参看张利斌、钟复平、涂慧:《众包问题研究综述》,载《科技进步与对策》,2012(3):154-160;夏恩君、赵轩维、李森:《国外众包研究现状和趋势》,载《技术经济》,2015(1):28-36。

中，刘锋发现通过互联网解决问题并让解决者获取报酬是互联网一个全新的领域，于是他开始通过边实践、边总结的方式对这个领域进行探讨和研究，并因此提出威客理论。在研究的过程中，刘锋提出三个相互关联的观点：(1)从20世纪80年代开始，电子公告牌的功能不断分离，产生了博客、维基百科等互联网新应用。智力互动问答功能从21世纪初也开始从电子公告牌中分离出去。(2)随着互联网支付手段的不断成熟，信息完全免费共享的互联网时代已经过去。知识、智慧、经验、技能也具备商业价值，可以成为商品进行买卖。(3)知识、智慧、经验、技能的价值化是促进人参与到智力互动问答的催化剂。基于上述三个观点，2005年7月6日，中国科学研究院客座研究员、威客理论创始人刘锋在一篇讨论文章中第一次提出了威客模式的概念：人的知识、智慧、经验、技能通过互联网转换成实际收益的互联网新模式。主要应用包括解决科学、技术、工作、生活、学习等领域的问题(这篇文章可在2005年7月中国科学院研究生院管理学院网站bbs和2005年12月刘锋的新浪博客中看到)。2005年11月开始，中国相关媒体开始关注威客领域。2005年11月，21世纪经济报道第一次报道了威客概念，在此后的四年里，《中央电视台》《人民日报》《中国青年报》《英国经济学人》《德国明星周刊》《俄罗斯国际文传电讯》《韩国民族日报》等数百家媒体对威客概念进行了报道，2006年11月，中国中央电视台的新闻报道使威客概念被广为推广，数百家网站认同并纷纷进入这个领域。2007年5月威客进入高考试题，2007年9月进入教育部颁布的新汉语词汇[①]。

中国提出的威客概念与美国提出的众包概念有一些不同：其一，美国的众包概念不太注意其互联网的起源，而威客概念则起源于bbs的互动问答功能。其二，美国的众包概念不太关注互联网的知识智慧是否值钱，威客概念则包含一个经济规律：只有承认人们的知识和智慧的价值性，才能鼓励他们积极地参与到问题的解决中去。其三，美国的众包概念也不太重视商业模型，而威客则有自己的商业模式，用悬赏模式应对低端任务，用招标模式应对中高端任务，为每个威客开辟个人空间进行能力展示和智力作品买卖，对每个任务发布者和威客进行信用评级，并进行支付保护。

二、众筹起源与发展

从上节定义来看，众筹在一定程度上取代了银行、天使投资和风险投资，不仅加速了金融脱媒，同时也助推了金融民主化和金融市场化进程。以下从国外与国内两方面对众筹的发展过程进行说明。

就众筹起源来说，众筹雏形最早可追溯至14—15世纪欧洲文艺作品的订购(subscription)[②]。在当时，很多文艺作品包括莫扎特、贝多芬等著名作曲家的作品，都是通过订购这种方式来完成的。在文艺作品创作前寻找订购者提供创作经费，待作品完成时，通过回赠一本附

---

① 参看百度百科的威客、众包等条目。
② 在斯蒂芬·德森纳主编的《众筹——互联网融资权威指南》的第一章"众筹的历史"中，认为公元前3000年的部落筹集资金交易的方式即是一种众筹形式。该书是美国众筹领域最早出版的专业著作之一，中文版由中国人民大学出版社于2015年5月出版。

有创作者亲笔签名的著作、协奏曲乐谱副本或享受音乐会首场演出欣赏资格等。

众筹最初是艺术家们为创作筹措资金的一个手段，现已演变成初创企业和个人为自己的项目争取资金的一个渠道。众筹网站使任何有创意的人都能够向几乎完全陌生的人筹集资金，消除了从传统投资者和机构融资的许多障碍。

众筹作为一种商业模式，起源于美国。早在2001年，众筹先锋平台美国 Artist Share 公司就已诞生，在该平台获得资助的音乐人多次获得格莱美奖。2006年，美国学者迈克尔·萨利文致力于建立一个名为 Fundavlog 的融资平台，第一次用众筹(crowdfunding)一词解释了 Fundavlog 的核心理念。

2009年4月，世界上最负盛名的同时也是最大的众筹平台——Kickstarter(美国活力启动者公司)网站正式上线。网站创立不久就为入驻的创意项目成功募集到资金。由此，这种全新的融资模式引起了社会的广泛关注，众筹开始兴起。Kickstarter 网站通过搭建网络平台面对公众筹资，让有创造力的人可能获得他们所需要的资金，以便使他们的梦想有可能实现。这种模式的兴起打破了传统的融资模式，每一位普通人都可以通过该种众筹模式获得从事某项创作或活动的资金，使得融资的来源者不再局限于风投等机构，而可以来源于大众。在欧美逐渐成熟并推广至亚洲、中南美洲、非洲等开发中地区。

近几年，众筹的发展速度较快。无论是众筹网站数量或是筹资数额都得到较快增长。据来自行业网站 Crowdsourcing.org 的报告显示，2011年，全球众筹网站数量超过450个，募集资金总额达14.7亿美元。2012年，众筹网站数量超过700个，募资达26.6亿美元。2013年，在线众筹平台已经超过2000个。另据美国市场研究公司 Massolution 估算，2013年全球众筹网站募资总金额突破51亿美元，成功融资的项目突破100万个。截至2014年3月，Kickstarter 自成立以来不到5年的时间里共筹集资金高达10亿美元。其中2013年，Kickstarter 就为近2万个项目筹措了4.8亿美元资金，较2012年支持项目和提供资金分别增长11.1%和50%。众筹融资在国外成功的示范效应促使国内同类型网站相继涌现。

由于众筹网站数量不断增加，行业内竞争不可避免，众筹融资发展趋势呈现几个鲜明特征。一是抢占国内市场、积极开拓国外市场。Kickstarter 在2012年登陆英国之后，2013年又在澳大利亚和新西兰发起项目。美国另一著名众筹网站 Indiegogo，自2008年成立伊始就坚持走国际化路线，早已在法国等欧洲国家拓展了业务。目前，增加语言服务、支付币种和支付方式成为 Indiegogo 发展的首要工作。二是除综合性众筹网站之外，出现了专注细分领域的平台。如 Appsplit 主要为移动应用项目募资，国内的乐童音乐和淘梦网则分别专注于音乐项目和微电影项目。三是股权众筹平台发展迅猛。据2013年10月世界银行发布的《发展世界中众筹潜力报告》显示，2009年至2012年期间，众筹平台的年复合增长率为63%。发展最快的是基于预购或奖励的回报众筹平台，因约束较小，增长率为524%，股权众筹平台排名第二，为114%。2010年上线的知名股权众筹平台 AngelList 为超过1300家企业完成股权融资，募资高达2亿美元，目前单天融资额超100万美元。

就国内来看，与国外相比，众筹在国内可以说尚处于萌芽状态，参与者较少，筹资额度较小，国内整个行业尚未出现可以与 Kickstarter 相媲美，具有较大市场影响力的标杆平台。当然，这与国外成熟的信用环境和较为完备的法律体系有着密切联系。国内众筹与国外众筹最大的差别在支持者的保护措施上，国外项目成功了，马上会给项目发钱去执行。

国内为了保护支持者，把它分成了两个阶段，会先付50%的资金去启动项目，项目完成后，确定支持者都已经收到回报，才会把剩下的钱交给发起人。

不过，随着创新创业经济的发展，国内正常运营的众筹网站也达到多家。其中，以2011年7月上线的点名时间和2013年2月上线的众筹网最为著名。截至2012年年底，点名时间通过审核上线的项目达400多个，筹集资金约400万元。2013年，点名时间两个最轰动的项目"十万个冷笑话"和"大鱼·海棠"单个募资均在100万元以上。众筹网作为后来者，凭借"那英演唱会""快男电影"等名人项目迅速抢占眼球，联合长安保险推出的"爱情保险"项目筹资更是超600万元。

中国众筹平台较早采用捐赠商业模式，筹集金额高达100万元。其中最大的融资平台是点名时间，该平台主要为创意性项目如影视、音乐等提供融资，不面向创业公司，并且投资者只能获得实物收益，不涉及慈善事业。借贷性模式又称网贷的众筹借贷模式，2007年国内出现首家小额无担保P2P众筹平台——拍拍贷，2009年出现大批这类众筹平台，如红岭创投、人人贷等。据统计，2014年的前6个月，众筹平台成功为1423个活动筹集资金，总资金约为3060.43万美元。股权融资30例，筹集资金2534万美元。奖励类众筹达993例，筹资达525.74万美元。又据盈灿咨询报告显示，截至2015年12月底，全国股权众筹平台为130家，产品众筹为66家，债权众筹平台为79家，公益众筹平台仅有8家。2015年全年，国内众筹行业共新增项目49242个，其中，产品众筹项目最多，为33932个，融资金额也最多，为56.03亿元；其次是公益众筹，达到7778个，但融资金额最少，仅为6.31亿元；股权众筹项目数与公益众筹项目数接近达到7532个，融资金额仅次于产品众筹，为51.90亿元。

与国外类似，国内的股权众筹也在发展。这表现在：(1)股权众筹平台的注册创业者和认证投资人数快速增加，市场较为活跃。以三家样本平台(众投邦、京东众筹、投壶网)的统计数据来看，2015年，其累计注册创业者和认证投资人数分别为8101人和3.43万人。(2)在这三家样本上，申请项目的成功率不到10%，但上线融资项目的募集成功率则达到80%。(3)线上平均筹款时间一般不长，约2个月左右。(4)投资人中以中青年为主，且超过5成投资人的投资金额低于10万元。(5)一引项目的融资额在1000万元以上的达到60%以上，且70%集中于移动互联、信息技术和文化类项目[①]。

三、众筹发展的背景与原因[②]

1. 科技革命的推动

科学技术革命是推动社会各种新兴事业进步的基本动因。但技术革命本身并不保证新

---

① 参看吴兵兵：《中国众筹融资：现状、热点与前瞻》，载《郑州航空工业管理学院学报》，2016(6)：96-101；中国互联网金融协会：《2016中国互联网金融年报》，中国金融出版社，2016年11月。

② 参看黄健青、辛乔利：《"众筹"——新型网络融资模式的概念、特点及启示》，载《国际金融》，2013(9)：64-69；汤佳：《众筹平台的商业模式研究》，暨南大学硕士学位论文，来自《中国知网》，2015年5月。

兴事业一定会取得成功，恰好相反，如果过于关注技术本身，创新通常会失败，而新兴事业的成功总是取决于商业模式的创新。众筹的形成与发展，正是由于科学技术革命的推动与商业模式的创新。

科学技术革命一般会在社会现有的状况之外，而产生一个新兴领域。本次以计算机信息技术为代表的革命也是如此，创造出新兴领域。并在这次革命的推动下，形成了模块化生产与经营。一般来说，模块化的特点如下：第一，模块化是一个过程，不仅包括系统的拆分，还包括子模块的整合；第二，模块化一般发生在复杂的系统内，用以解决复杂的系统问题；第三，模块化需要相应的规则做指导；第四，组成复杂系统的模块通常是半自律性的，一方面，受制于整体规则，另一方面，可以作为独立的个体实现某些功能。因此，模块化是按照特定规则进行复杂的系统拆分与整合的过程，这一过程创造出更多的半自律性子系统，并且通过规则相互联系，从而组成一个整体的模块化系统。

典型的模块化最早出现在计算机领域，IBM最先应用模块化设计完成了第一个计算机产品：IBM360系统。作为第一台通过模块化方式设计出来的商业计算机系统，该系统的诞生具有里程碑意义，IBM360系统创造出了巨大的商业价值，在经济系统中也产生了巨大的冲击效应。在经历由新计算机系统掀起的波澜之后，金融制度、企业和市场全都发生了变革。除了计算机行业，模块化还大量应用于软件、汽车、生物医药工程、通信设备、金融服务等行业。在这些行业，信息和知识作为服务创新和技术创新的关键因素，决定着企业的研发效率。

众筹正是在这样的背景下应运而生，模块化设计一方面可以增强众筹产品的兼容性，另一方面可以提高产品创新速度，加快产品升级换代。除此之外，模块化的广泛应用，并成为推动众筹发展的重要力量的原因还在于：模块化能够促进市场交易成本下降和资产专用性下降，从而扩大产品外包。

2. 万维网的出现与发展

互联网是众筹平台的促成者，特别是万维网相关技术的出现。互联网的快速发展被认为是最近二十年影响最深远的环境变化，是没有地理界限的信息传播、协作和互动媒介。随着社会的进步，互联网克服技术的阻碍，增加在线工具的使用，如实现电子商务、信息采集、社区运营。同时，它也改变和进化了计算机产业的速度。

对于众筹来说，万维网具有四个基本因素：(1)社交网络。社交网络是人类在线交流的工具，目前活跃用户的数量急剧上升。社交网络的服务通常是为了讨论特定的话题、联系朋友或者是评估产品和服务。(2)互动方向。这个要素的重点在于对参与者的管理能力，包括对顾客不断上升的需求的管理，顾客要求更多直接与公司对话的机会的管理。(3)用户附加值。这个要素包含很多与用户相关的现象，如用户的创造力、创新点。(4)定制化服务和个性化服务。这个要素在电子商务和信息系统中有很长的历史，根据具体的需求提供不同的产品和服务，在万维网的应用中有着越来越重要的作用。

以万维网的形成与发展为基础，众筹平台的商业模式也应运而生。万维网为众筹平台提供了包括物质、技术、渠道在内的多种支持。首先，通过众筹平台，项目发起人能够直接展示自己的创意，出资人则可以直接向发起人预购产品，从而实现投融资双方的直接对接；其次，利用社交网络和社会化媒体，发起人可以接触到大量的潜在购买者，购买者可以根据自己的需要选择合适的项目发起人,实现社会化融资;最后,投融资双方可以直接通过网络实现对接,并且通过网络支付渠道直接付款,从而大大缩短了融资周期。

3. 互联网应用普及是众筹模式迅速发展的前提条件

据 ITU 统计,2011 年全球网民达 22.5 亿,互联网普及率为 33%。人们对互联网的高使用率以及对于网上金融业务的逐步信任,为众筹发展提供了必备的市场环境;而互联网庞大的用户群体则是众筹项目的潜在投资者,也是众筹模式得以快速发展的保证。

互联网传播信息具有传播范围广、方便快捷、低成本的特点,且操作交互性强,是高效的信息交换平台。传统融资环境下,金融中介作为控制交易成本与信息成本的专业化机构,起到了平衡借贷双方信息不对称的作用。而基于互联网的众筹模式中,借款方与投资者借助互联网可以高效地进行信息交换,有效地建立信任机制,相比之下融资成本更为低廉。

4. 中小企业融资与民间资本投资的双向需求推动了众筹模式的发展

中小企业融资难是世界性的问题,一方面,在严格的金融监管制度下,公开渠道的 IPO 信息披露义务繁重,少有企业能负担实施 IPO 的融资成本;另一方面,中小企业非公开融资渠道少,使得资本市场无法满足中小企业融资需求。金融危机之后,银行惜贷、投资者信息不足等更加剧了中小企业融资的艰难。在中小企业无资可融的同时,民间资本却投资无门。有资料显示,我国居民储蓄存款已达 10 万亿元。然而民间资本受到行业准入准则的限制,缺少融资渠道,致使民间资本难以转化为投资。

如何引导民间资本转化为投资,参与技术创新,为国家经济注入活力,一直是各国政府高度关注的问题。众筹模式正是利用了互联网高效、便捷的信息传播特点,为民间资本与中小企业提供了直接对接通道。这种模式为民间资本流向优质企业和项目提供了渠道,同时满足了中小企业旺盛的资金需求,最终实现了资本资源的合理配置。

除了上述背景与原因外,法律监管进一步规范化,也是众筹的发展的背景与原因之一。尽管面临众多质疑,但从解决失业等公共事业角度看,众筹则利大于弊。2012 年 4 月,美国《促进创业企业融资法案》(JOBS 法案)获得通过,众筹正式得到法律认可。JOBS 法案拓展了众筹的融资方式,允许众筹采用股权融资的方式。从保护投资人的角度,JOBS 法案还分别对众筹的项目发起人和提供服务的中介机构提出明确和详细的规定,从而为众筹的发展提供了更多保障。正是这种预见性的制度规范,众筹才得以以更规范化和多样化的形式在美国获得良好的发展,并对美国以外的世界产生重要影响。

此外,媒体高度关注也是众筹发展的一个原因。例如,作为美国最大的众筹平台,Kickstarter 从建立之初就备受媒体关注,每当网站达到一个新的高度时,会有众多媒体为其宣传。另外,网站上的项目也是媒体宣传的内容,因为项目发起人会根据媒体偏好灵活地介绍项目的价值所在。这种主动与媒体沟通的方式不仅能让公众更多地了解项目,而且能更多地宣传项目和产品,为融资提供更好的条件。

四、众筹的特征

众筹的特征一方面表现在与传统融资方式上,具有许多不同,另一方面也表现在与其他互联网金融的融资方式,如 P2P 网络借贷等的融资方式上,也有一些不同。就与传统融资方式来看，众筹的特征表现为下列几点：

(1) 相对传统融资模式，众筹融资的核心理念体现在有众多的投资者。其中最为重要的是客户成为投资者。随着生产战略发展经历了从手工生产、大规模生产、持续改善到大规模定制，尤其是互联网与电子商务的迅猛发展，客户在企业运作过程中的角色也在不断地变化、发展。客户正走出传统的被动消费的角色，日益成为企业价值的创造者，顾客作为共同创造者(co-creator)、共同生产者(co-producer)真正参与到了企业的各种价值创造活动中。而众筹模式的出现，使普通客户首次以投资者的新角色出现。客户不仅仅参与到新产品的创意提供、改进、测试过程里，更直接为这一过程提供资金。同时，利用无边界的互联网平台，数量庞大的投资者能够在短时间内聚集，而相应的每位投资者的投资额度可以很低，融资风险因为投资者分散得以减小。

(2) 众筹融资低门槛进入，其中重要的表现是在众筹融资对于项目融资额没有最低限制，这大大降低了众多创业个体或团体的融资门槛。无论身份、地位、职业、年龄、性别，只要有想法、有创造能力都可以发起项目。众筹融资属平民投资范畴，这种低门槛不仅颠覆了传统的投资理财观念，更重要的是有利于缓解小微企业融资难和小额民间资本投资渠道少的矛盾现象。

(3) 众筹的方向和领域具有多样性，在国内的众筹网站上的项目类别包括设计、科技、音乐、影视、食品、漫画、出版、游戏、摄影等。目前已经出现将企业整体，和一个地区的经济整个进行众筹的项目。

(4) 众筹融资的成本较低，且效率较高。如果通过传统金融中介进行融资，需要付出较高的成本，且耗费较长时间和人力，其效率较低。众筹融资应用互联网金融渠道，避免了传统金融渠道的高成本，同时，通过互联网进行融资，也更加直接与快捷，从而能够获得更高的效率。

(5) 顾客参与创新对新产品开发绩效有着重要影响，有助于提升产品性能，并提升其未来的市场价值。在众筹融资过程中，可以观察到大量的客户通过网站留言栏等方式与产品开发者进行积极的讨论，为产品的设计、优化等方面积极提供建议。而客户作为投资者与消费者双重角色，其参与产品创新的意愿更加强烈。这也给项目开发者在诸如，如何更好地促进客户参与创新，如何更充分有效地利用客户知识等方面提出了挑战。

(6) 众筹融资还提供优秀的营销平台。项目发起人可以透过项目受投资者关注程度(如项目投资人数)来判断所推产品或服务是否存在市场和定价是否合理。投资者现金支持行为决定了偏好的真实性和客观性要高于调研结果。在项目进行众筹融资的同时，众筹也成为一种营销显示器，透露出市场需求的方向与层次。

(7) 众筹模式为新产品提供了一个极好的预售测试平台。产品开发者发起众筹项目过程中，通过收到的资金支持数目、浏览人数、投资人数、客户在线讨论等，可直观地观测到市场对新产品的创意、性能、产品构造、外观、价格等各方面的反应。产品开发者可通过这一过程真实了解市场环境并根据市场反应对产品进行调整，得提高了产品的成功几率，降低了产品失败的投资风险。

(8) 获取资金之前就十分注重创意。发起人必须先将自己的创意(设计图、成品、策划等)达到可展示的程度，才能通过平台的审核，而不单单是一个概念或者一个点子。要有可操作性。众筹项目的创新性、吸引力或者能满足投资者某方面（或多方面）的个性化需求，相对天使投资和风险投资将引得更多社会关注，很容易产生爆发式的广告效应。

除了与传统融资方式相比，众筹具有独自的特征外，将众筹与在上章中介绍的P2P网络借贷进行比较，可以看到一些新特点。众筹与P2P网络借贷在商业模式上具有相同性，都是一种通过互联网的融资工具和渠道，且是平台式的商业模式，通过网络平台对接募资方和投资方。从用户层面分析，找到广大的投资用户群体的需求也大致相同。且参与主体也是三方，即借款人、平台和投资人，只是一个是P2P借贷平台，另一个是众筹平台。不过，众筹与P2P网络借贷在融资方面也有区别，主要在于回报方式不同，众筹主要以产品和媒体内容为主来获得收益，而P2P网络借贷以利息为主来获得收益。

从一般金融理论与方法来看，众筹模式对应的无论是商品和内容类回报，还是股权类收益回报，与P2P网络借贷对应的债权收益回报，可以很好地成为一个投资组合，让投资用户群体做不同类型和不同风险等级的投资资产配置，从而在风险相对可控的情况下，达到收益最大化。同时，这种投资组合都是通过互联网完成的，在效率及成本上，有天然优势，也能够给两端用户带来更好、更极致的用户体验，让更多的用户参与进来，从而使整个行业的发展更加蓬勃迅速。

五、众筹的类型

众筹融资大致可分为捐赠众筹、回报众筹、债权众筹和股权众筹四种类型。

捐赠众筹，也叫公益众筹，是指在筹资过程中投资者不获得任何实质性的补偿，平台上的项目都是以捐赠形式从支持者处筹资，支持者不得以任何回报为目的，项目发起人也无需承诺给予支持人回报。捐赠众筹主要适用于红十字会等非政府组织（NGO）对特定项目募捐或提供戴帽贷款。由于NGO发起的特定项目款项具体用途明确且具有社会公益性，并在项目运作中保持较高的透明度，出资人往往更愿意捐赠。捐赠众筹所涉及的项目一般金额相对较小。

回报众筹是一种基于预购和奖励的筹资方式，有些文献上也称为产品众筹，是指项目发起人向投资者提供项目的产品或者其他优惠作为回报进行众筹，既能满足消费者优先获得产品，同时也能帮助融资人测试市场对于产品的反馈。在回报众筹中，预购众筹是指项目发起人通过在线发布拟推出产品或服务信息，并辅助以优惠价格，对此产生兴趣的投资者可以选择支付购买，从而完成项目融资。这在一定程度上能够替代传统的市场调研，并直接进行需求的有效分析。奖励众筹与预购众筹的不同之处在于项目发起人向投资者不提供增值产品或服务，通常是以象征性奖励作为回报，如印有LOGO的文化衫、VIP资格等。奖励众筹主要应用于电影和音乐等创意项目的融资。

债权众筹是指项目发起人通过众筹平台承诺在约定时间内对若干投资者偿还其出资金额的筹资方式。众筹网站在当中主要发挥借款中介作用，但也有网站提供还款担保。债权众筹与P2P网贷不同，P2P网贷强调的是资金需求者和资金供给者的自动撮合，投资额大小不一，而债权众筹每位投资者投资额均等，相对弱化了风险。

股权众筹是指项目发起人以出让股权的方式换取投资者出资。股权众筹中项目发起人通常为初创企业，而众筹网站则充当类似证券交易一级市场角色，投资者获得股权回报，与项目发起人共担风险，共享收益。对于债权众筹和股权众筹，根据最高人民法院《关于审理非法集资刑事案件具体应用法律若干问题的解释》和证券法的相关规定，上述两种类型众筹涉嫌非法集资和非法证券活动。所以，以点名时间为代表的国内多数众筹网站明确回报不能为股权或资金。而天使汇和大家投等股权众筹网站，为规避合规性风险，投资者实行会员制，众筹项目不对普通公众开放，只对专业投资者募集资金，同时不承诺固定回报且投资人数不超过公开发行的下限（200人）。因此，捐赠众筹和回报众筹是国内早期众筹融资的主要类型。不过，近年来，股权众筹也获得了快速发展。

随着互联网金融的不断发展，众筹也呈现出一些新的形式或类型，其一，出现了企业众筹①。大型公司、协会等开始把目光投向众筹集资，探索这一融资方式如何帮助团体提高社会知名度，检验市场，使得创业公司融入市场。这些团体采用众筹融资的好处不仅在于为众筹平台吸引了额外的资金，还将原本由公司内部作出的决定放到民主的决策平台上。如美国建筑师协会（AIA）是美国8.5万多名建筑师的代表，在最近的金融危机中受到的打击尤其严重。最近，美国建筑师协会发表了一份对众筹作为民用、商用和公用基础设施融资潜在新来源的报告。普通的融资方式对这种小型企业来说非常难获得，而众筹在为小型项目吸引投资上有着巨大商机，对推动社区支持和为各式各样的基础设施企业融资做出推动作用。其二，众筹经济发展，或经济发展众筹②。由于众筹的社会知名度，以及其联系小型企业方面的作用，包括世界银行和美洲发展银行在内的许多银行和类似机构，都正在寻求通过支持众筹以推动经济发展。如美洲发展银行的多边投资基金（MIF）在开发拉丁美洲时，通过众筹方式为较难获得企业融资的小型企业获得发取发展机会。美洲发展银行的多边投资基金在过去几年中建立了 Crowdfunder.mx、ldea.me 等约40个网上平台，其较为有发展潜力的领域是太阳能、教育、社区发展等，这为拉丁美洲整体经济发展创造了良好条件。可见，众筹对于一些小型企业来说，十分适合这种企业的特征，成为这类企业能够进行整体经济发展的一个重要的条件。

六、众筹的优点与缺点

（一）优点

（1）更多的项目。一般而言，传统的风投项目都来自关系网推荐，或各种网站提交的资料，而众筹平台则为风投公司带来了更多的项目，也拥有更高效的机制对项目进行审

---

① 有些文献将企业众筹称为众筹2.0，而把前面几种众筹模式，如捐赠众筹等称为众筹1.0，参看丹·马龙、理查德·斯沃特、凯文·博格·格雷尔：《众筹2.0：公司时代》，电子工业出版社，2017年1月。

② 有些文献把众筹看成是一种与16世纪股份公司、股票市场等形式类似的革命性创新，认为会形成一种新型的经济发展模式，参看杨东、文诚公：《互联网+金融=众筹金融——众筹改变金融》，人民出版社，2015年10月。

核，能更快地与企业家进行沟通，令投资决策过程更加合理。

（2）较多资料。风投可以利用众筹平台上的资料，决定一个项目是否值得花时间。由于日程安排有限，很多风投资本家都认为众筹平台有其价值，帮助节省了不少时间。风投每天都会收到数十份商业计划，格式不同，有些还缺乏必要的数据。而众筹平台会对公司进行分类整理，并以标准格式进行呈现，这能让投资者省下不少时间。

（3）审查过程更快。众筹平台也能让尽职审查过程变得更快。众筹平台会要求公司提供一些必要的数据，供投资者参考，帮助作出决策。标准化的项目呈现和商业计划节省了风投的时间，他们不必亲自搜索特定的信息，而这些信息往往会因格式不同，而难以查找。

（4）为项目作资金准备。众筹平台能帮助企业家了解如何准备及呈现自己的项目，从而吸引更多的投资人。

（5）众筹平台还能提升信息分享，谈判及融资的速率，像 AngelList、Fundable、Crowdfunder 和 EquityNet 这样的众筹平台，都拥有自己的技术，帮助简化融资过程。

（6）集体智慧。众筹平台有成千上万的投资者使用它。投资者形成了一个群体，而众筹平台往往也能让他们相互交流，在尽职调查中提供投资帮助。借助集体的智慧，投资者也往往能作出更理性的决策。

（7）检验产品及服务。众筹平台还能用来检验产品及服务的优劣。像 Kickstarter 这样的平台允许任何年满 18 岁的人参与，因而能让大批早期支持者帮助检验产品和服务，之后投资者可决定是否进一步参与。Oculus Rift 就是一个很好的例子，它先在众筹中成功获得了 240 万美元的资金，之后才获得了风投公司 Andreeseen Horowitz 领投的 7500 万美元融资。

（8）创业门槛较低。现在许多的众筹网站主打的一个卖点都是"实现你的梦想"。这句话的潜台词是"之前创业门槛高，众筹帮你降低这个障碍"。从实际的案例来看，众筹平台确实帮助许多草根创业者融到资金，并推出了既定的产品。这个过程如果走传统的融资路线会比较艰难，因为投资者可能不看好你的这个提案，况且你没有产品做出来也很难得到 VC 的认可。

（9）相关调查报告。众筹获得的除了资金，还有一份市场调查报告。这个优点之前 Ping West 的一篇文章介绍过。其实道理很简单，因为钱是直接来自消费者的，消费者对你这个产品的认可与评价就是一份市场调查，能在一定程度上反映出你的产品将来大范围投放市场后的结果。众筹模式的一个隐性的价值在于：先让消费者掏腰包，再去制造产品。如果项目融资成功，并且实际的研发与生产过程一切顺利，那么这相当于在很大程度上降低了创业成本与风险。

（10）众筹是一个不错的广告平台。这体现在两点。第一，你的项目融资成功了，这相当于是对大众的一次广告。有些人看到你的项目但没有贡献资金，可能是因为他无法判断你这个产品是否一定能融得足够的资金量产出来。但看到别人一拥而上帮你把钱凑齐后，他们就会成为你未来的客户。第二，无论是否融资成功，你的项目都获得了展示。给谁看，给潜在的投资人看。

(二) 缺点

(1) 造成了生产压力。根据众筹平台的普遍规则，如果你的项目筹资成功，那么就必须在规定时间内完成产品的开发与制造，实现对支持者的承诺。所以众筹在让你筹到钱的同时也给你带来了订单压力。因为这些钱是来自消费者一端，相当于是直接订购。这种压力尤其彰显在实体产品项目上。

(2) 与传统 VC 相比，众筹缺乏创业指导。传统的投资者常常拥有投资经验，或拥有创业经验，或拥有宽广的行业人脉和观察积累。总之，在众筹平台上的支持者不可能提供给统一的有建设性的建议。一个好的投资者能帮你少走很多弯路，尤其是在产品的推广阶段。你可能善于研发，但不一定会卖。

(3) 众筹平台上的投资人不够专一。众筹平台能帮你快速筹到用于产品研发和生产的资金，但不能保证你今后的资金链保持完整。传统的投资者在给提供早期投资后，如果项目发展顺利，你还有机会获得后续的 A、B、C 轮融资。而在众筹平台上，你的那些支持者很可能早已把注意力转向了其他新奇的发明上。

由于众筹融资过于在乎精神层面的需求，强调参与感，同时又因为单个投资者出资额有限，对众筹项目缺乏充分了解动力，当然也有可能是没有能力开展尽职调查，而项目发起人往往对项目前景吹嘘或盲目乐观，多重因素催化，致使在羊群效应的带动下投资者容易作出非理性决策，所以，如何正确引导和保护投资者是众筹融资模式下值得反思的。此外，众筹平台的开放性可能引发项目被抄袭的风险，不利于知识产权保护。

七、众筹的作用[①]

众筹模式得到了从政府至民众的广泛关注和支持，具有与传统融资方式不同的特点和作用。

(1) 互联网平台化解了信息不对称问题。信息是金融市场框架的核心，传统金融市场主要通过发行标准化的金融工具，并建立金融中介、信用评级公司等机构收集借款人的相关信息，以解决由于信息不对称带来的逆向选择与道德风险问题。众筹模式利用网络平台传播融资信息，一方面，互联网拥有庞大的用户群，信息传播更为方便、快捷且成本低廉；另一方面，互联网信息交互性强，用户在"推送"信息的同时也能接收信息，借助众筹平台，借款人与投资方可进行高效的交流互动，充分抑制信息不对称。可见，互联网平台是众筹模式开展的基础。

(2) 投资者的分散化降低了融资风险。传统融资模式下，投资者数量少，投资金额高，风险也相对集中。众筹模式的核心思想体现在"众"多的投资者，通过互联网平台的无界性，可以在短时间内聚集数量庞大的参与者；而每位投资人的投资额度可以很低，有

[①] 参看黄健青、辛乔利：《"众筹"——新型网络融资模式的概念、特点及启示》，载《国际金融》，2013(9)：64-69；汤佳：《众筹平台的商业模式研究》，暨南大学硕士学位论文，来自《中国知网》，2015 年 5 月。

利于通过分散化的方式降低融资风险。

（3）搭建了民间资本投资的便利平台。传统金融市场中，参与投资主要是风险承担能力较强的投资者，普通投资者大多通过金融机构参与金融市场。众筹模式为普通群众提供了直接参与金融市场的渠道，有利于实现民间资本与中小企业的高效对接，缓解资本市场资金紧缺而民间资本投资无门的双重问题。

（4）有利于企业开展有效的经营活动。众筹具有开展市场营销、验证市场有效需求、引致传统金融资源投资等作用。同时，众筹，特别是股权众筹给企业所有权和管理权带来了变化，这通常会为企业引入大量新股东，使得企业的所有权发生变化，并对企业管理产生影响，如果运用得当，也会对企业经营活动产生良好影响。

（5）代表了"金融脱媒"的创新发展方向。投资者寻求更高回报与企业对更低融资成本的寻求，都要求"非中介化"的融资模式。随着投资者日渐成熟与金融服务的不断创新，"金融脱媒"现象开始出现，这也是经济发展的必然趋势。众筹模式是资金从储蓄者直接流向借款人的便利渠道，代表着未来金融市场"脱媒"的趋势。

（6）提高资源配置效率。众筹作为一种金融创新，将大量个体投资者的小额资金聚集起来，投资于一种新产品、新技术或新服务，改善了整个社会内部资金集聚和转移的效率和效益，提高了资源配置效率。众筹的"亲社会"属性使得众筹在促进就业、缓解贫困方面具有重要作用。众筹还有力地促进了提供新产品、新技术或新服务的一些创业企业的发展，这对于提高社会整体的创新能力、促进科技进步具有重要作用。

第二节　众筹动机与影响因素[①]

一、众筹参与者的动机

除了众筹平台外，参与众筹的主体还有项目发起人和投资人，人们为什么参与众筹？其动机是什么？这是众筹面临了一个重要问题。

首先说明动机（motivation）的概念。一般来说，人类行为的产生是有机体受到动机的驱使，动机是人类部分行为的产生原因。动机是产生于有机体内部的一种力量，因为这种力量，有机体会向某个既定目标努力，进而产生行动，这种力量也是维持有机体努力和行动的能量源。据研究，可从三个角度来看动机：其一，内在视角。动机是行为产生的内部原因，动机能够促进人们行为的产生和持续，是一种内在的动力，源于有机体内部的活动，而这种活动的结果就是行为。其二，外在视角。这和诱因论相似，强调从一些外部的因

[①] 参看夏恩君、李森、赵轩维：《国外众筹研究综述与展望》，载《技术经济》，2015（10）：10-16；苟晓霞：《不同筹资模式下消费者动机对众筹参与意愿的影响研究》，哈尔滨工业大学硕士论文，来自《中国知网》，2016年6月；白叶婷：《大众参与产品众筹的动机研究》，哈尔滨工业大学硕士论文，来自《中国知网》，2016年6月。

素,例如奖励、实质回报等对个体的作用。其三,中介视角。动机被看作引发个体活动产生,并且能够保持该活动,及引导该活动至特定目标,以使个体的需要得到满足。综合考虑这三个角度,可定义动机为通过自我调节,个体协调自己的内部需求(如本能、需要等)和行为的外部诱导因素(奖惩、目标等),进而产生的能够引发、维持行为的动力因素①。

针对动机的研究经历了不同的阶段,每个阶段的知识,对于人们认识动机具有一定的意义。在20世纪初到20世纪50年代,动机研究主要集中于生理性因素,包括本能、驱动力、冲动等对动机形成及行为产生的作用,其中有机械动机观、行为主义和精神分析理论等。20世纪60—70年代,受认知科学发展的影响,动机研究的方向有了非常大的改变,认知开始进入研究者的视野,认知在动机中所发挥的作用开始受到研究者的重视,由认知出发而产生了一系列著名的动机研究理论,包括期望价值论、归因论、成就动机论等。20世纪80年代开始,动机的研究进入更加全面的阶段,研究者们开始强调各因素对动机的综合作用,包括人格、文化等。由此产生了自我效能理论、习得无助理论、自我决定理论、自我调节论等。可从的角度对动机进行研究分类,如内在动机和外在动机、生物性动机和社会性动机、个人动机与人际动机等。需求具有不同的层次,马斯洛的需求层次理论表明,人类需求从低到高按层次分为五种,分别是:生理需求、安全需求、情感和归属需求、尊重需求和自我实现需求。人们在满足了低层次的需求后,会追求更高层次的需求。动机具有重要的功能。一般来说,行为受动机的影响是显著的。动机是促进人们进行某项活动,并向某个目标前进的内驱力、冲动或欲望。

就众筹来看,可从下列几个方面对众筹参与者的动机进行说明。

(1)情感动机。情感动机包括个人对项目主题及其目标的认同,观看项目筹资成功的成就感和满足感,参与项目获得的愉悦等。情感动机的基础是情感价值,这是指由产品或服务所产生的感觉和情感状态带来的效用。积极的情绪会对行为的方向起到指导作用。情感价值中发挥积极作用的情感因素主要是愉悦感。愉悦感是指人们从事某项活动所能够获得的享乐化收益。通过查看一些在线众筹讨论组成员的评论,能够看出很多消费者对众筹具有强烈的认同和喜爱。一些关于购物愉悦感和购物动机的研究也表明,通过购物所获得的愉悦感是影响购买行为产生的重要因素。因此,在众筹环境下愉悦感等具有重要意义,情感动机对参与意愿有积极的影响。

(2)利他动机。回顾众筹在线讨论组的讨论内容,发现部分消费者认为自己是众筹项目的支持者,想要帮助筹资人,是受助人动机的驱动而参与众筹活动。另外,在慈善捐助中,"我想帮助他人"是最为常见的动机。由于众筹项目活动在某种意义上来说,有筹资人向参与者求助的概念存在,因此,利他动机也得以形成。在众筹环境下,利他的行为主要表现有两个层面:面向项目发起人和面向公众。利他动机的具体表现为:第一,众筹项目是有利于公众或社会的;第二,想要帮助筹资人实现其项目目标。根据马斯洛的需求层次理论,当低层级的需求获得满足的时候,处于高层级的自我实现需求强度就会增加。现

---

① 参看张爱卿:《论人类行为的动机——一种新的动机理论构建》,载《华东师范大学学报(教育科学版)》,1996(1):71-80。

代社会生活基本都比较富足，当一个人生活得比较好的时候，他可能就会有回报社会实现自我社会价值的需求，使自己在精神层面获得提升。因此，利他动机对参与意愿有积极的影响。

（3）新奇动机。新奇动机是指个体有向往与众不同、喜欢新鲜事物的追求和需要。新奇体验往往能够带来满足感。作为互联网时代的产物，众筹以一种新型筹资方式的面貌出现，在国内并没有达到普及的程度，因此，对大多数人而言，其本身就是一种新兴的时代产物。对消费者而言，当众筹作为一种新事物出现在其面前，参与者可能会有想要探索未知领域，感受这种新奇体验的动机。因而，新奇动机对参与意愿有积极的影响。

（4）社交动机。众筹活动的一个重要特征是每一个众筹项目并不是由单一的参与者支持完成，而是由一群参与者支持完成。因此，每一个消费者是由单一消费者所组成的团队中的一员，他们通过特定的众筹项目产生关联。随着互联网时代的来到，人们开始通过虚拟社区来寻找同伴和安全感。同时，由于网络效应的作用，当人们察觉多数人也会参与时，他们参与的动机会较大，这个道理同样可以应用到众筹项目活动的研究当中来。根据马斯洛的需求层次理论，参与者具有想要与社会其他人产生联系的需求，根据自我决定理论，有需求就会有动机产生。众筹在筹资的同时，也给消费者提供了与他人产生联系的机会。因此，社交动机对参与意愿有积极的影响。

（5）回报动机。回报动机是指参与者通过投资能直接获得的一些有形物质回报如金钱、产品等，或一些非物质性回报如话语权、投票权等。众筹对参与者产生吸引力还有一个很重要的原因就是，众筹项目给消费者提供物质或者非物质性的回报。这些物质或非物质性的回报作为完全的外部因素，对参与者产生影响。根据动机的自我决定理论，外部因素会刺激行为的产生。因此，回报动机对参与意愿有积极的影响。

（6）职业发展动机。众筹作为一种特殊的筹资方式，它给参与者提供了不仅仅是物质性的回报，还给参与者提供了参与项目工作的机会。对参与者而言，他看重的除了物质性的回报之外，还可能是发展提升自身能力的机会。而众筹对参与者职业发展动机的影响主要体现在两个方面：一是提供参与项目工作的机会；二是通过参与众筹了解众筹这种新形式，增长自己的见识与经验。根据马斯洛的需求层次理论，因为当前社会生活都比较富足，低层需求基本都相对容易获得满足，大多数人自我实现的需求也就变得更加强烈，而众筹提供的参与工作机会以及这种新的体验，对参与者而言，有可能对提升其自身能力有益，从而促进其自我实现需求的发展。因此，职业发展动机对参与意愿有积极的影响。

二、众筹的影响因素[①]

众筹涉及三个方面的主体，众筹模式是三方的职能及其相互关系的呈现。下面从众筹商业模式系统的角度，对影响众筹的因素进行说明。

（1）项目经济性因素。经济性是众筹未来回报产品给消费者带来的在金钱方面的节约

---

① 参看张耀东：《基于消费者视角众筹项目融资影响因素研究》，江苏科技大学硕士论文，来自《中国知网》，2015年6月。

感知。在选择参与众筹时，需要消费者付出相应成本，尤其是财务成本。就目前国内众筹来看，项目发起方通常给予投资者以未来产品、纪念品等回报，而这些产品的上市价格往往高于客户的支持资金，以此来吸引更多的客户在项目初始期给予资金支持。因此经济性是影响消费者众筹行为的重要因素。这在众筹项目中，主要反映在回报中的优惠措施方面。一般来说，消费者网购主要影响因素是价格因素，价格优惠是吸引消费者进行网购的主要因素。同时在电子商务和网络购物环境下，消费者对价格的敏感度比现实渠道更高，适当的价格折扣对购买行为有积极影响。众筹项目过程中，数量众多的消费者提前预购项目产品，而项目发起者由于提前获得项目研发资金与订单，可提高研发效率并大幅降低首批产品生产成本与风险，因此项目发起者愿意给予众筹参与者相比未来市场价大幅度的优惠来购买产品。

基于以上分析，可以众筹项目回报中提及折扣与现金优惠信息作为项目经济性指标，明确的折扣信息能刺激消费者参与众筹，提高众筹融资金额。

（2）能力信任因素。信任是发生在特定的社会环境下，主体（主要指人）与客体（人或物）、主体与社会环境以及社会环境与客体之间相互作用的结果。许多研究者将信任作为影响顾客网络消费的重要影响因素。互联网与电子商务的发展使得信任客体和社会环境的属性发生了变化，缺乏信任是消费者不向互联网零售商购买商品最经常提到的原因。众筹项目中，绝大部分属于新产品，消费者在项目研发完成并收到产品前，无法完全确定项目产品是否能按计划研发完成，也无法确知预期产品的使用结果。因此，信任在众筹过程中尤其重要。能力信任是信任的重要维度，它指的是指消费者相信网站有能力提供安全、便捷、有价值的交易。在众筹情境下，能力信任即消费者相信项目发起者有能力完成项目并达到预期效果。这主要反映在项目发起者身份和是否具有相关成功经验两个方面。在项目展示的第一部分，往往是对项目发起人的介绍。在众筹融资过程中，发起人身份通常可分为个人、小团体和企业三种，其中公司在项目运作能力及交易安全性保障方面能力较强，小团体其次，个人最弱。项目发起人在其众筹项目领域是否有相关经历是消费者的重要参考，是反映发起人声誉、项目运作能力的重要指标。发起人获奖、获得媒体报道或者有过相关的项目成功经验可以增强消费者对其项目开发能力的信任。

基于以上分析，可以众筹项目发起人身份和成功经验作为能力信任指标，发起人团体身份相比个人更能促进融资额度的提高，发起人的过往成功经验对众筹融资金额有正向影响。由此，项目发起人的团体身份对众筹融资金额有正向影响。

（3）信息质量因素。信息质量是指购物网站向消费者提供的与商品相关的说明信息及交易信息的及时性、准确性和完整性。不论是从众筹参与者作为消费者身份的购买角度，还是从其作为投资者身份的投资角度，信息质量都会对行为有显著影响。用户在进行购买决策时需要依赖感知信息质量，在线购物网站的信息质量影响消费者的信息满意度与关系利益，进而显著影响消费者的购买行为。信息不对称（asymmetric infomation）理论认为在市场中，各类人员对有关信息的了解是有差异的，会造成交易关系和契约安排的不公平或者市场效率降低等问题。融资过程中，企业与投资者之间的信息不对称程度越高，企业的外部融资成本越高。不过，高质量的信息披露有助于降低信息的不对称性，会吸引更多的不知情交易者参与到信息披露质量高的公司交易中，信息披露质量的提高可以减轻企业的信息不对称程度,显著缓解企业的融资约束。

在众筹项目进行融资过程中,项目发起人通过视频、图片、文字等向潜在支持者传递项目信息。其中,视频相对于图像、文字,具有传递信息量大、感官性极强、用户体验度更高等特点,项目发起人可以通过视频传递更丰富的产品信息、团队信息等,从而提高项目的信息质量。正如美国最大众筹网站 Kickstarter 的建议,视频是项目展示的非常重要的组成部分,跳过这一步骤将对项目产生消极影响。

基于以上分析,可以项目展示中是否添加视频信息为信息质量指标,添加视频信息的项目可被认为其信息质量高于无视频信息的项目。由此,项目发起者在展示过程中添加视频信息对众筹融资金额有正向影响。

(4)顾客参与因素。在消费者行为学与行为金融学的研究成果中,均认为群体对消费或者投资决策有重要影响。众筹过程中的顾客参与主要体现在消费者与项目发起者可以通过项目网站的留言板互动等方式进行互动,从而可以随时了解新产品研发的进展,对产品提出自己的建议与疑问等。在众筹融资过程中,大量的客户通过网站留言栏等方式与产品开发者进行积极的讨论,为产品的设计、优化等方面积极提供建议,很多项目开发者也积极公告包括项目进展,问题汇总等,邀请潜在支持者进行互动探讨。

根据现有消费者行为学方面的研究成果,消费者参与产品的研发可以提升消费者的购买意愿,顾客对自己参与设计与开发的产品会表现出更大的偏好与信心。进一步的调查研究表明,顾客参与新产品开发阶段对产品象征购买意愿的差异化影响。一般说来,生产前、后阶段的顾客参与对象征购买意愿存在正向影响,产中阶段的顾客参与对象征购买意愿的正向影响不显著。而众筹网站在进行项目筛选时,基于风险的考虑,所选项目几乎都是接近研发成功的项目,属于生产后阶段,符合上述研究成果的描述。因此,顾客参与是众筹融资的重要特征。在众筹融资中,顾客作为投资者与消费者双重角色,其参与产品创新的意愿更加强烈。

行为金融学则把从众行为解释为羊群效应(Herd Behaviour),是指市场参与主体在信息环境不确定的情况下,行为受到其他参与主体的影响,从而模仿他人决策,或者过度依赖于舆论(即市场中的压倒多数的观念),而不考虑自己信息的行为。其成因包括从众的本能、通过人群沟通产生的传染、信息的不确定性、信息成本高以及对于声誉和报酬的考虑等。大量实证研究结果显示,中国股市中个体投资者表现出非常显著的羊群行为。在信息不对称的情况下,中小企业信贷融资困境也可以用羊群效应做很好的解释。在众筹融资过程中,消费者对于项目的产品信息了解是不充分的,在这种信息不对称的情境下,群体意见便在决策过程中产生了巨大影响,这会使得很多项目一旦融资成功,就会出现超额认购的现象。

基于以上分析,本书以众筹项目留言板中的话题数量作为顾客参与程度的指标,话题数量越多,表明顾客参与程度越高,进而促进消费者参与众筹,提高众筹融资金额。由此,众筹项目讨论话题数量与众筹融资金额之间呈正相关。

(5)社会网络因素。社会网络由熟人圈子中的主要行动者和其他行动者之间的正式和非正式的联结构成。网络被认为是联结行动者(actor)的一系列社会习惯(socialities)或社会关系(social relations)。从消费者行为角度来说,随着电子商务的迅速发展,在线社会网络正对消费者的在线购买行为产生重要影响，网络口碑，尤其是意见领袖的观点在消费者采纳新产品过程中往往起关键作用。在陈涛对小米手机新产品扩散过程的研究中发现，网络关系与信息和资源的传播渠道密切相关，对新产品扩散过程所产生的信息或口碑的传播具有重要指导意义，意见领袖的观点能够影响消费者对创新产品的抗拒程度。

从创业融资角度来看，近些年中外学者就社会网络对创业融资活动的影响这一主题进行了大量的经验性研究，他们普遍认为，社会网络在创业融资活动中起重要作用。投资者中除了天使投资者以外，通常最活跃的是被称为4F的非正式投资者：创立者(founders)、家庭(family)、朋友(friends)和蛮干的投资者(foolhardy investors)。无论是天使投资者，还是4F投资者，社会网络的嵌入均能有效地提高交易效率。在创业融资活动中，一个常见的现象是初创企业的外部资金常常主要来自发起人所处的社会网络的成员。社会网络通过信息机制、互惠机制和文化认同机制，对创业融资活动产生重大影响。

由于众筹融资发生于互联网电子商务环境下，因此为了更好地衡量发起人的社会网络，采用发起人的新浪微博粉丝数作为衡量指标，在发起人之间进行横向对比。作为一个海量网络用户相互关联、共同作用构成的复杂群体网络，新浪微博网络用户之间通过网络平台相互联系与作用，属于在线式社会网络，与真实社会网络具有同样的小世界特征。每个众筹项目发起者的个人介绍都会链接发起者的个人微博，在融资开始后项目发起者往往通过个人微博等媒介对自己的项目进行宣传并与粉丝就相关话题进行互动。

基于以上分析，可以众筹项目发起人新浪微博粉丝数作为社会网络大小的指标，其粉丝数越多，代表其社会网络越大，越容易获得更多的资金支持。由此，众筹项目发起人的微博粉丝数与众筹融资金额之间呈正相关。

通过对众筹过程的考察，结合相关研究文献研究成果，从项目经济性、顾客参与、能力信任、信息质量、社会网络五方面探讨了众筹融资的可能影响因素，并有针对性的寻找可量化指标对应这些因素，从而可为因素验证奠定基础。

众筹平台的价值主张在于为数量众多的项目发起者和项目资助者提供低门槛、低成本的投融资平台。从消费者角度看，这一价值主张包含两部分含义：首先，众筹平台以低于市场价的未来产品、纪念品等为回报，吸引消费者在项目初始给予资金支持，主要体现了经济性因素对消费者参与众筹的激励。其次，众筹具有投资与消费双重性质的商业模式，对消费者来说，必然要承担更多风险，诸如项目失败、产品上市后发现与期望不符等，因此，信任关系也是影响消费者参与的重要因素。众筹的目标客户主要是有网购习惯、对新生事物有强烈好奇心的年轻人，他们通过对众筹网站罗列项目的项目页展示作出自己的判断，因此项目发起人能否以较高的信息展示质量将项目进行呈现，直接关系到能否在众多项目中脱颖而出，获取消费者资金支持。众筹主要通过消费者与项目发起者之间网络互动形式进行客户关系的维护。众筹对其吸引力不仅在于低价获取最新的产品，还包括通过网络互动所带来的强烈的参与感，体现了顾客参与这一因素在众筹过程中的重要意义。在分销渠道方面，众筹借助于新媒体的营销，通过项目发起者个人的影响力进行网络宣传吸引消费者参与，充分发挥项目发起者在线社会网络的作用。

三、众筹项目成功的一些因素

尽管众筹在世界范围内获得了快速发展,但是并非众筹平台上的所有提交项目都能成功获得融资,而且不同众筹平台的项目融资成功率也不同。通常所理解的众筹成功是指在项目的目标筹款期间内筹资总额达到或超过了目标筹资金额。在这一层面上,并没有考虑项目本身是否能够持续运营。所以,这里所讨论的众筹成功也是通常意义上的项目达到众筹开始时设定的最低融资金额即宣告该项目众筹成功。许多文献对众筹成功问题进行研究,以下说明影响众筹成功的因素[①]。

(1)项目本身的基本特征影响众筹能否成功,如项目设定的融资期限、融资规模以及项目所属的行业类别等。其中的关键之一是项目融资说明书,尤其是融资说明书中涉及的发起人信息、资金使用说明、项目运作模式、所展示图片的数量、有无解说视频、项目质量、财务预算说明、资本运作战略、风险说明以及网页上有无其他网络链接资源、网页内容更新频率等都对众筹能否成功具有重要影响。同时,众筹融资方内部人员的学历水平、专利技术水平、组织结构和管理经验以及外部的社会评价、政府政策支持和补助等对众筹能否成功具有显著影响。此外,众筹初期所获支持的多寡对众筹能否成功具有重要影响。这是因为,若项目在众筹初期获得大量投资者的支持和大量的投资资金,则众筹融资过程就会发生"观察学习效应""口碑效应"和"反馈效应",从而会促进信息传播和信号传递,减弱发起人与投资者之间的信息不对称,降低投资者对项目质量和项目成功概率的不确定性,进而获得更多投资者的支持和更多资金投入,即众筹的自我强化机制发挥作用,从而加速众筹融资进程。因而,从众筹平台方面看,众筹平台对项目的审核是否严格,以及众筹平台是否为众筹融资方与投资方搭建反馈、沟通与交流的在线社区,也对众筹成功具有显著影响。

(2)项目初期所获支持主要取决于项目发起人的社会资本。有些文献将众筹融资初期称为"朋友圈融资期"。经验表明,大部分早期支持者的地理位置与项目发起人的地理位置很接近,说明项目初期的支持者主要来源于现实生活中的关系网络(如朋友、家庭亲属等),尤其是在项目早期融资阶段——这是因为长距离会阻碍信息获取和信号传递,增加监督和控制成本。依据社会资本理论,可进一步将项目发起人的社会资本分为内部社会资本和外部社会资本。其中,外部社会资本是指项目发起人在众筹平台外部建立的关系网络,既包括在现实生活中建立的关系网络(如家庭和朋友),也包括基于在线社交网络建立的关系网络(如微信朋友圈等)。内部社会资本是指项目发起人在众筹平台的虚拟社区内部与项目支持者、其他项目发起人等建立的关系网络。一般来说,内部社会资本对项目融资成功具有显著的积极作用,且在众筹初期所获支持与众筹成功之间中具有完全中介作用;外部社会资本对众筹成功的作用不显著,且与内部社会资本相比在众筹初期所获支持与众筹成功之间的中介作用较小。因此,对于项目发起人而言,基于众筹平台与项目支持

[①] 参看薛羚:《众筹项目成功率的影响因素研究》,对外经济贸易大学硕士论文,来自《中国知网》,2016年11月。

者、其他项目发起人共同构建在线社区,加强项目发起人与项目支持者之间网络关系联结的强度和网络关系质量,是影响众筹成功的关键因素。

(3)众筹的适用性。一般来说,与所在行业的市场规模相比,当资本需求量较小时,企业家更倾向于选择预售模式(奖励式众筹);当资本需求量较大时,企业家更倾向于选择利润分享模式(股权式众筹)。

从众筹模式的行业适用性看,众筹模式适用于融资困难、往往借助某种艺术作品获得大量个体广泛关注的文化、艺术等创意行业。此外,对特定目标群体具有强大吸引力的知识导向型创业企业或技术导向型创业企业,尤其是专注于研发、推广新技术(如可再生资源、清洁技术、气候和环境保护等方面的新技术)的企业,可采用众筹模式。这些新技术虽不像文化艺术创意行业的项目那样具有广泛的吸引力,但是会吸引那些具有社会责任感的普通大众或愿意无偿付出部分收入的理想主义者。因此,此类企业也可将众筹作为一种非正式的融资方式,以解决创业初期资本短缺、融资困难的问题。

不过,值得注意的是,众筹模式不适合于那些易于理解的商业概念和易于复制的产品,也不适合于资本需求较大的行业,因为截至目前通过众筹获得大量启动资金的案例并不多。此外,众筹也不适合于处于融资阶段后期的项目,因为项目后期主要是私募股权或资本市场中其他投资工具的投资阶段,而众筹并不能取代传统的融资方式。

除了针对众筹成功的一般性研究外,还有一些文献针对中国众筹成功率问题进行研究。根据艾瑞咨询集团在《中国权益类众筹市场研究报告2015年》中的数据,2014年权益类众筹项目(即前面说的债权众筹类型)的整体平均项目成功率为77.2%,而当时在市场上项目数量和融资规模居前的五大权益类众筹网站的项目成功率都远高于这个行业平均值,其中点名时间的成功率达到99.28%。同时,根据众筹家《2015年互联网非公开股权融资行业报告》的数据可知,成功项目集中在少数平台上。同样通过对前述的88家股权众筹平台的数据进行统计,可以看出大部分的成功项目是由少数几家平台贡献的。截至2015年8月14日,股权众筹平台的成功项目有691个。其中,成功项目数达到40个的平台有2个,成功项目数占比为36.47%;成功项目数在20~40个的平台有7个,成功项目数占比为57.74%;成功项目数在0~10个的平台有74个,占平台总数的84.09%,而成功项目数占比仅为27.35%,其中甚至还有32家平台成功项目数为0个。可见,中国众筹在成功率方面的表现多种多样,一些文献综述了中国一些众筹项目取得成功的因素:

(1)形成众筹的参与者标准。如果没有门槛、没有要求的众筹,最后很可能因吸纳了不符合群体主流价值认同的乌合之众,把生意或活动搅得乌烟瘴气。众筹模式并不是参与者越多越好,而是合适的参与者越多越好。也许正是因为有了标准,才会形成过滤效应,产生稀缺价值,才会有更多志趣相投的人加入进来。

(2)融入强链接或强化弱链接。因为很多众筹都是基于互联网进行开展的,而互联网目前欠缺信任基础。为了解决信任难题,保障众筹的推进,应该引入强链接,通过引入信任关系来提升众筹参与群体的信任基础。就如同海底捞很多员工都认同企业文化,不会犯一些基本的低级错误一样,尽管他们大多数人来自欠发达的农村地区,也缺乏相应的教育,但是他们很多是老乡、家庭成员或亲属关系,这无形中就导入了宗法关系,让你置身于一个道德环境,很少有人会做逾矩之事。当然,导入强链接需要召集人有一定的人脉影响力,或者本身项目具备人脉引爆力。如果不具备这样的条件,就要建立相应的机制,强化了弱链接。即建立信任体制。此时,你的承诺是什么,让参与者看得见摸得着的法则是什么,有没有信任背书,这些都有助于强化欠缺信任基础的弱链接。

(3)建立价值保障体系。众筹模式在于发动公众的力量,涓涓细流汇聚成海,众人拾柴火焰高。但要吸引众人的参与并乐意把钱委托给招募者,就一定需要发起人建立价值保障体系。这种价值保障并不一定是金钱,也可以独特的价值服务、尊享的荣誉、特别的体验机会等非物质增值激励。这些价值承诺必须是白纸黑字写下来,并要持续坚守承诺。如果有信任基础或机制,你的承诺建立在你以往信誉的基础上,这种承诺本身就有号召力。如果缺乏相应的信任基础,你还要约法三章为你的价值承诺保驾护航。

第三节 众筹平台相关问题

一、众筹平台的类型与作用[①]

众筹平台在整个众筹活动中处于中心地位,是基于互联网建立的中立型服务平台。作为中介机构,项目发起人和出资人之间的信息交流和投融资交易都是以众筹平台为媒介。筹平台既是项目发起人的监督者和辅导者,也是出资人的利益维护者,多重身份的特征决定了众筹平台的功能复杂。众筹平台的主要功能包括项目审核、平台搭建、营销推广、产品包装和销售渠道等。众筹平台除了作为物理属性上的社区网络平台,平台在其他方面也提供各类辅助性支持服务。

众筹平台提供融资服务所涉及的行业范围十分广泛。根据创投网站上公布的项目分类情况,该网站将其划分为传媒、娱乐、电子产品、电子商务、金融旅游、社交网络等共18类,天使汇平台上的初创企业则可划分为科技、媒体和通信互联网、移动互联网、电子商务等22类。大家投涉及的项目主要包括PC互联网、移动互联网等10类。尽管网站对初创行业的分类五花八门,但实际上中国目前的股权众筹项目多为TMT(Technology、Media、Telecom)行业和高新科技行业,特别是从成功的融资项目来看,多为以APP应用等电子互联网产品为核心的融资。

不同种类的众筹平台扮演着不同的角色,为平台双方提供不同类型的服务。以音乐众筹平台为例,有下列几种类型的平台:第一类是供需关系调解型,主要作用负责将需求方和供给方连接在一起,主要起到中介作用。第二类是公益型,和第一类实现方法上有些类似,不过这种平台不帮助实现任何商业目的,只为了帮助他人实现个人盈利外的目标,实际操作过程中是一种用户对用户的金融平台,利用的是社交网络的潜力。第三类是投资型,建立在对投资者的整合上,平台负责寻找特定的独特的创新项目,平台和投资人作为

---

① 参看崔清杰:《众筹平台用户体验研究与交互设计》,东华大学硕士论文,来自《中国知网》,2016年5月。

一个有机的整体，为实现项目盈利共同努力。

众筹平台在众筹过程中的作用十分关键，其基本作用可表述如下：

(1)连接作用。众筹平台是连接项目发起人和出资人之间的纽带，实现了出资人和项目发起人之间的直接对话，降低了事前交易成本，使得投融资变得更加容易，提高了融资双方的交易效率。

(2)渠道角色。对于从事风险投资的人来说，信息不对称是其面临的核心问题，在众筹模式中，这种不对称性并没有得到彻底的改善，由于线上条件的限制，可以提供给出资人的信息比传统模式更少，同时众筹面向的投资者多是非专业人士，大部分对风险的鉴别能力有限，因此需要众筹平台在项目发布前对项目进行尽职审查，尽可能降低投资风险，保证项目是真正有价值的、可执行的，将优秀的项目呈现给出资人，尽可能保护投资者利益。在项目成功获得融资后，众筹平台有责任和义务通过一定的约束性条件，确保项目发起人可兑现其承诺。

(3)服务平台。对于涉及资金交易的众筹，参与者是持谨慎态度的，尤其是在众筹的发展仍处于相对初级的情况下，众筹平台的正确引导非常重要。对于大多数项目发起人来说，参与众筹融资是很新奇的经历，很多是第一次参与众筹，因此在众筹方面的经验是不足的，这时就需要众筹平台引导的机制，如对新进入者提供师徒制、建立案例知识库作为参考标准等。

二、众筹平台商业模式的基本要素[①]

根据商业模式的相关理论研究，商业模式主要由价值主张、目标客户、分销渠道、客户关系、资源配置、核心能力、合作伙伴网络、成本结构、营利模式等要素构成。

(1)价值主张。价值主张是平台公司通过其产品和服务所能向消费者提供的价值，价值主张确认公司对消费者的实用意义。对于众筹网站来说，其核心价值单元是其提供的投融资平台，该平台设计两类参与者：项目发起者和项目资助者。主要收入产生于双方达成的平台项目，模式的成功依赖于投融资双方的数量以及对融资方质量的筛选。因此众筹网站需要同时向两类参与者提供有实际意义的产品与服务：(1)对于项目发起者来说，这是一个低门槛、低成本的融资平台。没有最低融资额的限制，在融资成功前不需要支付任何费用，而融资成功后，只需支付不超过10%的佣金给众筹网站。不仅如此，这还是个低成本市场推广平台，项目在网站陈列过程中可以吸引众多潜在消费者、投资机构、经销商的关注。(2)对于项目资助者来说，这是个低门槛的投资、消费平台。项目资助者可以根据资金能力对项目进行不同额度的投资并获取回报，没有完成融资目标的项目，所有款项都会被悉数退回。同时，众筹融资网站一般会对项目进行严格的审核和把关，这使得众多不具备专业知识能力的投资人的风险得到降低。同时，由于回报通常以未来产品的形式，因此众筹网站上的最新、最前沿的各种商品也满足了众多项目资助者的消费需求。因此，

[①] 参看张耀东：《基于消费者视角众筹项目融资影响因素研究》，江苏科技大学硕士论文，来自《中国知网》，2015年6月。

众筹网站的价值主张可以归纳为：为数量众多的项目发起者和项目资助者提供低门槛、低成本的投融资平台。

（2）目标客户。众筹网站客户一般都是具有网购习惯的消费者，其中大部分是年轻人，他们追求时尚、科技、创意，对新奇事物具有强烈好奇心，容易被项目发起者的各种产品项目吸引。年轻消费者在消费过程中正表现出强烈的参与感与主人翁意识，很容易接受这种新兴互联网融资模式，从而成为项目开发的一员。

（3）分销渠道。众筹网站的推广主要通过新兴渠道：（1）流量导入。通过优化关键词，使相关的目标关键词上到百度或360搜索等搜索引擎的首页，来获得流量。（2）新媒体营销，口碑传播。社交平台通常拥有庞大的用户群，且用户群大多是由好友组成的关系网，黏性强，活跃度高，以同学、亲友为基础的社交圈，形成了一个巨大的口碑营销平台，信息的传播速度快，可信度高。微博、微信的简短、迅速、广泛、交互化的传播特性，与众筹融资过程中各种新奇精彩的项目有着天然契合度，众筹网站、项目发起人、项目资助人以及其他关注者，均有很强的基于获取关注或者兴趣的动力，对网站内容进行微博、微信关注与推广。众筹网站借助链接、日志、照片、视频等话题信息，很容易以低成本甚至零成本形成强大的传播效应。（3）软文推广。软文推广具有性价比高、转载率较高、持久性强、更具公信力等优势。众筹网站往往将成功项目、企业动态、创始人动态等进行软文包装，从而吸引更多用户的关注。（4）NGO组织、会议推广。为了更精准地接触到众多中小创业者从而获取更多优质项目，众筹网站往往会积极参与线下的创业服务组织、投资会议或互联网会议等，借助这些组织或会议进行推广。

（4）客户关系。众筹网站的发展还正处于初始推广阶段，如何吸引更多的项目支持者，项目支持者的保留以及项目支持者与项目支持者之间的黏性都非常重要。因此，众筹网站必须要为项目支持者提供有保障的服务从而增加其投资信心。项目支持者间的经验分享也无形中对众筹网站和优质项目起到了宣传作用。众筹网站从事客户关系管理不仅仅涉及项目支持者，同时还涉及项目发起者，特别是那些实力、信誉高、产品吸引力强的项目发起者。优质的项目发起者有利于提高网站的品质，吸引更多的用户。项目发起者与项目支持者之间的关系管理十分有利于提升客户体验，提高用户黏性。众筹网站往往会鼓励、指导项目发起者与支持者之间通过网站留言板、微博、邮件等形式就项目进展、答谢等进行互动。

（5）资源配置。众筹网站的团队可以分为线上和线下两个部分。其中线上团队主要负责网站的日常技术维护、项目的审核评估、售后服务、线上推广、美编等工作。线下团队主要负责联系项目发起人，协调项目进展，参与各种线下推广活动等。

其六，核心能力。众筹网站的核心能力表现为低成本获取优质项目。只有源源不断的优质项目上线，才能为众多网站用户提供多样化、新鲜的选择，才能保证项目筹资的成功率，项目执行的成功率，这是获取并维护网站用户的关键。核心能力具体可以表现在项目的获取、甄别、运作三个方面：（1）获取项目申请的能力考验着众筹网站的营销推广、渠道拓展能力。（2）众筹网站需要在收到项目申请后，如何从众多信息复杂的项目中甄别出信誉高、成功率高、产品设计有吸引力的优质可上线项目，这考验着众筹网站内部的项目审核、评估能力。（3）项目筹资成功后，众筹网站有义务监督项目的运作情况，尽可能保障发起人兑现承诺，并通过适当的资源支持提高项目成功率，尽最大可能降低项目风险。

其七，合作伙伴网络。众筹融资是一个产业链，其正常运转需要外部环境的支撑。其上下游涉及包括社交网站等在线传播网络，网络支付服务提供商，项目成功后承诺兑现所需的物流配送企业等各环节的服务支撑。外部环境除了整个互联网网络环境以外，还有关注众筹项目的潜在投资机构、经销商等。

其八，成本结构。众筹网站的成本主要由网站运营成本、人力资源成本与营销成本组成，随着网站构建的模块化及网络技术的升级，网站构建与运营维护在总成本占比中越来越小。而人力资源成本正不断上升，这主要是为了支撑大量项目的审核、上线、维护。营销成本主要是推广费用和广告费等。

其九，营利模式。目前国内外众筹网站普遍都是采取从筹集资金中抽取 1%~10% 作为佣金的营利模式。但目前国内部分众筹网站出于推广业务与竞争的考虑，免除了佣金。如何改善营利模式、拓宽营利渠道（如向项目发起者提供增值服务等）是今后一段时间里众筹网站普遍需要面对的问题。

三、众筹平台的一个简单模型

一些文献以前面第二章介绍的双边市场理论模型为基础，研究众筹平台和众筹融资问题。就目前掌握的文献资料来看，已产生许多研究成果。下面，运用一个较为简单的理论模型进行介绍①。

一般来说，众筹活动中主要涉及三个参与主体：项目发起人、投资人和众筹平台，其中众筹平台作为连接双方的枢纽，扮演重要角色，在众筹模式中，众筹平台一方面连接数以万计的网络主体，向它们提供预购或投资服务；另一方面连接着创新创业团队或个人，这些创新创业主体借助众筹平台融得项目启动资金。根据双边市场相关理论，可认为众筹模式具有以下双边市场特征：其一，众筹双方供需表现为互补性和依赖性；其二，具有交叉网络效应的特征；其三，使用互联网工具，具有非中心性的融资形式；其四，仍然具有较大的风险性。众筹是典型的双边市场，众筹平台借助其中介职能影响价值网络，将众多参与主体连接进入其价值网络，参与主体数量规模越大，参与度越高，其价值越高。

在第二章介绍的理论模型的基础上，进一步假设众筹项目的成功率为 e，并假设其他符号相同，则平台 i 方用户的效用为：

$$u_i = e k_i n_j - p_i, \quad i, j = A, B, i \neq j \tag{7-1}$$

假设众筹平台服务 i 方一个用户的成本为 c，则众筹平台利润为：

$$\pi = n_A(p_A - c_A)e - n_A c_A(1 - e) + n_B(p_B - c_B) \tag{7-2}$$

由此可对上述利润进行研究，求解众筹平台的最大利润及其条件。从模型分析中可见，众筹平台定价与项目成功率成反比。

---

① 参看武帅：《基于双边市场的众筹定价机理研究》，中国科学技术大学硕士论文，来自《中国知网》，2016 年 6 月。刘志迎、武帅：《双边市场视角下众筹平台定价机制研究》，载《上海管理科学》，2016(3)：35-39。

四、众筹平台的操作流程与成功的关键条件

1. 一般众筹平台的基本流程

众筹融资流程由众筹平台设置，众筹平台会规定一些众筹的规则，如筹资项目必须在发起人预设的时间内达到或超过目标金额才算成功。在设定天数内，达到或者超过目标金额，项目即成功，发起人可获得资金；筹资项目完成后，支持者将得到发起人预先承诺的回报，回报方式可以是实物，也可以是服务，如果项目筹资失败，那么已获资金全部退还支持者。众筹不是捐款，支持者的所有支持一定要设有相应的回报。依据这些规则，项目创建者为项目筹资设定一个目标金额与筹资期限，对于筹资项目，众筹网站一般采取 All or Nothing 机制，即对筹资期限内完成融资目标的项目收取一定比例费用，而未完成者则分文不取。

众筹网站的融资流程主要包括项目构思与设计、项目审核、项目发布、项目宣传、项目筹资以及项目回报六个步骤：

（1）项目构思与设计。项目发起人策划拟筹资项目，制订可行性融资方案，选择目标众筹平台并设定融资金额、融资期限和回报方式，为项目的整个融资流程制订可行方案。

（2）项目审核。众筹网站接受项目发起人融资申请，通过执行自身的筛选机制以降低项目风险，保护投资者利益，尤其要杜绝欺诈现象。通过审核者可在众筹平台上创建项目。

（3）项目发布。审核通过的项目，项目发起人通过创建项目主页，并借助视频、图片以及文字叙述等形式尽可能作项目详细说明，以期吸引投资者。

（4）项目宣传。众筹网站除在首页进行项目图标展示外，还会利用官方微博、微信平台甚至举行发布会或媒体见面会进行新项目推送。当然项目发起人也可以自行通过线上或线下社交平台宣传项目。通常情况下，项目宣传与项目筹资同时进行。

（5）项目筹资。投资者在融资时限内对项目予以资金支持。待融资期限到期后，若完成预先设定的筹资金额，众筹网站会根据风险防范的需要将募集到的资金分批拨付给项目发起人。若在规定的期限内未触及拟筹资金额，则意味项目失败，众筹网站将退回已选择支持项目的投资者款项，项目发起人可择机等待下次融资。众筹网站一般会对成功的项目按实际筹资金额的一定比例抽取佣金，对筹资失败的项目则不收取任何费用，即 All or Nothing 机制。但也有众筹网站实行免佣金模式，无论项目成功与否不收取任何费用，如点名时间。

（6）项目回报。项目发起人在项目完成后，根据当初承诺的回报方式（通常为项目衍生品），向投资者支付相应的报酬。

在融资的每一个环节，尤其是审核环节，网站需要制定严格的标准来降低众筹的风险，谨防欺诈现象，保护投资者的利益。

2. 股权众筹平台的操作流程

初创企业种子期融资一般都需要通过线上线下两个阶段进行，具体包括"注册账号—填写个人信息—创建项目—发送商业方案—投资人线下约谈—约谈成功投资人投资—线下

增资手续"七个阶段。

下面结合平台目前存在的两种融资模式："快速合投"模式与"领投+跟投"模式对平台运营流程的几个关键环节进行介绍和分析。

所谓"快速合投"是天使汇推出的一种融资模式，这种模式的特点主要是为合投设置了时间壁垒，即对每个融资项目都设置 30 天的投资周期。而所谓"领投+跟投"是天使汇与大家投平台上都存在的一种模式，该模式的特点在于拥有一定领域投资经验和风险承担能力的投资者通过平台审核后成为该领域的领投人，领投人通过分享投资经验，带领跟投人进行合投，领投人因此获得跟投人的利益分成以及项目方的股份奖励。

无论是"快速合投"还是"领投+跟投"模式，都遵循一般的融资流程，除此之外，领投人还需要经过特别的资格认证。

流程中的第一个重要环节是对投资者的审核。平台对外宣传时一般都声称通过审核的投资人都是"具有丰富投资经验的天使投资人"，或宣称网站是"唯一顶级天使投资人真正使用的平台"。那么，实际上平台对投资者的审核或认证究竟是如何进行的呢？

首先来看各平台对一般投资者的认证要求。从网站对投资者要求提供的注册信息来看，大家投一般投资者的审核标准最低，主要是对投资者真实身份的认证，只需要提供身份证号、手机号码、手机验证码就可以注册成为投资者，并可以查看网站上公布的众筹项目的所有信息，包括项目的商业计划书(business plan)、股东团队的出资情况、项目目前的盈亏情况、融资金额、项目出让股份等关键信息，并且可以直接跟投任何一个项目。如此简单的认证方式使得大家投作为融资项目最少的平台却拥有了最多人数的投资者。

而天使汇的审核标准相较于大家投有一定的提高。天使汇要求投资者提供其所在公司和职位，提供过往投资案例的项目名称、网址地址和简介，提供最小和最大的投资金额（以万元为单位），最后对于身份验证方面不需要投资者提供身份证信息，而是采用新浪微博加 V 用户或绑定上传投资人名片等资料的方式进行验证。在平台认证成功之前用户不能查看融资项目除了非常简短的项目介绍以外的任何资料，也不能进行合投。

创投圈的审核标准与天使汇类似，同样要求投资者上传名片，并提供投资案例的项目名称、投资金额、投资时间、行业、公司简介、项目联系人姓名、项目联系人电话等信息，其中项目名称、公司简介、项目联系人姓名、项目联系人电话为必填项，即未提供相应的资料就不能成功进行注册，只能查看融资项目的简单介绍。应该说，天使汇和创投圈的投资者审核要求较为严格，对投资者的资质有一定程度上的要求，而大家投更接近"众筹"对公众的定位，也因此不能保证投资者拥有相当程度的风险判断力和风险承担能力。

其次是平台对领投人的认证要求。根据《中国天使众筹领投人规则》，领投人的定义如下：(1)应符合天使汇的合格投资人要求；(2)领投人为在天使汇上活跃的投资人(半年内投资过项目、最近一个月约谈过项目)；(3)在某个领域有丰富的经验，独立的判断力，丰富的行业资源和影响力，很强的风险承受能力；(4)一年领投项目不超过 5 个，有充分的时间可以帮助项目成长；(5)至少有 1 个项目退出；(6)能够专业地协助项目完善 BP、确定估值、投资条款和融资额，协助项目路演，完成本轮跟投融资；(7)有很强的分享精神，乐意把自己领投的项目分享给其他投资人。

从对上述领投人的定义可以看出，领投人不仅需要符合一般投资者的认证标准，还需要拥有足够的投融资经验(包括成功投资经历)，较强的风险承担能力，并要求领投人协助创业者完成领投人的投融资。由于《中国天使众筹领投人规则》是2013年10月31日发布的全新的规则，相适应的审核体系尚没有公布，即使是联合发布方之一的天使汇也尚没有开始对领投人资格开展审核。

但是上述要求有着较为明确的数量指标，有些是基于投资者在天使汇平台上的投融资记录，有一定的可操作性，相信如果严格按照本规则进行审核，能够在一定程度上保护创业者，便利其他投资者，促进股权众筹的进行。

流程的第二个重要环节是项目审核。根据各平台的要求，线上的项目审核主要是通过项目基本介绍、项目团队信息、商业计划书三部分进行的。从要求提供的资料来看，平台目前项目的审核主要是形式审查而不涉及实质审查。

流程的第三个重要环节是线下撮合投资者和创业者达成投融资合议。对于这一环节，天使汇提供"Demo Day+私密对接"的线下活动。在这项免费活动中，创业者可以就项目进行展示，展示时间为8分钟，嘉宾点评时间为12分钟。相应的，创投圈提供了更多种类的线下活动。"创投圈挑战120秒"：迅速打动投资人首轮120秒演示产品创业者的每一个介绍环节都被限制在2分钟内。第一轮介绍完毕后进行4分钟的产品展示和3分钟投资人问答。"天使晚宴"：五个由创投圈推荐的项目创业者可以同1名超级天使投资人共进晚餐，展示项目并与超级天使投资人交流项目发展，目前创投圈已经开展了四期活动，分别有著名天使投资人徐小平、邓锋、蔡文胜参与其中。另外还有"天使问答""私密对接会"等活动帮助创业者与投资者进行对接。流程的最后一个重要环节是投融资合议达成后的投资人入资环节。在这一环节中提供服务的主要是天使汇和大家投。天使汇目前主要提供相关协议和法律文件的模板，并不主动参与双方签订协议的过程，但"从今年开始，天使汇将逐步实现全流程服务，包括法律架设、公司治理的信息化托管、在线工商快速变更系统"。

3. 众筹成功的关键条件

(1)筹集天数恰到好处：众筹的筹集天数应该长到足以形成声势，又短到给未来的支持者带来信心。在国内外众筹网站上，筹资天数为30天的项目最容易成功。

(2)目标金额合乎情理：目标金额的设置需要将生产、制造、劳务、包装和物流运输成本考虑在内，然后结合本身的项目设置一个合乎情理的目标。

(3)支持者回报设置合理：对支持者的回报要尽可能的价值最大化，并与项目成品或者衍生品相配，而且应该有3~5个不同的回报形式供支持者选择。

(4)项目包装：有视频的项目比没有视频的项目多筹得114%的资金。而在国内的项目发起人，大多不具有包装项目能力。

(5)定期更新信息：定期进行信息更新，以让支持者进一步参与项目，并鼓励他们向其他潜在支持者提及发起人的项目。

(6)鸣谢支持者：给支持者发送电子邮件表示感谢或在发起人的个人页面中公开答谢他们，会让支持者有被重视的感觉，增加参与的乐趣，这点也常常被国内发起人忽视。

第四节 区块链与众筹

一、众筹行业存在的主要问题[①]

从众筹行业业务流程来看,目前存在的问题主要体现在以下几个方面:

(1)违规经营风险。众筹平台在项目众筹期间掌握投资人资金,可能存在违规经营风险。项目在众筹平台发布后,投资人将资金存入众筹平台账户,在项目众筹成功后,平台扣除佣金或手续费后将剩余项目众筹资金划转给筹资人,即从项目众筹开始到结束期间,众筹平台实际上掌握了投资人资金的调配权和使用权。在平台管理不规范或第三方资金存管制度缺失的情况下,存在资金挪用、延期划转给筹资人等风险。在极端情况下,不排除产品众筹平台发布虚假标的、为项目提供担保、误导投资人的可能。违规经营是导致产品众筹平台出现清盘、恶意跑路、无法回款等乱象的重要原因。

(2)众筹进度信息造假,形成有害的羊群效应。经济学中羊群效应是指投资者在没有形成预期或未完全掌握一手信息的情况下,会根据其他投资者的行为来改变自己的行为。在产品众筹平台信息披露标准尚未制定的情况下,平台出于提升知名度、抢占市场份额等目的,可能虚报众筹进度信息,人为提高众筹进度来吸引更多的投资人。虚高的众筹进度信息可能吸引那些缺乏互联网投资经验、金融知识较为匮乏的投资人"盲从跟投",使实际无法完成众筹的项目最终众筹成功,对投资人权益构成潜在威胁。

(3)项目发起人违约风险。①投资人根据项目信息(项目期限、资金用途等)作出投资决策,未按照项目约定使用资金对投资人意味着风险、意味着可能的资金损失。在产品众筹平台缺乏有效的筹后管理手段时,筹资人更改资金用途、违背约定将资金用于项目研发设计以外用途的风险难以避免。②如果项目研发失败,筹资人可能难以按照约定回报投资人或偿还投资人资金。③即使项目研发成功,筹资人也可能不按照约定回报投资人。

(4)客户信息泄露风险。投资人、筹资人在参与产品众筹时需使用真实身份信息注册,需要绑定手机号码、银行卡等,部分众筹平台甚至将投资人参与众筹情况在网站公布,对客户个人信息安全构成较大威胁。如何在合法采集客户信息的基础上,有效防止泄露客户信息、杜绝出现未经客户同意擅自将其信息用作产品众筹服务以外用途等行为,已经成为目前我国产品众筹行业面临的一大挑战。

[①] 参看赵大伟:《区块链技术在产品众筹行业的应用研究》,载《吉林金融研究》,2017(4):1-5;陈志东、董爱强、孙赫、胡凯:《基于众筹业务的私有区块链研究》,载《信息安全研究》,2017(3):227-236。

二、区块链技术及其应用于众筹行业

自 2015 年开始,区块链技术逐渐成为全球范围内金融创新领域最受关注的话题之一,世界各国政府、金融机构纷纷对区块链技术的应用和发展表示密切关注,各大金融机构联合组建了诸如 R3CEV 的区块链技术应用联盟,预示着继互联网之后又一场新的技术革命浪潮正在席卷全球。区块链本质上是一种去中心化的数据库和基于共享理念的分布式账本,是一串使用密码学方法相关联产生的数据块,每个数据块中都存储着一次交易信息,用于验证信息有效性并生成下一个数据块。区块链在隐匿交易者身份信息的基础上,将所有发生的交易加盖时间戳后在全网发送,更新所有节点的账本副本,同时通过全网实时广播的方式让所有节点共同验证交易信息的有效性,形成无需第三方干预的"共识"机制。区块链技术在众筹行业内的应用可为解决上述众筹行业存在的问题创造条件。

(1)"点对点"直接交易能够有效防范产品众筹平台违规经营风险。区块链技术为产品众筹提供了一种全新的交互方式,投资人可以不再依赖众筹平台这一"中心机构",能够将资金直接划转至筹资人账户,项目众筹成功后,筹资人可以在第一时间将资金投入项目研发中,提升资金使用效率;投资人与筹资人"直接交易"使众筹平台无法接触资金,只能充当信息中介,为众筹融资提供"场所"和配套服务,从而更有利于平台做到合法合规经营,消除平台归集投资人资金搞资金池、提供增信或担保等潜在风险。

(2)区块链技术能够保证交易信息公开透明、不可篡改,保障项目众筹相关信息真实可靠。区块链技术的应用能够确保如实反映项目众筹进度等信息,为投资人投资决策提供正确导向和参考依据。区块链技术可以随时记录项目众筹进度,投资人投给筹资人的每笔资金都会被自动记录,然后加盖时间戳在全网内进行公开,由所有节点共同验证后形成"共识",确保交易信息真实可靠。当众筹进度被恶意篡改时,在下一个投资人投资支持项目后,所有节点的账本副本会被同步更新,真实众筹进度将自动覆盖被篡改的进度,且恶意篡改行为将被及时发现并纠正,同时提示该项目存在风险,为投资人提供警示。

(3)区块链使智能合约从虚拟转化为现实,进一步降低筹资人违约行为危害性。首先,嵌套智能合约的产品众筹项目能够降低筹资人违约风险。投资人可以在投给筹资人的资金上附加一串代码规定资金用途,当筹资人未按照约定将资金用于众筹项目研发之外的用途时,资金将被冻结,同时记录筹资人违约信息并在全网公开,增加筹资人违约成本、降低违约风险发生概率。其次,智能合约能提高执行力,保障投资人权益。当筹资人未按约定对投资人进行回报时,智能合约能够强制执行,对筹资人资产、项目风险保证金等进行及时处置,弥补投资人权益损失。

(4)区块链技术利用分布式智能身份认证系统加强对客户信息的保护,有效防范信息泄露风险。区块链利用个人信息数字化管理技术,在防止客户个人信息丢失、被人为篡改的基础上,通过公钥和私钥的设置有效保障客户个人信息安全。区块链技术使众筹平台上的每个节点都可以验证众筹项目交易信息的完整程度和真实可靠性,但这也仅限于查询交易信息,投资人、筹资人的个人身份信息是隐匿的,只有投资人、筹资人本人通过私钥才能查询,从而对其个人信息形成有效保护,使其在完成交易的同时免受其他无关信息干扰。

(5)区块链技术还可解决众筹模式的一些业务方面的技术问题,这包括:①公信力问题。众筹平台作为P2P金融业务的补充,必须满足金融机构业务所具有的信誉和信用,提供安全可靠的账本,取信于投资大众,需要提供技术上的支撑。②可靠监管与监督。如何基于网络模式,给出审计、投资、第三方、项目等不同层次和权限的监管是建立众筹体系的关键。③规模扩展问题。众筹平台做大,需要和银行、其他众筹平台等金融实体的对接融合,需要给出与传统业务的桥接和互联互通技术平台。

三、区块链在众筹平台中应用的实践设计[①]

这里介绍的实践设计采用瑞波(Ripple)作为区块链网络基础框架,区别于常用的比特币、以太坊等区块链基础框架,具有发行资产便捷化、事务执行效率高和费用成本低等优势。

1. 架构设计

除具备传统众筹平台的功能外,实践设计使用区块链技术重点替换或新建标的资产化、资产交易化、资产收益化和资产可跟踪等功能模块。

(1)标的资产化。针对每个(类)众筹项目形成独立的资产发行机制,实现银链和链银互转,构建独有的标的资产管理,在实现标的资产化功能模块时,需要符合"规则透明、价值锚定、合规监管"的三原则,同时使用智能合约控制资产发行规则。

(2)资产交易化。资产交易化采用了分布式交易所方式,区别于当前业界的传统交易所和数字资产交易所,采用撮合交易的方式进行资产交易。

(3)资产收益化。投资标的后,标的本身会产生一定的收益,收益会以标的资产的方式发放给投资人,形成投资、收益闭环。收益资产可以采用两种模式:一种是众筹平台通用资产,另一种是众筹标的资产。

(4)资产可跟踪。众筹平台从开标、投资、结标收益等各个环节实现资产流转状态公开共享,实现资产全生命周期可跟踪。共享的可信账本数据,外部用户或者系统可以进行账务查询、资产交易、资产转账等操作。

2. 账户设计

实现资产全程可跟踪功能的关键是要搭建可靠的账户体系结构,众筹平台通过第三方存托管实现人民币的合规充值和提现,众筹全过程采用数字资产形式在链上进行交易或转账。每个用户包括投资人和融资人,都拥有区块链账户,每个项目拥有一个项目过渡户,平台方可以针对每种众筹产品独立拥有或者共享资产发行账户、平台收益账户、平台代收账户、平台代付账户、平台保证金账户和平台过渡户。基于区块链账户结构,外部财务系

---

① 参看宋文鹏、王振燕:《区块链在众筹平台中的应用》,载《信息技术与标准化》,2017(3):28-30。这里的实践设计是依据瑞波(Ripple)系统,以及其他系统,如比特币、以太坊(Ethereum)为基础进行的实践设计,可参看黄洁华、高灵超、许玉壮、白晓敏、胡凯:《众筹区块链上的智能合约设计》,载《信息安全研究》,2017(3):211-219,以及其他文献。

统和交易系统可以直接对接。

3. 关键技术

（1）可靠异步通信技术。众筹平台与区块链网络通信采用 WebSocket 全双工通信技术，同时搭配 SSL(Security Socket Layer，加密套接字协议层)技术，保障网络传输私钥等敏感数据的安全和不可篡改。由于 Ripple 区块链网络属于公有区块链网络，节点遍布全球，在接入 Ripple 网络时，会存在两种严重问题：①网络不稳定，导致 WebSocket 连接经常断连，时常重连；②请求响应的异步报文可能丢包。

针对这两种问题，在工程实践时，一方面使用 WebSocket(或 WebSocket SSL)连接池技术，提高网络重连效率；另一方面需要使用异步消息补偿机制和消息报文全局 ID 跟踪，异步回告和同步查询相互补充。

（2）账本数据高速访问技术。区块链网络账本数据需要大量的查询操作，其数据通常存储在关系型和非关系型数据库中，在数据库进行优化的基础上，实践设计采用准实时数据同步技术，根据实际业务需求将数据进行加工处理形成查询专用库，同时在数据库基础上添加缓存层，进一步提升查询效率。在工程实践中，可以搭配 Nginx 反向代理和均衡负载，进一步提升查询效率。

（3）区块链节点集群部署技术。区块链节点采用 P2P 网络通信，各个节点会独立进行签名、验签、有效性验证和共识验证等逻辑处理。整个区块链网络的运行效率受网络条件情况影响的同时，也受逻辑处理时间影响。为了提高区块链网络的效率，搭建区块链节点集群，集群节点间共享签名、验签、有效性验证和共识验证等逻辑处理，统一对外提供服务，在一定程度上提高事务的处理效率。在工程实践中，此种技术对大事务(一个事务拥有多个操作)提升性能效果明显。

（4）可信时间序列认证技术。可信时间戳是由可信第三方颁发的具有法律效力的电子凭证，时间戳与电子数据唯一对应，其中包含电子数据摘要、产生时间、时间戳服务中心信息等。其显著特点包括：①法律有效性，符合《中华人民共和国电子签名法》及相关法律规定；②时间及时间戳的权威性和可靠性，可信时间戳由我国法定时间机构——国家授时中心负责授时和守时，确保了时间及时间戳的权威性和可靠性。

可信时间戳由权威第三方时间戳服务机构颁发，不能被篡改和伪造。通过可信时间戳的使用，保证了众筹交易全过程的时间序列可信性。

四、区块链与众筹关系的简要小结与说明

通过在众筹平台中应用区块链技术，增加了众筹标的资产的交易性，大大提高众筹平台的活性。针对投资人，不仅可以从项目发起方获取投资收益，平台还可以提供资产交易回报，与此同时，众筹平台也获得了一定的收益。区块链技术的应用，增强了业务系统交易的可信、可审计、透明和隐私保护等。通过实践，可验证区块链技术在某些方面的便利有效性能够快速实现系统中台和后台的部分功能，区块链技术的特点确实能够满足产品众筹未来规范发展、防范风险的需要。

但由于区块链在技术成熟度和业务成熟度方面还不完善、区块链技术监管法律与制度

缺失、计算能力有限、"中心机构"全期内难以替代、反洗钱风险、技术风险与道德风险无法避免、平台参与者固有使用习惯短时间内难以迅速转变等因素的存在，因此仍然制约着区块链技术在金融行业内的深入、广泛应用。区块链技术在未来能否嵌入产品众筹行业并成为行业发展的助推器，还有赖于区块链技术的进一步完善和发展以及监管制度的落地，还需要产品众筹行业进行长期的探索和实践。

【阅读与案例】

自从众筹先锋平台美国 Artist Share 公司于 2001 年成立后，特别是 2009 年美国众筹公司 Kickstarter（美国活力启动者公司）网站正式上线后，国内外已经出现大量的针对众筹问题的研究文献。在针对众筹问题的研究文献中，有一类文献针对众筹的特殊性提出了一些新型的理论模型与方法，并针对一些实际运营的众筹公司进行案例研究。下面选择几篇文献对其中的理论模型与方法进行介绍，值得注意的是，这些研究的实证方面基本上以 Lending Club 公司等发布的数据为基础进行，正好可以看成这些公司某个方面的案例分析。

首先介绍一篇论文，该文运用语义文本方法分析众筹成功的决定因素[①]。在社交网络的时代，众筹对于企业家或小企业来说，已经成为一种越来越重要的方式，以提高人群的基本资本，支持他们的项目或业务。众筹网站如 Kickstarter 和 IndieGoGo 作为在线中介代理，允许项目创始人以最低的成本快速获得大量的个人投资者。相信众筹有助于将普通客户转化为商业投资者。众筹不仅在发达国家出现，而且在发展中国家如中国也非常受欢迎。然而，在所有众筹网站中，可以达到其原始筹资目标的众筹项目的百分比相对较小。例如，只有 44% 的项目可以达到它们在 Kickstarter 的初始筹资目标。对于大多数众筹网站来说，如果一个项目不能及时筹集足够的资金来实现原始筹资目标，那么该项目将被标记为失败，其筹资活动将停止。这成为利用众筹获得风险资本以支持各种创新的商业想法的主要障碍。该文重点研究影响力特征，特别是可能影响众筹融资项目筹资成功的文本特征。为简洁起见，众筹成功指一个项目的筹资成功。

正如前面所说的那样，虽然众筹旨在通过利用"人群"来帮助人们执行各种任务，众筹是指为了完成特定类型的任务，通过人群募集资金。众筹是开放式呼叫，基本上通过互联网，以捐赠的形式或以某种形式的奖励或投票权的形式提供财政资源，以支持特定目的的倡议。众筹包括三个重要组成部分：项目创始人、群众资助者（即支持者），以及将创始人与资助者联系起来的众筹平台。众筹项目可以分为不同类别，例如非营利或营利项目。或者，众筹项目可以分为基于股权、以奖励为基础、基于贷款或基于捐赠的项目。此外，有两种类型的创始人，即想要实现他们的想法的创始人和想要促进他们的业务的创始人。

以前的研究发现了众筹的独特优势，还检查了众筹成功的一些因素。这种研究产生了大量文献，使用了许多方法，如传统的统计计量分析和较新的如支持向量机（SVM）和决

---

① Hui Yuan, Raymond, Y. K. Lau, Wei Xu. The determinants of crowdfunding success: A semantic textanalytics approach. Social Science Electronic Publishing, 2016(67): 67-76.

策树(DT)、K-最近邻(KNN)、马尔科夫链和 SVM 的时间特征和机器学习等方法。这篇论文主要有三个方面和以前的研究有所不同。第一，以前的研究主要针对奖励的项目，而这篇论文主要研究奖励和非奖励项目。第二，虽然机器学习方法被应用于预测众筹成功，但以前的工作没有探讨主题建模方法，从项目描述和奖励描述中挖掘局部特征，以预测筹资成功。第三，大多数以前的研究主要使用基于使用英语的众筹平台的相关资料，而这篇论文还使用基于中国众筹平台的资料。

这篇论文涉及三个方面的贡献，其一，以前的研究发现，项目描述中使用的语言可能影响筹资成功，但只有浅语言特征(例如，单词数量、拼写错误等)被检查。这篇论文设计了一个新的文本分析框架，用于分析和预测众筹融资项目的筹资成功。其二，开发了领域约束 LDA(DC-LDA)主题模型，用于从项目的文本描述更有效地挖掘局部特征。其三，进行实证分析，以确定影响基于现实世界众筹平台项目的筹资成功的基本因素。该研究应用主题建模方法从项目描述中提取主题特征，以分析和预测众筹项目的成功。其管理意义是，企业家或小企业可以应用所提出的框架来确定影响筹资成果的因素。

在上述介绍中提到 LDA(DC-LDA)主题模型，这一模型的含义可作如下说明：一般来说，主题建模方法已经广泛用于文本挖掘任务。LDA 是主题建模方法之一，其特征是在文档和单词的传统构造之间引入潜在变量(即主题)，以更好地描述文本语料库的每个文档的生成。主题表示嵌入在文档中的潜在语义概念。

虽然 LDA 已经广泛用于主题建模，但这种方法有一些缺点。第一，由于 LDA 是一种无监督的学习方法，所以得到的主题可能非常嘈杂(即一些主题包含不相关的单词)。第二，由于主题可能包含不相关的词，所以主题可能不能表示真实世界域的语义一致的概念，这可能导致人工解释方面的问题。第三，对主题的词的随机分配可能导致迭代主题建模过程的收敛问题。以前的研究通过各种方法来解决 LDA 的问题。例如，探索了用于指导主题建模过程的主题集合知识。必须链接(即共享类似语义的词)和不能链接(即，表示非常不同含义的词)关系是基于现有语料库构建的，然后应用于指导 LDA 模型。此外，应用一般知识来提取先前领域知识以指导主题建模过程。

为了解决 LDA 模型的缺点，这篇论文设计 DC-LDA 模型用于更有效的主题挖掘。DC-LDA 模型的基本直觉是利用问题域的词之间的固有语义关系来指导主题建模过程。例如，由于词"项目"和"创新"在语义上相关，并且它们经常在众筹问题域中共同出现，这些词通过特定领域语义网络的必须链接关系捕获。相比之下，"权证"和"雕塑"在众筹背景下不是语义相关的，因为"权证"是关于股票投资产品，"雕塑"是关于完全不同类型的艺术项目。因此，经由领域专用语义网络的不能链接关系来捕获这些词语。通过使用必须链接并且不能链接在特定领域语义网络中编码的关系，可以在迭代主题建模过程中更好地指导词到主题的分配。例如，对于"众筹项目"的主题，"创新"一词更有可能会分配给主题，而"雕塑"一词不太可能被分配到"金融投资项目"主题。由于这个指导主题建模过程，所得到的主题更具语义一致性并且更容易被人理解。此外，由于是引导主题词分配而不是随机分配，迭代主题建模过程的收敛更快。为了构建语义网络，首先检索与众筹相关的在线新闻文章以构建特定领域的语料库。然后，从这个域特定语料库收集每对词的同现统计。这些同现统计被应用于估计必须链接的先验概率和词之间的不能链接关系。在这个阶段，基于每对词之间的先验概率分布来构造领域特定语义网络。最后，领域特定语义网络被应用于所提出的 DC-LDA 主题模型以指导词到主题的分配。换句话说，领域特定知识（即先验词概率分布）被并入所提出的主题建模方法中以改进开采主题的质量和收敛速度。

其次介绍的论文研究在众筹中影响出资者出资的决定性因素①。该论文应用了社会交换理论等前人的研究理论来研究对出资者出资的影响因素，并提出了有关的模型，最后由实证研究得出了结论。

众筹现已成为互联网时代小微企业筹资的一种新型渠道。利用众筹平台，有想法的创业者就没有必要准备复杂的材料申请银行贷款，只需要在互联网众筹平台将自己的计划发出来，聚集到一定数量的集资者，就可以得到预期数量的资金开展自己的活动。因此，众筹是有助于组织或个人将他们的想法变为现实的资金的在线筹集。由于科技的快速发展以及 Web2.0 时代的到来，众筹发展得十分迅速。不过，尽管众筹平台发展如此迅速，大多数众筹平台（例如 Kickstarter 和 Indiegogo）的项目成功率却不到 50%，而且还在逐年下降。在这种现实背景下，了解影响支持者出资意向的因素至关重要，而且是非常必要的。

在前人研究的基础之上，这篇论文认为建立支持者的信任与承诺是提高支持者出资意向的一个解决方式。该文引用社会交换理论（SET）作为理论基础，这样做主要有下列几个原因：第一，SET 认为信任和承诺是个体间进行交换行为的基础。基于这个理论，信任和承诺的前因后果都需要被分析。第二，SET 可以解释支持者参与众筹的认知过程。该理论认为关系是个体在经过主观的损益分析之后而形成的。将此理论应用到众筹中，就可以认为支持者在出资之前，不仅会考虑各种回报，还会考虑潜在的风险。第三，SET 理论认为"交换"既可以交换有形的实物，也可能有无形的事物。应用到众筹环境中，人们交换的不仅有金钱和产品，还有感情、同情心和鼓励。

在这篇论文前，对于在众筹领域成功的研究主要集中在以下三个方面：一是研究了众筹绩效的决定因素。例如有学者发现企业家的社会网络关系、责任感以及共同意义会影响众筹效果。二是研究了成功的众筹项目的特点。他们发现成功的项目通常都很吸引人而且相对来说需要较少的资本投入，其中非营利性的项目更容易成功。三是揭示了支持者参与众筹的动机，发现与发起者有相同的兴趣或者专业知识的支持者更容易参与该众筹项目。尽管已经有以上诸多研究，但是较少文献从支持者的角度来分析影响众筹的因素。这是该论文进行研究的起因。

这篇论文主要有四点贡献：第一，先前的研究有过将社会交换理论运用于电子商务、移动服务或者微博等领域，但是少有将其用于众筹领域，此研究是首次将社会交换理论运用到众筹环境下的研究之一。第二，众筹作为一个新兴事物，对其研究通常从发起者或者众筹平台的角度来进行，少有针对支持者出资意向的研究。第三，现在研究的众筹问题大多围绕西方国家的众筹平台，而事实上亚洲地区的众筹平台发展极其迅速，一些西方的规则可能不适合，此研究就将眼光投向了亚洲地区，将对支持者的行为有更深入的了解。第

---

① Sheng Bi, Zhiying Liu, Khalid Usman. The influence of online information on investing decisions of reward-based crowdfunding. Journal of Business Research, 2017(71): 10-18.

四,这次研究应用调节定向理论来研究不同定向支持者群组中感知风险对出资意向的影响。总的来说,该文的研究可能会成为为众筹发起人以及平台管理者提供筹资策略和营销建议的指导。

这篇论文主要有下列结果:首先,为了增加支持者的出资意向,应用社会交换理论并且证明了把社会交换理论应用到众筹中的必要性。因此,对信任、承诺和感知风险作为主要中介变量对出资意图的重要的作用进行了讨论。其次,为了提高支持者的信任和承诺,这篇论文还遵循摩根和亨特提出的承诺信托理论,考察了影响投资者信任和承诺的主要因素。最后,也讨论了感知风险的前因。

【概念】

众筹、众筹平台、众包、微型金融、外包、威客、订购、Artist Share 公司、Kickstarter(美国活力启动者公司)、点名时间、众筹网、拍拍贷、模块化、JOBS 法案、捐赠众筹、回报众筹、债权众筹、股权众筹、动机、众筹参与者、情感动机、利他动机、新奇动机、社交动机、回报动机、职业发展动机、语义文本方法、主题建模方法

【思考题】

1. 简述众筹的含义及其与众包、威客的差异。
2. 简述众筹起源与发展。
3. 简述众筹发展的背景与原因。
4. 简述众筹的特征。
5. 比较众筹与 P2P 网络借贷,说明其特点。
6. 简述众筹的类型及其含义。
7. 简述众筹的优点与缺点。
8. 与传统融资方式相比,众筹的基本作用。
9. 简述众筹参与者的动机。
10. 简述众筹的影响因素。
11. 简介众筹平台的理论模型。
12. 简要说明众筹项目成功的一些因素。
13. 与国外相比,中国众筹项目取得成功的一些因素。
14. 简述众筹平台的类型与作用。
15. 简述构成众筹平台商业模式的基本要素。
16. 简述众筹平台的操作流程与成功的关键条件。
17. 简述众筹行业存在的主要问题与区块链的基本作用。

第八章　互联网金融专题问题

第一节　传统金融企业与互联网金融企业的竞争合作

一、传统金融企业与互联网金融企业的含义

一般来说，传统金融企业，如商业银行是以金融资产和金融负债为经营对象，以货币和货币资本为经营商品，从事包括货币收付、借贷以及各种与货币运动有关的或者与之相联系的，以获得利润为经营目的的金融服务机构。商业银行的主要经营业务范围大致可以划分为资产、负债以及中间业务这三大模块。商业银行的资产业务是其运用资金的主要业务，除了将吸收的部分存款作为准备金之外，主要包括投资和贷款这两项业务；负债业务是形成传统银行资金来源的主要业务，是传统银行开展资产业务的前提条件，归纳起来它主要包括自有资本以及吸收外来资本这两部分；中间业务是指商业银行从事的按照相关会计准则不构成其表内资产和负债，但能影响银行当期损益的经营活动，它主要包括银行支付结算等在内的服务性业务。

互联网金融既包括现有金融机构的金融业务互联网化，也包括不同于商业银行间接融资和直接融资的一种完全依赖互联网的新金融模式，互联网金融依靠互联网技术作为金融中介，不依赖银行、证券公司等金融中介进行资本的流转，资金融通仅依托互联网来实现。互联网金融企业则主要是指除传统金融中介机构以外，从事新兴互联网金融业务的企业，特别是以互联网为主营业务的、以互联网为渠道的、向既有金融市场和市场盲点区域渗透的企业和组织。就中国来说，包括传统电子商务企业，例如百度、阿里巴巴、腾讯、京东商城等以及在细分领域获得快速发展的人人贷、有利网、快钱等第三方支付平台和网络借贷平台等，这些构成了中国现有互联网金融业务的经济主体。

二、传统金融企业与互联网金融企业的竞争与合作[①]

互联网金融由于其具有方便快捷、交易成本低等诸多优点，其快速发展显然会对传统

[①] 参看高靖：《互联网金融与商业银行的竞争合作关系研究》，湖南科技大学硕士学位论文，来自《中国知网》，2015 年 6 月；李亚征：《互联网金融各主体间的博弈关系及其风险评估研究》，北京理工大学硕士学位论文，来自《中国知网》，2015 年 12 月。

商业银行的资产、负债以及中间业务形成巨大冲击。与此同时，在国内金融市场发生深刻变化的背景下，以兴业银行、平安银行、招商银行等为代表的传统商业银行纷纷进入互联网金融领域，以应对互联网金融领域激烈竞争的格局。这样，在金融市场上，不仅可以看到传统金融机构之间的竞争与合作，也可以看到互联网金融企业之间的竞争与合作，以及传统商业银行与互联网金融企业之间的竞争与合作。下面，从商业银行的资产业务、负债业务、中间业务等方面简要说明互联网金融与商业银行的竞争状态。

（1）资产业务方面的竞争。传统银行业务的资产业务中，最主要的业务之一是贷款。商业银行只有把资金贷出去，才能取得利息收入，存款和贷款的利息差就是商业银行的利润。在互联网金融出现后，客户利用互联网进行融资，相当于银行贷款业务的流失。

线上融资。互联网金融根据"短、小、频、急"的融资需求特点来设计相应的产品和流程，创新性地开发出众筹、P2P 网贷和电商小贷等融资模式，冲击着商业银行由于自身征信体系不完善而无法提供有效服务的小微企业、个人借贷等领域的贷款业务。截至 2014 年上半年，众筹平台以产品式、股权式为主要形式进入了快速发展时期，有效地推动了小微企业的迅速启动发展，其中包括上线一年即达市场份额六成的滴滴打车等；以人人贷、宜信为代表的 P2P 网络借贷平台，迄今已达 2000 余家，比较活跃的有几百家，有效地解决了小额借款者的融资困境。短期来看，我国尚未建立全国企业信用体系的联网，这使得借款人有可能编造虚假信息，从而无法保障互联网信息与数据的真实性，而商业银行同互联网金融机构相比，拥有较为领先的风险管理理念、比较成熟的风险控制手段来控制业务风险，实现风险与收益的平衡，所以互联网融资短期内还不会对商业银行贷款业务形成较大威胁。长期来看，随着互联网信息的公开分享，贷前审查评估、担保和贷后管理等专业性服务的产生及发展，有着强大的信息搜索和处理优势的互联网金融则可以更为有效地判断客户的资质，不仅仅局限于小微企业、个人信贷的贷款业务，更有可能把信贷业务扩展到大企业客户，这对于商业银行来说无疑是一个巨大的潜在威胁。

以 P2P 网贷为代表的网络融资模式的发展将影响传统商业银行的贷款业务。互联网金融凭借其强大的信息处理能力，在保障交易安全的前提下，大大降低了市场上信息的不对称，为后续的资源配置提供了基础，强化了其作为资金信息中介的功能。例如，网络众筹、P2P 网贷等充分发挥了网络信息传播速度快、融资透明度高的优势，不仅提高了交易速度、节省了相关成本费用，同时还能够有效地控制交易过程中可能产生的道德风险。目前网络融资的目标客户正在向小微企业等领域漫延，在可以预见的未来，以 P2P 和众筹为代表的网络融资模式的发展势必也会抢夺银行的客户资源，挑战商业银行的贷款业务。

不过，也要注意到，目前互联网金融主要把资金贷给个人和中小微企业，主要对商业银行的零售类业务如个人贷款和小微企业贷款等产生影响。一般来说，互联网金融的个人贷款是基于个人网贷平台，P2P 借贷和众筹融资属于此平台；互联网金融的小微企业贷款是基于机构网贷平台，电商信贷就属于此平台。个人网贷平台的客户与银行的个人贷款客户不是相同的。个人网贷平台的利率比较高，为 16%~25%。银行的利率较低，为 5.6%~6.15%，一个理性的客户会选择银行的低利率进行贷款，资金成本低，但不是人人都能取得银行的贷款，只有不符合传统银行贷款条件的客户才会选择高利率的个人网贷平台，银行的优质客户还是会从传统银行获得贷款，因此，就目前来看，个人网贷平台无法抢占银行的优质客户。同样，机构网贷平台的利率也远远高于银行的贷款利率，如阿旦小贷，和上述分析相同，就目前来看，机构网贷平台也不会对银行贷款业务构成威胁，因为两方的客户群是分离的。

（2）负债业务方面的竞争。传统商业银行的负债业务主要涉及客户存款和其他资金来源业务方面，客户存款是商业银行资金的主要来源。存款对商业银行的盈利水平产生重大影响。商业银行需要支付利息给存款者，这构成了商业银行获取资金的成本，利息过高，商业银行通过存贷利差获取的利润就会减少；同时，中国银行法规定商业银行贷款不能超过银行存款的75%，如果存款数量减少了，商业银行的资金运用能力就会降低，不能贷出更多的资金，从而银行效益减少。

互联网金融企业进入上述业务将会影响商业银行的盈利状况。第三方支付、P2P 借贷和余额宝等互联网金融产品能使银行的个人存款发生流转，即银行的个人活期存款、个人定期存款、个人理财产品都会遭受互联网金融的影响。就中国目前的情况来看，一些互联网金融企业主要是通过线上理财形式进入存款市场。支付宝旗下的余额宝、华夏基金与微信推出的微理财、腾讯旗下的财付通、淘宝的基金产品等一系列创新的互联网金融理财产品正在抢占着传统银行不曾触及的草根客户市场，这些产品具有收益高、风险小、单笔金额微小的优点，客户1元钱就可以参与投资理财，改变了传统银行理财产品门槛高、期限长等特点，形成了声势浩大的长尾市场，一经推出，便颠覆了传统银行的存款模式，掀起了互联网理财的新浪潮。同时，好贷网、融360、数米网、天天基金等为代表的互联网金融企业与商业银行的理财中介业务也展开竞争。这部分业务主要是为金融机构发布理财、贷款、基金或保险等产品信息，作为信息中介或承担代销，是传统商业银行表外业务，可以为银行带来可观的手续费收入，而现今则形成互联网金融企业与传统商业银行相互竞争的状态。随着互联网金融企业不断推出新型金融产品和新型服务，将影响商业银行的活期和定期存款业务以及与基金相关的代销业务，最终挑战商业银行的负债业务。

这种变化可用余额宝为例来说明。从相关资料来看，余额宝的推出的确抢夺了传统商业银行的理财份额。自2013年年中阿里巴巴推出余额宝业务，短短一个月内，其募集的资金规模就已超过数百亿元，究其原因主要是，余额宝将货币基金与其自身的第三方支付业务进行了融合，在为客户提供了正常支付功能的同时，还提供了保值增值的功能。传统商业银行由于受到存款利率的管制，基金的申购与赎回又有时间限制，但余额宝承诺的则是基金当日即可赎回，资金最快当日即可到账。余额宝的支柱是支付宝，支付宝是第三方支付机构。在国家发布的《支付机构客户备付金存管办法》中，规定第三方支付机构把资金以备付金的方式存入一个特定的银行，如支付宝的备付金银行是中国工商银行。买家先付款至第三方支付机构，其作为中介等卖家发货、买家收到货款后，再把资金打给卖家，这个过程有个时间差，这笔货款可以暂时存入第三方支付机构的备付金账户中。这带来了个人活期储蓄存款的流转或流失。当买家付款时，存款从一家银行转入第三方支付机构的备付金存款账户，这是活期储蓄存款的流转，活期储蓄存款在整个银行体系内没有增减。那个人活期储蓄存款的流失是什么呢？因为部分第三方支付机构的备付金存款转成了银行的定期存款，银行的定期存款利率高于银行的活期存款利率，所以银行的资金成本提高，其盈利就会相应减少。

不过，由于传统商业银行的存款数额巨大，就目前来看，互联网金融企业对商业银行盈利性的影响不是很大。同时，由于受到余额宝的影响，许多传统商业银行也相继推出与余额宝类似的金融商品，与互联网金融机构进行竞争。与此同时，支付宝受欢迎的一个原因是，它与购物网站相结合，客户购买商品后，能方便使用支付宝进行支付，使客户感到十分便捷，这是所谓的电子商务金融化的一个表现。鉴于电子商务的成功，一些传统商业银行也自建电商平台，如建设银行2013年推出的善融商务等，利用银行已经掌握的信息技术，通过办理商业购物，与互联网金融机构进行竞争，这方面的进展往往称为银行的电商化。此外，社交网络也会对客户存款等产生影响，如QQ、微信和财付通的关系一样，一些传统银行也看到这方面的商业机会，利用微博、微信、QQ空间等，与互联网金融机构进行竞争。

(3) 中间业务方面的竞争。商业银行的经营业务还有各种中间业务，其获利是手续费。商业银行最原始也是最为重要的一种中间业务是支付以及支付结算业务，可以说，从商业银行历史来看，现有的存、贷、汇业务等都是从支付结算业务中衍生出来的。

在互联网金融发展过程中，传统银行在这方面的业务也受到影响。目前，互联网金融企业也相继进入这一业务领域。互联网金融企业通过第三方支付组织在网上交易中扮演着类似于传统商业银行的角色。一般来说，互联网金融运行的模式主要由三部分组成，即信息处理、支付结算以及资源配置，其中支付结算是互联网金融得以生存的基本条件。移动通信技术和无线通信技术的发展使得互联网金融模式下的支付结算得以生存，因为它是以移动支付为基础的。相比于商业银行，第三方支付组织有其特有的延迟支付功能，价格更低(部分甚至免费)、操作更加便捷，因此更容易为消费者接受，从而直接挤压着商业银行的网上银行业务。以支付宝、财付通、快钱等为代表的第三方支付组织迅速取代了传统银行的互联网支付、银行卡收单、预付卡发行与受理等第三方支付业务，在我国第三方支付16万亿元的市场规模上(据中国支付清算协会2013年末发布的数据)，其所占据的份额达到近八成。

具体来说，第三方支付平台会导致传统商业银行在转账业务中手续费收入的减少。如果没有第三方支付，客户通过商家的POS机付款，商家支付1%~2%的手续费。在这笔交易中，发卡行能获得手续费的70%，为商家装POS机的银行能获得20%，如果两家银行为同一家，则能获得90%的交易费。如果有第三方支付平台如支付宝，在这笔转账业务中的总的手续费约为交易额的0.4%，虽说发卡行还是能获得70%的交易费，但总的交易费少了60%，因此发卡行的手续费少了60%。因此，商业银行的利润会有一定程度的减少。同时，阿里巴巴的支付宝，腾讯的财付通、易宝、快钱、微信支付等已经可以为顾客提供包括收款、转账、汇款、车票、电费等在内的一系列支付和结算服务，并也已经占有了部分市场份额。

总的来说，互联网金融企业对传统商业银行的日常业务和盈利状况会带来某种程度的影响。与此同时，也促使传统商业银行等金融机构谋求变革，由此形成金融活动的竞争，并在相互竞争的过程中，传统金融企业与互联网金融企业会各自吸取对方的竞争优点，通过合并或合作成为一个具有共同利益的整体，形成既相互竞争又相互合作的经济关系，为客户带来更好的体验与更多的利益。

三、互联网金融企业与传统商业银行的博弈与策略选择

假设存在传统商业银行和互联网金融企业这两种经济主体，它们在相同的金融市场中展开竞争与合作关系。如果我们在两类企业中各选择一家代表性企业，那么这两个企业在这种市场中，为了获取最好的收益，是选择竞争，还是选择合作呢？它们的策略如何呢？它们如何决策呢？

对于这类问题，往往可以从博弈论角度来进行研究①。在博弈论中，合作与非合作博弈是基本的分类，是两个相对的概念。如果两个竞争者属于一个整体，例如上述互联网金融企业与传统商业银行都属于金融市场上的经济主体，某个企业的决策者往往追求自身利益最大化，而不会顾及与其他主体一起形成的集体利益，由此产生集体利益与个体利益相互冲突的问题。不过，如果允许博弈中存在有约束力的协议，那么此时个体与集体之间的矛盾可以通过某种方式来化解。一般把这种存在着有约束力协议的博弈称之为合作博弈，与之相对应的则是非合作博弈。早先的博弈论研究中，非合作博弈占主流，譬如经典的囚徒困境、古诺模型等都是非合作博弈的典型。不过，由于各个企业间总是具有某种差异，通过相互合作也可以谋求更大的收益，这样也产生了对合作博弈的研究。下面，以博弈论为基础，对互联网金融企业与传统商业银行之间的合作与非合作博弈进行说明，论述博弈参与各方在互动关系中如何寻求自身利益最大化的最优策略②。

首先说明假设前提：（1）互联网金融市场上只存在以传统金融为代表的商业银行和新兴的互联网金融企业两个参与者，它们都准确了解市场需求曲线，能同时对双方开展业务的需求量作出决策分析。（2）两个参与主体均从各自最大利益为出发点来作出决策，满足理性经济人假设。（3）完全信息动态博弈。在博弈过程中，传统商业银行与互联网金融企业之间彼此深知对方的交易模式及其优势所在，二者行动有先后顺序。

此外，相关字母的含义如下：$q_i(i=1,2)$ 为互联网金融企业以及传统商业银行双方在线上贷款、线上理财和第三方支付等业务的市场需求量，且互联网金融相关业务市场需求总量为：$Q=q_1+q_2$。p_i 为互联网金融企业和传统商业银行开展相关业务的市场价格，该价格由市场需求量来决定，与市场需求量成反比，即 $P_i=a-(q_1+q_2)$，其中 a 为常数。c_i 代表互联网金融企业和传统商业银行开展相关业务的成本，其中 c 为变动成本，F 代表固定成本，即有：$c_i=cq_i+F$。b_i 代表互联网金融企业和传统商业银行面对金融市场开展相关业务所需要面临的风险，例如线上贷款面临的违约风险等，因为面对相同的市场，两者所面临的风险相同，即：$b_1=b_2$。

---

① 目前，国内出版的博弈论的书籍较多，作为入门，可参看王则柯：《新编博弈论平话》，中信出版社，2003年。

② 参看王招治：《互联网金融企业与传统商业银行的合作博弈分析》，载《理论探讨》，2015年第5期；陈浩、张琳：《第三方支付企业与商业银行演化博弈分析——互联网金融视角下》，载《企业经济》，2016年第2期。

这样，互联网金融企业和传统商业银行开展相关业务的利润函数各为：
$$\pi_i = p_i q_i - b q_i - (c q_i + F), \quad i = 1, 2 \tag{8-1}$$

其次说明博弈过程，这可分为非合作博弈和合作博弈两种形式。(1)在非合作博弈的场合，参与博弈的主体从自身利润最大化出发而采取行动，由此得到的博弈均衡是多个参与主体理性行为的共同结果，均衡结果体现在各参与主体反应函数的交点处获得。通过对方程(8-1)式求解最大值，可解得互联网金融企业和传统商业银行两者之间的总利润等结果。

(2)在合作博弈的场合，合作博弈的特征是将多个参与主体的集合看作一个利益整体，不考虑各个参与主体相互之间的作用，多个参与主体通过承诺、合同甚至威胁等条件联合在一起，以最大化集体效用为共同目标，共同决策，共同行动。以方程(8-1)为前提，两种企业共同最大化它们的利润之和，由此也可以求解出它们的总利润以及各自的利润。

最后说明两种不同形式博弈的结果。从两种形式的博弈的解来看，当参与主体采取非合作博弈时，双方所能获得的业务量大于合作博弈情况下的双方各自的业务量，各方所能获得的利润则小于合作博弈的情况下的利润，同时，总利润也较低。因此，就两种博弈形式的结果来看，在互联网金融的背景下，传统商业银行与互联网金融企业可更多地进行合作，通过合作提升其自身的竞争能力，获取更多的利润[①]。

第二节 互联网金融与宏观货币政策

一般来说，宏观货币政策是指中央银行为实现既定的经济目标(稳定物价、充分就业、经济增长、国际收支平衡)运用相应的政策工具调节货币供求和货币价格即利率，进而影响宏观经济的各种方针和措施的总和。更广义地说，货币政策指政府、中央银行和其他有关部门所有有关货币方面的规定和采取的影响金融变量的一切措施(包括金融体制改革，也就是规则的改变等)。这两者的不同主要在于前者是中央银行在稳定的体制中利用贴现率，准备金率，公开市场业务达到改变利率和货币供求量的目标。而后者的政策制定者包括政府及其他有关部门，它们往往影响金融体制中的外生变量，改变游戏规则，如硬性限制信贷规模、信贷方向、开放和开发金融市场[②]。

互联网金融的出现，导致市场经济条件下货币供给和需求发生变化，并进而影响货币价格即利率，同时，还会改变货币政策发挥作用的渠道，这些变化将对中央银行实施的货

---

① 阿齐兹迪斯和斯塔格斯(2017)也认为互联网金融的未来是形成所谓"混合金融业"，就信贷方面来看，是网络借贷与银行借贷的混合，他们还提出了这种混合形成的"统一分析平台"，对相关内分泌与特征等进行了刻画。参看杨尼斯·阿齐兹迪斯和曼努埃尔·斯塔格斯：《金融科技和信用的未来》，机械工业出版社，2017年11月。

② 参看百度百科的货币政策条目。

币政策产生影响①。

(一)互联网金融对货币需求的影响

首先说明互联网金融对货币需求动机的影响。根据凯恩斯的货币需求理论②,货币需求是指经济社会各部门和各主体在既定的收入或财富范围内能够而且愿意以货币形式持有的数量,人们对货币的需求分为交易性需求、预防性需求和投机性需求,前两项受收入水平的影响,后一项取决于利率水平。用方程式表示为:

$$L = L_1(Y) + L_2(r) \tag{8-2}$$

其中 L_1 表示交易性需求和预防性需求,L_2 表示投机性需求,Y 表示国民收入,r 表示利率。因为交易性需求和预防性需求主要是用于购买和支付,所以如果收入稳定,这两部分不会出现太大波动。而投机性需求与利率的未来走向相关,会受到现行利率和预期利率关系的影响。

(1)互联网金融影响交易动机货币需求。现金支付方式往往难以克服空间、地域的限制,而互联网金融依托电子信息技术的支付方式能够有效突破空间、地域的限制,跨国支付和币种转换变得更加容易。互联网金融模式对人们在经济生活中的交易和支付习惯产生了极大影响,在交易中,人们越来越多地选择依赖互联网的电子支付而不是现金支付。同时,互联网金融的某些金融产品可以起到支付作用,例如余额宝,不仅可以提供较高的收益,而且可以用于网上交易的支付。随着互联网金融的发展,许多创新型金融资产出现,这类金融资产的典型特征是收益率高,导致人们持有现金的机会成本上升,居民会减少手中持有的现金,而将现金投向互联网金融产品,也就是说互联网金融使居民的交易性货币需求降低。另外互联网金融产品的流动性比较强,变现成本降低,如余额宝,居民可以直接从支付宝存钱到余额宝,获得高于银行存款多倍的收益,当需要消费时再从余额宝中转到支付宝用于支付,不需要缴纳手续费,所以说互联网金融交易的高速度、低成本会使居民交易性货币需求降低。

(2)互联网金融对居民的预防性需求的影响与其对交易性需求的影响类似。主要是互联网金融产品的高收益、低交易成本和快捷变现等特性,使得居民降低了预防性资金的持有份额,更多地把资金转向了投机性需求。现在许多货币基金的赎回时间大大缩短,有些为 T+0 日赎回,有些甚至能一分钟到账。例如余额宝,用户在余额宝内的资金可实时转

---

① 参看范立夫:《金融创新下的货币政策》,中国社会科学出版社,2011 年 6 月;朱世香、荣晨:《互联网金融对货币政策变量的影响研究》,载《中国物价》,2015(6);肖大勇、胡晓鹏:《互联网金融体系的信用创造机制与货币政策启示》,载《福建论坛·人文社会科学版》,2014(1);阮潇:《互联网金融对货币供需影响的分析》,广州外语外贸大学硕士论文,来自《中国知网》,2015 年 5 月;赵勇君:《互联网金融的发展现状及其对货币政策的冲击》,东北财经大学硕士论文,来自《中国知网》,2014 年 11 月;房兴龙:《互联网金融的发展模式及其对我国货币政策的影响》,东北财经大学硕士论文,来自《中国知网》,2014 年 11 月。

② 关于凯恩斯的货币理论,可参看约翰·梅纳德·凯恩斯:《就业、利息和货币通论》,商务印书馆,1999 年 4 月。同时,还可参看相关教科书,如高鸿业:《西方经济学》第 5 版,中国人民大学出版社,2011 年 3 月。

入支付宝进行消费。目前余额宝还支持资金从余额宝账户到中信、光大、平安、招行等银行卡账户的实时到账。互联网金融产品的高流动性已经使预防性需求所留资金失去原有的价值,当人们遇到紧急情况时可以快速变现,预留资金机会成本变高。同时,随着互联网金融服务的不断健全,网络微贷的快速发展以及具有透支功能的第三方支付平台的出现,在一定程度上满足了人们的预防性需求,这也将导致预防性的货币需求减少。

(3)互联网金融对投机性货币需求也将带来极大影响。以人们仅仅持有现金和债券两种资产选择的假设下,凯恩斯较早分析了投机动机的货币需求。他认为,持有现金将丧失获得利息的机会,但是可以在市场行情变好时获得更高收益,因此投机性货币需求与利率负相关。互联网金融的发展使得居民减少了交易性需求货币和预防性需求货币持有量,把更多货币转为投机性货币需求,使投机性货币需求增加,投机性货币需求在总需求的比重中变大。同时,在互联网金融发展中,互联网技术与金融项目的创新结合产品的层出不穷,许多金融产品在具有货币属性的同时也能带来较高的收益,并且通过互联网电子支付大大提高了货币资产的转换效率。因此,随着互联网金融的发展以及金融市场的不断完善,互联网金融的发展进一步导致了投机性货币需求的增加。

不过,值得注意的是,投机性货币需求受利率、机会成本、人的心理预期等影响较大,具有不稳定性,尤其是互联网金融市场中创新产品价格波动较大,将严重影响投机性需求的稳定性,因此使整体货币需求的稳定性降低。另外,互联网金融使得货币需求的利率弹性下降,货币需求变化幅度随之加大、波动性增强。互联网金融通过对投机性需求的影响进而影响到货币需求的稳定性。

在经济学对货币需求的研究中,除了上述凯恩斯提出的三大货币需求外,影响货币需求的因素还有货币的流通速度。货币流通速度是经济中的货币存量总额与其支持的经济交易总额的比值,反映了经济交易中货币存量的运行效率。传统经济理论认为货币流通速度相当稳定,影响货币流通速度的主要因素是一国的交易习惯,例如财政、金融制度等因素,而这些因素波动性较弱,因此货币流通速度呈现出稳定性、规律性等特征。不过,互联网金融的发展改变了传统金融体系,也对货币流通速度产生了重要影响。

互联网金融对货币流通速度的影响有两个方面,一方面是有正向作用。互联网金融快速发展,大量货币性极强的新型金融产品应运而生,这些新型金融产品对实际货币产生替代性,其所呈现出的高收益、高流动性的特点,增加了居民持币的机会成本,居民会把资金不断投向互联网金融产品,资金在不同金融产品之间不断转换,资金的转化次数明显高于人们单纯持有现金的转化次数,形成对现金的替代效应。互联网金融产品的替代效应提高了货币流通速度。另一方面是反向作用。一是互联网金融使货币流通速度变慢。主要体现在互联网金融会促进M_0向M_1、M_2的转化,如电子货币具有高流动性、低成本的特点,居民利用电子指令就能实现货币形式的瞬间转化,因此会减少现金的持有量,增加M_1、M_2的持有量,而M_1、M_2的流动性明显小于M_0的流动性,从这方面讲互联网金融会降低货币流通速度。并且互联网金融促使居民把更多的现金及活期存款投向货币基金类产品及理财类产品,也就是在促进M_0向M_1、M_2转化的同时,也促进了M_1等向M_2类货币乃至更高层次货币的转化,如余额宝类货币基金、各类理财产品等。资金在互联网金融产品之间转换比较便捷、交易成本低,人们会把更多的闲置资金投向高收益低流动性的产品,因此互联网金融产品对于 M_1 的替代效应会对货币流通速度产生负面影响。二是互联网金融使货币流通速度的波动性增强。例如当中央银行实行紧缩的货币政策，试图通过紧缩银根控制信贷量，此时资金反而会流向收益较高的互联网金融市场，货币流通速度加快，经济市场变得更加活跃，使得货币需求波动性增强，货币政策效果被削弱。相反当中央银行实行扩张性货币政策时，会进一步刺激互联网金融市场的资金流动，货币流通速度会迅速上升。在互联网金融的影响下，无论是实行紧缩性的货币政策还是扩张性的货币政策都会带来货币流通速度的剧烈波动，影响货币需求的稳定性，从而影响到货币政策的实施效果。

（二）互联网金融对货币供给的影响

货币供给是指某一国或货币区的银行系统向经济体中投入、创造、扩张（或收缩）货币的金融过程，也指一个国家在某一特定时点上由家庭和企业持有的政府和银行系统以外的货币总和，是一个存量。随着货币制度不断发展，各类金融创新层出不穷以及人们对货币职能认识的深入化，货币的范围不断扩大。目前对货币层次的划分是：

M_0 = 流通中现金，即现钞。

M_1 = M_0 + 商业银行活期存款，包括企业、团体存款，个人持有的信用卡存款等。

M_2 = M_1 + 定期存款，包括居民储蓄存款、单位各类存款、证券公司客户保证金等。

其中 M_1 被称为是狭义货币，M_2 为广义货币，而 M_2 与 M_1 之差被称为准货币（quasi-money），是潜在购买力。货币供给具有内生性和外生性。货币供给的外生性是指中央银行可以完全独立自主地控制货币供给量，而不受外界因素的干扰。针对目前经济运行状况以及未来目标，中央银行决定基础货币供应量，它是货币派生和创造的基础，中央银行可以通过它从源头来控制货币供给。货币的内生性是指货币的供应量不再由中央银行单独控制或决定，而是由多个经济主体共同决定。货币供给的内生性考虑了微观经济主体（个人和企业）对现金的需求程度、经济周期状况、商业银行的借贷政策以及财政政策和国际收支等因素的影响。随着社会经济的发展，各种金融创新层出不穷，中央银行对货币的控制越来越力不从心，个人以及其他市场参与者对货币供给的影响逐渐变大，货币的内生性特征越来越明显。可以说货币制度的发展和深化实质上是货币供给由一个外生性变量逐渐向一个内生性变量转换。不过，值得注意的是，对于货币供给的内生性，并不是说中央银行控制货币供给量的货币政策是无效的，而是指货币与其他金融产品、商业银行与非商业银行之间的信用创造能力的替代，都会通过影响中央银行对货币供给的控制力度而影响到货币政策的有效性。

互联网金融对货币供给的影响如下：

（1）互联网金融使货币层次的划分变得模糊。上面介绍了传统金融理论中对货币层次的划分，一般来说，这种划分的依据是金融工具的流动性。狭义货币的特征就是流动性强，资金周转比较便利，并且成本也低，因此狭义货币的购买能力也强。广义货币的变现能力、购买力次之。国家对货币层次划分的目的是监测国内的宏观经济运行，根据经济运行情况制定有效的货币政策。

互联网金融使得货币层次的划分变得模糊。互联网金融快速发展，使得各个货币层次的流动性大大加强，互联网金融的电子支付使得各种金融工具瞬间转变，增加宏观调控分析的难度。例如余额宝能够支付给投资者高于银行的利息，吸引了许多银行活期存款用户转向余额宝类货币基金理财，使得银行活期存款降低，引起 M_1 的大幅波动，从而影响 M_2 的监测。同时，互联网金融的一些金融工具对传统货币产生替代。如第四章中提到的虚拟货币，类似于虚拟货币的互联网金融创新型产品如何划分，是否应该纳入广义货币总量。还有货币基金类互联网产品，随着互联网金融的进一步发展，货币基金交易规模在逐步增大，对传统货币的替代性会逐步增强，在这种情况下，是否应将货币基金纳入 M_2 之中。就美国及欧洲部分国家来看，鉴于货币基金的高流动性，已把货币基金纳入广义货币中。

总的来说，互联网金融产品对货币的替代性使得中央银行货币层次的划分变得模糊，降低货币层次划分的意义，从而影响到当局对货币供应量的可控性和可测性。互联网金融的发展扩大传统货币的外延，对货币层次的划分产生极大影响。在互联网金融模式中，金融创新层出不穷，出现了许多具有货币属性的金融产品。这些产品不仅在支付手段方面发挥着传统货币的功能，而且具有较高的流动性，使得货币的概念不断延伸，狭义货币和广义货币的界线变得模糊。

（2）互联网金融使货币供给内生性增强。上面说过，货币的内生性是指货币的供应量不再由中央银行单独控制或决定，而是由多个经济主体共同决定。在互联网金融中，由多个经济主体发行的各种虚拟货币，会增强货币供给的内生性。对于虚拟货币，我国官方规定：①平台及游戏类虚拟货币只能购买虚拟产品，禁止购买实物产品；②只能由人民币单向兑换虚拟货币，不允许反向兑换。如果虚拟货币一直遵循上述两条标准，则不会对货币供给产生冲击。但是现实中很难保证完全遵守上述标准，网上存在众多虚拟货币交易平台，单向兑换已经有名无实。

虚拟货币的发行和流通会导致货币数量的增加，由于上述两条规定难以严格实施，虚拟货币与中央银行发行的法定货币的兑换会导致货币数量增加。即使严格实施上述两条规定，但由于可以用中央银行发行的法定货币兑换虚拟货币，这种兑换也会导致货币数量总体增加。在虚拟货币中，还有数字货币，这种货币完全是由计算机程序控制生产，如比特币等，虽然许多国家的中央银行不认可数字货币，而将其归纳到虚拟商品中，不过，也有些国家的中央银行予以认可。就目前来看，这类货币的数量和种类增长十分迅速，通过国际互联网的传播与交易，如可通过兑换成认可国家的货币，再将这些国家的货币兑换成本国货币等方式，实际上也导致货币数量的增加，而且中央银行也对此难以有效控制。

（3）互联网金融具有信用创造功能[①]。中央银行是基础货币供应的垄断者，货币供给量由中央银行与商业银行及其他非银行类金融机构共同决定。商业银行通过吸收存款、转账、发放贷款结算，使资金不断在各银行账户之间转移，最后银行获得超出自有资本和吸收的资金总额的存款，这就是商业银行信用货币创造机制。信用创造职能是商业银行有别于其他金融机构的特殊职能，这一特殊职能使得中央银行能通过调整存款准备金率等货币政策工具来控制货币供给量。

但是目前有许多非银行类金融系统也表现出信用创造的能力，挑战商业银行信用创造的垄断地位，互联网金融即具有这种能力。互联网金融创造的信用会对货币产生替代性，

---

① 可参看刘成：《信用创造》，生活·读书·新知三联书店，2017 年 6 月。

互联网金融信用创造的能力和互联网金融产品对货币的替代能力决定了互联网金融对货币供给量的影响能力，影响越大越能冲击中央银行的货币政策效果。

可用下列方式说明互联网金融体系内部的信用创造。商业银行通过负债管理进行信用创造，而互联网金融则可以利用市场契约来完成信用创造的过程。这里可以把整个互联网看成是一个完整的信用创造体系，互联网金融通过市场契约把借款人和贷款人连接起来，实现信用创造。在互联网金融体系中可找到类似于商业银行体系的存款主体、负债主体以及类存款准备金对象。

作为比较，可把第三方支付和互联网理财看作存款主体，如余额宝，余额宝由支付宝联合天弘增利宝货币市场基金共同开发，余额宝具有吸收存款、支付利息的典型特征。并且余额宝与支付宝对接，两者联系紧密，资金可以实现即时转换，支付宝相当于余额宝的支付功能。资金由第三方支付和理财产品流向余额宝实现了向货币基金的转化，形成了互联网金融的存款，而货币基金又能投资资产支持证券。同时，互联网上存在诸多网贷平台，较为典型的是以大数据和云计算技术为支撑的阿里小贷，2013年由阿里小贷与东方证券资产管理公司合作推出的"阿里巴巴1号—10号专项资产管理计划"项目，其内容为以阿里小贷公司发放的贷款形成的债权为基础资产，在3年内发行10期产品，通过证券资产管理公司把基础信贷资产打包成资产支持证券，然后再通过网贷平台把证券卖给投资者，一部分是投向货币市场基金，然后平台再向借款人发放贷款。这是阿里小贷的资产证券化，其最大的收获是解决了网贷公司的融资问题。同时，当互联网金融市场运行效率高、违约率低时，网贷平台自己认购的份额就会降低，信用创造就会增强。资产证券化过程是互联网金融由存到贷的过程，也是互联网金融的信用创造过程。

(4) 互联网金融对货币乘数的影响。货币乘数主要是指中央银行可控的基础货币与货币供应量两者之间的比例关系，即中央银行通过发放或回笼基础货币可以使货币供应总量增加或减少的比值。根据传统货币供给理论，货币供给以中央银行基础货币供给为基础，通过商业银行信用创造而获得的。货币乘数理论认为货币乘数主要取决于中央银行所控制的存款准备金率、商业银行所决定的超额准备金率和公众所决定的现金漏损率和长期存款比率。货币乘数是介于货币供应量与基础货币之间的影响因子。通过货币乘数，传统货币供给理论认为，货币供给量是关于法定准备金率、超额准备金率、现金存款比率以及基础货币供给的函数，所有这些因素都会影响到最终的货币供给。

互联网金融的发展逐步影响到货币乘数及其因素，其作用一般包括两个方面，一是对货币乘数的正向作用，二是对货币乘数的负向作用。

首先说明正向作用。互联网金融影响现金存款比率。现金存款比率是指提现率，也叫现金漏损率，是指客户把一部分资金从银行提出，这部分资金不再存于银行账户内，脱离了商业银行的信用创造体系，不再具有信用创造的能力，这也是为什么称之为现金漏损率的原因。互联网金融的发展会促进居民的投资愿望和消费愿望，居民会把自己手中持有的现金投向互联网金融领域，居民持有的现金转化为电子货币等互联网货币，而电子货币等的增加则增加了银行的存款账户资金，降低了现金漏损率。也就是说电子货币对流通中现金产生了替代性，这意味着互联网金融增大了货币乘数，使银行派生货币的能力增强。并且互联网金融所带来的电子货币的发展，也使支付结算更加便捷，居民会增加手中定期存款的比重，也会使货币乘数上升，从而增加实际货币供给量。同时，由于互联网金融领域内网络理财和网络支付结算的发展，公众的线下消费行为和支付行为受到线上消费行为和支付行为的挤压，网络理财则将一部分小额闲散资金统一归集进行货币基金等投资。因此，公众在互联网金融的影响下倾向于降低现金的持有量，导致现金漏损率的降低和货币乘数的增加。

互联网金融也影响存款准备金率。互联网金融各种理财产品的出现吸收了社会上的闲散资金，一方面改变了现金存款比率，另一方面也改变了活期存款和定期存款的比率，使资金大量的流向定期存款。而定期存款缴纳更少的存款准备金，因此互联网金融降低了存款准备金率，扩大了货币乘数。与此对应，互联网金融中的网络理财的高流动性和高收益率以及 T+0 的交易模式使得商业银行的长期存款和储蓄存款的吸引力降低，这在一定程度上导致长期存款和储蓄存款比率的降低和货币乘数的增加。

互联网金融还影响超额准备金率。对于商业银行的超额准备金率的选择，在互联网金融主体的参与下，高流动性的资金供给相对增加，金融市场的流动性提高，因而商业银行所决定的超额准备金率将有所降低，货币乘数有所增加。同时，互联网金融呈现出的融资类平台，如人人贷、宜信贷等网贷平台分流了银行的中小微贷款业务，使银行面临的风险降低，降低了超额准备金率。随着互联网金融的发展，互联网金融产品层出不穷，银行机构也把目光投向了互联网金融市场，甚至有些银行还开展了与互联网金融平台之间的金融合作。银行融资更加便捷、融资成本更低，银行无需太多的超额准备金作资金储备，因此会降低超额准备金率，从而增大货币乘数。

其次说明负向作用。互联网金融对货币乘数的负向作用主要体现在直接融资的发展和互联网金融的内部信用创造方面。各种直接融资平台，如 P2P 网贷、众筹等的发展对银行信贷产生替代性，会缩短银行的信用创造链条，从而影响货币供给。同时，上述的互联网金融的信用创造能力也会分流银行的内部信用创造，影响货币乘数，使货币供给减少。

(三) 互联网金融对货币政策传导机制的影响

货币政策传导是指中央银行根据货币政策目标，运用货币政策工具，通过金融机构的经营活动和金融市场传导至企业和居民，对其生产、投资和消费等行为产生影响的过程。一般把货币政策传导机制划分为两大类：货币渠道和信贷渠道。其中利率渠道、汇率渠道、资产价格渠道为货币渠道传导机制，银行贷款渠道、资产负债表渠道为信贷渠道传导机制。以下简要说明互联网金融对利率渠道、银行贷款渠道和资产负债表渠道的影响。

(1) 互联网金融对利率渠道的影响。利率传导机制是中央银行使用货币政策工具调整货币政策中介目标，实现货币政策最终目标的重要途径。凯恩斯的货币理论认为，中央银行可以通过调控货币供应量从而影响利率，而利率的变动又引起投资规模的倍数增减，进而对社会总支出和总收入产生影响，最终实现对国民收入的宏观调控。在货币政策的利率传导机制中，利率是核心，中央银行采取的货币政策是否能使市场利率向着理想目标变化，以及变化的程度都将决定货币政策的有效性。货币政策传导的利率渠道在理论上可以利率完全市场化作为前提。不过，在现实经济中不存在完全的利率市场化，现实中的利率传导机制存在一些特别之处。就我国来说，中央银行会根据经济走势、物价水平等调整存贷款基准利率，金融机构及借款人对此作出反应影响实体经济，同时中央银行还会通过公开市场业务引导市场利率变化。

互联网金融对利率传导机制有负面影响。利率传导机制要想有效运行，中央银行必须能够通过控制货币供给量来调控利率，但是互联网金融的发展削弱了国家对货币供给的可测性、可控性，并且造成货币需求的不稳定，中央银行通过控制货币供给量来调控利率的效果就会大打折扣。假设中央银行实行紧缩的货币政策，旨在通过控制货币供给量来提高利率，利率增高，资本价格上升，投资下降，总需求和总产出随之减少，国民收入减少。然而由于互联网金融的冲击，当银行提高贷款利率时，企业和个人会去寻求除银行之外的筹资渠道，如 P2P 网贷、平台小贷等，这些平台分流了银行的贷款额，虽然商业银行贷款减少，社会总投资额不会改变，甚至还会有增加的趋势，中央银行的紧缩性货币政策失效。同时，互联网金融体系存在这类似传统的商业银行的信用创造功能，在提高社会融资水平的同时使其对法定存款准备金政策的敏感性降低。

互联网金融对利率传导机制也有正面影响。由于现实经济中往往会存在存款利率管制，这会影响资源配置的有效性，扭曲了实际利率，因此降低了利率的传导作用。互联网金融的发展提高了资源配置效率，产生了多种融资模式，使得名义利率更加接近真实利率，导致利率的传导更为快捷。互联网金融对银行的冲击使得许多银行也开始推出各种理财产品，银行放弃了活期存款利率利差的差额收益，这种竞争逐步促使存款利率市场化。由于 P2P 网贷、阿里小贷、众筹融资等融资平台加入竞争，进行独立于传统银行系统的金融创新，互联网金融加剧了存贷款利率的业内竞争，现实经济更为靠近利率市场化的环境。这将提高利率传导机制的效率。

综上所述，互联网金融的发展既通过影响货币供求使得给货币政策的利率传导机制带来负面影响，也通过对利率市场化的推动对利率传导机制产生正面影响，其最终作用效果的大小需要实证检验。

(2) 互联网金融对银行贷款渠道的影响。货币政策的信贷传导机制是中央银行进行宏观调整的重要渠道，是一种基于商业银行信用创造功能的调控机制。中央银行通过调整商业银行的法定存款准备金率对商业银行的信用创造进行调控，进而调控经济社会信贷规模，实现货币政策的目标。

银行信贷渠道传导机制的有效运作得益于：中央银行能够运用存款准备金等货币政策工具来控制银行贷款供给，企业和个人除了能从银行获得贷款外没有其他贷款来源。银行贷款渠道的传导过程为：中央银行推行紧缩的货币政策，银行的存款下降，银行紧缩放贷量，社会投资下降，总需求和总产出减少，国民收入下降。

货币政策信贷传导机制的有效畅通依赖于两个重要的前提：一是在整个社会融资中，间接融资的占比较大；二是中商业银行的信贷行为对中央银行的法定存款准备金政策足够敏感。在互联网金融中，产生了与传统直接融资和间接融资都不相同的融资模式，例如 P2P 模式、众筹模式等。并且，随着网络微贷、P2P、众筹平台等互联网融资模式的快速发展，其融资规模不断壮大，与商业银行的资产业务产生竞争，削弱了信贷传导的作用基础。同时，互联网金融在负债端对银行的存款业务产生冲击，通过负激励作用促使商业银行不断进行创新，推出了许多类似的互联网金融产品，如兴业银行推出的兴业宝，民生银行推出的如意宝、中信银行推出的薪金宝等，商业银行的这种创新扩大了资金来源，不过，也降低了对中央银行存款准备金政策的敏感程度，进而削弱了货币政策信贷传导的效果。

在传统的货币金融理论中，信用也是货币，只有银行体系能够利用货币进行信用创造。但是，在互联网金融体系中存在着具有较高货币性的金融资产，这些金融资产可以在二级市场快速低成本地转化为货币，就有极高的流动性，从某种角度来看，互联网金融体系也存在着信用创造的功能。互联网金融体系通过其类似银行体系的存、贷、支付功能将资金的供给者和需求者联系在一起，实现类似储蓄向投资转化的效果。例如，以余额宝、定存宝、百度百发为代表的互联网理财产品起到存款的功能，以阿里小贷为代表的网络微贷起到贷款的功能，以支付宝为代表的第三方支付起到了支付功能。在这个过程中，资产证券化发挥了重要的作用，资产证券化不仅是联通互联网金融体系中存贷转化的关键，也是互联网金融体系实现多倍信用扩张的基础。总的来说，互联网金融体系主要通过拉长信用链条和多次证券化来实现类似传统银行体系的多倍信用扩张。制约互联网体系信用创造能力的主要因素是资产证券化中的留存比率，而此比率完全由市场决定，因此互联网金融体系的信用创造相对于传统金融体系的信用创造更具有内生性。

从信用创造角度来看，互联网金融体系完全可以平行于传统银行体系而独立运行。因为互联网金融体系的信用创造是通过一系列市场交易完成的，所以这种信用创造往往不受中央银行法定存款准备金率的制约。同时，随着互联网货币的不断发展，互联网金融市场的不断完善和效率的提高，互联网金融体系中几乎不需要保留超额储备。互联网金融这种内生性的信用创造机制使得中央银行通过信贷传导机制进行货币调控变得更加困难，信贷传导机制的作用效果会大打折扣。

（3）互联网金融对资产负债表渠道的影响。传统金融理论认为，考虑现实经济中市场不完全，市场存在信息不对称性等因素，一种更为现实的货币政策传导方式是资产负债表渠道，这一渠道的含义如下：如果实行紧缩性的货币政策，则利率上升，企业的股价下降，企业净值较少，资产负债表逐步恶化，逆向选择和道德风险问题加剧，企业可获贷款减少，投资降低，社会总需求下降，国民收入减少。资产负债表渠道作用的前提是：货币政策能够作用于市场利率，并且对借款者的财务状况造成影响。

但是在互联网金融的冲击下，这一渠道的作用也会出现问题。当实行紧缩的货币政策时，企业并不会因为资产负债表的变化而无法筹得资金，互联网金融市场丰富多彩的融资渠道弥补了中央银行货币政策对企业贷款造成的影响。并且中小企业由于各方面的限制，从商业银行获得贷款比较难，中央银行对其控制存在信息不对称性，货币政策的激励机制和约束机制影响弱，在互联网金融的冲击下，中小企业更会把目光投向网络信贷、众筹等直接融资渠道，中央银行对其管制力量进一步削弱，因此互联网金融会影响货币政策的资产负债表渠道的传导效果。

此外还有资产价格渠道、汇率渠道。因为资产价格渠道受到利率的影响，所以互联网金融对其作用效果与对利率渠道的作用效果类似，在此不作赘述。同时，由于互联网金融也逐步呈现出全球化趋势，如通过瑞波币进行国际支付等，这种发展会对汇率渠道产生冲击。对于这方面的研究显然需要进一步发展互联网金融学，就像传统金融学一样，在封闭的互联网金融学的基础上,进一步发展出开放的互联网金融学。

第三节　互联网金融风险与金融监管[①]

一、风险与金融风险的含义[②]

作为一个词语,风险指可能发生的危险。作为一个基本概念,风险的含义有多种,比较具有代表性的解释有:(1)风险指结果的不确定性,不确定性是指人们不能确切知道事物的未来状态,从不确定性的角度出发,事物的结果有好有坏,即潜在损失与盈利机会并存;(2)风险是用数量表示的事先定义的意外事件发生的概率,概率是指发生的可能性,其值在 0 和 1 所组成的区间中;(3)风险是实际结果与预期值的差距,特别指与好的预期值相比,不好的实际值之间的差距;(4)风险表示发生损失的可能性,出现损失,即意味着风险[③]。据研究,风险一词于 1655 年在英国最早使用,1761 年在美国最早使用。

金融风险是指任何有可能导致个人和企业或机构在经济交易过程中,财务损失的可能性,是金融机构等经济主体在经营过程中,由于决策失误、客观情况变化或其他原因使资金、财产、信誉有遭受损失的可能性。由于时间的单向性,一定量的金融资产在未来的时期内到底能产生多大的货币收入流量,在开始时并不知道,且只有预期收入,到期是否真正获得这种预期收入,还具有相当大的不确定性。这种预期收入遭受损失的可能性,就是通常所说的金融风险。简单地说,金融风险是指对金融交易取得资本和收益产生负面影响的预期或不可预期的潜在可能。与金融风险相关的概念有金融脆弱、金融危机,以及系统风险、系统性风险、非系统性风险等。金融脆弱是指金融风险累积形成的状态,这里金融体系已呈现极不稳固、容易破碎的状态,金融危机是指由于风险累积造成的最终的破碎状态已经到来[④]。系统风险(systemic risk)是指部分金融机构的倒闭引发大量其他金融机构

[①] 本节主要参考黄卫东:《互联网金融创新》,新华出版社,2015 年 12 月;侯建强:《支付创新、信息行为与互联网金融风险管理》,载《财经科学》,2016(10):36-45;李慧:《互联网金融风险的分类及评估研究》,载《电子商务》,2016(12):50-53;苑爱香:《互联网金融风险分析及防范研究》,山东师范大学硕士论文,来自《中国知网》,2016 年 5 月;陈仲毅:《互联网金融风险监管研究》,云南财经大学硕士论文,来自《中国知网》,2014 年 4 月;孙楠:《中国互联网金融监管研究》,辽宁大学硕士论文,来自《中国知网》,2015 年 5 月;刘楠楠:《中国互联网金融风险分析及监管研究》,山东大学硕士论文,来自《中国知网》,2014 年第 11 期;刘旭辉:《互联网金融风险防范和监管问题研究》,中共中央党校博士论文,来自《中国知网》,2015 年 7 月。

[②] 参看百度百科的金融风险条目,以及黄卫东:《互联网金融创新》,新华出版社,2015 年 12 月。

[③] 这里所说的风险,都是可以进行计量的,是可以计量的不确定性或损失等,还有一种不能计量的不确定性,是所谓"未知的未知"。关于这种观点,可参见弗兰克·H. 奈特:《风险、不确定性与利润》,商务印书馆,2007 年 12 月。

[④] 参看黄达、张杰编著:《金融学》(第 4 版)[《货币银行学》(第六版)],中国人民大学出版社,2017 年 4 月。

倒闭，从而使金融体系的金融服务功能遭受严重损害的风险或可能性，它内生于金融体系却通常被外部事件触发并对实体经济产生严重影响。系统性风险（systematic risk）是指由整体政治、经济、社会等环境因素变动引起的某种金融商品和金融资产的价格变动。非系统性风险是指由个别因素引起的某种资金融商品和金融产的价格变动。后两个概念起源于诺贝尔经济学奖得主夏普（William F. Sharpe）对于资本资产定价模型（Capital Asset Pricing Model，CAPM）的研究，他认为投资的多样化可以消除非系统性风险，但不能消除系统性风险[①]。

与上述定义的金融风险相对应，在互联网金融交易中，也会出现风险问题。前面相关章节把互联网金融定义为与传统金融相互对应的一个体系，因而从这个角度来看，互联网金融风险是指在互联网交易中，所预期的交易收入与实际的交易收入的差额，即由于互联网金融交易产生的损失可能性。据介绍，Anita K. Pennathur（2001）是较早对互联网金融风险进行研究的学者，他以电子银行市场营销的战略转变来对相应的风险进行分析，并提出针对风险的一些方法。

在现实经济中，金融交易的参与者很多，如个人对个人的交易，个人对企业的交易，以及企业对企业的交易。在这些参与者中，最为重要的参与者是商业银行。鉴于商业银行在金融交易的重要性，商业银行所涉及的金融风险一直受到关注。一家金融机构发生的风险所带来的后果往往超过对其自身的影响。金融机构在具体的金融交易活动中出现的风险，有可能对该金融机构的生存构成威胁；具体的一家金融机构因经营不善而出现危机，有可能对整个金融体系的稳健运行构成威胁；一旦发生系统风险，金融体系运转失灵，必然会导致全社会经济秩序的混乱，甚至引发严重的政治危机。

二、互联网金融风险的基本类型

由于金融交易中，金融风险存在的广泛性，很早就有文献对金融风险进行研究，并划分其中的类型。世界范围内，对银行等金融机构进行监管的最有影响力的组织是巴塞尔银行监管委员会（简称巴塞尔委员会）。1997年9月，巴塞尔委员会颁布了《有效银行监管的核心原则》，将商业银行业风险分为八大类：信用风险、国家和转移风险、市场风险、利率风险、流动性风险、操作风险、法律风险、信誉风险。由于互联网时代的到来，互联网金融风险开始出现。1999年10月，美国财政部货币监理署（OCC）出台了《总监手册——互联网银行业务》，将电子银行风险分为九类：信用风险、信誉风险、流动性风险、价格风险、合规性风险、利率风险、汇率风险、交易风险和战略风险。在2001年5月，巴塞尔委员会颁布了《电子银行风险管理原则》，将电子银行中由技术因素引发的风险归纳为：操作风险、声誉风险、法律风险和其他风险。针对金融风险类型的研究文献较多，下面以相关文献为基础，对互联网金融风险的类型与测量方法进行简要介绍。

（1）互联网金融技术风险。技术风险也称为信息技术风险、信息科技风险等。互联网

---

① 参看张亮、许爱萍、李树生、梁朝晖：《金融体系"系统风险"的理论辨析——与"系统性风险"的区别与联系》，载《金融理论与实践》，2013(8)：6-10。

金融技术风险是指互联网金融所依赖的相关技术，如计算机技术、认证系统或者互联网金融软件存在缺陷和不完善条件下，引发的交易损失。这种风险包括所信赖的信息系统的技术安全、网络系统安全漏洞、黑客攻击、密码泄露、账户资金被盗等，以及交易者身份和真实性难以确认，还有人为原因导致的网页被篡改、网页挂马、网页后门、网页钓鱼，导致相关主体受欺诈、诱骗等风险。与银行封闭运行的业务系统相比，互联网金融的用户敏感信息和个人财产存在更大的安全隐患，也加速了支付、清算等风险的扩散，使得风险在非传统金融机构与传统金融机构之间出现转移。互联网金融技术风险可进一步细分为互联网金融硬件技术风险（包括自然物理安全风险、人为破坏风险、知识产权风险）和软件技术风险（包括软件稳定性技术风险、软件兼容性技术风险、病毒软件技术风险）等。互联网金融技术风险可用技术故障率、安全事故数量、客户投诉率，以及技术损失率等指标进行衡量。

（2）互联网金融信用风险。信用风险也称为信贷风险、信用违约风险、违约风险等。互联网金融信用风险指互联网金融交易中，借款人因为各种原因不愿或者无法履行合同规定的条件、义务致使债权人、投资者或者银行因未得到预期收益的损失。互联网金融信用风险主要包含两方面内容，一方面是互联网金融交易双方中任一方违约，不能按照合约规定到期及时履行合同规定义务而使交易另一方遭受损失的风险。另一方面是平台自身的信用风险。互联网金融信用风险的客观原因在于其不成熟的信用机制。互联网金融信用风险可进一步分为资本集中风险、消费者信用风险、交易对手信用风险（如展期风险、一般错向风险、特殊错向风险等）、信用衍生风险、证券化风险等。互联网金融信用风险可用资产组合比例、资产净值等指标进行衡量。在经济金融交易中，确定互联网金融信用风险的边界值，即所谓的阈值十分重要。

（3）互联网金融市场风险。市场风险也称为市场暴露、产业市场风险等。互联网金融市场风险是指互联网金融交易双方在交易过程中由于利率、汇率、商品价格、股票价格等因素变动导致交易金融资产遭受损失的潜在风险。在互联网金融模式中，P2P网络借贷、股权众筹融资、互联网基金销售、互联网保险、互联网信托和互联网消费金融等都受到传统金融市场上价格变动的影响。同时，由于便捷性和优惠性，互联网金融可以吸收更多的存款，发放更多的贷款，与更多的客户进行交易，面临着利率等市场价格变动带来的较大风险。互联网金融市场风险可进一步分为利率风险、商品风险、成本风险、货币风险、权益风险、汇率风险等。互联网金融市场风险可用风险价值法（VaR）、敏感性分析、压力测试等方法进行测量其中，风险价值法又包括参数法、历史模拟法、蒙特卡罗模拟法等。

（4）互联网金融流动性风险。流动性也称为市场流动性，流动性风险也称为流动风险。互联网金融的流动性风险是指互联网金融机构或者平台无法同时满足众多客户提现的流动性需求，引发互联网金融机构或者平台的支付危机，自身陷入困境。互联网金融机构与传统金融机构的不同在于无法参与银行市场拆借，首先在客观条件方面缺乏作为最后借款人的中央银行的资金支持，其次监管政策的缺失使其不存在传统金融机构严格的存贷比、流动性比例、流动性覆盖率和稳定融资比例的监管指标，最后平台或机构本身发展不健全，尚未建立起完善的风险资本金和风险备付金制度应对投资者的瞬时大量撤资，当平台缺乏流动性时，就不能以合理成本迅速变现来获得充足资金，因而影响其正常运营和盈利，极端情况下会导致平台提现困难或最终倒闭。互联网金融流动性风险又可进一步分为资产类流动性风险、资金类流动性风险（也叫负债类流动性风险）等。互联网金融流动性风险可用流动性覆盖法、稳定资金法、流动性风险价值法等方式进行测量。

（5）互联网金融操作风险。操作风险也称为操作性风险、运作风险、经营风险和经营管理风险等。互联网金融操作风险是指在互联网金融业务中，由于操作流程和内部控制不当，交易主体未完全掌握操作规程或者故意违规操作，相关交易系统、交易平台设计缺陷等导致的直接或者间接损失。互联网金融是与数字和计算机技术打交道，简单的操作不当或人员失误使数据发生改变，便会牵一发而动全身，像多米诺骨牌效应一样，引起整个交易或者整个系统的崩溃，随着经济全球化发展，世界经济联系加强，互联网金融某一细微的操作不当，可能会造成世界经济的恶性循环。互联网金融操作风险可进一步分为内部操作风险（包括模型风险、人员风险、程序风险、清算风险、估值风险等）和外部操作风险（包括国家风险、法律风险、道德风险、政治风险、声誉风险等）。互联网金融操作风险的测量方法主要有基本指标法、内部衡量法、损失分布法、基于极值理论的方法等。

三、互联网金融风险的基本特性

传统金融风险的基本特征包括以下几点：相关性、传染性、不确定性、高杠杆性等。其中相关性指传统金融风险的发生同社会经济发展现状紧密联系，两种风险的发生可能源于同一社会经济因素的变化；传染性指由于各种风险之间联系紧密，一种风险会引发另一种风险，给整个行业带来毁灭性的灾害；不确定性指在纷繁变化的经济社会中，影响金融风险的因素难以确定；高杠杆性则是与金融创新和金融衍生工具、企业负债率偏高伴随产生的。金融风险的这几个基本特征紧密联系，对整个经济社会和金融系统稳定具有重要意义。互联网金融是金融与计算机网络技术等级全面结合的产物，在互联网金融的发展过程中，安全性和便捷性始终是相互矛盾，两者相互制约，因此，凸显了不同于传统金融的新金融风险及可能发生的弊端。与人们业已习惯的传统金融对比，互联网金融采用先进的网络技术、通信互联技术、大数据分析技术等手段，其风险具有以下特性：

（1）风险传播速度快。与传统金融业相比，电子金融处理的是数字化的信息和电子货币，因此风险容易瞬间爆发，快速传播，影响范围较广、造成损失重大，且难以化解。首先，从时间上来说，在互联网科技迅速发展的背景下，信息传递方式多元化，渠道多样化，互联网金融交易不受时间、空间的约束，风险传播速度更快，用时短；其次，从空间范围来讲，风险涉及的领域广泛，包括经济、社会、法律、技术等各方面，触及之广令人无法想象；最后，从地域范围来看，互联网金融可以超越地域的限制，轻易地实现跨境、跨国交易，随着世界经济一体化程度加深，各国经济联系密切，从而导致风险由一个国家传递到另一个或者多个其他国家，危害的面积之大也是其他金融风险无法比拟的。例如一国互联网金融受该国经济政策的影响，会传递到世界上其他与其有互联网金融交易的国家，引发经济危机，影响整个世界的经济安全。除此之外，互联网金融的普惠性导致了其交易主体多为中小企业，受交易主体理论知识结构和对互联网金融风险识别能力的限制，在风险发生前、风险发生时和风险发生后不能及时有效采取措施，引起风险链条式传染，也导致风险危害面积加大，损失惨重。

（2）风险之间交叉传播性较强。借助于大数据、云计算、移动互联、社交网络等技术支持，网上金融交易便于实现信息资源的共享，但是任何事物都是矛盾统一体，技术支撑是一把"双刃剑"，为互联网金融的发展带来便利的同时，毫无疑问，也给互联网金融带来了危害。交易主体和互联网金融模式的多元化使互联网金融系统内部形成一个紧密联系的整体，彼此影响，相互关联，一种风险可能会引发系统的另一种风险甚至多重风险组合，同一模式内不同业务种类间风险互联，相互传递，不同模式间，因处于同一个互联网系统引发了风险的交叉传染。互联网金融削弱了传统金融业务分业监管的特点，减弱了金融监管物理隔离的有效性。同时，传统风险与新型风险并存，银行、保险、证券业务和营运商以及商务企业存在交叉，风险易交叉传播，不同金融机构及国家间的风险相关性明显加强，系统内部和系统之间、传统风险与新型风险之间具有高联动性，如若某处发生错误，便像多米诺骨牌效应般引起整个系统的全盘崩溃，最终产生不可估量的损失。

（3）风险责任方不明确。传统金融交易以实物交易为主，借助技术的发展，某些传统金融交易可以实现O2O（即线上线下的结合），与传统金融交易不同，互联网金融交易是纯线上交易活动，几乎所有的交易都是网上完成。移动互联网支付、网络借贷、网络理财、比特币交易等活动具有虚拟性的特点，网络、金融本身具有的虚拟性在互联网金融身上体现得淋漓尽致，交易的虚拟化特点更加突出，而实际上互联网金融交易的虚拟性也使其风险具有虚拟性特点，许多风险在悄无声息中伴随而生，例如平台交易过程中，网络攻击者将悄悄将木马病毒载入文件或系统中，产生一系列的网站篡改、网站挂马、网站钓鱼、网站后门等隐性事件，给交易主体造成显性经济损失，这些在传统金融交易过程中都是不存在的。同时，行业所运用的电子系统的建设、运营、维护等过程涉及多个供应商，出现风险时难以分清风险发生的责任方。

（4）风险的具有迅发性。这里所说的迅发性指互联网金融风险和事故几乎同时发生。互联网具有便捷性和快速性等特征，依托互联网技术，互联网金融业务能够实现远程快速发生，鼠标移动，交易迅速完成，资金便即刻到账，支付结算高效便捷、交易资金周转迅速，风险和事故的发生也迅速。开放经济条件下，不可预测性、随机性、偶然性事件经常发生，可能就是不经意的一次鼠标移动，而且一旦出现失误，无论是故意人为还是非故意人为，风险和事故同时而来，成本巨大，造成的损失也是无法弥补的。

（5）技术风险处于重要地位。由于过度依赖支付账户、终端和功能等技术创新及互联网信息资源，对信息制造、传播和加工利用方式的改变，均会给互联网金融带来新型信息技术风险。一是随着电子信息及其商业价值的提升，对金融消费者个人及其交易和社会行为信息的采集、存储、处理和利用过程中，侵犯消费者权益以及相关信息被泄露、盗用、篡改等风险与日俱增。二是在互联网信息发生、发送和传播认证及监管机制未配套、信用体系不健全的情况下，虚假、欺诈和误导性的信息，加之网络用户的信息行为出现"搭便车"现象，均增加了互联网金融的系统风险，支付清算、计算机病毒和电脑黑客攻击等信息息安全问题也更加突出。三是互联网拓展了金融交易的可能性边界，形成的"长尾"风险使个体非理性和集体非理性更为突出，金融风险的负外部性更容易通过网络传播和蔓延。

（6）风险监管难度大。作为一种互联网和金融耦合结合的新型业态，互联网金融的出现也加大了监管主体的监管难度。网络金融资源的共享性导致风险的高联动性,单靠某一法律法规无法实现整体有效监管;风险的隐蔽性状态下,交易行为的不透明性和交易对象的模糊性导致信息不对称,在此情况下,监管部门无法准确了解平台或机构的实际资产负债状况,无法根据实际风险状况及时采取有针对性的监管控制措施;大数据背景下风险传播速度更快、广度更深,各种风险积聚,危害面积更大,损失惨重,实现跨部门、跨地区、跨境协同监管难度较大,无法对互联网金融全面有效控制,移动互联的便捷性导致风险以迅雷不及掩耳之势迅速扩展蔓延,在风险发生前很难进行迅速准确的互联网金融风险预警,所有上述情况都给风险防范预警、治理监管带来了更大的难题和难度。传统金融风险带来的可能是局部性的损失,互联网金融带来的可能就是全局性的系统性的损失,互联网金融风险还会通过传输介质以惊人的速度传递给传统金融,无法在短时间内勘误或纠正偏差,对传统金融产生巨大的影响,甚至影响整个金融系统的稳定。

四、互联网金融风险的主要成因

从引发互联网金融风险的因素来看,既有宏观因素也有微观因素,以下按照宏观和微观的角度说明互联网金融风险的形成原因。

首先,就宏观方面来看,互联网金融风险的主要成因包括下列各项:

(1)经济周期波动。互联网金融的健康发展离不开自身所处的宏观经济和社会环境,宏观经济的发展常常呈现周期性现象。近年来,互联网金融在其发展过程中,经历2008年金融危机,金融危机引发全球经济危机,在萧条的大环境下,互联网金融的发展显得较为艰难,互联网金融平台运营风险增大。2010年之后经济开始复苏,特别是2012年之后全球经济步入正常化轨道,众多互联网金融机构和平台又开始迅速崛起,互联网金融在趋好的经济环境中迅速发展,一度进入发展的黄金阶段。但是2015年国民经济再次进入波动期,受经济周期波动影响,出现经济下行时期,下半年企业和个人投资减少,在行业相关政策及各种压力下,利率空间不断缩小,优质债权越来越少,小微企业的风险加大,行业风险加大,不少互联网金融机构无法适应外部环境变化纷纷倒闭破产。因而经济周期的变化是导致互联网金融风险形成的一个因素。

(2)市场环境。受市场环境的支配,互联网金融的市场风险加剧。互联网金融的业态模式与市场环境联系紧密:如果市场环境不景气,实体经济经营不善或者经济效益下降,引发互联网金融行业资金筹集困难,平台无法正常运行,市场需求无法满足,中小企业融资难问题得不到有效缓解,市场风险加剧;如果市场经济过热,互联网金融行业投资过热,导致市场竞争激烈,互联网金融行业无序发展,也会引发市场风险、系统风险、流动性风险等潜在风险。可见互联网金融风险的生成与市场环境休戚相关。

(3)法律规范。互联网金融发展尚处于起步阶段,各国对互联网金融的法律规范不多。就我国来说,历经较长时间的沟通和协调,2015年7月18日包括"一行三会"在内的十部门联合发布了《关于促进互联网金融健康发展的指导意见》,这是中国互联网金融发展史上具有划时代意义的指导性文件,该文件确立了互联网金融监管的基本原则,为各部门进一步细化监管规范奠定了基础。但是该指导意见具有明显的不足之处:监管权责界限不明，文件的规范性、强制性、权威性不足，缺乏明确的实施细则和下一步安排。现有法律法规对交易主体的权利义务界定不明，数字签名、电子凭证的规范细则缺失，法律规范的缺失进一步引发监管的空白、缺位或交叉，这也是导致互联网金融风险得以形成的一个原因。

(4) 政策环境。互联网金融作为一个新生事物，政府政策的鼓励十分必要。就我国来说，政府对互联网金融的发展十分重视，连续几次在政府工作报告都提及互联网金融，并认为"互联网金融异军突起，制订互联网+行动计划，推动移动互联网、云计算、大数据、物联网等与现代制造业结合，促进电子商务、工业互联网和互联网金融健康发展，引导互联网企业拓展国际市场"。同时还提出，"促进互联网金融健康发展，完善金融监管协调机制，密切监测跨境资本流动，守住不发生系统性和区域性金融风险的底线"。政策环境的宽松导致互联网金融发展迅速，互联网金融企业的大量出现，也同时会带来相应的问题，其中互联网金融风险也会形成并累积，在一定条件下还会爆发。

(5) 技术基础。整个互联网金融行业却没有建立起明确的技术门槛，信息技术安全性比较薄弱。互联网金融是互联网技术与金融功能相结合产生的金融创新，互联网金融的所有业务交易活动都依托于信息技术的软硬件装备，对软硬件配置和技术水平要求相当高。但是，各家互联网金融机构所使用的计算机、路由器等硬件设备和操作系统、数据库、认证系统等软件质量也参差不齐，甚至有的平台还存在明显的系统技术漏洞或者系统设计缺陷，极容易导致受到黑客攻击、用户信息泄露、资金和账户被盗窃，或者产生技术故障等风险问题，致使客户对平台的信任度降低。

(6) 经营方式。混业经营加剧互联网金融风险可能性。互联网金融混业经营趋势已经非常明显，以第三方支付为代表的支付企业，拓展成为了综合金融服务平台，涉及货币基金、协议存款、信托、保险等多项金融业务，一些互联网金融机构正在发展为涉足多种金融、准金融业态的互联网金融控股集团，比如阿里蚂蚁金融服务集团，涉及了包括支付（支付宝）、小额贷款（阿里小贷）、保险（众安保险）、基金（天弘基金）、保理（商诚、商融）、互联网银行等业态。毫无疑问，混业经营将增强互联网金融脆弱性，加剧金融风险的不确定性，积累大量隐性风险。然而，目前监管部门对互联网金融混业经营认识不足、准备不充分。

(7) 金融监管。与互联网金融快速发展相比，金融监管滞后。例如，第三方支付在经过早年的急速发展后，于2010年开始被中国人民银行纳入监管范围，实施牌照管理后发展较为规范。然而，还有许多互联网金融行为依然难以或尚未纳入金融监管范围之内，而互联网金融所涉及的网络平台、市场、参与者非常广泛，大多存在跨行业领域情况，如何协调各领域之间的关系，建立有效的监管目标及相关机制是亟待解决的问题。这种金融监管上的问题也是导致互联网金融风险的因素之一。

(8) 征信系统。信用是金融生命线，传统金融机构可以通过与中央银行的征信系统连接，轻松完成对个人或企业的信用评级、资产状况评估，降低客户信用违约风险。由于网络经济的特殊性，互联网金融目前还难以接入中央银行的征信系统，信息披露不足。就互联网金融业务来看，互联网金融对信用的要求更高，但受技术水平和制度限制，尚未建立完善的个人、企业互联网征信系统无法通过有效手段实现个人信用的挖掘、收集和处理。

同时，互联网金融行业还没有形成一个关于信息披露、信息保护的行业标准。信息披露和信息保护是互联网金融体系中的一个不可或缺的重要业务环节。互联网金融的服务方式具有虚拟性特点，如果没有充分的信息披露和严格的信息保护，很容易引发信用风险、信息安全风险等风险。但是，绝大部分互联网金融机构没有建立强制性的信息披露制度，对各项业务的信息披露相当不充分，也缺少对客户信息保护的制度考虑。这种不成熟的信用机制会加剧互联网金融风险。

其次，从微观方面来看，互联网金融风险的主要成因如下：

(1) 企业能力。互联网金融机构在风险控制经验与能力上存在短板。行业内不少互联网金融机构都是由互联网公司转型的，或者是刚刚成立的创业公司，缺乏金融领域的专业管理经验和风险控制意识；机构内部高层管理人员也以技术背景出身为主，缺乏从事金融行业的资质和经验，不懂金融专业知识和金融机构内部管理，难以胜任内部管理体系、业务流程设计、风险识别和风险控制、资金链管控、系统安全等方面的专业性工作。风险控制的经验缺乏与能力不足容易引发该行业的巨大风险。此外，一些互联网金融机构自律不够，以互联网金融之名行民间借贷、非法集资、网络洗钱之实，存在资金池模式、违规自融、自我担保或互相担保等突出风险问题。

(2) 流动性问题。流动性不足是指交易主体不能按照合理的条件从平台中取得现金的风险，互联网金融的流动性风险主要压力来自短期负债部分，以 P2P 网络借贷平台为例，评价平台或企业流动性的指标主要有借款标期限、可转让净值借款、人均借款金额、提现速度等，其中，由于备付金制度欠完善、期限错配、资金挪用和技术因素引起的支付系统不能正常运转是造成互联网金融流动性不足的主要原因，互联网理财产品受客户结构和客户行为的影响，在某一时点无法提供充足的资金量来满足客户实现短期、大额、集中赎回的需求时，便会影响互联网金融机构或平台的流动性，一旦赎回超出风险准备金的范围，流动性不足便会引发该市场流动性危机，产生流动性风险。

(3) 金融诈骗与犯罪。借助于先进的互联网通信技术、社交网络、物联网、大数据，互联网金融诈骗和金融犯罪事件频频发生，非法集资、触及禁止设立资金池的红线、捐款跑路等互联网金融诈骗事件和利用互联网金融进行犯罪洗钱，将非法所得合法化的互联网金融犯罪事件的发生，直接损坏了企业的信誉和形象，败坏互联网金融行业的社会道德风气，给社会造成巨大的经济损失，引发一系列的道德风险，影响整个互联网金融系统的稳定和良性发展。

(4) 计算机及网络技术缺漏。虽然近年来金融电子化建设突飞猛进，支撑互联网金融创新和发展的云计算、大数据、移动互联网、物联网、搜索引擎、社交平台等技术体系也处于快速发展的进程中，但计算机技术的发展与金融业创新的发展并未完全统一步调，其在大数据应用及挖掘、技术安全等多方面尚存缺漏，与之对应的安全防护机制尚未完善，现有网络技术还存在一些缺陷，网络系统漏洞较多，安全性较差，极易遭受黑客攻击和病毒感染，一旦发生被攻击事件，交易主体信息资料泄露，同时病毒大规模扩散，引发系统瘫痪，措施交易黄金时期，阻碍交易进行。另外，因缺乏自主知识产权，在互联网技术方面选择技术外包或从国外引进先进技术、设备，也会存在安全隐患，技术对外依赖性过强，势必影响互联网金融行业乃至整个国家的经济安全，技术安全风险会诱发其他安全风险。

（5）操作不当。互联网金融属于普惠金融的范畴，金融的需求主体多为中小企业，不可否认的是中小企业人员的能力、素质与实力雄厚的大企业无法抗衡，企业人员受自身知识能力、技术水平的限制，操作不规范，技术尚未成熟，安全机制不完善，一旦发生操作不当行为就可能出现蝴蝶效应对整个系统产生影响；行业起步阶段，进入门槛较低，从业人员鱼龙混杂，如果操作人员素质较差，道德缺失，钻责任监管不明确、安全管理水平和要求低的空子，也可能存在故意操作不当行为，这一现状无疑放大了操作风险。

（6）产品本身存在问题。受产品开发者、设计者的影响，互联网金融产品本身、部分产品组合等存在较大的安全隐患，通过扩大交易量，刻意对冲平台坏账率和逾期率。例如P2P网络借贷平台的秒标产品，容易发生产品异化风险。秒标产品短期高回报的特点会造成平台虚假繁荣的表象，误导投资者进行投资，其实许多P2P网络借贷平台的秒标产品存在金融诈骗风险，产品与投资者利益环环相扣，许多平台发布秒标产品后筹集了大量的资金，捐款跑路，产生平台运营风险，将非法所得据为己有，投资者蒙受巨大的经济损失。

（7）部分机构无许可超范围经营。如P2P平台主要提供信息服务业务，起初只扮演信息中介角色，平台对借款人发布内容的真实性不负有审核义务，借贷基本类似于传统银行业务中不提供抵押的信用贷款，因而成交率也较低。为了解决借贷成交率，不少P2P平台增设了多样化的附加服务及交易条款，比如对借款人情况进行真实性调查、借款申请人保证金缴交、与担保机构合作、向资金提供者出具保本承诺等。经过一段时间的发展，P2P平台机构既获得更高的收益，又被更多P2P参与者所承认，于是从信息中介的角色逐步演变成信用中介的角色，这也是出现越来越多P2P平台的直接原因。虽然P2P平台交易在形式上十分接近于传统银行业务中的委托贷款，但出资者在实质上要承担的风险远远超过委托贷款。

（8）客户资金安全存在隐患。互联网机构在行使支付或借贷中介职能的过程中，因虚拟账户资金在途、网络延迟、中间账户机制安排等原因，形成数额不菲的沉淀资金，这部分资金的安全性主要通过机构的内部调控，外部监督几乎难以形成，沉淀资金的法定利息收入权属也无法分清。2013年共有74家P2P平台发生问题，创始人卷款逃跑、平台提现困难，平台资金使用情况缺乏有效监管，客户资金安全存在严重隐患。互联网金融在移动支付领域应用广泛，客户验证多依赖短信校验码，易被手机病毒木马等恶意软件窃取，存在被盗风险，移动领域的安全规范和客户的安全意识均亟待提高。

五、互联网金融风险的传导

互联网金融风险具有强传染性。互联网金融风险满足一定的条件后，就会依附一定载体和通过一定路径，向实体经济和传统金融传导。

(一)互联网金融风险的传导条件

互联网金融风险传导需要具备一定的传导条件,这些条件包括传导临界值、传导载体、传导对象等。

(1)达到传导临界值。与传统金融一样,互联网金融活动具有产生风险的必然性,但是互联网金融风险产生后并不一定会立刻进行传导。互联网金融风险首先会在互联网金融机构内部往复地产生、积累和被消化,只有超过某一临界值时才会发生传导。这个传导临界值的大小由互联网金融机构本身所具有的风险消化能力所决定。当互联网金融机构的风险消化能力不足以消化所产生、积累的各种风险时,互联网金融风险便会不可控地向关系密切的经济主体传导。

(2)存在传导载体。互联网金融风险传导载体是起着传递风险媒介的各种介质。互联网金融活动实质上是资金融通过程,联系各交易主体的介质就是资金链,因此,资金是互联网金融风险重要的传导载体。发生严重的互联网金融风险会导致整个资金链断裂,进而引发风险连锁反应和放大效应。此外,交易主体也是重要的传导载体,有些交易主体既参与了互联网金融交易,也与传统金融有业务往来。互联网金融领域一旦发生风险就容易通过这些交易主体传导到传统金融。

(3)具有传导对象。互联网金融风险传导并不是漫无目的的,而是有一定的传导对象。其传导对象为与互联网金融活动的参与主体。互联网金融具有许多通过业务紧密联系在一起的参与主体。互联网金融风险产生后首先会传导给这些与风险源具有密切关系的互联网金融参与主体,导致这些参与主体感染风险。

(二)互联网金融风险的传导方式

互联网金融风险的传导方式主要有两种,一种是接触性传导,另一种是非接触性传导。

(1)接触性传导。互联网金融与实体经济或者传统金融之间都存在业务往来,彼此间高度联系与相互依赖。互联网金融风险一旦发生,便会牵一发而动全身,通过互联网金融与实体经济、传统金融的接触发生传导。

(2)非接触性传导。这主要是指社会心理预期变化而导致的传导现象。互联网金融风险会导致社会公众的恐慌心理。这种恐慌心理会以非常快的速度扩散开来,影响到其他与互联网金融没有业务往来市场主体的心理预期变化,进而在社会中产生悲观信号和信用危机恶性循环,加剧互联网金融风险的蔓延和扩展,深化互联网金融风险对经济社会发展的负面影响。

(三)互联网金融风险的传导范围

互联网金融风险不是孤立的系统内风险,而是能够传导蔓延到传统金融体系和实体经济领域。

(1)传统金融体系。互联网金融与传统金融并不是相互割裂的,两者之间具有密切的联系。互联网金融有些业态直接与传统金融对接,如互联网理财;传统金融的信贷资金也有流入互联网金融，P2P 网络借贷中就有客户的投资资金是从银行信贷途径获得的低成本资金，然后在 P2P 网络借贷平台上赚取巨大利差。互联网金融风险一旦发生，将会传导到传统金融体系，影响到传统金融体系的安全稳定。

（2）实体经济领域。互联网金融的重点内容之一就是服务实体经济，所以与实体经济之间联系紧密。比如 P2P 网络借贷满足了不少中小微企业的融资需求，股权众筹满足了创新创业企业的资金需求，第三方支付为实体企业提供结算服务。互联网金融风险势必会影响到实体经济特别是中小微企业的融资活动，对其生产经营活动造成不利影响。

六、互联网金融监管的含义、目的与原则

（一）含义

无论互联网金融采取如何先进的技术与工具，其产品和服务的核心功能仍然是金融。金融的重要工作是金融风险防范，由于金融体系的脆弱性、金融危机的危害性，以及市场经济中所固有的一些市场失灵问题，政府等权力机构（如中央银行、金融监管当局等）就有必要进行金融风险监管。一般来说，金融监督是指金融主管当局对金融机构实施的全面性、经常性的领导、组织、协调、检查、控制和督促，并以此促进金融机构依法、稳健地经营和发展。

为了使互联网金融更好地服务实体经济、服从宏观调控和经济稳定，更好地为消费者提供便捷、安全和高效的金融服务，增加整个社会的福利水平，政府在创造条件鼓励其发展与繁荣的同时，也有责任对传统监管模式进行调整和创新，建立适应互联网金融发展的监管体制，有效地防范互联网金融风险。一般而言，互联网金融监管是指中央银行和金融监管当局等权力机构为保护投资人与金融消费者利益，维护金融系统的安全稳定，管控金融风险，有效促进金融经济发展，根据相关的金融法律法规对以互联网网络为技术支撑的金融活动实施有效的监督管理。

（二）互联网金融监管的目的

第一，防范金融风险。减少互联网金融风险造成的预期损失、非预期损失和巨额损失，确保互联网金融交易中各交易方的权益。防范和管理互联网金融风险，维护互联网金融市场乃至整个金融市场的稳定，增进市场信心。促进互联网金融业相关信息及时披露，减少互联网金融企业和互联网金融消费者之间的信息不对称，加深公众对互联网金融业的了解。

第二，保护存款人和投资者的利益。加强互联网金融的监管，可以使存款人与投资者感受到使用的便利与安全。面临日益猖獗的网络黑客攻击、网络诈骗等网络安全问题，互联网金融在信息技术层面上的监管应加大力度，从而保护存款人和投资者的利益。

第三，维护金融机构和第三方金融平台的公平有效的竞争。每个国家的金融监管当局都应该为互联网金融发展提供一个适度的竞争环境，这种良好适度的环境既可以保持金融机构和第三方金融平台的经营活力，同时又不至于引起它们经营失败而导致倒闭，从而产

生经济震动。

第四,确保金融秩序的安全。互联网金融的兴起,使本来就拥有庞大体系的金融业锦上添花。金融业相互之间都存在紧密的联系,因此一家系统出了问题,很可能会引发连锁反应,导致一连串金融机构经营出现危机,从而引发金融风险。对于互联网金融的监管,其重要目标就是要维系国内金融体系的安全和稳定,保证金融秩序的安全。

此外,金融监管也于中央银行有效实行货币政策。中央银行是货币政策的实施主体,作为当今各国宏观调控的主要手段,货币政策的地位可见一斑。随着互联网金融的发展,其支付工具的创新对于基础货币的统计和定义带来了新挑战。因此,中央银行金融监管要有利于保证货币政策的顺利执行,增强对基础货币的管理能力。同时,在发行电子货币时,要保证金融业对中央银行进行及时反馈,确保调节手段及时准确地传递和实施。

(三)互联网金融风险监管的原则

为了确保互联网金融监管有效,实现金融监管目标,维护金融系统的稳定,金融监管当局在监管的过程中应当坚持一些基本原则。

第一,依法监管原则。依法原则指针对互联网金融风险监管职权的设定和行使必须依照法律和行政法规规定。首先,国家金融监管机构要明确监管主体,要保证互联网金融机构纳入其管理体系中;其次,管理当局实施监管必须依法执行。只有做到这样才能使监管当局的管理具有权威性、强制性、严肃性和一贯性,从而保证监管高效有力。

第二,公开公平原则。公开原则指针对互联网金融风险监管的立法和政策,执法过程以及行政复议的依据、标准和程序公开。公平原则是保证在金融市场上,为互联网金融机构提供一个公平、高效、有序、适度的竞争环境。

第三,自我约束与外部强制结合原则。外部强制监管是必须实施的,只有互联网金融机构与监管当局相互配合,才能保证监管达到预期效果。如果放松外部强制监管而使互联网金融机构自觉自律地进行自我约束,会造成互联网金融机构的风险经营行为与道德风险问题。因此,要把创造自我约束环境和外部强制监管良好地结合起来,对互联网监管机构进行正确引导,同时也要实施有序的外部监管,创造良好的金融监管环境。

第四,效率与安全原则。效率原则指在进行互联网金融风险监管的过程中应有效配置和使用监管资源,提高监管效率。互联网金融监管的主要目标是互联网金融机构安全稳健地经营。制定的金融政策与法律法规应以互联网金融业的安全稳健和风险防范为重心。同时互联网金融的高速发展必然会带动经济发展,在讲求经济效益的同时,应当促进经济效益与风险防范的匹配性。要敏锐洞察不断变化的市场环境,对监管内容、措施等进行及时调整。

第五,分类监督管理原则。分类监管意在将互联网金融机构分门别类、分别管理。互联网金融的兴起引发了金融业综合化趋势,传统的按业务标准分业监管无法有效的实施监管。目前我国互联网金融形势主要包括第三方支付平台、P2P 平台、众筹平台等。虽然都属于互联网金融,但是由于运行模式和规律的差异,监管应采取不同的措施办法。

就我国来看,中央银行在《中国金融稳定报告(2014)》中提出了互联网金融发展的总体要求,即"鼓励创新、防范风险、趋利避害、健康发展"。根据互联网金融发展的总体要求，除了遵循上述一般性原则外，对互联网金融风险监管还提出鼓励创新、监管一致性、底线思维等基本原则。

（1）鼓励创新原则。互联网金融是一种既适应需求变化也适应供给变化的金融产品和服务方式创新，有助于提高金融资源配置效率、更好地服务实体经济和金融消费者。实行监管是促进互联网金融健康发展的客观需要。但是，监管需要适度，过度监管会遏制互联网金融模式的创新发展，不利于金融市场效率的整体提高。对于互联网金融这个新事物，金融监管要体现开放性、包容性、适应性，坚持风险防范和鼓励创新并重，积极探索未来金融监管新范式，在确保互联网金融健康稳定发展的同时也要赋予其一定的试错空间与风险容忍度。

（2）监管一致原则。监管一致是指对从事相同类型金融业务、发挥相同金融功能的金融机构实行相同标准的监管措施。在互联网金融发展过程中，由于监管不足问题的普遍存在，有些互联网金融机构或者互联网金融业务绕过了对传统金融机构的特许准入和严格监管，在一定程度上规避了政府规制和获取了超额收益，产生了监管不一致问题。监管不一致往往会导致有些互联网金融机构利用监管标准的差异或模糊地带进行监管套利，影响金融市场秩序稳定。鼓励互联网金融发展必须在互联网金融风险防范和监管中重视监管一致性，不能以不同的标准进行监管。

（3）底线思维原则。监管部门需要明确互联网金融业务创新边界和监管底线，列出引发系统性、区域性风险的基本标准，在准入退出、注册资本金、客户资金第三方存管、信息披露、消费者权益保护等方面作出相应规定，把可能引发的风险控制在可预期、可承受范围内。对于基本标准以外的业务模式，允许互联网金融机构积极探索和试错，为行业创新留足空间。

七、互联网金融监管的必要性

可以从宏观和微观两方面说明互联网金融监管的必要性。

从宏观层面上来看，需要注意下列几点：

（1）推进金融市场发展。市场失灵产生的原因是信息的不对称、自然垄断等现象，如果需要有效抑制市场失灵等现象，就需要对互联网金融加强监管。由于互联网金融与传统金融机构有许多不同，像前面有关章节对平台型商业模式的介绍那样，具有网络外部性等特性，可能会导致市场失灵。因而对互联网金融进行监管保证金融市场稳定发展的必要措施。

（2）强化风险定价机制。在中国，大众在投资时习惯了刚性兑付的原则，这是由于中国针对投资风险有大量的担保存在，从而导致风险定价机制在某种意义上是失灵的。这种情况在互联网金融中也存在，而且由于互联网金融的特殊性，往往表现得十分广泛。因而有必要进行监管，增强市场意识，强化风险定价。

（3）互联网金融创新与问题并存。就目前来说，互联网金融无疑是金融创新的新形式，不过也存在着缺陷。由于新型技术的不断进步，在互联网金融过程中，出现了许多的商业模式。由于受到市场检验的时间有限，有些商业模式可能存在许多缺陷，这些缺陷会导致风险问题,因而需要强化金融监管。

从微观层面上来看,则需要注意下列几点:

(1)在互联网金融中,和传统金融一样,消费者和投资者在决策时并非总是理性行为。这种非理性决策会导致其不能充分认识到投资失败对其个人的影响。引入适当性监管,可能会降低非理性行为发生的概率。

(2)消费者和投资者的个体理性不代表集体理性。在互联网金融市场中,个体与集体理性有时并不一致,一些投资者基于个体理性进行的决策,可能最终导致整个金融市场出现问题,由此积累风险,造成损害。因而对于这种问题,也有必要进行监管。

(3)互联网金融机构需要良性经营。一般来说,互联网金融机构可以通过其互联网拥有大量客户资源,短时期积聚大量资金规模。如果不能良性经营,往往会出现重要问题,因而监管当局也需要对这些互联网金融机构的日常经营进行适当监管。

八、国际上互联网金融风险监管的经验

互联网金融的发展是一个世界现象,国际组织和相关国家也在不断摸索对互联网金融风险进行监管的方法和体系,其中已经积累了一定的经验教训,值得注意。

(一)巴塞尔银行监管委员会的做法

巴塞尔银行监管委员会针对银行的电子化网络操作,或所谓电子网络银行的监管较为成熟,巴塞尔银行监管委员会以网络银行监管为首的互联网金融监管问题发出多份文件,成为互联网金融风险监管重要的理论依据。其中,最主要文件依据是2003年7月发布的《跨境电子银行业务活动的管理与监督》,2003年8月颁布的《电子银行业务风险管理原则》,2005年2月由巴塞尔银行监管委员会、国际证券委员会、国际保险监管协会联合出台的《金融服务外包》最具核心作用,巴塞尔银行监管委员会通过从不同视角对银行业务电子化及网络操作的风险特征进行分析,并提出有效控制风险和实施监管的指导方法,阐释网络银行监管主要经验,归纳起来有以下两个部分:

其一,跨境电子银行业务活动的合作监管原则。巴塞尔银行监管委员会在确立跨境银行业务合作监管原则基础上,制定了《跨境电子银行业务活动管理与监督》,并提出三大原则:一是银行机构的母国(或地区)与东道国(或地区)间的互联网业务操作应当在双方协商渠道畅通下进行监管合作,明确要求确保跨境银行业在互联网环境下的监管合规、有效;二是监管主导在于母国(或地区)监管当局,母国(或地区)监管所发挥的职能比东道国(或地区)更加重要,母国(或地区)的银行业金融机构向东道国开展跨境网络银行业务应首先受到其母国当局有效监管,以母国监管为主、东道国监管为辅的主次不应发生转移;三是境外银行存在其母国(地区)监管缺失或出现监管盲点情形下,东道国(或地区)监管当局对网络银行业务的开展应持谨慎处置的态度。当缺少有效监管时,东道国(或地区)监管当局应更加谨慎对待是否许可境外银行开展网络银行业务,因为此种情况下的许可决定可能使东道国(或地区)监管当局承担更多监管责任和风险。

其二,网络银行业务风险的有效管理。巴塞尔银行监管委员会颁布的《电子银行业务

风险管理原则》中具体提出了互联网银行业务风险管理原则共计14项，归纳出对银行业务互联网操作风险三个主要方面实施有效管理的重要基本方法，分别是：

(1)在董事会与管理层监控方面，以银行为代表的涉及互联网金融机构须遵循三项原则：一是董事会及高管层应负责建立有效的网络银行业务风险管理监控制度，并落实制度的实施，其中应包括特定责任、政策以及相关的控制制度；二是董事会与高管层审批制度必须完全涵盖其机构的安全控制程序关键部分；三是董事会与高管层应持合理、审慎的理念，通过综合性、持续性的监测程序，对其机构外包关系以及其他第三方附属关系开展有效管理。

(2)在安全控制方面，以银行为代表的涉及互联网金融机构须注意七个方面的问题：一是验证问题，机构应对与之有业务关系的互联网客户身份和授权进行验证；二是不可否认性问题，机构应拥有并能采取用能增强交易的不可否认性以及网络金融交易责任认定的交易操作方法；三是职责分离问题，机构须具备使计算机系统、数据库、应用程序等电子化操作职责分离的措施；四是授权控制问题，机构须具备对计算机系统、数据库、应用程序授权分配和登录权限的控制方式；五是数据与交易的完整性问题，机构须具备保护网络金融交易、日志信息等数据完整性的措施；六是追踪审计问题，机构须具备对网络金融交易明细进行全数据追踪的审计监督；七是关键性信息保密问题，机构须具备为关键互联网金融银行信息保密的具体措施。

(3)在法律与信誉风险管理方面，以银行为代表的涉及互联网金融机构需要满足四个方面要求：一是遵守信息披露原则；二是遵守客户隐私权保护原则；三是具备有效的业务容量、业务连续性及应急计划；四是制订适当的应急计划。随后巴塞尔银行监管委员会又针对跨境网络银行业务可能出现的风险增加了两项特别风险管理原则：一是在从事跨境互联网银行业务活动前，以银行为代表的涉及互联网金融机构应进行风险评估，保持合理审慎原则，同时应制订风险管理计划；二是拟开展跨境互联网银行业务的机构应在通过官方网站充分披露非涉密的信息，以便给可能的客户确定机构的身份、母国(或地区)及其获得许可情况。除此之外，巴塞尔银行监管委员会还通过《金融服务的外包》一文提出九项高级原则，目标直指互联网金融活动中越来越多业务外包的出现，以及防控外包风险等日益突出的问题等，其内容主要是对实施外包的受监管实体责任、实施监管者的作用与职责作出明确的规定。

(二)美国互联网金融监管的主要做法

(1)具备较为完善的法律环境和监管框架。从法律环境来看，在互联网金融交易和网络银行监管方面，美国已经基本建立较为完整的法律框架。其中最具有影响的是《全球及全美商务电子签名法》《全球电子商务框架》《统一电子交易法》《国民银行网络银行注册审批手册》等。在风险管理方面的主要监管法规有《网络信息安全稳健做法指引》《技术风险管理》，现场监管与检查的主要依据是《网络银行检查手册》《FFIEC信息系统检查手册》。这样，在金融监管方面，由于美国的金融法律框架比较完善，在制定互联网金融体系监管规则时，只需要将现有的法律法规进行扩充即可。美国也由此建立了针对互联网金融的较为完整的持续性监管的基本框架。

（2）对互联网金融风险进行量化监管。1978年，美国颁布了统一评级制度，也被称为路蛇评级制度，完善了美国金融体系的监管准则，使监管结果具有客观性、统一性和权威性。根据这一制度，主要参考五项内容来考察金融机构的安全和经营能力：资本充足性，资产质量，经营管理能力，盈利水平和质量和资产流动性。1999年，美国联邦监管机构修正建立了信息技术统一评级体系——URSIT（the Uniform Rating System for Information Technology），金融机构和技术支持者因使用网络服务产生的风险用此标准来评估。通过规范化的统一管理将风险量化，对互联网金融的监管起到显著作用。

（3）重点关注特有的技术风险管理。对以网络银行为主的互联网金融机构进行传统现场、非现场检查的基础上，紧扣互联网金融机构的特殊性进行监管，如通过货币监理署（OCC）督促银行使用严格的分析过程来识别、度量、监测和控制风险；强调控制系统数据可获得性、完整性、MIS（管理信息系统）可靠性及数据机密性和客户隐私保护措施；设置重大事项（可疑行为）报告制度，内部人作案不分金额大小必须报告等。同时，明确银行董事会和高级管理层在制定网络金融业务开发战略和该业务风险管理规程方面的职责，强化对网络金融业务外包相关风险的控制。

（三）英国互联网金融监管的主要做法

（1）明确的监管目的。英国中央银行对各成员国的互联网金融监管有统一的要求，采取一致的监管原则，实施统一的标准。英国对互联网金融监管的目的明确：第一，法律环境要清晰透明；第二，监管原则适度审慎，注重对消费者的保护。

（2）完善的监管内容。英国互联网金融监管的主体机构是金融服务监管局，在监管目标上实现预防监管，创造并维护金融市场的高效、稳定和有序，以保证所有交易在公平合理的前提下完成。在监管手段上，金融服务监管局以风险控制为核心，重视业务风险与控制风险。在监管重点上，金融服务监管局以控制风险为出发点，对整个金融体系实施监管。

（3）实行一致监管。金融服务监管局把互联网金融作为传统金融业务的拓展，没有因为互联网的应用改变原有的监管原则，在互联网金融体系没有制定专门的监管制度。金融服务监管局特别关注以下问题：银行对黑客威胁和攻击的评估；对加密、备份系统、防火墙、应急计划的评估；对数字签名的法律地位的确认和严谨的认证标准；互联网金融业务的发展助长了反洗钱还是更有助于检测洗钱活动；如何为客户保守秘密等。

九、互联网金融风险监管的方式与方法

（一）互联网金融风险监管的基本方式

互联网金融监管的基本方式是在互联网金融风险尚未出现严重问题的时候建立完善的监管体系。这种监管体系可由政府监管、行业自律和互联网金融机构内部控制组成。其中，政府监管是外部全方位监管，行业自律是行业内部的自律和互律监管，内部控制是互

联网金融机构对风险的主动防范和规避。

(1) 政府监管。政府监管是互联网金融风险防范和监管体系的核心构成要素。一般来说，政府监管的范围主要包括市场准入监管、过程监管和退出监管。其中，市场准入监管以资质审批为主，过程监管以日常运营为主，退出监管以处理严重违规或破产机构为主的。

(2) 行业自律。行业自律在整个互联网金融行业未来发展起到至关重要的规范性作用。行业自律主要目的是让市场在行业发展中起重要作用。加强互联网金融行业自律的关键是要建立相关的行业自律组织，然后主要通过制定统一的行业服务标准和规则引导成员单位规范发展。根据行业标准和规则，互联网金融行业自律组织能够比较有效地维护行业竞争秩序，协调处理成员单位之间的利益冲突，对导致行业恶性竞争的市场主体形成行业惩罚机制，维护互联网金融行业的整体利益和社会形象。此外，互联网金融行业自律组织还可以执行一些行政监管部门不宜执行或者执行效果不佳的管理职能。

(3) 互联网金融机构内部控制。互联网金融机构的内控机制建设在互联网金融风险防范和监管体系中具有基础性地位。无论是政府行政监管还是行业自律监管，其目标的实现都必须通过互联网金融机构加强内控机制建设才能得以实现。互联网金融机构的内控机制建设要充分借鉴传统金融业成熟的风险控制模型与标准业务管理程序，并结合互联网金融的业务特点和风险特征，建立完整的工作流程体系，设计标准的内部控制操作方案。

(二) 互联网金融风险监管的基本方法

互联网金融打破了传统金融对行业、地区和时间的限制，金融服务跨行业、跨区域、全天候，呈现出业务交叉跨界、参与主体广泛复杂等特点。针对互联网金融的新特点，需要实行新的监管方法。

(1) 功能监管。功能监管主要是根据各种互联网金融业务的金融功能本质来进行监管。在功能监管中，相同类型业务遵从同样的监管规范，受到相同的监管。相比于针对传统金融机构的所谓机构监管，功能监管更加适应金融创新，更加具有效率，也更具有监管的稳定性。互联网金融具有混业经营的突出特点，一个互联网金融机构可能产生和提供多种业态的金融服务创新。以机构监管为主的传统金融监管模式难以适应新的金融组织形式和服务形式，尤其在混业经营状态极容易导致创新不足、监管套利和风险盲区。因此，对于互联网金融的监管应该实行以功能监管为主的监管模式，淡化机构监管的边界。

(2) 协调监管。中国现行金融监管体系实行的是"一行三会"分业监管的模式，银监会监管银行、信托等业务，保监会监管保险业务，证监会监管证券业务。适应互联网金融新发展带来的新挑战，就必须在分业监管格局下按照互联网运行特点加强协调、分工协作，推进监管的无缝对接，建立起包括金融监管部门、信息主管部门、地方金融管理部门、财税部门、司法部门等在内的互联网金融风险防范和监管协同系统。

(3) 技术监管。互联网金融很大程度上依托于云计算、大数据、移动互联网等互联网新技术。新技术应用使监管数据和对象的不确定性增大，使得以现场监管为主的原有监管方式难以适应互联网金融监管的要求，必须推进监管技术化，打造各类线上监管工具和专业化系统。技术监管将成为互联网金融监管的重要方式。

第八章 互联网金融专题问题

【阅读与思考】

本章主要阐述了互联网金融的几个基本问题：市场竞争、宏观政策、金融风险及其金融监管。从一个互联网金融企业的角度来看，这些问题较多涉及该企业的外部环境问题。不过，对于经济金融体系，以及互联网金融企业来说，这些问题都是基本的问题，国内关于这方面的研究也较多。在传统金融企业与互联网金融企业间的市场竞争问题的研究方面，前面章节中列举的一些互联网金融的书籍也有分析，如中国人民银行金融研究所著的《新金融时代》[1]。关于互联网金融参与条件下的宏观货币政策等问题的研究，相关文献也较多[2]。关于互联网金融风险及其监管问题的研究，也产生了许多文献[3]。此外，自从最近区块链及其相关技术兴起后，也出现一些针对区块链的宏观影响，如区块链对宏观监管及其影响的研究[4]。

关于上述问题，下面介绍两篇论文，作为进一步思考这些问题的参考。介绍的第一篇文章是《不完全竞争市场下的科技策略与套利行为》[5]。和上面有关传统金融机构与互联网金融企业的竞争模型相比，这篇文章假设一开始两种机构大致相同，然后其中一种金融机构进行科技创新，由于科技创新，最终形成不同的结果。该文中的科技创新可以看成基于科学技术成就各种创新，当然也包括互联网领域的创新（该文列举的例子是电动汽车领域的创新，不过，如果将其换为互联网领域，或其他领域的创新，显然也是可行的）。以这种创新为背景，文章使用相应的理论模型，首次将技术采纳这一因素纳入不完全竞争市场最优选择中，技术创新会带来利益，引发相应的套利行为，该文对这些问题进行研究。该文认为，一般来说，企业家是经济创新与科技进步的引擎，其行为对加快经济增长和经济波动发挥着举足轻重的作用。企业家也是促成集合投资、生产和储蓄的最大影响因素。许多因素会影响到企业家的行为，其中技术采纳、未来资产权利和不可分散风险的策略选择尤为重要。文章通过理论建模和数字模拟分析，得出下列结论：其一，该文研究了基于科技创新，市场不完全竞争性假设下的最优投资时间选择的技术采纳策略和投资机会价值。在准备成为企业家的经济主体决定是否采用现有技术投资还是等待更具效率的新科技普及后进行投资时，他们主要会考虑三方面的因素，即新技术普及可能性、潜在竞争者的进入与其对利润的影响和企业经营的不可分散（收入）风险。其二，决定投资时不纳入如上三个因素可能会导致个人高估投资机会价值并继而导致次优投资行为。该文分析的一个重要结论是：与完全竞争市场背景相比，不可分散风险的存在可能加速企业投资决定。其三，该文采用一系列完善的实证假设，考虑市场中存在多元化投资个体，如持有大量股份企业

---

[1] 参看中国人民银行金融研究所：《新金融时代》，中信出版社，2015年7月。
[2] 可参看范立夫：《金融创新下的货币政策》，中国社会科学出版社，2011年6月。
[3] 可参看黄卫东：《互联网金融创新》，新华出版社，2015年12月。
[4] 可参看杨东：《链金有法：区块链商业实践与法律指南》，北京航空航天大学出版社，2017年6月。
[5] Markus Leippold, Jacob Stromberg. Strategic technology adoption and hedging under incomplete markets. Journal of Banking and Finance, 2017(81): 181-199.

家、多元化个人或企业,其最优投资策略也因目的不同而不尽相同,因而差异化的研究结论是可以被接受的。科技创新程度、风险规避程度和不可分散风险共同影响企业最优投资时间选择。这也为准备进入市场的个人投资者提供了投资时机选择参考。

介绍的第二篇文章是《从金融网络的角度来看金融机构的系统风险》[①]。一般来说,金融危机带来了金融监管是否足以确保金融体系的稳定性的问题。一个特殊的特征是系统风险的威胁。根据国际清算银行,金融体系中的系统风险是参与者未能履行合同义务可能导致其他参与者违约的风险,连锁反应导致更广泛的财政困难。相关研究主要集中在金融机构的系统风险贡献,系统风险贡献的影响因素和金融机构的风险传染的测量。

衡量每个金融机构对总体系统风险的贡献可以帮助确定对系统风险贡献更大的机构。对具有较大系统风险贡献的机构的更严格的监管要求将打破产生系统风险的倾向。一些学者提出了系统风险的 CoVaR 度量,即以遇险机构为条件的金融系统风险价值(VaR),由此定义一个机构对系统风险的贡献。这是因为 CoVaR 的条件是机构处于危难之中,而 CoVaR 在机构中位数状态下的差异。还有一些系统风险贡献评估包括 Shapley 价值法和系统预期短缺(SES)。金融机构系统风险贡献的影响因素主要包括规模、杠杆、期限不匹配等制度特征。

一个机构向其他机构传播的失败来自它们之间的财政联系。这些财务链接包括银行同业拆借、支付系统或场外衍生品。这种复杂的联系结构可以由金融系统的网络表示来捕获。最近的研究明确地将机构之间的金融联系作为网络,并采用经验或模拟技术来评估机构失效的传播。这些网络包括银行间网络、支付网络、信用违约掉期的对方风险敞口,或公司之间的贸易信用。然而,网络分析文献仅集中于整体网络结构对系统风险的影响,机构的局部网络结构和系统风险贡献之间的关系被忽略。

该文的基本目的是研究系统风险与金融机构在金融网络中的拓扑结构之间的关系。该文首先通过估计风险条件价值(CoVaR)的变化来衡量金融机构的动态系统风险贡献。其次,从动态条件相关(DCC)构建股价交叉相关的动态最小生成树(MST)。最后,使用面板数据回归,并将这些时变与每个机构的局部网络结构,如节点强度、节点中心性、节点接近中心性、节点占用层和节点聚类系数的度量相关联。

同时,该文利用中国股市的数据,研究了金融机构本地网络拓扑结构对其系统风险贡献的影响,首先通过应用动态条件相关多变量 GARCH 模型(DCC-MVGARCH)来估计风险条件价值(CoVaR)的系统风险贡献。结果表明,中小型股份商业银行的平均系统风险贡献大于巨型商业银行。从最大到最小的系统风险贡献订单中列出的金融部门是保险公司、商业银行、证券经纪人—经销商(包括投资银行)和其他金融机构。然后,应用所有股票间的动态条件相关性来构建动态金融网络,由此观察节点的局部拓扑结构的动态演变。最后,通过面板数据回归分析将系统风险贡献与金融机构的金融网络的局部拓扑结构联系起来。结果表明,金融机构具有更大的系统风险贡献、有更大的节点强度、更大的节点之间的中心性、更大的节点接近中心性和更大的节点聚类系数在金融网络。

[①] Wei-Qiang Huang, Xin-Tian Zhuang, Shuang Yao, Stan Uryasev. A financial network perspective of financial institutions' systemic risk contributions. Physica A, 2016(456): 183-196.

【概念】

传统金融企业、互联网金融企业、资产业务、负债业务、中间业务、博弈论、合作博弈、非合作博弈、宏观货币政策、货币需求、货币供给、交易需求、预防需求、投机性需求、货币流通速度、货币层次、货币供给的外生性、货币供给的内生性、信用创造、货币乘数、货币政策传导机制、货币渠道、信贷渠道、利率渠道、汇率渠道、资产价格渠道、银行贷款渠道、资产负债表渠道、风险、金融风险、金融脆弱、金融危机、系统风险、系统性风险、非系统性风险、互联网金融技术风险、互联网金融信用风险、互联网金融市场风险、互联网金融流动性风险、互联网金融操作风险、金融监管、互联网金融监管

【思考题】

1. 简述传统金融企业与互联网金融企业的含义和特征。
2. 简述传统金融企业与互联网金融企业的竞争与合作关系。
3. 简述互联网金融对货币需求的影响。
4. 简述互联网金融对货币供给的影响。
5. 简述互联网金融对货币政策传导机制的影响。
6. 试述风险与金融风险的含义。
7. 简述互联网金融风险的基本类型。
8. 简述互联网金融风险的基本特性。
9. 说明互联网金融风险的主要成因。
10. 说明互联网金融风险的传导。
11. 简述互联网金融监管的含义、目的与原则。
12. 说明互联网金融监管的必要性。
13. 说明国际上互联网金融风险监管的经验。
14. 试述互联网金融风险监管的方式与方法。